才尽其用
以小见大
筑梦雄安

2018年度
国家艺术基金艺术人才培养资助项目
“雄安新区文化管理人才培养”结项成果

雄安新区发展研究报告
（第六卷）

主编 范 周

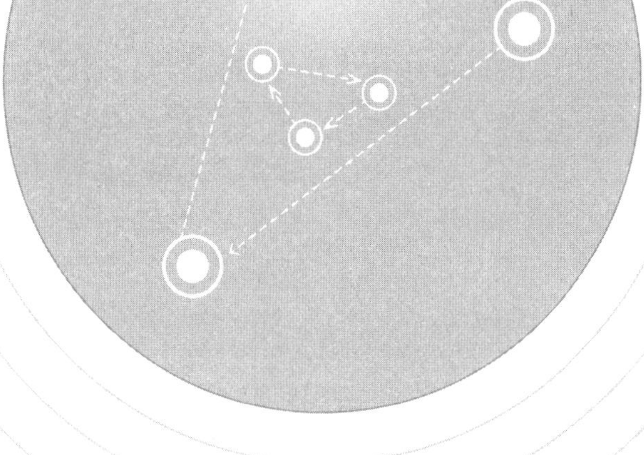

知识产权出版社
全国百佳图书出版单位

图书在版编目（CIP）数据

雄安新区发展研究报告．第六卷 / 范周主编．-- 北京：知识产权出版社，2020.11
ISBN 978-7-5130-7258-8

Ⅰ．①雄… Ⅱ．①范… Ⅲ．①区域经济发展—研究报告—雄安新区 Ⅳ．① F127.223

中国版本图书馆 CIP 数据核字（2020）第 203459 号

内容提要

本书是国家艺术基金艺术人才培养资助项目"雄安新区文化管理人才培养"结业论文集。系统地收录了此次培养项目 30 余名学员的理论学习感悟和调查研究心得，以小窥大，从一线文化工作者的视角中窥探雄安新区未来建设的理论逻辑和实践基础；描绘未来，以优秀文化人才的积极性和创造性助力雄安新区建设美好未来。

责任编辑：李石华　　　　责任印制：孙婷婷

雄安新区发展研究报告（第六卷）

XIONG'AN XINQU FAZHAN YANJIU BAOGAO(DI-LIU JUAN)

范　周　主　编

出版发行：知识产权出版社有限责任公司　　网　址：http://www.ipph.cn
电　话：010－82004826　　http://www.laichushu.com
社　址：北京市海淀区气象路50号院　　邮　编：100081
责编电话：010-82000860转8072　　责编邮箱：lishihua@cnipr.com
发行电话：010-82000860转8101　　发行传真：010-82000893
印　刷：北京中献拓方科技发展有限公司　　经　销：各大网上书店、新华书店及相关书店
开　本：787mm × 1092mm　1/16　　印　张：19.5
版　次：2020年11月第1版　　印　次：2020年11月第1次印刷
字　数：320千字　　定　价：78.00元

ISBN 978-7-5130-7258-8

前　言

党的十九大报告指出，“以疏解北京非首都功能为‘牛鼻子’推动京津冀协同发展，高起点规划、高标准建设雄安新区。”37个字，字字千钧，寄托了党和国家对雄安新区发展与建设的深切期望。

作为北京非首都功能疏解集中承载地，未来雄安新区将建设成以新发展理念引领的现代新型城区，实现政治、经济、社会、文化、生态的“五位一体”的发展。“无文化传承，无雄安未来”，文化建设将是新区规划与发展的重要目标，也是雄安新区承载“非首都功能疏解”，构建现代化新城的重要组成。在“文化建设”与“承载非首都功能”的双重使命中，文化人才队伍发挥着重要的作用。

推动雄安新区文化建设质量与水平的提升，促进雄安新区文化发展繁荣，人才培养是重中之重。雄安新区文化管理人才培养项目作为国家艺术基金人才培养全额支持项目，旨在培养兼备雄安文化理论修养和深谙现代管理规律的高端文化管理人才，提升雄安文化建设的人才储备，进而推动构建具有雄安特色的文化管理体系，营造可持续发展的雄安文化生态，助力雄安文化建设工作的全面推进。

在“雄安新区文化管理人才培养”项目的执行中，中国传媒大学文化产业管理学院积极发挥学校学科与资源优势，立足在雄安文化产业以及公共文化服务发展等领域雄厚的研究实力，精心策划、周密部署、集聚资源、扎实推进，通过集中的面授课程学习和实地企业考察交流调研，为来自雄安新区管委会、雄县、容城县和安新县等各个文化工作主管部门提供了一场集专业面授、交流互访、创作实践等在内的文化盛宴。

本书所收集的57篇论文是参与该项目的学员们对此次培训内容进行深刻的总结与反思，结合培训内容对雄安新区未来文化建设进行了深入的思考与总结，并将自身所思、所想、所感以论文形式呈现出来，汇集在此书当中。其思考内容涵盖雄安传统文化建设、雄安文化生态建设、雄安文旅融合发展、雄安城市文化符号建设、雄安公共文化服务建设、雄安文化自信建设、雄安旅游基础设施建设等各个方面，对未来雄安新区文化建设路径展开讨论。雄安新区的新，在于理念的新，体制机制的新，产业的新，制度的新以及未来发展思路的新，在于把文化建设融入新区全面建设，打造现代的文化之城，为建设人类发展史的典范城市作出“文化示范”。

范周

2020 年 2 月

目　录

第一篇　文化传承篇

第二篇　非遗保护篇

第三篇 公共文化篇

第四篇 未来发展篇

第一篇
文化传承篇

依托鄚州文化资源
倾力打造文化康养产业聚集地

◎ 朱婷婷

《雄安新区建设规划纲要》已经公布。根据现有信息，未来可能建设若干特色小镇。位于雄安最南端的鄚州，得天独厚，是建设文化康养型社区的理想场地。那么，什么是康养？目前还没有一个明确且被广泛接受的界定。伴随人口老龄化、亚健康、生态环境等问题备受重视，社会康养需求和市场消费急速膨胀，加上国家层面全力推进“健康中国”战略和“美好生活”建设，康养成为一个热门研究话题。文化养老是提得比较多的词，但文化康养则是第一次出现在国务院的文件中，那么文化康养到底包括些什么内容呢？就是以文化旅游提升康养产业内涵，以康养产业扩大文化旅游消费。

一、文化康养产业的现状分析

2015 年后国家对人民健康问题高度重视，相继出台了关于养老和健康服务的支持性、引导性政策。2016 年，康养产业被多地列入“十三五”规划之中，并编制了详细的发展战略及指导性政策意见。在细分产业上，森林康养被纳入《全国林业“十三五”发展规划》；康养旅游也迎来了首部规范性文件——《国家康养旅游示范基地标准》，发展渐成气候。至此，从中央到地方，从大康养领域到健康、养老、森林康养和康养旅游等，都有了完善的政策体系支撑。

2017 年 10 月 18 日，习近平总书记在十九大报告中进一步提出“积极应对人口老龄化，构建养老、孝老、敬老政策体系和社会环境，推进医养结合，加快老龄事业和产业发展”，在已有政策体系的基础上为康养产业的加速发展指明了方向。

中国康养产业渐成气候，展现出强大的发展势头和潜力。蓝皮书指出，与一般意义的“健康”“养老”“养生”“疗养”等概念相比，“康养”是一个更具包容性的概念，涵盖范围广阔，与之对应的康养行为也十分宽泛。康养既可以是一种持续性、系统性的行为活动，又可以是诸如休息、疗养、康复等具有短暂性、针对性、单一性的健康和医疗行为。

中国康养产业在快速发展的同时也暴露了许多亟待解决的问题。蓝皮书指出，中国康养产业已经展现了强劲的发展势头和潜力，然而在快速发展过程中也暴露出诸多问题，如相关法规跟不上产业发展速度、基础设备和基建设施短缺、人才资源匮乏等。

（一）政策法规相对滞后

有关康养产业政策法规的推出往往落后于实际发展速度，未能很好地发挥出政策预见性和行业指导性作用。行业的乱象，特别是以康养为名，圈地占山，破坏自然生态，侵占人民群众的利益，不容忽视。

（二）基础设施供应不足

医疗设施方面，根据国家卫计委已公布的最新数据，我国仅有 322 家康复医院，其中城市有 206 家、农村有 116 家，这意味着全国 600 多座城市中多半没有康复专科医院。而康复医学床位数（包含康复专科医院、综合性医院康复医学科）占医疗机构总床位数的比重仅为 1.8%，康复科的床位数存在较大缺口。根据原卫生部的规定要求，所有二级以上综合医院必须设立康复科及相应的康复工程室，并配置标准化的康复器械，约 1 万家综合医院须新建康复科。但由于部委改革进程被延后，截至 2014 年，实际拥有康复科的综合医院为 3288 家，而我国二级以上医院有 8973 个，与原要求相比，只有不到一半的二级以上医院设立了康复科。

（三）产业结构不够健全

康养产业在促进养老、医疗康复、养生等相关产业发展的同时，也显著地带动了上下游及周边产业的发展。但目前中国康养产业发展由于面临着政策碎片化、发展模式粗放、人才资源短缺等因素制约，远未形成一个健康、完整的产业体系。

（四）康养专业人才匮乏

虽然较多健康养老政策中有关于康养专业人才培养的指导意见，但难以落到实处。要解决目前人才短缺问题，首先应制定相应的人才培养管理制度和从业标准，提高康养从业人员的素质和技能，然后再对应进行高等教育和职业教育，并提供系列激励政策，刺激人才参与。

二、鄚州在打造文化康养产业的优势

一方水土养育一方人。鄚州素有“人杰地灵”之誉，白洋淀的美景天下传，扁鹊、李广、韩婴等古代名人扬四海。便利的交通，让这里生机勃勃，战略意义的位置，令这里尤为重要。

（一）自然基础资源得天独厚

白洋淀环绕任丘、鄚州西北，自古便是“鱼米之乡”，有“天下大庙数鄚州”“北京人全，鄚州货全”的美誉。鄚州与白洋淀相依千年，历史文化相互交融，其中有两大人文风貌不得不提，一是自然风光秀丽的千里堤，另一个则是人文气息浓厚的鄚州大庙。“鄚州城北临长堤，缓着玉鞭珠勒嘶。去日黄稊试烟嫩，归来绿叶布荫齐。”这是乾隆皇帝下江南路过白洋淀时所作，诗中“长堤”即“千里堤”。千里堤又名万柳金堤，位于白洋淀东岸。北宋时期，白洋淀边州县为防御穿淀河流洪水为害，相继在白洋淀边筑堤。《宋史·唐介传》记载，为防止水害，任丘令唐介筑堤拦水，当地百姓称之为唐堤。

乾隆中期，任丘知县刘统重修唐堤，并存碑记。空中俯瞰千里堤，犹如长蛇独步冀中平原，聚集天下灵气，福佑淀区儿女。春夏秋冬，四季变换，春夏碧绿叠翠，金秋苍劲葱茏，隆冬高风亮节，形成了一道独特的风景线。

任丘历史上有著名的白洋淀“长堤烟柳”景观。每当夏季的傍晚，夕阳西下，庄户人家袅袅升起的炊烟与穿行在斑驳陆离树丛中的金色阳光不期而遇，须臾形成一幅美轮美奂的仙境美景。现在的千里堤已化身生态景观，堤上绿意盎然，更是人们避暑消夏的好去处。

（二）历史文化无与比伦

据乾隆版《任丘县志》及嘉靖版《河间府志》记载，鄚州庙由火神庙、药王庙、三皇庙、文昌庙、奶奶庙、刘爷庙及魏忠贤生祠组成，统称鄚州庙。在鄚州的所有庙宇中，最具盛名的当属鄚州大庙——药王庙。

扁鹊首创望、闻、问、切中医诊疗之法，著有《难经》八篇，这位中医的鼻祖就出生于任丘的鄚州。鄚州拥有四千多年的历史，盛极一时的鄚州庙会曾闻名于海内，据载，明万历皇帝重修鄚州大庙，并敕办鄚州庙会，让天下商贾前来赶庙。鄚州大庙位于任丘市鄚州镇古州村，是供奉神医扁鹊的庙宇。药王庙始建于元代，据《任丘县志》载，扁鹊祠，元达鲁花赤野仙乞实迷儿进义建，明神宗万历敕令重修鄚州大庙，鄚州的扁鹊祠拥有帝王御制碑文，在众多扁鹊庙中实属罕见。

（三）划归新区千载难逢

2019 年 1 月，由中建设计集团作为本联合体的牵头人，组织包括华北石油管理局有限公司、宝石花物业管理有限公司、宝石花医疗健康投资控股集团有限公司等6家单位成立战略合作联合体与雄安新区签订战略合作协议。宝石花医疗集团将在雄安新区医疗体系建设、康养特色小城镇项目、大健康产业以及医疗健康战略新兴产业等方面与各方开展全面务实合作，不断挖掘合作潜力、扩大合作领域，与雄安新区管委会和中国雄安集团对接、承接雄安新区鄚州康养特色小城镇项目，在医疗资源等方面提供全产业一体化服务。同时，宝石花医疗将服务雄安新区医疗体系建设发展，为新区医疗建设提供在医疗健康、投资融资、设计建设、运营管理等方面的全产业一体化服务。

联合体还将在雄安新区鄚州境内共同打造全域发展的典范，在全域旅游、文化发展、医疗康养、城镇建设、特色小镇、乡村振兴、基础设施、环境提升等方面对接雄安新区规划建设发展，为雄安新区周边选择具有典型特色的市、区、县提供投资融资、规划设计、建设运营、教育科技、文化旅游、医疗康养、宜业宜居、产业运营等方面的全产业一体化服务。

三、文化康养产业远景展望

作为现代服务业的重要组成部分，涵盖健康、养老、养生、医疗、文化、体育、旅游等诸多业态的康养产业成为备受关注的新兴产业。作为具有典型的社会属性的复合产业，康养产业正借助“文化+”，注入产业发展创造力，延展产业链和价值链，提升产业附加值。

在资源的高效配置、城市的均衡发展等方面，“文化+”康养产业特色小镇均独具优势。需要注意的是，在这类特色小镇建设和运营过程中，文化产业与康养产业不能盲目地融合发展，还需形成资源共享、短板互补、循序渐进的发展格局。

（一）充满想象空间

中国文化资源丰富、文化底蕴深厚，为经济社会发展提供着源源不断的滋养。在中国的文化基因中，将“养生”与“养心”融为一体，以“养心”为本，是中国康养产业发展的文化前提。

在移动互联网时代，文化产业不断向其他行业和多个社会领域渗透，呈现出多业融合的发展态势。而康养产业属于新兴的现代服务业，除了自身包含多种业态之外，还涉及众多领域，在其发展过程中需要面对并解决要素融合、产业融合、产城融合等诸多问题，这意味着康养产业发展不能单打独斗，需要通过与文化产业融合发展，催生新创意、新模式、新业态。

从提升产业附加值角度看，文化创意有助于推动康养产业的内涵式发展。一方面，康养产业可从国学文化、中医药文化、武术太极、饮食文化等中挖掘文化资源；另一方面，文化产业也可在旅游、演艺、体育、数字出版、艺术、广播影视、创意设计等行业中凸显康养理念。另外，科技创新有助于促进康养产业转型升级，大数据、云计算、物联网、人工智能等新科技的应用，将进一步提升康养产业的附加值。

文化产业与康养产业融合发展的关键在于资源共享、短板互补。优美的自然环境与文化生态既是做文化旅游的必要条件，又是打造优质康养基地的良好基础，一项条件同时满足二者之需，这就是资源共享带来的价值。短板互补则是指文化创意设计能够赋予康养产业更多文化内涵和趣味，从供给侧提升康养产业的品质，并且形成产业特色。

（二）文化支撑下的康养小镇

注重文化性和体验性，有助于康养产业链条的延伸，创造品牌优势。泰国美体养生、印度瑜伽养生、法国庄园养生、美国养老养生、瑞士阿尔卑斯高山养生等已经形成了浓郁的当地文化特色，当地产业竞争力和规模因此而形成。

特色小镇为各地产业发展战略的再选择提供了新思路。“文化 +”康养产业特色小镇一般以“健康”为小镇开发的出发点和归宿点，将文化体验、健康疗养、医疗美容、生态旅游、休闲度假、体育运动、健康产品等业态聚合起来，实现文化与健康相关消费聚集，形成具有文化意蕴和康养功能的特色小镇。

“文化 +”康养产业特色小镇可以依托长寿文化，大力发展长寿经济，形成以食疗养生、山林养生、气候养生为核心，以养生产品为辅助的健康餐饮、休闲娱乐、养生度假等功能集聚的健康养生养老体系；也可以依托医药文化发展医药产业，推动健康养生、休闲度假等产业发展的医养特色小镇；还可以以原生态的生态环境为基础，以健康养生、休闲旅游为发展核心，重点发展养生养老、休闲旅游、生态种植等健康产业。

很多城市面临着房地产去库存的问题，“文化 +”康养产业特色小镇可以将文化、康养、房地产行业进行有机连接，跳出单纯的房地产开发层面，打破盖房子、卖房子的桎梏，从产业融合和产业运营的角度进行设计，不仅能更好地实现文化和康养要素的有效结合，也更有利于提升配套设施和服务的吸引力。

此外，从运营的长期性来看，一些城市旅游业具有季节性，在一年内不同时间的接待人数会有周期性的变化。而康养产业的消费者有充足的可支配时间，基本不受公共假期影响，而且在目的地停留时间较长，是城市旅游产业的最佳补充客群。通过打造“文化 +”康养特色小镇，可以使城市旅游项目的设施设备和人力利用率在时间轴上更为均衡。

（三）建设运营需循序渐进

不同地方的特色小镇在功能定位、产业选择、空间布局、风格特征、发展方式等方面各有不同，但作为一种产业与区域相结合的经济社会形态，特色小镇也有自身共性的发展规律。

按照从无到有的发展路径，“文化 +”康养特色小镇的建设可分为战略定位、组织建设、运营管理 3 个阶段，每个阶段都有预期实现的任务目标和需要遵循的基本原则。

首先，“文化 +”康养特色小镇需要合理设计战略定位，包括功能、产业、特色定位 3 个核心内容。小镇功能定位是明确小镇对于城市和农村之间的衔接作用以及与相邻小镇的互补作用。小镇产业定位是指合理规划主导产业类型及产业体系，甄别和分析当地的资源及市场条件，遵循适宜和适度原则，围绕特色主导产业，聚合相关产业，建构产业生态系统。小镇特色定位是人文与空间的个性化设计，将当地的历史文化、自然风光、民俗风情等特色资源融入空间环境和特质中，形成富有特色的生活场景，让小镇“留得住青山绿水，系得住乡愁”，成为“区域特性—产业发展—民居生活”三位一体、和谐相融的特色小镇。

其次，“文化 +”康养特色小镇的战略执行需要有序的组织建设，其关键在于基础设施与政策配套。基础设施建设是特色小镇发展的先导性工程，对外要加强交通、运输、通信等市政设施建设，让小镇融入大市场、大都市圈，获得可持续发展的动力；对内要加强科技、教育、文化、卫生、商贸等公共服务设施、市政工程设施建设以及防灾减灾等设施配套，使小镇成为产业、生活、生态一体化的空间和平台。与此同时，地方政府需要加强政策引导、扶持和保障服务，尤其在土地保障、财政支持、税收政策等方面，创新规划建设和社会服务管理，促进特色小城镇的“产镇融合”发展。

最后，“文化 +”康养特色小镇需要系统的运营管理，以保障小镇及其产业持续发展。特色小镇的运营管理体系是小镇生命的机能表现，关系到发展潜力与活力、财务状况、盈利模式以及吸引并留住企业与投资人的外部环境。

为了保障鄚州文化康养小镇运营管理的系统性、精细性和专业性，特色小镇由建设期进入发展期之后应该引入市场化的运行机制，搭建各种产业发展平台来保障运营管理效率和服务水平。同时，文化康养小镇发展是复杂的系统工程，特别是需要充分调动当地群众的参与积极性，为他们谋福祉，实现自然、人居、产业的有机融合。

雄安新区“话”容城

◎ 杜丽清

雄安新区是由雄县、安新、容城三县组合而成，其中容城在3个县里地理面积和人口是最少的，但是，这样一座小小的容城却也是一个有着千年历史的文化小城。它历史悠久、人杰地灵，在文明古老的燕容大地为后人积淀起丰厚的文化底蕴。

俗话说，城市建设文化先行，通过参观学习我发现很多城市都是围绕本地文化遗存、文化名人以及民间故事传说等内容来规划和建设的，我想未来的雄安也将不会例外。

今天，就让我们走进雄安新区的容城县，一起来共同感受容城历史上物质文明与精神文明的结晶，使我们真正在内心深处孕育并培养起爱我容城的美好情怀。

一、容城有着历史悠久的文化古存

（一）远古时代的文明之光——上坡遗址

上坡遗址是容城境内最典型的一处古人类文化遗址，因位于容城镇上坡村而得名。据考古分析认定，上坡遗址磁山文化层所出土的器物及器物组合，均与河北省邯郸武安县磁山村遗址首次出土的器物及器物组合相似。又经中国科学院考古研究所进行碳十四测定，这里应该是一处距今约7255 ~ 7455年时期的古人类生产生活遗迹，当时正处于新石器时代早期母系氏族公社阶段。

总之，上坡遗址内涵丰富，延续时间长，是保定地区最重要的古人类文化遗址之一，为建立本区域周代以前考古学文化序列提供了重要依据。又据《容城县志》和《容城县地名志》记载，它的发现和发掘，在当时考古学界曾引起很大震动，尤其是其中的磁山文化层，在当时保定地区尚属首次发现，把整个保定地区的历史文化又向前推进了3000年。

（二）古燕文化的“睡床”——南阳遗址

南阳遗址，最早发现于1981年春，位于容城县晾马台镇南阳村南的一块台地上。台地北高南低，平均比地表高出1米左右。遗址四周均有古河道，整个遗址呈长方形，总面积达42万平方米。1982年7月，经河北省人民政府批复，南阳遗址被列为河北省重点文物保护单位。2006年6月，在中国第一个“文化遗产日”到来之际，又经国务院审批，确定为全国重点文物保护单位。

2017年5月28日，河北雄安新区文物保护与考古工作站在容城县南阳村揭牌，雄安新区联合考古队正式成立。之后，随着新区文物调查与保护工作的层层推进，一处极富古燕文化内涵的遗存——容城县南阳遗址为越来越多的学界人士所共知。

如今，随着南阳遗址考古发掘工作的进一步展开，有关遗址的性质、范围和布局将会越来越清晰。我们相信，在不久的将来，于南阳遗址沉睡了2000多年的古燕文化必将向世人揭开其更神秘的面纱。

（三）商周文化的典型——晾马台遗址

晾马台遗址，是一处距今3000多年的商周遗存，位于容城县东14千米处晾马台村的西北隅。遗址为一近似长方形高台，周围地势平坦，占地总面积约为15000平方米。

“晾马台，晾马台，不带干粮下不来。”这句古朴民谣生动再现了当年晾马台的高大与神秘。1977年，河北省文物研究所和容城县文化局在晾马台村进行联合考古调查时首先发现了这处遗址。

关于晾马台名称的由来，自然还有其独特的人文背景。宋朝时，白沟河是宋、辽两国的界河，杨六郎曾率宋军镇守边关。据当地百姓传说，一日战后，杨六郎带兵从这里经过，正赶上人困马乏，饥渴难耐。还好，当时有士兵在这处高台上发现了一口水井，即刻告知杨六郎，然而却怎么也找不到取水的工具。情急之下，只见杨六郎晃动双臂，运足神力，用双手猛地一扳，井壁便弯曲了，于是汩汩清水顺流而出，三军将士同饮甘泉。从此，人们便将这块台地命名为“晾（凉）马台”，那口救命神井也被当地百姓称为“歪脖井”。《容城县志》记载：“宋代名将杨延昭抗辽时也曾在此驻扎军队、检阅兵马。”

1982年7月，经河北省人民政府批准，晾马台遗址被确定为河北省重点文物保护单位。

（四）佛域庄严　荡涤灵性——明月禅寺小记

在津保公路容城王家营段路南约1.5千米的一块台地上，有一座高大雄伟、金碧辉煌的殿宇。那处台地，便是省重点文物保护单位——建于商周时期的“晾马台”，而雄踞其上的殿宇，则是远近闻名的明月禅寺。

说起明月禅寺，真可谓源远流长。史料记载："明月古刹始建于唐，毁于五代；再建于宋，毁于金元；复建于乾嘉，又毁于文革。"千余年来，可说是三建三废。而今，正值改革开放、国运日昌、百废俱兴的大好时期，为繁荣地方文化，进一步落实党的宗教政策，满足广大信教群众宗教活动的正常需求，经原保定行署批准，并由容城县人民政府具体实施运作，于1993年正式开始了明月禅寺的恢复、重建工作。

据寺院住持讲，如今明月禅寺的完成项目也仅是整个规划中的一小部分，以后建设还会逐年进行。我们深信，有党的宗教政策作为后盾，有各级政府及广大信教群众的鼎力支持，未来的明月禅寺一定能成为设施现代、环境优雅、规模可观的佛教文化圣地。

（五）沟西大槐树

容城镇沟西村有一株远近闻名的古槐，已有数百年的历史，至今仍根深叶茂，生机无限，村里人都称它为"神树"，世代敬仰，小心呵护。

走近这神奇的古槐，只见苍翠的绿叶和白色砖墙的民居相互掩映，构成一幅美丽的画景。大槐树通高约20米，苍劲粗壮，树根深深扎进土里，树冠下"河北省城镇古树名木标牌"上，"380年"这个数字赫然记载着古槐所走过的沧桑岁月。

在沟西人心中，这棵大槐树就如同一把撑开的巨伞，庇护着村里一代又一代人的成长。村民们说，它是活着的文物，是幸福吉祥的象征。

（六）容城八景

在容城这块满是灵气的神奇土地上，自古就有"古城春意、易水秋声、玉井甘泉、白沟晓渡、贤冢洄澜、忠祠松雪、古篆摇风、白塔鸦鸣"之说，被誉为"容城八景"。如今，随着历史的变迁，八景之貌均已不能再现，我们便只好通过历代文人骚客所留下的诗赋题咏来领略其风采了，寄希望未来的容城城市文化建设能让我们看到这八景再现。

二、容城有着世代传承的近当代文化遗存

（一）北后台烈士陵园

北后台烈士陵园位于容城县城贾光乡北后台村南，是一处县级文物保护单位。1974年，由县政府出资筹划，正式建成烈士陵园，供后人瞻仰。因陵园位于北后台村，故名"北后台烈士陵园"。

陵园内，芳草萋萋，野花遍地，五行翠柏傲然挺立，十排无名烈士碑肃穆整齐。每逢清明时节，南拒马河两岸人民便纷纷云集于此，祭扫烈士墓，祭奠烈士英灵。目前，北后

台烈士陵园已经被容城和定兴多所中小学确定为爱国主义教育基地。在这里，祖国未来的建设者真正能得到心灵的浸润和精神的感召。

（二）容城革命烈士塔

容城革命烈士塔位于容城县城金容街老礼堂院内，坐东朝西。烈士塔通高10米，方柱形，分上下两层，四面均镶嵌烈士碑记，共题烈士260名，内容有烈士姓名、籍贯、牺牲年月和地点，正面上方有红五星，下书“革命烈士永垂不朽”8个大字，再下面则刻有“重修人民烈士纪念碑说明”。在台基的四角，各立有烈士传记碑一块，镌刻着7位革命烈士的传记。

（三）多姿多彩的民间花会

旧县志记载，自明清以来，容城县内的许多村庄都有过用以庆祀娱乐的花会组织，大体可以分为音乐、舞蹈和武术三类。清末民初，容城境内的花会活动曾盛极一时，比如那时的城关八村就有“八大会”，即孙庄的大鼓会、沟西的吵子会、谷庄的吵子会、大楼堤的狮子会、西关的中幡会、北关的南乐会、小白塔的音乐会和马庄的坐腔戏（河北梆子）。那时，民间花会的活动主要安排在节庆庙会之时。

从中华人民共和国成立到“文化大革命”前夕，容城境内的民间花会也曾非常活跃，但在三年困难时期过后，再经“四清”和“文化大革命”运动，民间花会也随整个文艺界一起受到冲击，数量及活动大为减少，甚至有的已经失传。

近年来，在商品经济大潮的冲击下，许多民间花会都面临后继无人的窘境，好在有国家对保护非物质文化遗产的重视，有国家文化富民政策的推行，容城县一些有底蕴、有实力的村镇正努力恢复并发展其传统花会，而且有的已经很见成效。比如，仅一个北张村就有南乐会、五虎会（武术）和叉会3个较大的花会组织；在师庄村和郭村，每个村都有好几道狮子会。

如今的容城，传统节日、红白喜事或开业庆典等活动都少不了各种花会的助兴演出。在改革开放新时期，一些舞狮团还走上了职业化道路，他们舞狮表演的足迹已经遍及大半个中国，就连中央电视台、河北电视台等媒体的大型晚会活动也常常邀请他们登场亮相。

（四）河北梆子久唱不衰

“中华人民共和国成立之初，全县75个村剧团中，河北梆子剧团就达50个。”由此可见，河北梆子作为一个地方剧种在容城一带有着极其特殊的地位。

近些年来，随着改革开放的不断深入，也随着党和国家各项富民政策以及文化政策的出台与落实，容城县城乡文化事业又蓬勃兴起，而作为地方标志性剧种的河北梆子，也因此又迎来一个更加崭新的春天。这期间，在中共容城县委宣传部的关怀领导下，容城戏剧协会于 2012 年 9 月 5 日正式成立。协会成立后，先是不断组织县域内的广大河北梆子爱好者进行演唱交流，互相促进，同时还采取“走出去、请进来”的办会思路，进一步提升容城县的河北梆子演艺水平。几年间，在容城戏剧协会的牵头下，立成饭店和月霖园等单位曾多次承办容城、保定及京津冀一带的河北梆子专场演出。其间，国家非物质文化遗产传承人、著名河北梆子表演艺术家张慧云、雷保春、田春鸟等大师多次莅临容城，既为戏迷朋友送来了精彩艺术大餐，又为当地传承并弘扬河北梆子文化做出了巨大贡献。在他们的真情鼓励与精心指导下，容城县河北梆子新人辈出，如沙河村的李润增获河北省河北梆子“十大名票”称号、沙河村的孔春玲获河北省河北梆子“金牌票友”称号、南关村的冯会宁获河北省河北梆子“金牌票友”称号。另外，容城戏剧协会的河北梆子艺术家们还凭借非凡的演出技艺，于 2014 年 9 月 26 日荣登央视戏剧舞台，在《一鸣惊人》栏目中勇夺周冠军。

三、容城有着当代历史悠久的服装文化

容城是北方服装名城。大大小小的服装厂鳞次栉比，而容城人多供职于服装厂，就连容城的标志性建筑“容和塔”，也用“纺锤”的造型来夸耀本地的服装产业的兴旺发达。2012 年拥有服装企业 920 家，年生产能力达到 4.5 亿多件，可以说是名副其实的北方服装名城。

参观学习半个月，行走在北京、南京、杭州三座城市中文化氛围最浓厚的地方，我发现街头巷尾的汉服女孩越来越多，而且路人早已司空见惯。以故宫博物院、科举博物馆、夫子庙、美丽的西湖作背景，额间花钿、汉服襦裙的青春女孩步步踩出唐诗的韵脚，令人几乎以为自己梦回汉唐。“坐时衣带萦纤草，行即裙裾扫落梅。”游走于各个城市之间，汉服之美惊艳了春光，这才是我们汉人的衣服。

当越来越多的女孩子自信地穿上汉服化成一道中国风景时，我看到了我们的民族自信——最美是汉服！

相信在不久的未来，雄安新区白洋淀里也会有汉服女孩“荷叶罗裙一色裁”，轻纱罗裙漾动的淀里时光折射出的将是中国文化。

浅谈雄安新区历史文化的传承与发展

◎ 李旭永

一、文化瑰宝，闪耀冀中大地

对于雄安新区建设，习近平总书记要求，要“坚持保护弘扬中国优秀传统文化、延续历史文脉”。在这一片历史悠久的冀中大地，雄安新区就犹如一颗明珠，璀璨绽放，不仅有承载历史的文物古迹，更有许多宝贵的艺术文化。

在雄安新区众多文化遗址中，较具有特色的有容城南阳遗址。南阳遗址是春秋战国时期遗址，位于容城县城东 14 千米的南阳村村南 200 米处，遗址的东、南、西三面有故河道。遗址呈长方形，东西长 800 米，南北宽 700 米，面积 56 万平方米。南阳遗址的北坡高出地表 2 ~ 3 米，南坡高出地表 0.5 米，东坡高出 0.3 米，西面地势平缓。

该遗址保存状况基本完好，并在近 20 年来先后出土了“西宫”铜壶、“左征”铜壶盖、“燕王职”铜戈、“燕远载”铜戈和“易市”陶器、铜鼎、铜凿、刀币、鹿角锤等一些重要的文物。这些器物都显示出了燕国制器的风格，其地理位置也与史书中所记载的燕国都城“临易”相近，因此具有重要的学术研究价值。南阳遗址于 1982 年被列为河北省文物保护单位，2006 年 5 月 25 日被国务院审批为第六批全国重点文物保护单位。

除此之外，雄县宋辽古战道也是一个具有特色的文物遗址。宋辽边关地道位于雄县双堂乡祁岗村中心，是宋代古建筑，于 1964 年当地打井时被发现，此地道分两部分：祁岗地道位于雄县双堂乡祁岗村中心；邢村大台地道位于雄县小步村乡邢村南 200 米处。

古雄州在宋辽时期是两国交界处，这里战事频繁，宋名将杨延照在此镇守达十六年之久，寸土未失。古雄州在战场上无天险可据，而杨延昭却屡战屡胜，这要归功于他当时修的地下战道。据史载，雄州城有地穴与霸州城的引导洞相通，约70千米，如此宏伟的地下防御工程，不得不称是古军事史上一大奇迹。古地道内错综复杂，内部有迷魂洞、藏兵洞、掩体、翻板、翻眼、放灯处、通气孔等，防御性较强。敌兵由迷魂洞通过，会迷失方向落入陷阱之中。翻眼处只能容一人通过，且须弓身，会被把守的士兵轻而易举地杀伤。藏兵洞洞体高大，可容大量士兵藏身，在战争需要时可出奇制胜。

除了饱含着历史记忆的文化古迹外，并称为“容城三贤”的元初著名理学家刘因、明朝弹劾权相严嵩的义士杨继盛、明末清初的大儒孙奇逢也出自这片人杰地灵的土地，他们的思想、学养、处世之道一脉相承，体现了河北人慷慨悲歌、重信尚义的千古精神。贯通经学的刘因少年时便胸怀大志，15岁曾作诗明志：“鸿鹄凌云志，燕雀安能知。”大义凛然的杨继盛的诗句“铁肩担道义，辣手著文章”被后世广为传诵，也表现出燕赵义士的铮铮铁骨。仗义诚信的孙奇逢与鹿正、张果中被称为“范阳三烈士”，成为燕赵慷慨悲歌、重信尚义精神的代表。“容城三贤”的节操风骨和学养文德，正是浩然正气的英雄本色，这种精神和楷模力量在当地乃至整个燕赵大地世代传承，成就了慷慨悲歌、重信尚义的人文精神，成为燕赵儿女自强不息、奋发有为的文化基因。

二、璀璨明珠，彰显区域特色

自古燕赵多壮士。古往今来，在雄县、容城、安新这片热土上，每当国家民族危难之际，总有热血儿女挺身而出，树起了一座座大义丰碑。谈及战争年代的白洋淀，不得不使我们想起儿时的英雄偶像小兵张嘎。

白洋淀是革命老区，也是冀中平原抗日战争最惨烈的地区之一。烽火硝烟下，这里的人民坚贞不屈、前赴后继，曾为中华民族的独立同日本侵略者进行了顽强抗争，其爱国精神和雁翎队机智勇敢打击日本侵略者的悲壮历史，成为中华民族爱国主义精神的经典。“雁翎队是神兵，来去影无踪，千顷苇塘摆战场，抬杆专打鬼子兵”，这是白洋淀抗战的真实写照。红色遗存记录了革命先烈为抵御外侮、反对强权和压迫、争取民主自由所进行的不屈不挠的英勇斗争，其中所蕴含的革命精神，激励着一代又一代人，不忘初心，自强不息，拼搏奋进，这种精神在雄安新区规划建设中将会被传承、光大。

白洋淀同时也具有深厚的历史文化底蕴，早在新石器时代，淀区的西部、南部（今安新县的留村、梁庄）就有人类活动生存。春秋、战国时期，淀区分属于燕、赵统辖，以易水长城（今安新县北堤）为界，南葛城（今安州镇）属赵、北浑泥城（今安新镇）

归燕，故今日淀区有“燕南赵北”之说。这片横跨燕赵的活土，以其特有地理风光，政治、军事地位为历代所重视，令骚客咏叹。宋代，六宅使何承矩在淀区筑堤贮水，引水灌溉，建立屯田防线；北宋名将杨延昭曾在此屯兵御辽；元代大儒刘因任教于淀区三台、安州；清代康熙皇帝在淀区端村、圈头、赵北口、郭里口兴建行宫，先后40次来淀区游览围猎。

谈及白洋淀，必然要说一下白洋淀的苇席。白洋淀的苇席以历史悠久、皮白质柔而闻名。传说刘备卖席就是从白洋淀进的货，席的种类、规格、式样繁多，种类有苫垫席、炕席、囤席、包装席等，式样有仓席、桌面席、人字席、十字席等10余种。其中以安州的“州席”、关城的“花边席”、边村垒头的“小边席”最驰名，不仅畅销全国20多个省、市、自治区，还远销日本、意大利、新加坡、加拿大、法国和美国等国。

三、文化自信，传承精神力量

“四个自信”即中国特色社会主义道路自信、理论自信、制度自信、文化自信，由习近平总书记在庆祝中国共产党成立95周年大会上提出，是对党的十八大提出的中国特色社会主义“三个自信”的创造性拓展和完善。在千年大计的推动下，雄安新区各县组织文化传承活动并宣扬党的一系列政策，以推动文化精神力量的传承，激发人民对中华优秀传统文化的历史自豪感。

千年大计，文化先行。中华文明无比灿烂的篇章，正再次蓄力雄起。在推动新区文化建设中，新区人民团结一心，用优秀传统文化助力新区建设发展，用行动赋予传统文化新的时代特色。雄安新区知名作家席春栋在采访中说：“无文化传承，无雄安未来。”无数位“最美人物”、无数个“最美故事”在推动建设“最美雄安文化”的进程中贡献着自己的力量。用激情浓墨撰写雄安最美华章的雄安新区民间文化学者张运生，是一名普通的乡村教师，从教33年来，一直坚守在乡村教育的第一线；他也是一名雄安民间文化学者，几十年来坚持将自己对生活的感悟转化为文学作品与大家分享。还有被称为“奋斗中铁人”的中铁建工集团的雄安建设者们，他们艰苦奋斗、团结一心、斗志昂扬、拼搏创新，用自己的汗水和热血建设着必将成为引领未来发展的典范之城的雄安新区。华北明珠、河沿老屋、登云圣会、西河大鼓，这是新区人民难忘的乡愁，也是在这新时代永恒不变的坚守。

四、创新发展，打造文化品牌

恒久不变的历史印记，凝聚在心的红色记忆。在开放发展的今天，雄安新区必将以开放包容的姿态迎接文化繁荣发展的盛景。规划建设现代化城市必然离不开被赋予新的时代内涵的文化支柱，古城纪实、乡愁记忆、革命精神，古今融合、光影雄安、智慧城市，用经典促进发展，用创新开创未来，这是一个目标，也是一个方向，相信融合传统文化与时代精神的雄安新区终将形成令国人骄傲、令世界瞩目的“雄安品牌”。

滨水而生　得水而兴

——雄安新区的水文化溯源

◎ 曹小东

2017 年 4 月 1 日，安新县白洋淀又一次被推上了世界的舞台，因为这一天，中共中央、国务院宣布在雄县、容城、安新三县设立雄安新区。河北雄安新区的设立，是以习近平同志为核心的党中央做出的一项重大历史性战略，是千年大计、国家大事。我是一个土生土长的白洋淀人，对于白洋淀有深深的情感，她是生我养我的地方，我爱这个淳朴、和谐、温暖的家乡，所以我要把对白洋淀深深的爱写进论文里，让所有人都了解并深深地爱上这个地方。

"远碧极空明，风恬镜影平"，白洋淀畔的古老土地一直与水有着不解之缘。如果将流动的水系比作土地上的血脉，那么星罗棋布于其间的万千淀泊正是这方土地的活力所在。这片华北平原上现存最大的积水湖泊，依靠强大的水源涵养作用，托起白洋淀"华北明珠""华北之肾"的美誉。如今雄安新区的设立，正赋予这方水土新的使命。

水，于潺潺不息间，推动着雄安新区奔腾向前。

一、白洋淀的历史渊源

公元前六七千年，白洋淀地区开始了文明的进程。发达的渔猎业是白洋淀地区早期人类文明的突出特色。容城上坡遗址与安新梁庄遗址发现了很多渔猎经济的痕迹，大量水生动物遗骸，如鱼骨、龟甲、螺壳等在这里出土。此外出土的还有捕鱼工具，如陶网坠、骨鱼镖等，说明在本地区捕捞水生动物占据了劳动生产的相当比例。

先秦时期，白洋淀地区已经出现了定居的聚落点。赵孝成王十九年（燕王喜八年，公元前 247 年），燕国与赵国交换土地，赵国得到了葛城、武阳、平舒三城，其中葛城即今天安新县的前身。为防范赵国，燕国在葛城附近修建了三台城（今容城县三台镇）与浑堲城（今安新县安州镇），同时沿白洋淀北岸修建了河堤。因河堤位于高地之上，远远望去如长城般雄伟，后世便称之为燕南长城。

水促进了白洋淀地区古代城市的发展。自秦汉出现容城县以来，白洋淀周边的古代城市先后有鄚县、易县（今容城县东）、归义、雄州、安州、新安等州县。从各州县的地理位置来看，大致自湖泊群的西北向东南推进，最终形成了容城、雄县、安新与高阳、任丘环状分布在白洋淀周边的局面。

随着古代城市布局日益向湖泊群的推进，古人对白洋淀的认识逐渐明晰。西晋左思的《魏都赋》中记录了"掘鲤之淀"，该湖泊的位置大致在今天河北任丘市的西北部。在北魏郦道元的《水经注》中，白洋淀地区曾有"九十九淀"的称谓。然而，"九十九"并非实际数字，而是用来形容湖泊众多。《宋史・地理志》首次记录了"白羊淀"的名称。当时人们认为这片湖泊面积广袤，每当湖上起风，卷起层层波浪时，犹如一群白羊前拥后挤地奔跑，由此便有了"白羊淀"的名称。明代以来，白洋淀逐渐成为湖泊群的统一称呼并流传至今。

在北宋与辽军事对峙时期，白洋淀北部的拒马河成为双方的界河，白洋淀湖泊群被北宋改造成阻止辽军南下的特殊屏障。

宋太宗端拱二年（989 年），沧州节度副使何承矩提出了修建塘泊防御带的建议。在给宋太宗的上疏中，何承矩利用熟悉关南（瓦桥关，即雄州）地形特点的优势，提出如果在顺安寨（今河北高阳县东）西开凿河口，将上游各条河流汇入河北中部的湖泊群内，再向东注入渤海，可以阻挡辽国骑兵南下。同时，在湖泊群两岸筑堤屯田，还能解决驻军的粮食供应问题。这一建议很快得到了宋太宗的认可，委派何承矩赴雄州等地考察塘泊的具体构筑情况。

为避免消息泄露引起辽国不满，最初的考察是以极为隐秘的方式进行的。何承矩经常与属下泛舟白洋淀，饮酒赏花，他们边游览边吟诗赋词。何承矩提出以蓼花为题写诗，还将蓼花分布情况绘出图画，传至京师供人欣赏。蓼花是一种常见的水生植物，花色或红或白，对于浸淫奢华的王公贵族而言，本没有多少欣赏价值，因此，《蓼花游》的诗篇和图画在东京城内没有引起轰动，而这正是何承矩的聪明之处。考察蓼花分布就是考察湖泊群的分布，即便辽国有密探知道何承矩带官泛舟游览，也会当作是一般文人墨客的雅兴大发。考察后不久，何承矩的沿边塘泊规划就秘密呈送给了宋太宗。

淳化四年（993 年），朝廷任命何承矩为制置河北缘边屯田使，率边境各州军兵 18000 人兴修水利。雄州、莫州（今河北任丘市鄚州镇）、霸州等地修建河堤超过 600 米，湖水被引来灌溉农田。宋、辽《澶渊之盟》签订后，塘泊地带的屯田开始大规模展开。至宋真宗天禧年间（1017—1022 年），河北屯田岁收粮米已达 29400 余石，军民大获其利，屯田初见成效。宋神宗熙宁年间（1068—1077 年），以河渠沟通淀泊而形成的"水长城"已基本建成。

“水长城”的修筑，有效地限制了辽军南下。自端拱二年（989 年）塘泊带开始构筑，至景德元年（1004 年）“澶渊之盟”前，契丹南下共计 11 次。在军事路线的选择上，契丹 9 次从太行山前大道南下，仅有两次选择突破塘泊防御带。辽军穿过“水长城”的时节是干旱的冬春，而非水涨泛滥的夏秋。从战果来看，借助塘泊带的迟滞作用，北宋军队的抵抗都取得了最终胜利。这在“水长城”开通之前是没有先例的，充分体现了塘泊带的军事防御作用。

北宋塘泊带对水系的改造，带动了白洋淀地区的社会发展。水环境的改善减轻了本地区的土壤盐碱化状况。唐代白洋淀附近曾有野生稻田的记载，因而北宋屯田种植的作物是水稻而非今天的小麦。因稻田表层长期被水浸泡，土壤中的盐分逐渐沉淀，形成了土壤结构松散的耕作层，盐碱地由此改造成为良田。湖泊群内的各种水产，将水潦盐碱之地变成鱼米之乡。农业生态环境的改善直接带动了人口的繁衍，塘泊带周边地区人口由宋初的 14254 户上升到宋徽宗崇宁元年（1102 年）的 92938 户，120 年间增长了 5.5 倍。

宋代引入白洋淀水修建水长城，成为军事防御的有效屏障，将各河流改造为农林灌溉水渠，成为发展屯田的有利条件。但自北宋后期起，因疏于管理，塘泊带逐渐荒废。朝廷对淤积干涸的塘泊不再疏浚，地方州县又片面追求种植水稻的收益，甚至将塘泊内泄去积水开辟为稻田，这就严重削弱了塘泊带的蓄洪调节功能。金代统一河北平原后，塘泊带失去了军事防御的作用。元代之后，水系上游的过度砍伐及永定河、滹沱河对白洋淀湖泊群的淤积作用，最终造成了今天湖泊群的零散分布状态。

二、白洋淀文化渊源

（一）龙的传人，从釜山合符说起

白洋淀区域是中华文明的起源地之一，龙图腾的产生和白洋淀有千丝万缕的关系。上古时期，黄帝与炎帝战于阪泉之野，战胜各部落后，黄帝将所有氏族、部落首领召集于釜山，举行政治大会盟，即“合符釜山”。当时各原始部落都有自己的图腾，飞鸟走兽，不一而足。黄帝取各个部落图腾的一部分，组合在一起，于是“龙”出现了。至此，黄帝一统华夏，为天下共主，成为华夏人文初祖。中华龙和龙文化是中华民族区别于其他民族的伟大和独特的文明标识，这也是我们被称为炎黄子孙和龙的传人的缘由。有专家称，釜山即是白洋淀上游的徐水西北的釜山，现存轩辕黄帝庙基址、围墙基址、黄帝台、黄帝泉、古井、古碑等与黄帝有关的风物传说等。

（二）九州创制，从颛顼筑城说起

“帝颛顼高阳者，黄帝之孙而昌意之子也。”三皇五帝之一的颛顼（高阳氏），是中华人文始祖黄帝的曾孙，也和白洋淀有着密切联系。颛顼被封在白洋淀南边的高阳并筑城（现高阳旧城），有大量传说和遗迹，如颛顼坟、皇家庄户、南海子、洗马池、凤池等。后在白洋淀东岸筑城，颛顼城又名古州城。据《一统志》记载："颛顼城在鄚州东北三里，颛顼所造，今称为古州，即古鄚县城也"，即后来的"天下大庙属鄚州"的鄚州。颛顼时，制节气、订婚嫁，创制九州，确立了最早的版图区域划分，将中华文明又向前推进一步，中国被称为九州即源于此。

（三）燕赵风骨，从荆轲刺秦说起

白洋淀区域是古燕赵的分界地，有"燕南赵北"之称。"风萧萧兮易水寒，壮士一去兮不复还"，背景是荆轲刺秦前与燕太子丹壮别的情景。而荆轲告别燕太子丹之地，就在现安州附近，南易水之畔，有现存道光年间的"古秋风台"碑记述此事。明清《安州志》曾记载："三官庙前，旧有秋风台，在城北易水旁，即燕丹送荆轲之处。"也就是说，易水诀别地点就在安新的安州。可以说，慷慨悲歌是燕赵风骨的源起和主干，是由荆轲始。而燕赵风骨在以后的千年里传承至今，亦未间断。后来的容城人刘因为元代三大儒之一，他的静修书院建于三台，备受文人墨客景仰；容城人杨继盛，弹劾奸臣严嵩，是明朝著名谏臣；安新人潘龄皋，民国著名的书法家，当时与谭延闿齐名，有"南谭北潘"之说，日伪时期任凭威逼利诱，坚辞不仕。

（四）人文璀璨，从鄚州大庙说起

鄚州曾是一个名人汇集的地方，春秋时期的名医扁鹊便是鄚州人，有扁鹊祠，现在叫作鄚州大庙，始建于元代。明神宗万历十七年敕令重修鄚州大庙，历时两年，并敕办鄚州庙会，钦定日期农历四月十五，会期一个月。届时香客涌动，商贾云集，逶迤十里长街，芦棚蔽日，人群接踵摩肩，挥汗如雨，呵气成云，故有"鄚州货全，北京人全""天下大庙数鄚州"之说。金人有诗云："鄚州城中三万户，葫芦淀上八千家"，可见昔日之繁华。

《诗经》是我国第一部诗歌总集。《诗经》的注解和传播，有韩婴传习之"韩诗"，韩婴为鄚人，是西汉时期的大儒；毛亨、毛苌注释的《诗经》就是人们熟知的"毛诗"。毛苌当时的主要活动场所就在现河间一带。

（五）畿辅重地，从修筑渥城说起

安新古称渥城，又名浑渥城。"浑渥城即今天的安新城。因其为金章宗元妃李氏故里，金章宗为她修筑渥城，故金代移县于此。'周九里，高三丈，阔九尺，池深一丈，阔四尺'。后浑渥多次修缮。明正德时大修，增高加厚四门'重檐飞楼，金碧辉映'，东为东阳门、西为西皋门、南为南薰门，北为北宸门。"

清代，白洋淀是皇家水围驻陛之地，曾先后建有赵北口、端村、郭里口、圈头四处行宫。其中赵北口行宫规模最大，驻跸次数最多。白洋淀水围称为赵北口水围。故宫博物院清史专家刘桂林认为，皇家水围之所以多选择赵北口，一是因为赵北口通南北御路，又扼东西两淀咽喉，陆路、水路都比较方便抵达；二是清代帝王水围往往兼顾巡视河工的目的，而赵北口的连桥长堤一直是京畿一带水患治理的重点；三是赵北口既有长堤烟柳，又有连桥横卧，风景宜人，“虽无浩渺长波壮，亦有清漪锦浪浮”。

（六）文学圣地，从两大文学现象说起

荷花淀派和白洋淀诗群，这两个文学流派在文学史上都有着举足轻重的地位。

荷花淀派源于孙犁的短篇小说《荷花淀》。孙犁的小说像荷花一样清新独特的艺术风格开启了中国“诗化小说”的先河，洋溢着诗情，带有浓郁的浪漫主义色彩。这一派作家的共同特色是着力追求诗情画意之美，早期作品都吐露出华北的泥土和白洋淀水乡的清新气息，并引起了文坛广泛的关注，后被称为“荷花淀派”。代表人物有孙犁、刘绍棠、从维熙、韩映山等。

20 世纪 60 年代末，一群北京知青先后来到白洋淀的农村插队，他们有着大致相同的人生经历，都经历了从红卫兵到知青的身份转变，都从风暴的中心被流放到风暴的边缘，他们大多出身于知识分子、高级干部和艺术家庭，多数人曾就读于北京有名的中学，有着高出一般人的文学艺术修养。因为他们，白洋淀成为新诗潮“潜流期”的一个卧虎藏龙之地，在这里诞生了一支诗歌劲旅——“白洋淀诗歌群落”，是后来的朦胧诗的重要发源地和骨干力量。

《道德经》有云：“上善若水，水善利万物而不争。”倘若梳理雄安地区的水环境演变，就会发现水并非与世无争，人与水的关系经历了由简单趋向复杂的过程，而各类水利工程便是这一过程的纽带。历代雄安地区的水利工程可大体分为河堤、桥梁两类。

白洋淀地区的河堤兴起于战国时期。北宋修建塘泊带开启了大规模河堤建造的历程，明清两代对白洋淀地区的水环境改造呈现出加速的态势。虽然气候渐趋干冷，但白洋淀的自然灾害仍是以水灾为主。明代，白洋淀周边的州县开始修筑河堤，但是各段河堤质量参差不齐，州、县之间又经常出现因用水、排涝产生的纠纷。这说明白洋淀的河防工程仅依靠地方治理已难以奏效，白洋淀的综合治理呼唤顶层设计。

三、新时代的白洋淀

雄安地区的文明兴起于滨水文化——早期文明的进程依赖水的秉性和格局；技术的发展进步，提高了利用水的能力，最大限度地让水为人所用，推动了城镇化的进程。在新时

代，如何因势利导，建设城市的水系景观，疏通城市的文化水脉；如何赋予水间的一草一木以情怀，构筑人水和谐的千顷碧波，是摆在雄安人民面前的新课题。

（1）恢复淀泊水面。实施退耕还淀，淀区逐步恢复至 360 平方千米左右。建立多水源补水机制，统筹引黄入冀补淀、上游水库及本地非常规水资源，合理调控淀泊生态水文过程，使白洋淀正常水位保持在 6.5 ~ 7.0 米（85 高程，与大沽高程相差 1.49 米）。建设水系连通工程，联合调度安格庄、西大洋、王快、龙门等上游水库水量，恢复淀泊水动力过程。“多”——相当于增加了 29 个西湖的湖面面积。

（2）实现水质达标。优化流域产业结构，加强水环境治理，坚持流域“控源—截污—治河”系统治理，实施入淀河流水质目标管理，全面治理工业污染源，强化城镇、乡村污水收集处理，有效治理农业面源污染，打造良好河流生态环境，确保入淀河流水质达标。合理划定清淤范围，科学有序实施淀内清淤，消除内源污染，修复水体底部水生动物栖息环境，提升淀泊水环境质量，将白洋淀水质逐步恢复到Ⅲ－Ⅳ类。“净”——全面治理工业污染源，强化城乡污水收集处理，提升淀泊水环境质量。

（3）开展生态修复及远景规划。利用自然本底优势，结合生态清淤，优化淀区生态格局，对现有苇田荷塘进行微地貌改造和调控，修复多元生境，展现白洋淀荷塘苇海自然景观。实施生态过程调控，恢复退化区域的原生水生植被，促进水生动物土著种增殖和种类增加，恢复和保护鸟类栖息地，提高生物多样性，优化生态系统结构，增强白洋淀生态自我修复能力。“美”——白洋淀将重现“碧波万顷，荷塘苇海，鱼鸟成群”的自然美景。白洋淀在恢复原生态地貌的同时，积极建设白洋淀国家公园，实现创新生态管理。未来，新区将再现“林淀环绕的华北水乡，城绿交融的中国画卷”。

保护好白洋淀，做好白洋淀环境综合整治，是关系到子孙后代和新区规划建设的头等大事，我要做好白洋淀环境综合整治的捍卫者，让城绿交融的“中国画卷”早日呈现在世人面前，让华北这颗璀璨的明珠闪耀在世界的东方！

传承白洋淀文化之精髓，提升雄安文化之底蕴

◎ 刘玉燕

2017 年 4 月 1 日，党中央、国务院果断决策，要以“世界眼光，国际标准，中国特色，高点站位”建设雄安新区，打造现代城市建设的典范。雄安新区位于中国河北省保定市境内，地处北京、天津、保定腹地，规划范围涵盖河北省雄县、容城、安新 3 个小县及周边部分区域。而具有“华北明珠”之称的白洋淀则位于雄安新区的中心地带。

因此，如何传承和发扬白洋淀悠久的历史文化，提升雄安新区文化底蕴、宣传和扩大雄安新区的影响与知名度，是摆在我们每一位文化宣传工作者面前的一项重要课题，也是我们义不容辞的责任。

一、追溯白洋淀历史渊源，是进一步了解和熟知白洋淀传统文化的根基

（一）白洋淀的名称由来

关于白洋淀的名称，在历史记载和民间传说中主要有以下 3 种说法。

（1）白羊淀。这是历史上人们对烟波浩渺的白洋淀一种由直观印象形成的称呼。白洋淀原来范围很大，又曾是黄河故道。据古老的地理典籍《山海经》记述，上古时期，白洋淀一带曾是黄河故道，这里洪水滔天。到东汉永平十三年，古黄河改道南移，大量河水存积在这片洼地，形成较大面积的水域。又，《新唐书 · 地理志》记载：“莫州有九十九淀”。莫州包括莫县、清苑、文安、任丘、长丰、唐兴（即现在的安新）等广大地区。实际上，当时的白洋淀，西至清苑，东南到任丘，北至文安、徐水。这么大面积的水域，每逢大风卷起层层波浪时，宛如一群白羊前拥后挤地奔跑，于是便有了“白羊淀”的称呼。

（2）掘鲤淀。西晋时期，著名辞赋家左思的《三都赋 · 魏都赋》中曾写道：“……其中侧有鸳鸯交谷，虎涧龙山，掘鲤之淀，盖节之渊。”唐代注释家李善对“掘鲤之淀”的注释为：掘鲤之淀的位置在“河间莫县之西”，这里正是当今的白洋淀。故白洋淀亦

称“掘鲤淀”。

（3）白洋淀。据《安新水利志》记载，早在《宋史·河渠志》中就有白洋淀的称呼。到明朝正德十二年，杨村河决口始成“泽国”，并形成徐、漕、雹、萍、一亩、方顺、唐、滋、沙九河入淀之势。人们看到淀水“汪洋浩渺，势连天际”，故称“白洋淀”。

（二）白洋淀的历史变迁

白洋淀历史悠久，变迁神奇。由于气候水文的变化，由海而湖和由湖而陆进退交替，加上人类利用开发，致使古老的白洋淀经历了时而扩张，时而收缩的演变过程。早在远古时期，白洋淀所处的区域是海洋地貌，到了后来它就与整个华北地区一起形成了荒凉而辽阔的大陆。据地理、历史考古和地质勘探显示，塑造白洋淀的应该是古黄河。古白洋淀就是古黄河第一次北决入海的流经地。到了战国时期，白洋淀流域成了“燕南陲、赵北际”的军事要地。公元 314 年，燕昭王为了防止淀水北泛和敌国的入侵，沿着古黄河流经白洋淀的北岸，筑起了一道 500 余里的长城，从此奠定了白洋淀从古至今的北界。

白洋淀最终形成现在的面貌，自宋朝至今经历了三次大的变革。

第一次变革是宋代出于军事的需要，知沧州节度使何承矩、北宋大将杨延昭等人修筑的溏泺防线侧重于东西走向，是为了防御辽兵的入侵。莫县县令唐介筑了一道唐堤的南北走向，是千里堤的前身。这道堤对于现今白洋淀湖盆的形成起了决定性的作用。其主要作用是防止淀水东溢任丘，为患民田，然而它无意间形成了白洋淀的东界。宋代唐堤和长城堤的接轨，构成了白洋淀的东界和北界，为今天白洋淀基本格局的形成及自然生态环境奠定了基础。

第二次大的变革在明清时期。明代弘治年间，白洋淀淤积，彻底干涸。到了正德年间，洪水连年成灾。为了防止洪水泛滥，在白洋淀的南端入口处修筑了长达几十里的堤防，它是现在淀南堤的前身，成了今天白洋淀的南界。到了清代，水患时有发生，顺治、康熙、乾隆皇帝十分重视白洋淀的治理，修筑了不少堤防和闸涵。

第三次变革是到了现代，白洋淀水患巨大，十年九涝。中华人民共和国成立初期，白洋淀总面积为 561.6 平方千米。由于天然降水偏大，再加上九河上游无拦蓄，下游河道狭窄，流水不畅，所以一到汛期，淀区便是一片汪洋。从 1965 年开始，河北省组织根治海河，完成了白洋淀下游的疏浚工程，解决了白洋淀十年九涝的问题。之后，在各级领导的亲切关怀下，白洋淀旅游事业蓬勃发展。

（三）白洋淀的目前现状

白洋淀是河北省最大的湖泊，总面积为 366 平方千米，现有大小淀泊 143 个，平均年份蓄水量 13.2 亿立方米，主体位于河北省安新县境内。

白洋淀有大小两个范围，狭义或小白洋淀是周围淀泊里最大的淀；广义或大白洋淀是以狭义白洋淀为主体的、周围淀泊的总称。小白洋淀位于河北省安新县中部偏南，是在太行山前的永定河和滹沱河冲积扇交汇处的扇缘洼地上汇水形成，从北、西、南三面接纳瀑河、唐河、漕河、潴龙河等河流。大白洋淀主要位于河北省安新县、容城县、雄县境内，小部分位于高阳县北部和任丘市西部。

白洋淀于 1982 年干涸，1988 年恢复湖区水面，正式成为旅游胜地。2007 年 5 月 8 日，安新白洋淀景区被国家旅游局正式批准为国家 5A 级旅游景区。

白洋淀因盛产芦苇、大米、鱼虾、菱藕、苇席等而闻名，被称为美丽富饶的“华北明珠”“北国江南”和“鱼米之乡”。

二、准确定位白洋淀传统文化的主旨，是全面系统提炼白洋淀固有文化资源的根本

（一）白洋淀文化的历史追溯

白洋淀的历史文化可以追溯到新石器时代。考古发现的安新梁庄、留村以及申明亭、辛庄克、张村、涞城遗址等，以丰富而典型的文化遗存显现了白洋淀文化的基本内涵；今白洋淀以西以北容城县的容城镇、东牛乡、张市乡、小里乡、八于乡，以及晾马台乡，今安新县的端村镇、三台镇的许多地点，白洋淀以南高阳县的赵堡店乡、于八乡、小王果庄以及旧城镇等地，白洋淀以北以东的霸州、任丘、文安、大城等县市，发现众多先秦时期的遗址，不仅使连续不断发展的区位特色不断丰满和完善，而且燕南地区与中原文化交流的特点明显，而燕南特征更为突出。

在史籍中对白洋淀的明确记载有三处。《史记》中载：“荆轲至易水上，既祖，取道”；西晋左思《魏都赋》里载：“鸳鸯交谷，虎涧龙山。掘鲤之淀，盖节之渊”；北魏《水经注》载：“易水又东，埿水注之，水上承二陂于容城县东南，谓之大埿淀、小埿淀。其水南流注易水，谓之埿洞口。水侧有浑埿城。”浑埿城即是安新县城。可见在这段漫长的历史时代，白洋淀只在中华文明中占据了边缘位置。

辽宋时代至今的 1000 年间，白洋淀文化逐渐走向繁荣。先是辽宋百年对峙和通商，随着元代开始定都北京，白洋淀因为其区位优势和独特的地理环境，开始受到最高统治阶层和文化名人的关注，积累了丰厚的文化积淀。

（二）白洋淀文化的丰富内涵

白洋淀文化是一个自然的社会的立体构成，其区域范围和文化价值宽广而深厚，涉及内容广泛。

（1）制度文化。白洋淀的地理位置决定了其在直隶地方制度文化建设中的突出地位。白洋淀水域诠释着直隶水文化建设的基本内容，是清初吏治建设与地方治理政策的一部分，成为传递政治信息、统筹畿辅乃至国家规划的重要路径，成为统治者乡村控制理论、方法和技术的直接来源。白洋淀第一次将有关于清王朝的政治、经济、军事、民教、文学等诸多方面与直隶地方事务一起蜂集于此，使之事实上成为京师之外朝廷决策机务的又一重地。

（2）经济文化。白洋淀人民依托淀区优越的水资源条件，发展了独具特色的水经济。白洋淀水域辽阔，水源充沛，水质清新，川流不息，流域内河淀相通，河海相连，淀洼不分，使其具有江河平原动物区系与海河水系鱼类的共同特点，水产品的产量、经济价值均极高。植苇种蒲编织是白洋淀区百姓经久成习的生活方式和经济方式，由此“日进斗金”，饭稻羹鱼。自唐宋至明清，白洋淀的苇席、苇箔贡额巨大，故淀区上下家家以织席捕鱼为生，成为传统。白洋淀自古有舟楫之利，形成了以白洋淀及上下水域为核心和主干道的航运网，成为津保间航运中转要道，为冀中华北，京津各地，内河外埠，中原山东，乃至江南各种物资的运营与交流，提供了一条重要的生命线。

（3）军事文化。白洋淀“川堑渎沟，葭苇丛蔽，兵法谓泉土纵横，天半之地”，自古为“百战之场”。春秋战国时期，今容城—安新—雄县白洋淀北缘一线成为燕赵两国的边界。宋辽对峙时期，由塘泊围堰，栽榆植柳与铺、堡、寨构成的“水上长城”，与今容城、雄县、霸州、永清缘白洋淀、大清河北岸一线的地道构建“地下长城”，加剧了这里的紧张和动荡。由金元及至明清，淀区又与军政时局直接相关，习舟备武，水围不断。

白洋淀人民具有光荣的革命传统，“雁翎队”抗日和小兵张嘎的故事是红色文化的代表。早在北洋军阀统治时期，一些早期加入党组织的共产党员就在淀区开展农民运动，播撒革命火种。日本侵华时期，资源物产丰富、航运发达、交通便利、战略意义极其重要的白洋淀沦陷，在党组织领导下，淀区人民建立起抗日武装队伍“雁翎队”，展开了机智勇敢和顽强不屈的抗日斗争。白洋淀周围的安新、高阳、任丘、蠡县等县，组织抗日游击队，白洋淀成为当时冀中华北地区最重要的敌后抗日根据地之一。

（4）文学艺术。白洋淀人杰地灵，特殊的地理和自然生态环境、丰厚的人文历史积淀，造就了独特的文学特质。丰富多彩的诗赋、民歌、散文、小说和纪实文学作品，保留在文献中的大量行宫楹联，以及戏曲和剧作等，是白洋淀文学的基本内涵。

白洋淀的诗歌涉及内容广泛，题材多样，表达方式各有不同；纪实叙事诗数量不亚于风景诗，而且文学和史料价值都很高；民歌是白洋淀人歌咏生活、寄托美好愿望、表达思想情感的经典方式，如李永鸿的《白洋淀渔歌》，既是对习行已久的淀区民歌的继承和总结，也是革命年代和社会主义建设时期白洋淀民歌创新发展的典型；“荷花淀派”是白洋淀革命文学的最高成就。白洋淀军民英勇抗日的事迹为文学创作提供了丰富而深广的题材。“荷花淀派”文学以现实主义为基础，用笔记录了白洋淀人民依水而战、保家卫国的英雄事迹和光辉形象，

《荷花淀》《芦花荡》与《风云初记》开中国诗化小说之先河，奠定了“荷花淀派”的基础。此后，《新儿女英雄传》《白洋淀水战》《小兵张嘎》等文学和影视作品纷纷发表或公映，将白洋淀军民波澜壮美、真实感人的抗日故事镌刻在中华民族自强不息的不朽丰碑之上。

（5）民俗文化。衣食住行、大众消费和流行是民俗的基本内容。淀区民俗的形成，有人文历史作用因素，也有自然环境影响因子。历史上各朝代统治者经常视察巡幸驻跸白洋淀，尤其每年必至和盛大的欢庆迎送场面，以及水猎、钓鱼、观灯、赛舟、游艺等活动，使淀区各种形式的音乐会盛行，戏剧曲艺荟萃，游艺方式千变万化，潜移默化中对淀区风俗民情、行为方式、价值取向带来影响。受淀区自然环境和生存条件的长期作用，自然淳朴、勤劳坚韧、苦难悲怆的白洋淀人将渴望健康安宁幸福的诉求与原态生活相结合，形成了其特有的民俗文化体系，这一点从淀区入选国家级非物质文化遗产名录的情况可见一斑，涉及传统音乐、戏剧、曲艺、体育、技艺和民俗等。

（三）白洋淀文化的重要遗产

白洋淀文化最具有独特性和代表性的文化遗产，主要包括以下四个方面。

（1）宋辽文化。北宋初年，白洋淀地区是辽军南下的咽喉要地。《宋史·河渠》记载，何承矩请旨动员士兵和民工开挖河道，堆积台田，种植芦苇和水稻，形成方圆几百里“深不可行舟，浅不可徒涉”的水网沼泽，有效阻挡了辽国精锐骑兵南下，也造就了如今白洋淀3700多条沟壕和12万亩苇田的基本地貌。

（2）渥城文化。渥城在战国时为燕之浑埿城，1125年金灭辽，渥城从此列入金国辖地。在以后的明、清两朝，渥城虽经多次修缮，但仍保持着金代的规制和建筑风格。

（3）行宫文化。清代康乾盛世，白洋淀内河航运也逐渐兴起，白洋淀开始进入清朝最高统治者的视野。康熙先后40次到白洋淀，并修建赵北口、郭里口、圈头、端村四座行宫。乾隆先后4次到白洋淀进行水围。这期间大批文人雅士来此，面对绿苇、红荷及清清淀水上飞舞的白鹭野鸭，写下大量诗词歌赋，留下不少趣闻佳话。

（4）雁翎文化。抗日战争期间的雁翎队端炮楼、除汉奸、痛打包运船，为白洋淀人民留下可歌可泣的雁翎精神。以此为题材，孙犁的《荷花淀》，孔厥、袁静的《新儿女英雄传》，徐光耀的《小兵张嘎》等一大批文艺作品让白洋淀和雁翎精神跨越国界、超越时代，影响几代中国人，成为白洋淀人民最宝贵的精神财富。

三、传承与弘扬白洋淀传统文化的精髓，是延伸和提升雄安文化底蕴的基石

（一）借势发挥，进一步传承和弘扬白洋淀文化精髓的影响力

（1）在生态文化中继承淀泊、河道、苇荷、鱼虾共存互保的理念。一定要保护好白洋

淀的一草一水，让白洋淀真正成为“华北之肾”。

（2）在现代建筑中体现古城、民居的风格特点。白洋淀区的平房窄巷、灰砖木门通过影视作品传播四方，成为许多人心中的美好记忆。这些文化因子应该转化为特殊文化符号体现在未来的各类建筑中，让文化传统得以延续和升华。

（3）在时代精神中融入雁翎文化的血脉风骨。雁翎精神体现了中华民族坚忍不屈的伟大精神，应继承发扬雁翎精神，为实现中华民族伟大复兴奋斗不息。

（4）在文学艺术发展中发扬荷花淀派和白洋淀诗歌群落的开创精神，塑造雄安文化的独特品牌，叫响全球。

（二）借势推动，进一步扶植和保护白洋淀民俗文化中的非物质文化遗产项目

截至目前，白洋淀文化领域中，安新县已成功获得国家级和省级非物质文化遗产的民俗及传统技艺共计 11 项，包括圈头村音乐会、安新丧葬习俗、圈头村面塑、同口音乐会、圈头村少林会、圈头村八趟掩手、马家寨造船、安新芦苇工艺等。

在积极做好对申报成功的非物质文化遗产项目重点扶持、保护、传承且发扬光大的基础上，进一步挖掘白洋淀民俗文化中具有影响力和价值的、濒临消亡的非物质文化遗产项目，使之重新焕发新的生机与活力，得以延续和发展，并做好申遗工作。

（三）借势而上，进一步拓展和开发白洋淀文化的新资源、新内涵

（1）创新文化。未来的雄安将成为中国的高新科技产业集聚区，是引领中国经济腾飞的重要引擎，实施创新发展是大趋势。

（2）生态文化。白洋淀湿地是鱼虾的乐园、禽鸟的天堂，利用它进行深入的动植物种群研究开发，是新区面临的重要课题和必然趋势。

（3）休闲文化。未来的新区，将会成为京津著名大学、优质医院、大型养老院和度假中心的聚集地，人们在创新创业的同时，可以寄情山水，融入自然。

试析千年文脉融入雄安文化建设

◎ 孙彦甫

保护、弘扬雄安优秀传统文化，延续历史文脉，发掘特色文化资源，开发文化产品，依托特色文化产业，建设特色文化雄安，使千年文脉融入雄安文化建设，是新时代赋予我们的历史使命。

党的十九大报告指出，“文化是一个国家、一个民族的灵魂，文化兴、国运兴，文化强、民族强。没有高度的文化自信，没有文化的繁荣兴盛，就没有中华民族的伟大复兴。要坚持中国特色社会主义文化发展道路，激发全民族文化创新创造活力，建设社会主义强国。”

雄安地区积淀深厚，七间房乡的三各庄新石器时代遗址表明，7000 年前这里已经有人类临水而居，繁衍生息，有以鄚阳城为代表的古代城防，有神医扁鹊中医药文化及鄚州大庙，有人工堤防——千里堤。在雄安新区建设中，诸如此类的千年文脉是千年雄安、文化之城、智慧之城建设中必不可少的文化元素，将历史文化遗存融入时代和环境，打造千年记忆的城市空间。

一、从三各庄新石器时代看原始农耕文明

三各庄新石器时代遗址位于七间房乡政府东北 300 米，西距白洋淀 500 米，三各庄村西。东西长 300 米，南北宽 100 米，总面积 30000 平方米，文化层厚约 2 米。在遗址采集的石器标本有天然卵石稍加磨砺而成的石斧和楔形石器，边缘施黑彩的红色陶器，斑鹿、驯鹿的鹿角做成的鹤嘴锄，野猪牙磨成的刮削器，肿骨鹿的鹿角，还发现许多陶镯，这时的母系社会妇女已知爱美装饰。采集标本经碳十四测定，距今约 7000 年，为仰韶文化早中期，一直到龙山时期。该遗址于 2013 年 4 月由国务院公布为第七批全国重点文物保护单位。

1. 原始农业的形成

三各庄新石器时代，人类发明了农业、畜牧业。先民们在长期实践中，逐步观察和熟悉了某些植物的生长规律，慢慢懂得了如何栽培作物。在采集经济的基础上积累了经验，发明了农业。仰韶文化是一种以农业为主的文化，聚落址临近白洋淀水域。这里土地肥美，有利于发展农业、畜牧，取水、交通都很便利。早期农业处于原始的锄耕农业阶段，采用刀耕火种的方法和土地轮休的耕作方式。最早的农具是削尖的木棒和石斧，这时的石斧大多数形体厚重，适用于砍伐林地，开垦荒地，然后播种。人们在农耕的同时，还辅之以采集、狩猎活动。

2. 原始制陶业的产生

我们的先民在不断的劳动实践及总结经验的基础上发明了陶器由黏土制成，包括选土、制胎、彩绘、烧制等工序。最初将泥条以盘筑法成型，逐渐改为慢轮，在器表装饰各种纹饰。此时的陶器，从陶质区分，有红陶、彩陶、灰陶，乃至后来的黑陶，其中以红陶为主。红陶分为细泥红陶和夹蚌或夹砂陶；从工艺上区分，有手制、模制、轮制；从纹饰上区分，有压印、拍印、刻画、彩绘。陶器是随着人们生活方式及生产力发展而诞生的，体现了先民的勤劳与智慧。

3. 磨制石器、骨器的应用

新石器时代，先民的生产工具大多数为石质和骨质。磨制石器有石斧、石磨盘、石磨棒、石铲等；骨器有斑鹿、驯鹿的角做成的鹤嘴锄；蚌器有蚌镰、蚌铲等。这些迹象表明，这里当时已经形成固定的居住聚落，其经济是以原始农业为基础，包括狩猎、采集等多种形式。

4. 渔猎文化的传承

狩猎主要是男子从事的活动，一般集体围猎较大和较凶猛的野兽。三各庄遗址的灰坑中不仅发现了家禽家畜遗骨，还发现了一副完整的大型动物骨架。狩猎所用的工具多种多样，常见的有用骨、石、角磨制的箭头，都很锋利，还有很多重达几十斤的石球。从这些遗物可知，当时狩猎方法包括弓箭射击、投掷和集体围打等。当时，猪、狗、鸡等家禽家畜已经开始饲养。

遗址上陶器残片上的网格纹比较多见，陶网坠也有发现，说明当时的捕捞方法不仅包括垂钓、投叉、击刺，而且还包括网捕。现在白洋淀的传统渔法渔具则传承了许多古老的捕鱼方法，沿用至今。

5. 建设遗址公园，再现仰韶文明

历史文化是一座城市的灵魂，如何保护传承历史文化，对于城市发展至关重要。开发建设三各庄考古遗址公园，通过深入挖掘其仰韶文化内涵，加以合理开发利用，开展宣传推介活动，增加雄安人文效益、经济效益及社会效益。打造集研究、展示、教育、休闲娱乐于一体的公共文化空间，既有助于促进考古学科的发展，又能保护和改善遗址环境，盘活文化资源，达到对公众进行历史和审美教育的目的。

二、古鄚双城历史变迁

1. 古鄚双城今犹在

鄚州现存颛顼城（古州城）和鄚州城两座古城。据万历《任丘县志》记载："古州城是鄚州的废城，建于颛顼年代，故称颛顼城。"鄚州城坐落在古州城的南面偏西，两城相对部分三四百米，呈纱帽形，又称纱帽城。因此，鄚州镇又叫双城镇。这两座古城处于古代濡水、易水诸河汇集处，由此东折流入渤海。

清《一统志》记载："颛顼城在鄚州东北三里，颛顼所造，今呼为古州。"城郭大致为圆形，直径为1.5千米，如今尚存部分残垣断壁。1965年，白洋淀开卡工程中，在古州发现一批铜器，其中有铜币，币上铸字"莫"。证实古代曾有"莫"国。

《三郡记》和《姓氏考略》载，莫氏的最早记录源于上古颛顼大帝。颛顼建造鄚阳城，其后代一支世居此地，以地为姓，始称"莫氏"。鄚阳城即古"鄚"国。字由"莫"和"邑"组成。"莫"解释为"日出草莽"，为荒凉之地。"邑"字由"口"（读"围"）和跪着的"人"组成，"邑"字后变体为右耳旁。所以"鄚"字为象形字，专用于此地地名。颛顼城圆形无角，城高土厚，而鄚州城则建得较晚。

北宋年间，杨延昭任鄚州刺史及团练使，与辽兵相抗9年之久。为了巩固防御阵地，历代也曾屡次修葺鄚州城。到了明代，防御线已经转移到了古长城山海关一带，处于宋、辽边境的鄚州城失去了军事上的作用，逐渐遭到破坏。

2. 古鄚鏖兵——公孙瓒骄逸丧"高京"

东汉末黄巾起义失败，公孙瓒占据幽州后决定把幽州刺史治所移至鄚地。在鄚州城北修建"易京"，又名"高京"，以米汤和泥筑城墙，用铁铸造城门，城中积存大量军粮，又命士兵开垦农田以供军粮。城池建筑颇具规模，临易河，通辽海，公孙瓒自以为高京固若金汤，于是终日在城内花天酒地，骄奢淫逸。建安三年（公元198年）秋，袁绍统兵攻打高京，一面紧急攻城，一面挖地道直通城内，犹如神兵天降，状若鬼神，鼓角鸣于地中。建安四年（公元199年）春，袁绍攻破高京，公孙瓒自焚。

北宋文学家苏轼在为即将到鄚州赴任的好友梁仲通送行时曾写诗重提公孙瓒骄逸失高京："燕南陲，赵北际，其间不和大如砺。至今父老哀公孙，蒸土为城铁做门。城中积谷三百万，猛士如云骄不战。一朝鼓角鸣地中，账下美人空掩面……"以此告诫梁仲通在鄚州任上要汲取教训。

3. 高梁河之战与鄚州

北宋太平兴国四年（公元979年）元月，为了收复燕云十六州，宋太宗御驾亲征，行辕设于真定，与契丹开始了第一次大规模战役，主战场在鄚州、雄县、高阳、河间一带。七月，辽将耶律沙领兵与宋军战于高粱河（北京西直门）。初，宋军胜。后耶律修哥率军左右夹击宋军，获大胜。太平兴国五年（公元 980 年），战场转移至雄、鄚、益津（今霸州）、高阳一线。十月，辽帝亲征，率兵围瓦桥关（今雄县）。十一月一日，驻鄚州宋军夜袭敌营，被辽军打败。三日，宋军增援瓦桥关。十一月十日，鄚州宋军与辽兵再战，又败。退守鄚州将士立志雪耻，与辽兵战于关南（今高阳旧城），大获全胜，斩辽兵首级三千余，一次历时半载的大规模战役结束。

咸平二年冬（公元 999 年），辽兵攻遂城（今徐水），杨六郎带兵守城。命军民取水浇城墙上，凝冰冻城，使城墙结冰，保卫了遂城。杨六郎因功升鄚州刺史、团练使，把守三关（雄县的瓦桥关、霸县的益津关和高阳关），与辽兵相抗 9 年。《宋史》272 卷有杨业、杨六郎、杨文广合传。杨六郎本名延朗，后改延昭。大中祥符七年，杨六郎战死鄚州，卒年 57 岁。他深受人民爱戴，死后柩车运往太原时，人多望柩而泣，叩请就地安葬。最后，将其衣冠之物葬于鄚州苘井西，后人称为“六郎坟”。

三、扁鹊中医药文化及鄚州大庙

1. 扁鹊中医文化誉满天下

扁鹊，本名秦越人，春秋战国时期渤海郡鄚人。年轻时曾做过舍长，后拜名医长桑君为师。他为人谦恭勤奋好学，学医十载并得其真传。首创“望、闻、问、切”四诊，又擅针灸，于内、妇、五官、小儿等各科无所不通。司马迁在《史记·扁鹊仓公列传》中说：“至今天下言脉者，由扁鹊也。”他游历各国为民除疾，深得百姓赞誉。

过虢国，平阴阳，通脉络，治好了虢太子“尸厥症”；过晋国，施针灸，用烫熨治好了晋国大夫赵简子，简子赐田四万亩；过齐国，望桓侯，三指桓侯病因所在，因桓侯讳疾忌医不听善劝而亡。扁鹊行医有六不治，即骄恣不论于理；轻身重财；衣食不能适；阴阳并藏气不定；形羸不能服药；信巫不信医。

扁鹊行医出入各国，推崇科学，依于药理，反对巫术，并能根据当地民疾所研、所医，能除一方民之疾苦，药到病除。所到之处，因医技高超、医德高尚而备受百姓敬仰。《史记》载：“过邯郸，闻贵妇人，即为带下医；过洛阳，闻周人爱老人，即为耳目痹医；入咸阳，闻秦人爱小儿，即为小儿医，随俗为变。”

扁鹊在实践中独创了“寸口”诊脉法，研究著述了《八十一难经》，为后人所传承，运用烫熨、针灸、砭石、手术、按摩等各种医疗技术为民除疾。“扁鹊言医，守数精明，后世循序，弗能易也。”

扁鹊的医术医德不仅影响了中国，而且在日本、朝鲜、苏联、英国、美国、法国、阿拉伯等国家和地区，特别是东南亚各国影响颇深。他的医学成就与医学观点被许多国家融入医学教科书中，名扬海内外，功绩永驻。他是中华医道之圣，千古医德之师，被世人尊称为“神医扁鹊”。

后人为了纪念扁鹊，修建了多处扁鹊庙。

2. 天下大庙树鄚州

任丘鄚州大庙始建于元朝，《任丘县志》记载：“扁鹊祠，元达鲁花赤野仙乞实迷儿进义建”。明嘉靖年间，任丘知县周佑、王齐重修；天启年间，奉敕重修；万历二十一年十月初十，明神宗敕令兴办鄚州庙会，召天下人前来赶会，达官显贵、各地商贾云集鄚州。每年二月到三月初，鄚州大街上货品招牌林立，各种商品堆积如山，京津巨贾也多到庙会进货。当时，从鄚州到大庙数里，商业布蓬搭成街道，遮天蔽日，车马辐辏，人声鼎沸。像这样的繁荣景象一直持续了数百年。其中最盛时期是清康熙年间，当时社会稳定，经济繁荣，庙会也就盛况空前。自古就有“北京人全，鄚州货全，天下大庙数鄚州”。鄚州大庙因香火过旺几遭火灾，后荡然无存。

为了弘扬扁鹊的中医文化，任丘市政府于 1992 年重建扁鹊祠。2018 年 4 月 20 日，鄚州大庙以及扁鹊中医药文化融入了雄安新区，必将成为雄安文化建设的新亮点，为打造中国中医药知名品牌发挥重要作用。

四、北方最长人工堤防——千里堤

1. 千里堤穿越千年

千里堤始建于宋代，宋仁宗庆历元年至八年（公元 1041—1048 年），任丘县令唐介为防滱水、易水之患，在县西北赵各庄至西大坞筑堤 40 余里。任丘百姓免遭水患之忧，故称之为“唐堤”，是白洋淀东堤前身。从此，白洋淀开始有了堤防。明代不断加修唐堤，又在雄县修了万柳堤、大沽堤；在安新修了西堤等，以防御白洋淀洪水，这些堤防互不相连且规模较小。

白洋淀构筑大规模堤防始于清代，康熙三十五年（公元 1696 年），原江南河道总督王新命奉旨治理白洋淀周围河道。康熙三十七年（公元 1698 年），他在给康熙奏折中写道：“自清苑、安州、新安、高阳、河间、任丘、雄县、保定（今安新镇）、霸州、文安、大城十州一县，共堤长十三万八千丈有余，计长七百七十六里。而赵北口、霸州苑家口，又皆出水咽喉。”当时，赵北口以上广大水面统称西淀，霸州苑家口以下水面统称东淀。从王新命的奏章可知，东、西两淀及西淀上游河道均建有彼此相连的堤防。这些堤防总计长度近千里，工程浩大，但此时尚无千里堤之名。

乾隆三年（公元 1738 年），总理事务大臣大学士鄂尔泰在给乾隆帝的奏章中称：“千里长堤，周回于顺天、保定、河间三府之境，而工程之隶属于保（今文安新镇）、霸、文，大数邑者尤为险要。”鄂尔泰的奏章第一次将白洋淀堤防称为“千里堤”。

2. 千里堤上百年风景

明末清初的百余年间，白洋淀堤防尽管标准不高，经常溃堤，但在一定程度上还是缓解了下游水患，并促进了白洋淀渔业、水生植物的繁荣。白洋淀水域宽阔，遍布荷、菱、芦苇，水产丰富，风景秀丽。康熙、乾隆皇帝在淀边兴建了赵北口、圈头、端村三座行宫，多次到白洋淀行围打猎，欣赏美景，留下了许多赞美诗篇。淀边各县还因淀置景，将“长堤烟柳”“白洋月夜”“金沙落照”“十里荷香”“枣林晚渡”等作为当地“六景”之一。

“十二连桥”坐落在千里堤上，位于任丘、安新、雄县交界处，是明清以来京德古御道上一处闻名遐迩的人文景观。它地处京畿、白洋淀咽喉，沟通南北，水陆交汇，不仅战略地位极为重要，而且景色宜人。十二连桥北起赵北口村北，白洋淀北堤的易易桥，南至十方院千里堤北面的太平桥，其自北向南依次是易易桥、新桥、广惠桥、御碑桥、徐家桥、第一桥、第二桥、第三桥、第四桥、洪桥、太平桥。

1937 年抗日战争爆发后，我抗日军民为阻止侵华日军的疯狂进攻，曾几次忍痛破路拆桥，对人民生命财产起到了保护作用。

3. 日伪决堤水淹七市县

1939 年夏天，连降暴雨，白洋淀水位猛涨，大清河爆满。7 月 17 日晚，驻安新县城的日南本部军一个小队与伪军共 36 人，将七里庄附近的千里堤挖开 7 处。至拂晓，7 道决口几乎相连，淀水倾泻而出。抗日民主政府于 18 日组织 23 个村庄共 1580 多名民工奋力将决口堵毕。19 日夜，安新县城日伪军 98 人再次来到七里庄，用步枪、机枪射击守堤群众，尔后重新将堤挖开 11 个口子，宽达 200 米。20 日，当地群众自发组织民工抢堵决口，因物料不足，未能堵住。22 日至 25 日，数千民工紧急备料，强行堵口。25 日上午 9 时决口将要合龙时，驻安新百余名日伪军第三次袭击挡堤群众，拆毁坝头，决口 4 道，洪水泄出淀外，淹没田地，吞噬村庄。任丘、文安、大城、青县、静海、天津一片汪洋，造成 7 县市两年减产绝收，175 万农民流离失所，背井离乡。

任丘市政府于 2004 年在千里堤决口处修建了旅游码头，取名为“大口子旅游码头”。

雄安地区在历史上是游牧文化和农耕文化的交界地带，既接受内地移民亦兼采边地少数民族的文化特点和风俗习惯。正是由于雄安地域历史文化中具有“融合文化”的因子，因此在雄安新区建设中具有能够以海纳百川的气度，接受外来文化并逐渐内化为自身文化的优势。

在雄安新区建设中，要注重文化传承，体现中华传统文化特别是经典元素，同时结合区域文化、历史传承、时代要求，打造城市特色风貌。雄安新区有着悠久的历史文化，这一文化传承历经千年绵延不断，脉络清晰。在雄安新区规划建设进程中，雄安文化建设也将有长足发展，必然贯彻世界眼光、国际标准、中国特色、高点定位。逐步形成兼容京津冀文化精神、富于时代风貌的新区文化。传承弘扬雄安优秀历史文化对于新区文化建设具有增强自信、厚植底蕴、强根固本的重要作用。

文化艺术管理对文化产业发展的影响

◎王　倩

随着我国经济的发展、社会的进步，人们的生活水平也在不断提高，因此人们的文化品位也日益提升。在这种大背景下，加强文化艺术管理工作能够全面推进我国文化产业的发展，进而进一步促进我国的精神文明建设。本文主要围绕文化艺术管理对文化产业发展的作用展开分析和论述，首先介绍文化艺术管理以及文化产业，然后提出文化艺术管理在文化产业发展过程中的地位和作用。

一、文化艺术管理和文化产业分析

在文化产业发展的过程中，只有全面加强文化艺术的管理才能有条不紊地推进文化产业的进一步发展。自古以来，只有进行管理活动才能够保证各项事业能够有计划、有组织地开展，因此开展科学合理的管理能够起到事半功倍的重要作用，否则就会产生负面的影响。管理本身对于生产具有重要的推动作用，而文化艺术管理与管理之间存在着一定的差别，对文化艺术进行管理的最终目的是满足人们精神方面的需求，具有较强的公益性，但是其他的管理活动往往是以获利为目标。当然，文化艺术产品要想营利就需要加强管理。尤其是在进行文化产业发展的过程中，只有进行管理才能够保证对设备资金等进行有效的运用，保证文化产业发展具备一定的效果。为了实现文化艺术产品效益的最大化，需要加强管理，尤其是要采取科学的途径，借助一些资本的力量进行市场化的运作。艺术管理是以现代管理观念与管理理论为依托，以文化市场需要为根据所设计的新型理念。艺术管理的关键是，管理者如何把一个很好的艺术品介绍给观众。“它不是一般管理问题，管理者首先要对艺术品创作、生产传播有一个基本的判断。”

二、文化艺术管理在文化产业发展中的作用和地位分析

文化产业是为了给社会大众提供文化服务以及从事文化产品生产的一种经营性行业，是文化建设的重要组成部分。文化艺术管理和文化产业的发展之间具有一定的关联性，而且文化艺术管理在文化产业的发展过程中也具有重要的地位，主要表现在以下几个方面。首先，文化艺术管理区别于其他的生产管理工作。文化艺术管理主要是对艺术作品以及艺术产品进行管理、规划，要保证反映出我国不同的文化素养以及审美方面的追求。在一定程度上，文化艺术管理的范畴相对较为广泛，而且具有很强的影响力。尤其是当下我国文化事业不断发展，文化市场日益繁荣，不仅出现了图书、报刊、影像、资料等文化产业，而且也有了针对娱乐戏剧等的文化服务，这些都属于文化艺术管理的范畴。文化产业的不断发展也进一步衍生了文化旅游行业，所以只要是能够为社会大众提供文化娱乐相关活动的都属于文化产业。其次，文化艺术管理也逐渐向营利的方向发展。随着经济全球化的发展趋势越发明显，各种文化思潮层出不穷，不同文化之间的碰撞也越来越激烈。在这种形势之下，文化产业也逐渐向营利化产业方向推进，但是与其他的工业产品和物质产品之间依然存在差别，主要是由于文化产业的消费体现的是一种文化素养以及审美能力，区别于工业上的加工流水而形成的利益。因此，文化艺术管理具有一定的特殊性，需要针对文化艺术进行有效的监督和管理，避免出现文化扭曲的现象。最后，有必要增强我国文化艺术管理的实际效果。结合当下文化产业发展迅速的情况，在进行文化艺术管理时也应该打破传统的观念，能够结合时代的发展趋势进一步改进文化体制，将原来的文化事业单位转化为企业单位，进而增强文化创造力，保证文化产业的顺利发展。因此，需要进一步完善文化艺术管理的办法，改进传统的观念，尤其是增强文化艺术管理人员的综合素质，能够对文化产业进行强有力的管理，而不会被市场化的管理模式所束缚，但是也要推进文化艺术管理的市场化发展。当下的很多综艺节目，如《快乐大本营》等也属于文化艺术管理的范畴，是文化艺术和文化产业融合的结晶。在进行管理时，既要体现艺术品的独特审美，也应该加强管理，保证创作出更多的文化精品，通过加强艺术管理增强我国文化产业的影响力。尤其是当下韩剧备受推崇，这与文化艺术管理也有直接的关联。为了保证我国文化艺术的发展，避免受众崇洋媚外，需要加强艺术管理工作，以积极的策划促使文化产业走得更远。

三、结语

开展文化艺术管理工作对于文化产业的发展具有十分重要的意义和作用，尤其是面对当下管理人员专业素质不高以及管理工作不规范等现象，只有充分认识到文化产业管理的重要作用并且结合文化艺术管理的相关特征，采取有针对性的管理举措和办法才能真正实现我国文化产业的快速发展。

传承千年文脉　共创雄安未来

◎ 王艳茹

设立雄安新区，是千年大计、国家大事。“无文化传承，无雄安未来”，因此雄安新区规划建设特别强调结合区域文化、延续历史文脉。雄安新区所辖区域历史悠久，文化积淀深厚，考古资料表明，这里在新石器时代就已经有人类活动。在几千年的历史长河中，这片土地上产生了以“容城三贤”为代表的著名历史人物，以“宋辽榷场”为特色的商业文化和民族融合文化，以“雁翎队”为代表的红色文化，以及以各类国家级、省级、市级非物质文化遗产为代表的民俗文化。准确把握雄安地区历史文化的定位，梳理、总结、归纳其特色，在雄安新区规划建设中加强历史文化资源的保护、挖掘和利用，是时代赋予我们的历史使命。

一、探寻雄安千年文脉

（1）燕赵文化不仅孕育了雄安地域历史文化，同时也不断涵养、提升着雄安地域历史文化的层次。雄安地域历史文化植根于燕赵文化，和燕赵文化一脉相承。

燕赵文化是雄安地域文化得以生成、发展并不断升华的母体。从地缘上来看，雄安地区属于燕赵文化圈的史实是一贯的，从未间断。目前已知的雄安地区商周时期遗存 20 余处，且有重要的遗迹和遗物发现。战国时期，赵国灭中山，得今安新之地，奠定了雄安地区为“燕南赵北”的基本格局。燕南古长城不仅是燕赵两国的分界线，同时也是燕赵文化的融合之所。

北宋为巩固北部边防，采用六宅使何承矩的建议，从雄州边境开河引易水向东，沿边境注入渤海，东西三百余里，南北六七十里，沿河开辟湖泊，修筑堤坝蓄水，形成大面积水田，以遏制辽国的骑兵。还在雄州构筑了结构复杂、功能齐全、被称为“地下长城”的边关古地道。金泰和八年（1208 年），析容城县置渥城县，并将安州的治所移到渥城，同时割容城县属安州，造成雄安区域分属于雄州和安州。

元明清时期，在文化上，由于受到京都文化的辐射和滋养，呈现出异彩纷呈的繁荣景象。以教育为例，清代河北地区县级书院共计136个，其中保定府最多，有22个，雄县、容城、安新三县均建有县一级的县学和书院。渥城书院、正学书院、葛乡别塾、静修书院被称为白洋淀四大书院。除书院外，乡间私塾教育也得到发展，如清代容城县80多个村庄中就建有102座私塾。史书中将“容城三贤”和“眉山三苏”相提并论，并称雄安地区“读书有种、道义有流”，足见其影响之大。还应重视的是明末清初在白洋淀南蠡县、博野产生的著名的颜李学派，创立和践行“实文、实行、实体、实用”，与孙奇逢的理念相通，传承了燕赵文化中厚重朴实、求实力行的精神，成为畿辅文化的重要价值取向，同属于环白洋淀文化圈。

（2）雄安地区在历史上是游牧文化和农耕文化的交界地带，因此雄安历史文化始终具有开放包容的胸怀，既接受内地移民亦兼采边地少数民族的文化特点和风俗习惯。

雄安地区处于草原文明与农耕文明的接合部，少数民族与汉民族冲突和休养生息的前沿地，因此融合文化是其地域文化的主基调。雄安历史文化始终具有开放包容的胸怀，既接受内地移民亦兼采边地少数民族的文化特点和风俗习惯，同时在学术上具有综合百家、成一家之言的气度和品格。正是由于雄安地域历史文化中具有“融合文化”的因子，因此在雄安新区建设中能够以海纳百川的气度，接受外来文化并逐渐内化为自身文化的优势。

（3）白洋淀不仅以其丰富的自然资源养育了雄安儿女，同时也孕育了别具风情的北国水乡民俗文化。

白洋淀是由白洋淀、藻苲淀、马棚淀、腰葫芦淀等143个大小不等的淀泊组成，总面积366平方千米，年蓄水量达13.2亿立方米，是华北平原最大的淡水湖泊，古代有“北地西湖”之称。白洋淀是人工湖，更是自然原生态和民俗原生态交融的多彩文化湖泊。淀区盛产菱角、芡实、莲藕、芒子、芦苇、野鸭、河蟹。白洋淀东半部水区适合种植水稻，自古就有“鱼米之乡”“冀北江南”之称。白洋淀芦苇历史悠久，是白洋淀人民赖以生存的主要经济作物，可造纸、织席、打箔、编篓、打帘和制作苇制工艺品。芦苇画精选白洋淀特种芦苇及其他材料，经分类、切割、雕刻、编织等多道工序制作而成，画面栩栩如生，展现了白洋淀旖旎的自然风光和浓郁的水乡风情，具有独特的艺术内涵。

白洋淀面塑，闻名遐迩。白洋淀人一年四季生活在水上，白洋淀的荷花、芦苇、水草、鱼类、鸟类等成为白洋淀面塑工艺品的素材。白洋淀面塑艺术情感细腻，寓意吉祥，作品形象逼真，极具乡土特色。

抗日战争时期，人称“水上飞将军”的雁翎队在淀泊相连、苇壕纵横的白洋淀上神出鬼没，令敌人闻风丧胆。雁翎队丰富了中国共产党抗战时期“游击战争”的理论和实践。众多革命文艺工作者以抗日战争历史为题材，创作了大量文学作品，如《新儿女英雄传》

《风云初记》《荷花淀》《敌后武工队》《野火春风斗古城》《小兵张嘎》等。水秀人灵的白洋淀还孕育了现代文学史上一个重要的文学流派——以孙犁为代表的荷花淀派文学群体。“荷花淀派”的突出特点是，用浪漫主义的笔调描写艰苦的革命斗争，语言清新质朴，描写细腻真实，开创了抗日文学“诗意小说”的新境界。

（4）雄安历史文化中的开放包容、厚重大度的文化精神无疑可以增添文化凝聚力。自然生态与民俗生态相融的独特的白洋淀文化，又能够增添这里美好的人文吸引力。生活在雄安地区的人民祖祖辈辈以农桑、牧渔为业，形成坚韧不拔、吃苦耐劳的精神品质。

在雄安新区建设中，必须要注重文化传承，体现中华传统文化特别是经典元素，同时结合区域文化、历史传承、时代要求，打造城市特色风貌。这里当然包括燕赵文化和雄安历史文化的元素及符号。雄安新区与深圳、浦东新区不同，它有着悠久的历史文化，这一文化传承历经千年绵延不断，脉络清晰。

在雄安新区规划建设进程中，文化建设要获得长足发展，当然也必须贯彻具有世界眼光、国际标准、中国特色、高点定位的原则，逐步形成兼容京津冀文化精神、富于时代风貌的新区文化。传承弘扬雄安优秀历史文化对于新区文化建设具有增强自信、厚植底蕴、强根固本的重要作用。

二、新区未来文化发展的期盼

相信雄安新区未来的文化环境一定是全国乃至世界一流的。对新区文化发展的期盼主要表现在以下三方面。

（1）本地文化遗产能得到很好的继承与发展，包括老屋、老树、老物件等乡愁的有形载体，希望能通过就地保护或建博物馆保藏等方式，得到合理的保护留存。对于雄县历史上存在过的一些有深远影响、有文化内涵的自然与人文景观，像大小雄山、瓦桥关、铃铛阁等，希望有机会复建，让它们进入公众的文化休闲生活，使雄县丰富的非物质文化遗产，比如国家级非遗项目的雄县古乐、鹰爪翻子拳，以及许多的省、市级非遗项目，能得到更好的保护和传承。

（2）新区的文化建设不仅要传承既往，更要有发展与创新。省委常委、雄安新区党工委书记、管委会主任陈刚说：“无文化传承，无雄安未来。”对雄安新区的文化建设来说，传统文化跟现代科技相结合，本地文化跟外来文化相融合，有可能让雄安新区未来的文化展现出富有魅力、引领时代的独特风貌。

（3）新区文化建设成果全民共享，使之成为百姓生活的一部分。如同当年的县级文化馆、图书馆，对丰富群众的文化生活起到了很大作用。希望新区在休闲公园等公众场所添加更多文化元素，让文化融入百姓生活，全民共享文化建设成果、提升文化生活质量。

三、齐心协力，共创雄安未来

城市的记忆既是城市的历史，也是城市的文化，更是这座城市的人们生生不息的“火种”。在精心筹备雄安新区建设和规划同时，各方主体包括中央、地方政府、高校组织、民间机构、产业资本、居民个人等，都应积极投身传统文化保存、挖掘之中。

1. 政策支持、政府作为

引天上之水，争取多方政策支持。2017 年 7 月 10 日，环保部将白洋淀列入“新三湖”予以保护，强调对白洋淀水域污水治理、生态保护的重要性。白洋淀自然保护区被列入《全国湿地保护“十三五”实施规划》。2017 年 7 月，河北省省文化厅下发《关于加强雄安新区非物质文化遗产调查和保护工作的通知》，正式启动了对雄县、容城、安新三县非物质文化遗产的全面调查和保护编制规划的工作。在雄安新区建设不久，省档案局以读、视、听等方式原汁原味地对雄安新区发展轨迹进行全景式再现，同自然文化遗产、建筑一道，共同形成一座新城记忆的有力物证。

2. 多方参与、留住“记忆”

雄安新区在保护和传承地方文化的过程中，积极引入高校、文艺协会等组织与政府进行合作，为传承优秀民族文化树立了良好的榜样，也为地方文化保护注入了新的活力。河北省美术出版社出版的《雄安记忆》系列丛书以图片和文字的形式向全世界读者展现着雄安的历史风貌和文化传统，为唤醒“雄安记忆”做出了突出的贡献。河北大学文学院设立“雄安传统文化研究中心”，研究中心关于雄安文化的首批研究项目包括雄安地区语言（方言）资源的保护、雄安地区历史文献的整理、宋辽语言与文化接触研究等。2018 年 2 月，中国雄安网正式上线，内容包括对人文雄安、古韵雄安的详细介绍，通过文章的形式来对雄安地区的文化特色、民族精神、民俗特征、历史印记等进行详细的描述。

3. 项目开发，特色化保护

特色小镇的开发与筹建，为雄安历史文脉的延续提供了强有力的保障。依托实甫文化创意产业示范园项目建设，打造涵盖全省甚至全国非物质文化遗产鉴赏、传承、休闲、旅游的文化宝地。随着小镇的不断发展和宣传，全国乃至世界的眼光都会被雄安地区传承下来的中华民族文化精华所吸引。

4. 创新模式，多样化传承保护

习近平总书记在中共十九大报告中指出：“文化是一个国家、一个民族的灵魂。文化兴国运兴，文化强民族强。”落实习近平总书记“文化兴国”的要求，应对传统文化传承面临的挑战，解决传统文化传承当前存在的古迹损毁严重、民间技艺后继无人、现代文化冲击巨大等问题，提升传统文化传承的质量和水平，关键在创新，创新传统文化保护方式，广泛采取科技化、数字化，产业化、生态化，区域化、品牌化，国际化、全球化方式对新雄安新区传统文化进行抢救、挖掘，才能真正让雄安成为中国文化崛起的重要窗口。

5. 文化科技化、数字化

借助科技力量保存传统文化。变市场为技术、变技术为市场；一方面市场为广泛的技术创新提供了市场背书；另一方面技术创新可以扩大市场规模。数字化技术的应用消除了文物大小的限制、区域位置的限制。对雄安地区遗迹遗址保护、挖掘，可以借助科技力量引入数字勘测系统和3D数字复原技术，将遗迹遗址以3D影像的形式存于数字化系统中，并对残缺或是有损坏的文物进行复原；对于地区文化、民俗，可以应用数字图书馆技术、数字博物馆技术和频谱视窗技术。也就是通过技术化、数字化让雄安文化能够得到更全面的展示和更加有效的传播，实现从技术到市场的转化，提升文化的价值。

6. 文化产业化、生态化

文化产业化、生态化是指地方围绕当地的文化或是传统打造产业，并形成上下游相互连通的产业链条，再通过文化产业链形成文化的生态圈，最终让文化发展形成良性循环。同时，这也是全产业链条、全生命周期逻辑的具体体现。目前，国内许多地区都开展了对民族文化产业化、生态化的探索实践，不仅为促进地方经济的发展做出了重大的贡献，也在地方民族文化保护方面取得了不错的成果。其中，国内文化产业化、生态化实践较为成功的案例要数“乌镇戏剧节”的举办，这也是文化创新的典型例子。江西婺源的文旅产业、邯郸太极教育产业等，这些文化模式创新都对中华民族传统文化的传播做出了不小的贡献，也为雄安新区的文化传承提供了宝贵的借鉴。

7. 文化区域化、品牌化

提到江西景德镇，便会让人想起中国的陶瓷；提到广东佛山，就会让人想起历史悠久的妈祖庙；提到山西省汾阳市，就会让人想起传统名酒汾酒；提到井冈山，便让人想起抗战时期的红色文化。不难发现，上述每座城市的文化就好像该区域的“名片”一样，不仅深深地印刻在这个区域、这座城市的每一个角落和人们的日常里，而且源源不断地向远方传播，加速和深化了人们对这个区域、这座城市的认知。这种文化区域化、品牌化方式，不仅给这个区域、这座城市带来了良好的声誉，而且也为这个区域、这座城市创造了巨大的经济价值。

8. 文化国际化、全球化

随着经济全球化、政治国际化发展，中华传统民族文化与世界文化的交流越来越多，与其他文化元素的融合越来越普遍，其得到的尊重也越来越多，获得的展示也越来越广，无形之中使得华夏文明得到了更好的保护与传承。

雄安新区作为蕴含深厚历史文化的区域，可以学习借鉴开办孔子学院的方法，立足于区域文化特色、创新文化“走出去”的方式，让雄安传统文化精华展现在更大的舞台之上，让雄安成为“一带一路”未来文化输出的起点。同时，加强地区文化与西方文化的结合，使雄安地区传统文化成为国际化、全球化的标志。

千年之城的文化使命与创意营造

◎罗　薇

规划建设雄安新区，是以习近平同志为核心的党中央深入推进京津冀协同发展做出的一项重大决策部署，是习近平总书记亲自谋划、亲自部署、亲自推动的重大历史性工程，是千年大计、国家大事。

一、建设未来文化之城的时代背景

（1）全球文化大变局。一是经济社会发展新阶段的出现。人类社会的发展经历了自然经济、工业经济两个发展阶段，目前正在进行信息革命，代表着进入了数字经济和文化经济这一重要阶段。文化经济是工业化后的必由之路，文化经济满足了人类社会发展的新要求。在消费层面上，文化消费规模不断扩大，需求层次日益提升，大众消费出现了多文化倾向，并呈现出由实用功能型消费向文化体验消费转变的明显趋势。在供给层面上，文化产业实现了经济发展模式从原来粗放型的劳动资本密集型向集约化的技术密集型，再到文化导向型的经济发展模式的转变。二是全球化和数字化引发“没有硝烟的文化战争”，国家竞争重点由人口、能源、技术等“硬实力”向政治制度、科技创新、文化程度和国民素养等“软实力”转变。

（2）改革开放40年，中国特色社会主义进入新时代。一方面，我国社会主要矛盾已经转化为人民日益增长的美好生活需要和不平衡不充分的发展之间的矛盾。人民的美好生活需要日益广泛，对物质和文化生活提出更高要求，而满足人民过上美好生活的新期待，就必须提供丰富的精神文化食粮。另一方面，文化自信是一个国家、一个民族发展中更基本、更深沉、更持久的力量。没有坚定的文化自信，没有文化的繁荣兴盛，就没有中华民族的伟大复兴。发展社会主义先进文化，不忘本来、吸收外来、面向未来，更好构筑中国精神、中国价值、中国力量，为人民提供精神指引。

（3）雄安新区的文化使命。文化建设是雄安新区建设的基本内容，20 世纪 80 年代看深圳、20 世纪 90 年代看浦东、21 世纪看雄安。从 20 世纪 80 年代的深圳到 90 年代的浦东，再到 21 世纪的雄安，人民群众看到的是现代中国发展的缩影。如同整个中国的飞速发展一般，这三个地区的飞速发展，无疑是中国现代化进程的标本蓝图。雄安，承载着中国梦，它正是基于彰显我国文化自信，实现人民美好生活，决胜小康社会，建设文化强国的背景下而设立的，它的设立，将开创一个新的时代。雄安，将重构京津冀，盘活环渤海大湾区，从解决京津冀发展中面临的矛盾和问题起步，目标却是整个中国的全局发展、长远发展。

二、雄安新区的文化资源

雄安文化不是独立存在的单一生态体，雄安文化是一个自然的社会的立体构成，其区域范围和文化价值宽广而深厚。延续和发展白洋淀的历史文脉，是雄安新区创建的原则，更是我们的责任。

（1）自然文化资源。自然文化资源是雄安的风土资本，而雄安最重要的自然资源就是白洋淀，雄安因淀而生。白洋淀不是传统意义上的湖泊，而是一片天然湿地。水面与芦苇地纵横交错，到处都有水，沟渠相通。白洋淀最早见于记载的名称或为“祖泽”，《水经注》记有大埿淀、小埿淀，也即大渥淀、小渥淀，西晋时称掘鲤淀，北魏时称西淀，北宋至明嘉靖间称西塘，并出现“白羊淀”名，为史载容城、雄县、安新间九十九淀之一，此后称“白洋淀”。清代，统称西淀。因白洋淀本淀面积居诸淀之首，故今总称白洋淀。

（2）物质文化资源。白洋淀深厚的历史文化底蕴是承托雄安新区的人文环境，物质文化资源是雄安的故事资本。白洋淀历来为兵家必争之地，自古为“百战之场”。春秋战国时期，今容城—安新—雄县白洋淀北缘一线成为燕赵两国的边界。宋辽对峙时期，由塘泊围堰，栽榆植柳与铺、堡、寨构成的“水上长城”，与今容城、雄县、霸州、永清缘白洋淀、大清河北岸一线的地道构建的“地下长城”，加剧了这里紧张和动荡的局势。由金元至明清，白洋淀又与军政时局直接相关，习舟备武，水围不断。白洋淀人民具有光荣的革命传统，“雁翎队”抗日和小兵张嘎的故事是红色文化的代表。“雁翎队”是抗战过程中活跃于白洋淀的一支神出鬼没、屡战屡胜的水上奇兵，成为抗战时期白洋淀水上敌后抗日武装的代名词，有力地配合了华北乃至全国人民的抗日战争。白洋淀人民抗战的事迹被凝结成“嘎子”的形象搬上银幕，成为一部家喻户晓的经典影片。

另外，白洋淀人民依托优越的水资源条件，发展了独具特色的水经济。白洋淀水域辽阔，水产品的产量、经济价值均极高。植苇种蒲编织是白洋淀区百姓经久成习的生活方式和经济方式，自唐宋至明清，白洋淀的苇席、苇箔贡额巨大。故白洋淀区上下家家以织席捕鱼为生，成为传统。白洋淀自古有舟楫之利，形成了以白洋淀及上下水域为核心和主干道的航运网，成为津保间的航运中转要道，为冀中华北、京津各地、内河外埠、中原山东，乃至江南各种物资的运营与交流，提供了一条重要的生命线。

（3）非遗文化遗产。非物质文化遗产资源是雄安的人情资本。白洋淀传统民俗通过各种形式传承下来，成为淀区民俗文化行为和意识的基本表达，以非物质文化遗产为代表，可谓观察淀区民俗文化的参考系。风俗文化的形成取决于生存方式和精神寄托载体的选择。自清初以来，白洋淀各种音乐会盛行，如关城朝阳会、郭里口音乐会、圈头音乐会等，各地均成立有音乐会；娱乐游艺花会更是名目繁多，号称 72 道、85 道、92 道会。白洋淀是京津保三地表演艺术人才的出产地、输出地、汇聚地和播撒地。白洋淀兼收四方戏曲精华，改革创新，使其成为著名的戏曲之乡。这里是河北梆子、老调、哈哈腔、丝弦的诞生地，评剧之乡，还是北昆融合创新的沃土，京剧也不输京城。白洋淀是西河大鼓、木板大鼓的最早发源地，天津大鼓艺人的主体和传承者。

三、千年文化之城的未来想象

（1）山水尺度。雄安新区要建设看得见山，望得见水，记得住乡愁的山水尺度，重构人与自然的平衡关系。未来的雄安新区一定会是蓝绿交织、清新明亮、水城共融的生态型新区。

（2）人文温度。城市最好的模式是关心人和陶冶人，城市可持续性发展源自一种向上的人文力量。雄安新区要做到文化自觉、文化特色、文化传承，要保持人文关怀和和谐共生的知行合一。聚焦人与人、人与空间关系的重构和优化，而不仅停留于对空间的改造。

（3）治理效度。雄安在治理效度上，要做好管控土地、人口、规划、项目和房地产市场，达到京津冀城市群治理能力现代化。实现协同治理信用之城、惠普民生绿色之城、金融科技创新之城和安全运行示范之城。

（4）创新力度。雄安新区在创新力度上，要做到经济创新、社会管理创新和城市文化创新。要做好创新氛围、创新体系，做到开放包容；要有创新机制、创新人才，才会有创新成果。

（5）世界角度。从世界角度来看，共商共建共享的全球治理和构建人类命运共同体需要我们有正确的义利观、发展观、安全观以及和而不同、兼收并蓄的文明交流观。我们要用世界语言讲好中国故事。

四、未来文化之城的营造路径

（1）文化定位。文化建设是雄安新区建设的基本内容，雄安新区的文化底蕴、文化特色、文化内涵等既是雄安构建生态绿色宜居环境的重要因素，也是雄安精神的内核。雄安在发展过程中要协调好传统文化与现代文化、科技与文化、文化产业与公共文化之间的关系。将来雄安新区的文化应该是优秀的传统文化与新兴的现代文化以及未来出现的新文化业态的有机结合、科技与文化的融合区，还应该是雄安文化产业与公共文化的有机融合。

（2）城市大脑。雄安要打造以云计算为基础设施、物联网为城市神经网络、城市大脑为人工智能中枢的未来智能城市。例如百度 + 雄安，应用于 AI+city 智能城市、AI 国家实验室及无人驾驶领域；阿里巴巴 + 雄安，打造云计算基础设施、物联网及城市大脑；腾讯 + 雄安，广泛应用于金融科技和医疗领域。

（3）融媒体中心。以互联网传播为主导，以点带面，协同发力，雄安新区文化传媒平台要创建一套行之有效的舆论引导机制，构建资源共享、平台共用、创意共生、成果共推的融媒体中心。媒体融合“雄安模式”向世界传达新区创新声音，用世界语言讲好雄安故事。

（4）在地原住民。雄安建设的同时，要做好城市更新背景下的社区规划。既要优化宏观布局，也要搞好城市微观空间治理。不仅是空间范畴的变化，更是范式变革、发展的升级、价值的回归。要以“人的提升”为核心，将社会、空间的相互生产纳入过程机制，以公共领域为抓手，着重公共性的培育，以社区共同体建设切实推进以人为核心的城镇化进程。

（5）文旅融合。不断满足人民对美好生活的向往，不断满足人的全面发展的需要，是我国旅游业发展所面临的方向性问题。文化创意是旅游业最核心、最鲜活的要素，是旅游业发展的动力之源。文化的本质是发现价值和创造价值，旅游的本质是体验价值和分享价值。雄安的旅游产业发展要充分融合文化创意产业，形成文化创意旅游，运用创意产业的思维方式和发展模式整合旅游资源、创新旅游产品、锻造旅游产业链。文化只有在不断温习、参见、内省、发扬中才能延续它的光辉。文旅融合给了人们重新发现、关注、领会优秀传统文化的非常好的机会，有助于提升文化自信，前提是需要文化的整理、挖掘、自觉、自信。

潮平两岸阔，风正一帆悬。雄安新区的建设，跨越全面建成小康社会的历史节点，伴随着实现我们党“两个一百年”奋斗目标的伟大进程，必将成为展现马克思主义中国化最新成果的生动实践，必将成为中华民族伟大复兴中国梦壮美画卷的“点睛之笔”。在习近平新时代中国特色社会主义思想指引下，以功成不必在我的精神境界，保持历史耐心，一茬接着一茬干，一张蓝图干到底，我们就一定能将雄安新区建设成为高水平的社会主义现代化城市，建设成为经得起历史检验的千秋之城，向历史和人民交出优异答卷。

基础设施的改建，游客尊严的提升

◎张　欢

提起故宫，大多数人想到的就是深红色的宫墙、金黄色的琉璃瓦和极富中国特色的飞檐，因此更多的游客只看中轴建筑而不观博物馆展览。但是故宫博物院除了是世界上规模最大的一座宫殿建筑群，也是收藏中国文物最丰富的一座博物馆，但最重要的是它也是全世界来访游客最多的博物馆。

大规模数量的游客参观，在一定程度上意味着拥堵、嘈杂、安全等问题的出现，但是故宫博物院在一定程度上起到了示范性作用。这座古老的宫殿愈益以年轻、时尚、亲和的姿态呈现于世人面前，不复古板，不再隔绝，不作高深之态。

2017 年 10 月 10 日，故宫博物院售票处摘牌，正式迈入“博物馆全网售票”时代。考虑到老年人等特殊人群无法适应网络购票，故宫还专门设置了综合服务窗口，现场安排充足的工作人员进行引导。与此同时，改变安检程序，节约观众时间，也开始“削峰填谷”，引导人们错时参观，每天限流 8 万人，使参观舒适度大大提升。

检票、安检完毕，即可进入到午门。“明三暗五”是说午门门洞的数量。正面看有 3 个，正面左右的东西城台则开有两个掖门。明清时期，当中的正门平时只有皇帝才能出入，皇帝大婚时，皇后可以进一次；殿试考中状元、榜眼、探花的三人可以从此门走出一次。原来买票的观众只能走两边的小门，中间的门走贵宾车队。而今天，普通的游客则可以随意选取是走中间，还是走两侧。

在不破坏故宫风貌，并做到与周边环境相统一的前提下，故宫也在建设新的设置。比如集照明与景观于一体的“宫灯”、指引具体方位及宫殿位置的指引牌、统一的标识牌、滚动播放展讯的电子标识牌、自动讲解器、服务于行动不便人士的无障碍设施以及保护文物和观众安全的护栏等。

为保持皇宫的威严与整洁，旧时故宫是没有卫生间的。而今天，面对数以万计的观众，不设置卫生间已是不可能的事情。故宫卫生间的设置，尽最大努力满足观众的需求。平时女厕所前很有可能排起长队，经过大数据分析得出结论，故宫女厕所应该是男厕所的 2.6 倍，因此在男女卫生间的比例上，故宫也进行了人性化的调整。

与此同时，为给带婴幼儿参观的观众提供一个洁净舒适的哺乳、护理与休息场所，故宫博物院在做好古建筑维修保护的前提下，设置了一处集哺乳、休息、文化创意体验于一体的母婴护理和休息场所。区别于一般的母婴室，除了提供完备的服务设施外，故宫博物院母婴护理室还体现了“文创 + 服务”的理念，会提供一些适合婴幼儿的故宫特色文化创意产品以及设置了儿童滑梯、桌椅等设施，可供小朋友们玩耍、休憩。

为了让游客有尊严地坐下休息，故宫做了一大批实木椅子供参观者使用，既实用又便于打扫。此外，还设置了严苛的标准，保证故宫地面上干干净净。

和“建”相反的就是“拆”，在很多人的第一反应中，“拆”字总是带有一些负面的信息。但这个“拆”字放在故宫博物院这个环境中，却有着非凡的积极意义。虽然也面临着诸多的困难，但故宫人都一一克服了。“拆”字过后，故宫建立了三个大型箱子存放库房，腾出了那些古建筑，清理了堆在炕上的褥子、门帘子，熏蒸消毒后放进专门的织绣库房。坤宁宫旁的一个小佛堂以前堆满杂物，后来被清理得干干净净。拆掉了一大圈花房后，皇子居住的南三所重现原貌。南大库区域变成了家具馆、慈宁宫东侧的小广场变成了展览地，春天办牡丹展，秋天办菊花展。两个星期的大扫除后，非开放区域的杂草也被拔干净了。

基础设施的改建，游客尊严的提升，体现在方方面面，从细微之处入手，让游客在游览过程中，除了欣赏到美，感受到历史，同时还体会到了尊重。

浅谈安州历史变迁与文化传承

◎王　丽

一、安州之历史形成

1. 安州历史沿革

据史料记载，安州在战国初期为燕国境地，时有葛城（今安州镇）、浑遲城、三台城。后鉴于两国修好，燕赵易土，葛城在赵孝成王十九年（公元 247 年）划归赵国。西汉至隋朝时，三城大都属高阳、容城两县管辖。唐如意元年（692 年），在葛城置武昌县，神龙元年（705 年）改为武兴县，代宗广德二年（764 年）置唐兴县。大定二十八年（1188 年），安州徙治葛城，并置葛城县。泰和四年（1204 年），又置渥城县（治所浑遲城即新安城）。泰和八年（1208 年），安州又移治渥城县，称新安州，葛城仍为县。民国二年（1913 年），废安州，改安州为安县，属直隶范阳道。民国三年（1914 年），安县（安州）与新安各取其名之首字合并为安新县，属直隶省保定道，这是安新作为县名第一次出现在历史上（1949 年 8 月，安新属河北省保定专区）。1950 年 4 月，安新县驻地由安州迁至新安，原有的安州则降为安州镇至今。

2. 安州历史名人

古城安州，人杰地灵，历史文脉绵延，人才辈出，可谓有名的才俊之乡。

（1）从宋朝到清朝，据考证共有三十多名进士，这些进士当中，最具传奇色彩的是安州“陈氏三进士”，即陈德荣、陈德华、陈德正三兄弟。清史记载，安州“南有福建林则徐，北有安州陈德华”。陈德华（1696—1779 年），雍正二年（1724 年）一甲一名进士，也即状元。陈德荣（1688—1747 年），字迂彦，康熙五十一年（1712 年）进士，曾在湖北枝江县任知县。雍正四年（1726 年）代理贵州布政使，掌管一省民政财政。陈德正（1701—1774 年），幼时受教于长兄长沙德荣和次史陈德华。雍正八年（1730 年）考中进士。陈德正后裔陈士骅（1905—1973 年）是中国著名的水利工程学家、教育家，同时他还是一位诗人与画家。

（2）李元名，明直隶安州人，洪武十五年（1382 年）任御史。洪武二十年（1387 年）出使缅甸，归来后建议严备边防，得到朱元璋首肯。升礼部尚书后，朝廷有关外国事务均向他咨询。高丽提出归还其主张的辽东文高和定各州，李元名据实不让，拒绝了高丽的要求。

（3）吕雯（1429—1494 年），字天章，直隶安州（今河北保定东）人。早年为贡生，授陕西道监察御史，擢拔为南京通政司右参议，不久又改南京光寺少卿，再以考绩优等，升太仆少卿。再拔擢为右佥都御史，巡抚延绥，后升兵部右侍郎、左侍郎。

（4）房壮丽，明万历二十三年（1595 年）四六十名进士，安州人士，字威甫。由知县，进御史，巡抚安南畿，迁大理寺卿，擢吏部侍郎。天启六年至都御史，崇祯初官至吏部尚书。

（5）邵炯，字白斋，北直隶安州举人，万历十八年来任。万历三十六年（1589 年）进士，著有《平云山房集》《懒寄亭集》等书。

（6）潘龄皋，字锡九，号葛城居士，安州（古称葛城）镇西北村人氏，生于书香门第，1894 年考中举人，翌年殿试获二甲十三名，点为翰林，曾任兰州知府，1921 年任甘肃省省长，“七七事变”后曾任安新县县长。1949 年 12 月 1 日，毛泽东主席签发委任令，任命他为中央人民政府革命军事委员会参议。潘龄皋既是一位爱国人士，又是一位文化名人，是清末、民国时期著名的书法家。

3. 安州现存历史文化建筑主要遗址

各朝代相继建设安州，曾有过众多历史珍贵的建筑、大小寺院 20 多处，后因战争致使大部分被破坏拆除，至今只有极少且并不完整的历史建筑遗址、石碑得以保存。

（1）宋朝古槐。安州历史上种植了百亩槐树，每当槐花尽开，芬芳四溢，香满全城。然而，世事无常，岁月变迁，曾经一望无边的槐树林早已不复存在。但是，历史还算是眷顾古城安州，终究还有一棵存活至今，据说已历经近千年的光阴。这棵古槐现位于安州镇西北村内街道一旁，因早年遭受雷击，树已中空，却依然顽强地活着。

（2）古代城墙。安州古城系宋将杨延昭驻军御辽所筑，初为土城，明万历中期以三合土为基，以长 4 米、宽 7.9 米、高 0.8 米的大砖修筑，清乾隆十三年（1747 年）重修。城周达 3119 米，城围面积 0.77 平方千米，南北 975 米，东西 798 米，高 8.4 米，上宽 3.4 米，四门分别有瓮城，城门宽 4 米，门楼高 13 米。今天，我们只能看到残存的城墙的斑驳，感受它历经的沧桑。为保护古代文化遗产，安州古城墙已于 1988 年被列为安新县文物保护单位。

（3）圣人殿（史上有小故宫之誉）凉亭。圣人殿是康熙至雍正年间因安州出状元陈德华而建造，为安州人朝拜圣人孔子的地方。殿位于安州东西大街的西段路北，东为民居，西是胡同，北靠土坡和水塘。大殿里面供奉孔子及七十二贤人，前后院里小桥流水芙蓉，亭台轩榭花香。遗憾的是，圣人殿在1965年被拆除建设小学，今天仅剩下一座陈旧的亭子，昭示着历史的沧桑。

（4）抗税亭。1925年，安新乡绅陈起和曲堤村潘希福等人经人介绍赴天津与奉军第一师师长、直隶督军李景林秘密商定，强行向安新人民征收苇席税。陈、潘二人回到安新横征暴敛，百姓们怒发冲冠，痛打了二人。百姓们经过斗争，致使强征苇席税之阴谋宣告破产。为此安州百姓自愿捐款，在安州北六瓮城建亭立碑，以示纪念。潘龄皋亲书一联“赐福不闻宽大令，缔苛犹存好生心”，刻木嵌于亭北东西两侧立柱。

（5）烈士塔。安州烈士塔于1946年开始兴建，八角形五层砖墙，高30米，周长21.6米，坐北朝南。第一层有石碑三座，正面刻有“革命烈士永垂不朽”8个红色大字，背面是碑文。主碑右侧竖立1.85米高的青石碑一座，刻有白区的4名烈士英名，抗日战争时期的1177名烈士英名。左侧竖立1.9米高的青石碑一座，刻有解放战争时期的474名烈士英名。第二层有嵌在墙壁内的0.55米高青石碑一座，刻有抗美援朝战争时期的106名烈士英名。第三层陈列着熊焕章烈士遗像。1988年4月，安州烈士塔被列为县级文物保护单位。今天，安州烈士塔已成为人们缅怀革命先烈的地方，同时也是地方爱国主义教育阵地。

4. 安州行政区划情况

安州镇位于河北省保定市安新县中部偏西，东距县城约10千米，面积73.7平方千米，镇政府现驻南关村，早在金代就有安州之称，为历代州、县治所。1958年建安州公社，1984年改乡，1989年改镇。现辖小寨、大寨、东角、西角、大东庄、西北村、桥南、桥北、南关、白庄、北何庄、石冢、马庄、新立庄、建昌、李庄、膳马庙、西王庄、烧盆庄、七级、九级、前午门、后午门、独连、南际头、北际头、东向阳、西向阳共计28个行政村。

二、安州文化现状及文化品牌打造

1. 安州地方文化介绍

（1）历史文化悠久。参考相关文献，安州有着悠久的历史文明，距今至少已逾2000年。悠久的历史文化，传承着古老的文明，润泽着安州这片土地和在这里劳动生活的一代又一代人。在这片古老的土地上，有一棵千年古槐依然存活，据说有种风俗一直沿袭至今。每逢喜庆节日，尤其是新春佳节，村里和附近的乡民都要来到它的面前，感触它的灵性，或者在它的枝丫系一条红丝，祈祷风调雨顺，祈福家兴人安。据史料记载，安州的古城墙最初由宋代所筑，后经明清两朝代加固重修，距今已有1000年的历史。经过风雨的洗礼与岁月的变迁，安州残存的古代城墙已经失去当年的风光，尽管如此，它依然能让我们隐约看到历史的昨天。战国时期，赵国在此筑城，始称葛城，因在濡水之阳，后称濡阳。“濡阳八景”之说由来已久，据考证为元代安州太守完颜安选所定，清代道光年间俞湘在编纂《安州志》时曾依名核实，经寻其旧迹，觅其轶闻，且有历代文人吟诵。然而今天，“濡阳八景”已不复存在，后人恐怕只能在史书中寻觅其美丽的踪迹。

（2）革命文化深厚。近代的革命历史，在古城安州这片土地上也留下了深深的烙印。从反击侵略者的抗日战争，到国内的解放战争，还有后来保家卫国的抗美援朝战争，安州有许许多多的军民英勇牺牲，他们是古城的烈士，更是安州人民心目中的英雄。安州城内有一座烈士塔，这座烈士塔内有 1700 多位烈士的英灵，这座塔是英灵的归宿，更是对他们的怀念与敬仰，让后人铭记历史，懂得珍惜。现在，安州的这座烈士塔成了人们瞻仰和缅怀先烈的地方，也成了本县各所学校及社会各界人士进行爱国主义教育的基地。

（3）民间文化丰富。安州有着悠久的历史文化，在历史的长河中不断传承，有的已经消失，有的还在延续，有的已经因演变而得到创新发展。现今，安州民间文化比较丰富，传统的安州庙会更因为天宁寺的重建而吸引八方来客。安州的饮食文化流传至今，商业相对发达，大街小巷餐馆林立，饭菜独具地方特色，每一位到这里品尝的客人都赞不绝口。安州的食品具有地地道道的地方特色，历史悠久，远近闻名，享誉四方。安州不仅历史悠久，而且文化底蕴丰厚。另外，流传下来的民间风俗，比如安州镇北何庄狮子队、安州镇东角村太狮会，现已成为当地人民群众不可或缺的文化活动。

“白洋淀诗歌群落”（一说为“白洋淀诗群”）形成于“文革”时期，主要创作群体为 1968 年年底大规模“上山下乡”运动期间到白洋淀地方插队的北京知青。当时就有知识青年在安州参加社会生产，在安州生活和进行诗歌创作，把所谓的“地下诗歌”推向高潮，被称为新诗潮在潜藏期最具典型意义的诗歌群体，为 20 世纪 80 年代朦胧诗歌全面复兴做出了重要贡献。一方水土养一方人，今天，安州的文化氛围依然深厚，诞生了不少当地文化名人，广大文学文艺青少年都积极投身于古城的文化创作与研究。为了安州历史文化的传承与发展，同时也为后人能够重温灿烂的历史文化，在安州镇党委、政府的大力支持和县文广新局、县作家协会的指导下，安州镇民间文化人士自发成立了《安州志》编辑组，发起并成立安州地方文学社，开办了潘龄皋书法研究院，创办了“葛城记忆展览馆”，并计划开办安州人物、建筑书画展弘扬历史文化，延续中华文脉。

2. 安州地方文化存在的问题

（1）安州地方文化的特色优势挖掘不够。安州的地方特色文化资源在各方面都比较独特，可以依据其突出的地方特色和深厚的文化内涵开发出丰富多彩的文化产品。但是，现在初步开发利用并成功推向市场的产品似乎没有，安州文化品类不多，形式单调，更缺乏龙头产品与文化精品的培育。文化产业在社会与经济发展中尚未充分发挥地方特色文化资源优势及其蕴藏的巨大经济价值及社会效益，在保护、开发、宣传、利用的力度上均显不足，对特色文化资源优势的挖掘尚处在起步阶段，对其整合开发利用很不到位，其潜力没有挖透，其优势没有显现，对当地文化产业及整体经济的拉动作用极为有限。

（2）缺乏文化品牌意识，宣传力度不够。由于安州在文化特色资源上挖掘力度不足，大大降低了文化产业自身的影响力，更加削弱了文化产品的市场竞争力，也制约了大众高层次文化消费的需求和热情。目前，安州已着手加大对安州潘龄皋等地方名人的相关文化产业的开发力度，但开发利用的过程中没有注重文化资源的全面合理利用，缺乏文化附加值的注入，仅仅处在产业开发的最浅层次。品牌是文化产业竞争中的一种无形力量，更是促使文化产业走上可持续发展道路的一种宝贵的竞争力量。总的来说，安州的文化形象不够鲜明，有待进一步开发的景区、景点的知名度不高。历史文化与文化产业宣传方面，投入宣传的经费严重不足，而且宣传的手段和方式相对简单传统，有待积极改善。

（3）开发地方文化资源的整体环境有待优化。受传统观念的影响，安州的文化产业和文化市场意识不浓。比如，对地方非物质文化遗产的普及工作，虽然进行的力度较大，但人民群众的普遍认为这只是政府的公益行为，大多数人对文化传承并没有深刻认识及危机意识。安州的非物质文化遗产项目主要是“潘龄皋书法”和“安州镇东角村太狮会”，但是在这两项非物质文化遗产项目上面都没有进行深入的发掘与开发，至今并没有任何开发的统筹规划和举措。由于长期以来商业开发和文化资源保护的矛盾，只要一提到商业开发，就认为是对文化资源的破坏行为，是对资源保护的威胁。其实，文化资源产作为重要的区域资源，将开发与保护相结合是社会发展的必然。在历史文化得到切实保护的前提下，将文化资源作为商业开发的重要资源，不仅能增强地区发展的竞争力，丰富区域发展的内涵，也会增强人们对文化资源保护的意识，同时更有利于历史文化的传承与创新。

（4）对地方文化资源的开发和保护缺少专业的工作人员。从国内整体来看，专业人才缺乏正成为这一领域最大的瓶颈。整体意识差、文化程度低、综合素质不高是安州文化资源保护面临的重要问题之一。人才队伍的素质是文化资源保护的一个关键因素，现状是真正懂保护的人少，专业人才十分稀缺，文化资源研究人员、项目策划人员、市场营销人员太少。地方文化资源的开发是一项专业性很强的工作，目前安州极其缺乏文化人才，尤其是缺乏高层次的专业文化人才。对地方文化资源的开发和利用需要大量既懂技术又善于管理，既掌握传统历史文化及其工艺技术又能不断创新的复合型人才。鉴于此，安州很多地方文化资源开发整理的工作无法及时全面有序进行。

3. 安州地方文化发展建议

（1）要尊重客观规律，树立保护历史文化遗产意识。着重观察这些历史文化遗产在当代社会的生存环境与生存情况，既要注重维护物质文化遗存和非物质文化遗产的具体形态，更要保护其根本的生命力。

（2）针对传承问题，就该形成政府主导与社会力量共同参与的局面。一方面依靠政府的资金与政府扶持，另一方面要鼓励社会力量与民间资源的参与，尤其是未来一批高等院校进驻雄安新区之后，要加强与高校之间的合作，向民间传统技艺输送一批专业管理人才。

（3）激活非物质文化遗产，提升竞争力与知名度。不能单纯依靠封闭式、抢救式的保护，而是要在某种程度上与市场接轨，以更开放的思想拥抱市场，更好地实现传承。

（4）铭记红色历史，弘扬革命精神，做好红色旅游这篇文章。安州这片热土曾经涌现出许多可歌可泣的人和事，镌刻着鲜明的红色印记，孕育了深厚的革命精神。在今后的开发发展过程中，一定要将红色文化作为一个着眼点，将这里的红色文化资源与其他文化兼容并蓄，打造出安州的独特文化名片。

（5）延续民间传统文化生态，为安州留住乡愁。美国人类学家罗伯特·雷德菲尔德提出了“大传统”和“小传统”的理论模式，所谓“大传统”指的是一般所说的占统治地位的文化，“小传统”则主要指民间文化、民俗文化。民俗与民众的生活息息相关，密不可分，是一种与生俱来的日常生活文化与生存状态，展现了这个地方民众的生活智慧，传承了独有的基因。在开发与发展的过程中，有些东西会保留下来，有的东西因为拆除或者搬迁将不复存在，所以，我们从现在开始应该以多种形式尽可能全面记录安州可能会消失的每一处风景，甚至一草一木，建设具有历史文化特色新城的同时，也能够保存安州的前世今生，为安州的未来留住“乡愁”。

三、安州历史文化保护、传承与创新

1. 安州历史文化保护

悠久的文化是一个地方历史的烙印，历史文化的延续与文化古迹的留存见证并诠释了一座城池的历史变迁，各个时期的文化遗产就像一部部史书，记录着沧桑岁月，是历史赐予后人的瑰宝。只有保留下文化遗产才能使古城的历史绵延不绝，才能使人们的发展需求不断得到满足，才能使未来的城市散发出历史的独特魅力和时代的耀眼光彩。正因为如此，我们才更应该切实重视和精心保护当地的文物遗址、历史建筑以及非物质文化遗产，这对于古城安州来说极为重要和必要。雄安新区的成立，是“千年大计，国家大事”，在建设未来亮丽新城的同时，更要保护好悠久的历史文化，这既是政策的要求，更是历史的机遇，亦是时代的需要。

（1）各级政府要高度关注重视地方历史文化与遗产保护工作，当务之急是成立一个由安州镇人民政府主导，当地民间文化团体以及当地各届文化名人参与的关于安州历史文化遗存保护的专门协会组织，并抓紧出台关于如何加强历史文化遗存保护和防止破坏的相关文件规定。目前，经过安州镇人民政府及安州民间多个传统文化组织的共同努力，安州在文物普查和保护物质非物质文化遗产方面取得了阶段性成果。即便如此，对于有着2000年历史文明的古城安州来说，这远远不够，依然有许多的历史文化遗存还在沉睡，有待我们去发掘、去唤醒，尚有很多的历史文物和文化遗产急需整理、修复与保护，显然保护的环节更为重要，保护的措施、方法、力度也亟待完善与加强。

（2）当地政府应当加大关于历史文化遗存认知与保护的宣传力度，占据宣传和舆论高地。当地政府及相关部门可以通过传统新闻媒体，如电视、广播电台、报纸，也可通过村委会广播、互联网和多家自媒体，力争让历史文化遗存的保护目的和内容、方式与方法全面贯彻落实，家喻户晓。欲搞建设，宣传先行，这样既有利于各项建设的顺利开展，也为后续的管理保护工作打下良好基础。历史文化遗存的保护，并非一日之功，在以多种形式，多角度、多方面、大范围无死角地认真广泛宣传的同时，更要讲究科学实际，常抓不懈，在社会和民间营造“文化遗存要保护，古城明天靠大家”的人人重视、人人参与、人人保护的良好氛围。

（3）真正意义上的保护应当具有前瞻性，因时因地制宜，切实落到实处。安州有着深厚文化底蕴和珍贵历史遗产，在充分认识和了解的基础上，在未来的规划建设与发展中，我们应当坚持文化建设与城市建设相结合，一定要双管齐下，不能顾此失彼，更要保护历史文物古迹和非物质文化遗产，切实做到在严格保护中健康发展，在健康发展中严格保护，发展与保护相辅，保护与发展并重。全面细致规划，科学统筹，通过努力，让历史文化遗存成为安州的地域名片，成为雄安新区独具特色的重要组成部分。从现在开始，让每一处、每一项历史文化遗存务必得到保护，杜绝人为因素破坏并尽量减少因不可抗力对其造成新的损伤。

对于安州古城的保护，要动员人民群众积极加入历史文化遗存保卫大军，形成合力，建设新古城。不久的将来，我们要让这座古城更加迷人，让古代文明和现代文明在这里交相辉映，彼此相融，形成完整的文脉，展现它深厚的历史文化底蕴和价值，展露它别具匠心的超然独特魅力。安州既然是一座古城，在对其进行开发建设的时候，应当参考历史典籍，立足历史遗迹现状，规划细致，建设特色，既要有现代的城市新容，又不失独特唯一的历史气息。建议做到古树不挪，古建筑不拆，残缺的遗址修复，甚至消失的主要古迹重建，让每一处历史的遗迹最大限度地得以重现，得到传承，受到严格保护。保护安州的历史文化，就是保护它的未来，我们要让每个走进安州的人，在感受现代时尚城市气息的同时，都能看到它在漫长的历史长河中每个阶段的尊容甚至耀眼的瞬间。

2. 安州历史文化传承和创新

（1）安州历史文化遗产在得到保护的同时，应当得到更好的传承与发展，包括历史遗存的老屋、老树、老物件等有着历史烙印的载体，希望能够通过就地保护或者建立博物馆收藏等方式得到合理且长久的保护与留存。只有让那些历史文化遗产得到很好的传承，才能让后人记住曾经的文化经典，熟悉历史的文化脉络，也才能够让安州这座古城永远焕发光彩。我们知道，安州现存较完好的文化遗址，比如古槐、烈士塔，还有在历史上曾经存在过（现已消失）或者残存的一些有影响、有价值、有文化内涵的历史建筑及文化景观，比如天宁寺、状元府、翰林府、圣人殿凉亭、古城墙等，这些历史遗存都是前人留给后世的历史文化瑰宝。当前，我们要抓紧创造条件将它们复建与修缮，让它们重新走进公众的视野，进入人们的文化生活。当然，除了那些历史的物质文化遗存，还有众多的非物质文化遗产，比如安州舞蹈队、安州镇北何庄狮子队、安州镇东角村太狮会、潘龄皋书法等，要让这些历史遗宝得到更好的保护与更全面的传承，而不是随着时间的推移而消亡。现阶段，在历史文化的传承与创新方面，安州镇人民政府和当地民间组织及文化人士已经做了大量工作，创办具有当地古城特色的文化内刊，举办历史文化交流座谈会，创建葛城展览馆，开办潘龄皋书法研究院等，用文学、书法、绘画、展览等形式全方位展示安州历史文化和古城风情，弘扬民族传统文化，积极发展现代文化产业，保障与促进安州历史文化传承与创新。

（2）任何优秀的文化都需要历史的积淀。同样，古城安州的历史文化建设也不是一朝一夕所能完成的，不要当成一时的任务，而要做长期的工程。文化需要建设，文化更要传承，建设是传承的前提条件，传承是建设的目的所在，两者也要相辅相成，缺一不可。所以说，古城安州的历史文化不仅需要科学规划建设，还要努力做到传承与创新，决不可一蹴而就。安州的文化建设不仅要传承历史经典，更要有创新和发展。对安州本地的文化建设来说，古城历史文化的建设才刚刚开始，在这方面，优秀的传统文化建设要跟现代科技文化相结合，本地文化跟外来文化相融合，让古城安州的未来文化呈现出独特的魅力和具有良好的持续竞争力，甚至将它打造成引领地域时代新风貌的标签。

此外，安州的文化建设需要创新，既要服务于当地居民，更要让全民共享，成为追溯历史文化的窗口与标签。传统历史文化不仅需要继承，也需要发展，优秀的历史文化不但要完好地传承，而且要不断创新发展，这是现实的要求，也是当地政府与人民的责任与历史使命。有了创新的意识，那么接下来便是创新的方法，如何创新成了摆在眼前的重要议题。创新，既要立足于现实，又要摒弃陈旧思想，继往开来，取长补短，集思广益，不断探索，虚心地借鉴先进经验，脚踏实地地学习，为安州的发展开辟崭新的道路，为安州的未来创造良好的环境。

没有文化，就没有进步，没有创新，也就不能更好地发展，文化是推动创新的源泉，创新是优秀文化的展现，文化与创新密不可分。现阶段，建议在安州建设具有当地文化特色的文化馆、图书馆，这些不只是创新，更会对历史文化的传承发展以及丰富群众的文化生活和提升群众的文化修养起到很大的推动作用。同时希望在休闲公园和其他公众活动场所添置更多本地历史及现代文化元素，让乡土文化走进居民生活，吸引并感染外来游客，共享文化建设成果，不断提高人们的文化生活质量，更加促进当地文化的繁荣与经济的发展。

以往，许多历史文化遗存，包括古建筑、园林景观、名人故居、爱国基地等，以及有丰富历史文化内涵的地名、街道、古树名木等，只要不幸被划在待建的“现代化”建筑红线之内，就会有在隆隆的马达声中灰飞烟灭、永久从地图上消失的遭遇。这种情况几乎在全国大多数城市均不同程度地存在。今后，安州在拆除旧城、建设新城的过程中，应当吸取经验教训，决不能让安州特色化现代化进程付出无法挽回的沉痛代价。雄安新区总体规划现已出台，大规模建设即将开始，安州的建设要保障优秀历史文化的留存与传承，为历史延续文脉，为安州也为雄安留住“乡愁”。

没有文化传承，就没有雄安未来。在原有历史文献和前人著书立说的基础上，尊重历史，立足现实，加速优化对安州以及整个雄安新区历史文脉的系统梳理及专题研究，努力推出具有原创性和开拓性的学术成果，加强相关文献的搜集、整理、研究，加大力度，内涵挖潜，从而让雄安三县的前世今生更加全面具体、深刻生动、文脉清晰，让它以古典与现代气息完美融合的新姿站在世人面前，让雄安历史文化得以永久传承，让雄安的历史古迹成为雄安新区的文化地标。

雄安新区，将是按“世界眼光、国际标准、中国特色、高点定位”建设的世界一流新城，汲取古今中外建设之精华，代表中国新城形象，将成为国际化、高端型人才的集聚之区，同时也是文化体验与文化消费的高地。我们深信，通过智慧和勤劳的千千万万的建设者以及新区劳动人民的共同努力，将会以前所未有的建设速度，把雄安建设成为举世瞩目的新城，让雄安新区成为中国乃至世界的一颗璀璨明珠。

对雄安新区文化资源产业化发展的思考

◎肖 畅

文化产业被认为是21世纪的“朝阳产业”，已有许多西方国家将文化产业作为支柱性产业。在我国，2011年中共十七届六中全会上提出“推动文化产业成为国民经济支柱性产业”。我国文化产业迅速发展，近10年年均增速在15%以上，至2015年，文化产业产值占GDP的比重已达3.97%。然而，对比国际发展趋势，我国文化产业核心竞争力依然不强，文化产业质量和内涵仍有较大提升空间。

近年来，文化资源产业化一直是研究的热点。2017年4月1日，雄安新区设立后，河北省对雄安新区的文化资源进行了普查，本文从文化资源及文化资源产业化的内涵、雄安新区文化资源及产业化发展现状、存在的问题等3个方面进行综述，并试图提出合理化的建议和思路。

一、文化资源与文化资源产业化

谈起文化资源，首先要先搞清楚“资源”二字的含义。资源，简单来说就是“资财之源”，其概念源于经济学科，属于经济学名词，是指一国或一定地区内拥有的物力、财力、人力等各种物质要素的总称。资源一词通常与其他名词相伴而生，例如土地资源、水资源、人力资源等。

顾名思义，文化资源是资源的一种，具有鲜明的文化属性。文化资源是包括文化遗产在内的、人类创造的各种物质文明和精神文明的总和。按照这种定义，文化资源包括有形文化资源和无形文化资源两大类，前者主要指以物质为基本载体的各种文化现象和事实；后者主要指没有物质载体的各种文化现象和事实，以及由物质载体所体现与反映出的各种文化精神。文化资源包含物质、技术、制度、习俗、心理、语言、宗教、哲学等诸多层面，具有丰富的内涵。由文化资源的内涵出发，可以看出，文化资源具有精神性、民族性或群体性、交流性与共享性、变异性以及可资本转化运作性等特征。文化资源的概念和特征是广义的、开放的、不断发展的，随着社会经济文化的发展，其概念和特征必将具备新的意义。

王星星、李舒薇提出，从文化资源到文化产业是一个价值转化的过程，将文化资源的文化价值转变为产业的经济价值，实现了文化资源的转型升级，为文化产业的持续发展提供了不竭动力。文化资源是发展文化产业的基础，是支撑文化产业发展的根基。中国的文化资源丰富，应当充分发挥文化资源优势，促进文化资源向文化资本的转化，把文化资源潜力转化为文化产业实力、文化资源优势转变为文化产业优势，使之成为中国的核心竞争力所在。

二、雄安新区文化资源产业化发展现状

（一）雄安新区的文化资源状况

2017 年 4 月 1 日，中共中央、国务院决定设立雄安新区。雄安新区位于中国河北省保定市境内，地处北京、天津、保定腹地，范围涵盖河北省雄县、容城、安新 3 县及周边部分区域（任丘市的鄚州镇、苟各庄乡、七间房乡；高阳县的龙化乡）。3 县均历史悠久，文化资源十分丰富。

容城境内有“磁山文化遗址”“南阳遗址”“宋八王衣冠冢”“杨六郎晾马台”“明月禅寺”“革命烈士纪念馆”等名胜古迹，有元初著名学者刘因、明朝名臣杨继盛、清初大儒孙奇逢等历史名人，有狼牙山五壮士胡德林、胡福才等革命烈士；雄县境内有宋辽古地道、古石碑、隆兴寺碑等历史古迹，有比北京潘家园历史还要悠久的古玩市场；安新县境内有梁庄遗址、留村遗址等历史古迹，有国家 5A 级旅游景区白洋淀、孙犁纪念馆、嘎子印象等自然和人文景观，有“雁翎队”抗战文化；鄚州镇境内有南城门、古城墙和扁鹊庙等古迹，享有“天下大庙数鄚州，北京人全，鄚州货全”之美誉，更有名医扁鹊、三国大将张郃、三侠剑胜英等知名古代人物。

雄安新区境内的非物质文化遗产也十分丰富，根据河北省文化厅安排的雄安新区非物质文化遗产普查结果显示，雄安新区共有非物质文化遗产 213 项，有 211 项呈活态存在，其中雄县古乐、雄县鹰爪翻子拳、安新县圈头村音乐会、安新芦苇画等均为国家级非物质文化遗产和河北省级非物质文化遗产，这些构成了雄安新区宝贵的文化资源。

（二）雄安新区文化资源产业化发展现状

随着我国经济的快速发展，人民生活水平和精神需求的日益提高，经过建设，雄安新区内的白洋淀已成为国家 5A 级景区，景区内王家寨水乡民俗村、元妃荷园、荷花大观园、

异国风情园等景点已成为乡村生态游的好去处；夏秋时节，可荡舟河上，赏“十里荷花”，游“嘎子印象”，追忆白洋淀“雁翎队”抗战的传奇故事；安新县芦苇画已形成产业，但规模依然很小；容城“三贤文化”已在华北地区小有名气，但相关产业并没有形成；雄县古乐、雄县鹰爪翻子拳、安新县圈头村音乐会虽入选国家级、省级非物质文化遗产名录，但都在保护发掘阶段，没有达到产业开发的程度。总体来看，雄安新区的文化产业规模较小，除白洋淀外还没有形成其他实力较强的品牌，竞争力不足；文化资源开发利用率很低，产业化潜力巨大。

三、文化资源产业化发展存在的问题

（一）对现有文化资源的挖掘不够

雄安新区文化资源特色突出，文化内涵深厚，可以开发出丰富多彩的文化产品。但现在形成品牌竞争力的只有“白洋淀”自然景观，其他建筑古迹、历史人文、非物质文化遗产尚未形成产业化、规模化、品牌化，文化资源优势及其蕴藏的巨大经济价值及社会效益尚未充分发挥，在挖掘、保护、开发、宣传、利用的力度上均显不足。

雄安新区的文化资源尚处在起步发掘阶段，比如雄安新区设立前，容城的“三贤文化”虽然经过多年打造，在华北地区有了一定的知名度，但是有关“三贤文化”的产业发展仍没有形成规模，对“三贤文化”缺少精心设计和深度开发，缺少文化产品、文化精品；雄县古乐、鹰爪翻子拳、安新县圈头村音乐会等非物质文化遗产也依旧处在保护性发掘初期阶段。

（二）产业化形式单一、规模化程度低

雄安新区设立前，三县对于文化资源产业化的探索基本局限于旅游产业，而在影视业、服装行业、文化创意产品、制造行业、会展、广告等行业几乎很少融合。如安新当地的芦苇画依托于旅游业纪念品产业，经多年打造，近年来已走出国门，但未形成极具竞争力的品牌，商业价值没有得到有效的发挥。

规模化是产业集聚的集中体现，它是指将生产同类产品或者相关产品的企业融合到一个公共区间，从而形成降低成本、提高效率、增加收益效果的现代化产业运作方式，是文化资源产业化发展的必然趋势。雄安新区文化资源丰富，种类齐全，但是由于没有规划和引导，各种文化资源在市场上自行发展，没有形成资源的集聚效应，不但造成了资源浪费，而且难以实现价值最大化。例如安新县圈头村音乐会，始于明末清初，具有极高的艺术价值和文化价值，早在 2008 年就被列为国家级非物质文化遗产，但由于未能将其纳入规模化、市场化的运作轨道，导致其发展缓慢、后劲不足，不利于非遗的传承和发展。

（三）文化资源产业开发的整体环境有待优化

由于长期以来商业开发和文化资源保护之间存在着矛盾，受传统观念的影响，只要一提到商业开发，就认为是对文化资源的破坏，是对资源保护的威胁。其实，文化资源产作为重要的区域资源，将开发与保护相结合是社会发展的必然。在切实保护的前提下，将文化资源作为文化产业开发的重要资源，不仅能够丰富区域发展的内涵，也能增强地区发展的竞争力，同时增强人们对文化资源保护的意识。

（四）文化产业发展专业人才匮乏

文化资源的产业化是一项专业性很强的工作，对文化资源的开发和利用需要既掌握传统工艺技术又懂管理、懂营销、不断创新的复合型人才。从整体来看，人才缺乏正成为文化资源产业化发展最大的瓶颈。文化程度低、综合素质不高是雄安新区文化资源产业化发展人才面临的重要问题之一。

四、建议与思考

（一）加强政府对文化产业的引导和投入

政府应制定统一的文化发展规划，明确总体目标、主要任务、产业布局、发展重点、保障措施，加强对文化产业发展的引导和扶持，营造文化产业发展的良好环境；发挥市场在文化资源配置中的决定性作用，不断壮大文化产业市场主体，推动产业做大做强；积极争取省级、国家级文化产业专项资金，并适时增加对文化产业发展的资金支持力度；落实国家、省各项对于文化产业发展的扶持政策，减轻文化企业发展负担。

（二）注重人才引进与培养

文化的发展，归根结底是人的发展。在加大财力投入的同时，更要注重文化人才队伍的建设，既要培养一批人民喜爱、有影响力的学术大家、艺术大师和雄安文化领军人物，又要培养一批文化产业投资运营、文化企业管理、媒体融合发展、网络信息服务等方面的复合型人才，还要培养乡土文化能人、民族民间文化传承人和各类文化活动骨干。

（三）拓宽文化产业融资渠道

谋划建立由财政、金融机构、国有文化企业等共同出资的文化产业投资基金，探索政府购买、项目补贴、定向资助、贷款贴息等多种手段，引导和激励社会力量参与文化建设，建立政府、社会、市场共同参与的多元文化投入机制。

投资基金主要用于优秀文化资源的发掘、整理、研究等基础性工作，对于文化研究中产生的成果及知识产权，基金管理方可以通过授权等方式进行市场运作；对于有创意、有前景的文化项目，基金可以作为天使投资给予扶持，增强项目方的抗风险能力。

（四）推动文化遗产资源活化利用

要把重要文化遗产资源所在地建设为集保护、传承、教育、旅游等功能为一体的综合性文化区域，积极建设高品质的文化遗产类旅游景区；发挥文化遗产资源在“特色小镇”建设与新型城镇化建设中的重要作用，加强对文化遗存的利用，建设小型博物馆、展览馆、纪念馆、村史馆、文化服务中心等有特色、有品位的文化空间，保留文化“乡愁”。实施“传统文化进校园”工程，将雄安新区乡土文化编印成教材作为学生课外读物，鼓励非遗传承人、文化企业等进校园举办非遗文化讲座、非遗展演、非遗技艺制作展示及体验等系列活动，建立非遗传承教学基地。繁荣非遗项目文化节庆活动，将非遗项目融入定期举办的现代展会及传统庙会等活动，为文化资源的产业化奠定基础。

（五）促进文化遗产品牌化建设

雄安新区有南阳遗址、宋辽古地道、明月禅寺、鄚州大庙、安新芦苇画、圈头音乐会、雄县黑陶、鹰爪翻子拳、容城三贤、鄚州名医扁鹊、张郃等一批等级高、价值高的有形和无形文化遗产，要用好“雄安”这块金字招牌，加大对这些文化资源的开发利用工作力度，创建特色文化品牌，进一步提升雄安新区的文化软实力和城市竞争力。

在品牌建设过程中，要注重知识产权的保护，对于本地有代表性的文化资源，要通过注册商标、申请版权、专利的形式予以保护，并通过品牌授权、知识产权入股等方式充分开发利用。根据作家水菱长篇历史小说《长河悲歌》改编的电视剧《杨继盛》正在筹备开拍，这是雄安历史文化资源品牌化建设的范例。

五、结语

伴随着我国经济的快速发展，文化产业所产生的巨大经济价值和精神文化价值不断显现，这表明文化产业是一项有着广阔发展前景的朝阳行业。对于雄安新区来说，发展文化产业最根本的是发掘当地传统文化资源，形成特色鲜明、富有地域代表性的产业化项目。

雄安新区拥有丰厚的传统文化资源，但产业化水平都相对较低，没有产生相应的经济效应和社会效应。随着雄安新区建设的不断深入，必须对优秀的文化资源进行发掘和保护性开发，在保持文化精神内涵的基础上，走产业化发展的道路，才能保持文化资源的自身活力，同时为我国文化产业发展注入新的动力。

雄安容城文化管理现状展望与未来

◎ 肖建明

2017 年 4 月 1 日，中共中央、国务院印发通知，决定设立河北雄安新区，并称这一重要举措为“千年大计”。这是继深圳经济特区和上海浦东新区之后又一具有全国意义的新区。雄安新区规划范围包括河北省保定市雄县、容城、安新三县及周边部分区域，其定位为北京非首都功能疏解的集中承载地。在雄安新区规划建设过程中，习近平总书记明确指出：“规划建设雄安新区是具有重大历史意义的战略选择，是疏解北京非首都功能、推进京、津、冀协同发展的历史性工程。”一项千年大计、国家大事就此展开，从此河北雄县、容城、安新及周边部分区域有了一张新的名片——雄安新区，并且展开了新的蓝图。

根据《容城县志》等图志资料记载，雄安地区的历史沿革脉络清晰，在中国政治地理体系的演变进程中，它经历了“燕南赵北”“郡国交替”“边关重地”“京畿腹地”等具有鲜明特点的角色变化。雄安新区历史文化底蕴深厚，新石器时期、东周燕文化、宋辽军事遗迹、抗战红色文物等文物资源丰富。雄安三县虽位于游牧和农耕文化融合的河北古文化走廊，但易水流域因其独特的地域特征所形成的慷慨悲歌、好气任侠、质朴务实、正道直行、刚健有为、自强不息的文化精神，千百年来一直在这块土地上悄无声息、潜移默化地传承，从心理文化素质、思维方式和行为规范、道德标准和价值取向、生产生活方式乃至方言和风俗习惯等多方面影响着雄安三县的人文精神演变和发展，成为雄安地区历史文化中最鲜明的特征。

文化是民族的血脉，是人民的精神家园。文化自信是更基本、更深层、更持久的力量。中华文化独一无二的理念、智慧、气度、神韵，增添了中国人民和中华民族内心深处的自信和自豪。

一、雄安历史文化的内容和简要特点

1. 雄安历史文化历史悠久具有多样性

据考证，雄安地区历史悠久，文化底蕴丰厚。容城县是一个自然资源和历史文化资源并重的地域，古文化遗址有二十余处，文化遗产，尤其是非遗资源和历史文化资源丰厚，呈现出如下特点。一是历史文化资源和非物质文化遗产项目历史悠久，远古时期即有文化遗存，渊源追溯集中在战国、汉代、宋、明、清诸代，尤其是明清两代。二是传统武术、传统音乐、传统民间工艺类项目分布集中。雄安新区自古为兵家必争之地，习武者众多，留下了诸多武术流派；明清时期为京畿腹地，宫廷乐师、宫廷工匠流落到民间，继续传承发扬，留下了许多传统音乐会社，以及纸花等精湛的民间工艺。三是白洋淀地域特色文化明显。白洋淀素有"华北明珠"之称，水域商贸文化发达，留下了芦苇画、苇编、造船、捕捞等传统技艺项目，展现了这一区域劳动人民的卓越文化创造力。雄安历史文化的丰富首先得益于物华天宝的地理区位优势。保定雄安地处广阔富饶的冀中平原，西有太行山脉，东有白洋淀水乡，这为雄安历史文化提供了丰厚的物质基础，也为雄安历史文化的形成增味添色。

2. 雄安文化的包容性

自秦汉、金、元、明、清以来，雄安地区有雄州、安州等行政区设置，一直地处京畿，所以边关文化、忠义文化、北学文化、畿辅文化、直隶文化对雄安历史文化有很大影响。北京宫廷对保定雄安文化有很大影响。再加之南通九省，北贯三关，南北官员商贾进京必经此地且保定长期为直隶总督署和河北省省会所在地，全省各地的民风民俗在此融汇，各地来往的达官贵人及来保定谋生人士的文化习俗也自然融入雄安文化之中。

3. 雄安的人文性

雄安地区是燕文化承载地，又是宋辽时的交界处，可谓名胜之地，明清三大儒之一的孙奇逢等名人辈出，清代皇帝也曾多次巡幸。这些名人政要也曾为雄安文化发展推波助澜。大约在元代，移居雄安的回族、清初迁移保定的满族也将各自的文化风俗带入雄安，丰富了雄安文化。

4. 雄安文化的传承性

在雄安新区建设中，必须要注重文化传承，体现中华传统文化特别是经典文化元素，同时结合区域文化、历史传承、时代要求，打造城市特色文化风貌，做好雄安新区文化研究的基础工作和挖掘整理保存传承工作。

雄安历史文化所萃集、保护的是我们悠久的传统文化，为什么要保护呢？因为它是雄安先辈历经沧桑，在历史的长河中用勤劳的双手和智慧的结晶创造的无数次辉煌，无形中也成了凝聚雄安儿女的根和魂。雄安历史文化保护是一项综合性的文化传承工作。保护得好便是保护，保护得不好便是破坏。在长期的雄安历史文化保护实践中，提炼出了雄安历史文化保护科学评估三标准：一是通过保护是否保住了雄安地区传统文化的根脉，二是通过保护是否保住了雄安文化的多样性，三是通过保护是否促进了雄安文化的可持续发展。雄安新区的建设将面临更为复杂的区域关系，更需要坚定在承接首都非核心功能的首务之下推动京、津、冀协同这一发展思路。不忘初心、方得始终。面对雄安新区的“千年大计”，各方对这一地区的未来发展都充满了期待。

二、雄安容城文化现状

雄安容城县是雄安三县中历史最为久远、文化底蕴最为丰厚的一个县，1993 年文化体制改革以来，文化事业的发展有了一定的局限性。加上教育局和文化局的合并，财务集中管理等情况的存在，在一定程度上制约了文化事业的发展。改革开放给人们的思想和文化带来了很大的冲击，面对文化视野的打开和营利性文化产业的发展，既有弊端又有活力，然而文化管理事业在某一时间段内却几乎停滞不前。

雄安新区的设立给雄安文化带来了千载难逢的改革发展和提升的机会，雄安文化正在发生着史无前例的巨大升华。作为雄安文化工作人员，要做好以下几个方面适应并胜任当前工作。

1. 格局的变化提升

必须从当年自家的“一亩三分地”里走出来，所瞩目的视点提高到世界高点，思维方式走到顶点，无论起点如何，都要尽力适应新的工作和岗位，否则会面临转岗或淘汰。

2. 走到老学到老

面对全新的格局和大量国际国家级人才的涌入，以及面对大数据应用模块化、智能化，必须与时俱进。过去的几年里，笔者参加了若干次的国家级省市级馆长培训会和非物质文化遗产培训会，有机会接受到文化部组织的国家顶尖专家教授授课，受益匪浅，思想上和专业上已经适应大规模数据化应用智能化管理模式。

3. 敞开胸怀迎接雄安文化建设者

不久的将来雄安会迎来三倍甚至四倍于本地人口的巨变，外来力量会囊括世界各地和全国各地各行各业的精英团队企业和个人，不要自居于“我是雄安人，我是土著”，这没用，众多人口会需要大文化，需要大文化的服务同时会融入大文化的服务创新和建设发展之中，我们需要协同作战，把握好大政方针政策，高举全面复兴中国传统文化的旗帜，挖掘打造提升中国雄安传统文化，达到人人传承中国传统文化和领先世界当代文化的目的。

4. 全面适应并参与大文化的改革创新和建设当中

雄安建设也包括文化建设，陈刚书记说过：没有雄安文化传承就没有雄安未来。雄安文化的挖掘、改造、提升、宣传，需要诸多基层文化文艺工作者和大批国家级顶尖人才的积极传承创新和发展参与，作为雄安本土文化工作者，我们要完善自我。

三、雄安文化建设之展望与未来

文化是民族的血脉，是人民的精神家园。雄安新区的文化建设，必将迎来一个挖掘继承打造提升和创新发展的快速发展期，在这个过程中，结合国家对雄安新区文化硬件和软件的发展规划和建设，必将达到一个高峰。

1. 核心思想理念

中华民族和中国人民在修齐治平、尊时守位、知常达变、开物成务、建功立业过程中培育和形成的基本思想理念，如革故鼎新、与时俱进的思想，脚踏实地、实事求是的思想，惠民利民、安民富民的思想，道法自然、天人合一的思想等，可以为人们认识和改造世界提供有益启迪，可以为治国理政提供有益借鉴。传承发展中华优秀传统文化，就要大力弘扬讲仁爱、重民本、守诚信、崇正义、尚和合、求大同等核心思想理念。

2. 中华传统美德

中华优秀传统文化蕴含着丰富的道德理念和规范，如天下兴亡、匹夫有责的担当意识，精忠报国、振兴中华的爱国情怀，崇德向善、见贤思齐的社会风尚，孝悌忠信、礼义廉耻的荣辱观念，体现着评判是非曲直的价值标准，潜移默化地影响着中国人的行为方式。传承发展中华优秀传统文化，就要大力弘扬自强不息、敬业乐群、扶危济困、见义勇为、孝老爱亲等中华传统美德。

3. 中华人文精神

中华优秀传统文化积淀着多样、珍贵的精神财富，如求同存异、和而不同的处世方法，文以载道、以文化人的教化思想，形神兼备、情景交融的美学追求，俭约自守、中和泰和的生活理念等，是中国人民思想观念、风俗习惯、生活方式、情感样式的集中表达，滋养了独特丰富的文学艺术、科学技术、人文学术，至今仍然具有深刻影响。传承发展中华优秀传统文化，就要大力弘扬有利于促进社会和谐、鼓励人们向上向善的思想文化内容。深入阐发文化精髓。加强中华文化研究阐释工作，深入研究阐释中华文化的历史渊源、发展脉络、基本走向，深刻阐明中华优秀传统文化是发展当代中国马克思主义的丰厚滋养，深刻阐明传承发展中华优秀传统文化是建设中国特色社会主义事业的实践之需，深刻阐明丰富多彩的多民族文化是中华文化的基本构成，深刻阐明中华文明是在与其他文明不断交流互鉴中丰富发展的，着力构建有中国底蕴、中国特色的思想体系、学术体系和话语体系。加强党史国史及相关档案编修，做好地方史志编纂工作，巩固中华文明探源成果，正确反映中华民族文明史，推出一批研究成果。实施中华文化资源普查工程，构建准确权威、开放共享的中华文化资源公共数据平台。建立国家文物登录制度。建设国家文献战略储备库、革命文物资源目录和大数据库。实施国家古籍保护工程，完善国家珍贵古籍名录和全国古籍重点保护单位评定制度，加强中华文化典籍整理编纂出版工作。完善非物质文化遗产、馆藏革命文物普查建档制度。

4. 贯穿国民教育始终

围绕立德树人根本任务，遵循学生认知规律和教育教学规律，按照一体化、分学段、有序推进的原则，把中华优秀传统文化全方位融入思想道德教育、文化知识教育、艺术体育教育、社会实践教育各环节，贯穿于启蒙教育、基础教育、职业教育、高等教育、继续教育各领域。以幼儿、小学、中学教材为重点，构建中华文化课程和教材体系。编写中华文化幼儿读物，开展“少年传承中华传统美德”系列教育活动，创作系列绘本、童谣、儿歌、动画等。修订中小学道德与法治、语文、历史等课程教材。推动高校开设中华优秀传统文化必修课，在哲学社会科学及相关学科专业和课程中增加中华优秀传统文化的内容。加强中华优秀传统文化相关学科建设，重视保护和发展具有重要文化价值和传承意义的“绝学”、冷门学科。推进职业院校民族文化传承与创新示范专业点建设。丰富拓展校园文化，推进戏曲、书法、高雅艺术、传统体育等进校园，实施中华经典诵读工程，开设中华文化公开课，抓好传统文化教育成果展示活动。研究制定国民语言教育大纲，开展好国民语言教育。加强面向全体教师的中华文化教育培训，全面提升师资队伍水平。

5. 保护传承文化遗产

坚持保护为主、抢救第一、合理利用、加强管理的方针，做好文物保护工作，抢救保护濒危文物，实施馆藏文物修复计划，加强新型城镇化和新农村建设中的文物保护。加强历史文化名城名镇名村、历史文化街区、名人故居保护和城市特色风貌管理，实施中国传统村落保护工程，做好传统民居、历史建筑、革命文化纪念地、农业遗产、工业遗产保护工作。规划建设一批国家文化公园，成为中华文化重要标识。推进地名文化遗产保护。实施非物质文化遗产传承发展工程，进一步完善非物质文化遗产保护制度。实施传统工艺振兴计划。大力推广和规范使用国家通用语言文字，保护传承方言文化。开展少数民族特色文化保护工作，加强少数民族语言文字和经典文献的保护和传播，做好少数民族经典文献和汉族经典文献互译出版工作。实施中华民族音乐传承出版工程、中国民间文学大系出版工程。推动民族传统体育项目的整理研究和保护传承。

6. 滋养文艺创作

善于从中华文化资源宝库中提炼题材、获取灵感、汲取养分，把中华优秀传统文化的有益思想、艺术价值与时代特点和要求相结合，运用丰富多样的艺术形式进行当代表达，推出一大批底蕴深厚、涵育人心的优秀文艺作品。科学编制重大革命和历史题材、现实题材、爱国主义题材、青少年题材等专项创作规划，提高创作生产组织化程度，彰显中华文化的精神内涵和审美风范。加强对中华诗词、音乐舞蹈、书法绘画、曲艺杂技和历史文化纪录片、动画片、出版物等的扶持。实施戏曲振兴工程，做好戏曲“像音像”工作，挖掘整理优秀传统剧目，推进数字化保存和传播。实施网络文艺创作传播计划，推动网络文学、网络音乐、网络剧、微电影等传承发展中华优秀传统文化。实施中国经典民间故事动漫创作工程、中华文化电视传播工程，组织创作生产一批传承中华文化基因、具有大众亲和力的动画片、纪录片和节目栏目。大力加强文艺评论，改革完善文艺评奖，建立有中国特色的文艺研究评论体系，倡导中华美学精神，推动美学、美德、美文相结合。

7. 融入生产生活

注重实践与养成、需求与供给、形式与内容相结合，把中华优秀传统文化内涵更好更多地融入生产生活各方面。深入挖掘城市历史文化价值，提炼精选一批凸显文化特色的经典性元素和标志性符号，纳入城镇化建设、城市规划设计，合理应用于城市雕塑、广场园林等公共空间，避免千篇一律、千城一面。挖掘整理传统建筑文化，鼓励建筑设计继承创新，推进城市修补、生态修复工作，延续城市文脉。加强“美丽乡村”文化建设，发掘和保护一批处处有历史、步步有文化的小镇和村庄。用中华优秀传统文化的精髓涵养企业精神，培育现代企业文化。实施中华老字号保护发展工程，支持一批文化特色浓、品牌信誉高、有市场竞争力的中华老字号做精做强。深入开展“我们的节日”主题活动，实施中国传统节日振兴工程，丰富春节、元宵、清明、端午、七夕、中秋、重阳等传统节日文化内涵，形成新的节日习俗。加强对传统历法、节气、生肖和饮食、医药等的研究阐释、活态利用，使其文化价值深度嵌入百姓生活。实施中华节庆礼仪服装服饰计划，设计制作展现中华民族独特文化魅力的系列服装服饰。大力发展文化旅游，充分利用历史文化资源优势，规划设计推出一批专题研学旅游线路，引导游客在文化旅游中感知中华文化。推动休闲生活与传统文化融合发展，培育符合现代人需求的传统休闲文化。发展传统体育，抢救濒危传统体育项目，把传统体育项目纳入全民健身工程。

8. 加大宣传教育力度

综合运用报纸、书刊、电台、电视台、互联网站等各类载体，融通多媒体资源，统筹宣传、文化、文物等各方力量，创新表达方式，大力彰显中华文化魅力。实施中华文化新媒体传播工程。充分发挥图书馆、文化馆、博物馆、群艺馆、美术馆等公共文化机构在传承发展中华优秀传统文化中的作用。编纂出版系列文化经典。加强革命文物工作，实施革命文物保护利用工程，做好革命遗址、遗迹、烈士纪念设施的保护和利用。推动红色旅游持续健康发展。深入开展“爱我中华”主题教育活动，充分利用重大历史事件和中华历史名人纪念活动、国家公祭仪式、烈士纪念日，以及各类爱国主义教育基地、历史遗迹等，展示爱国主义深刻内涵，培育爱国主义精神。加强国民礼仪教育。加大对国家重要礼仪的普及教育与宣传力度，在国家重大节庆活动中体现仪式感、庄重感、荣誉感，彰显中华传统礼仪文化的时代价值，树立文明古国、礼仪之邦的良好形象。研究提出承接传统习俗、符合现代文明要求的社会礼仪、服装服饰、文明用语规范，建立健全各类公共场所和网络公共空间的礼仪、礼节、礼貌规范，推动形成良好的言行举止和礼让宽容的社会风尚。把优秀传统文化思想理念体现在社会规范中，与制定市民公约、乡规民约、学生守则、行业规章、团体章程相结合。弘扬孝敬文化、慈善文化、诚信文化等，开展节俭养德全民行动和学雷锋志愿服务。广泛开展文明家庭创建活动，挖掘和整理家训、家书文化，用优良的家风家教培育青少年。挖掘和保护乡土文化资源，建设新乡贤文化，培育和扶持乡村文化骨干，提升乡土文化内涵，形成良性乡村文化生态，让子孙后代记得住乡愁。加强港澳台中华文化普及和交流，积极举办以中华文化为主题的青少年夏令营、冬令营以及诵读和书写中华经典等交流活动，鼓励港澳台艺术家参与国家在海外举办的感知中国、中国文化年（节）、欢乐春节等品牌活动，增强国家认同、民族认同、文化认同。

9. 推动中外文化交流互鉴

加强对外文化交流合作，创新人文交流方式，丰富文化交流内容，不断提高文化交流水平。充分运用海外中国文化中心、孔子学院，文化节展、文物展览、博览会、书展、电影节、体育活动、旅游推介和各类品牌活动，助推中华优秀传统文化的国际传播。支持中华医药、中华烹饪、中华武术、中华典籍、中国文物、中国园林、中国节日等中华传统文化代表性项目走出去。积极宣传推介戏曲、民乐、书法、国画等我国优秀传统文化艺术，让国外民众在审美过程中获得愉悦、感受魅力。加强“一带一路”沿线国家文化交流合作。鼓励发展对外文化贸易，让更多体现中华文化特色、具有较强竞争力的文化产品走向国际市场。探索中华文化国际传播与交流新模式，综合运用大众传播、群体传播、人际传播等方式，构建全方位、多层次、宽领域的中华文化传播格局。推进国际汉学交流和中外智库合作，加强中国出版物国际推广与传播，扶持汉学家和海外出版机构翻译出版中国图书，通过华侨华人、文化体育名人、各方面出境人员，依托我国驻外机构、中资企业、与我友好合作机构和世界各地的中餐馆等，讲好中国故事、传播好中国声音、阐释好中国特色、展示好中国形象。

四、非物质文化遗产的调研传承与保护

从 2017 年到 2018 年，国家文化部和河北省文化厅省非遗保护中心组织相关学者对雄安新区的非物质文化遗产进行了两次彻底翔实的调查调研，摸排到了丰厚的非物质文化遗产资源，容城县的非物质文化遗产情况基本可以分为以下三个阶段。

第一阶段，2017 年以前，当时容城县文广新局没有专人负责非物质文化遗产工作，工作相对滞后，仅有容城八景和高腔戏两项，并成为保定市级非物质文化遗产项目，然而并没有申报项目传承人，以至于后来的传承经费无法下发，高腔戏老艺人几年前也已经去

世，高腔戏在容城消失，这是一件很遗憾的事情。

第二阶段，在 2017 年 4 月 1 日，中共中央、国务院决定在原河北省保定市的雄县、容城、安新三县设立国家级新区——雄安新区，这一地域即将迎来历史性的巨变。河北省文化厅 2017 年 5 月 15 日下发了《关于加强雄安新区非物质文化遗产调查和保护工作的通知》；保定市文广新局也在 2017 年 7 月 5 日下发了《关于做好雄安新区非物质文化遗产调查工作的通知》，还于 7 月 10 日在雄县召开了三县参与的工作动员会议。

“河北大学非遗考察研究中心”“京津冀学者联合考察团队”承担了此次雄安新区三县的非物质文化遗产普查工作。

7 月 10 日，河北大学齐易教授、中国艺术研究院张月博士、《人民音乐》编辑部的荣英涛老师等人出席了在雄县召开的普查工作动员会议，会后工作团队按照计划立即开始了对雄安新区三县的普查工作。齐易教授在长达一个月的工作时间里始终坚持在普查第一线，河北大学艺术学院吴艳辉博士、中国艺术研究院张月博士、江西中医药大学宋博媛老师、河北大学音乐学研究生李天然、中南大学艺术学研究生张庆辉等人，都承担了不同的项目调查。在各县乡镇初步摸底排查所获得的线索的基础上，考察者们以自己的专业修养认真考量每一个非遗项目，或在驻地，或到非遗项目容城县一共普查了 40 个项目，39 项活态存在。

五、非物质文化遗产传承保护模式

1. 师承

在各项各类非物质文化遗产产生的初始和发展阶段，它本身并不是遗产，而是具象活态存在并且活跃的社会事项，在这个过程当中由于爱好、谋生、社会需要等原因流传，大多会有老师教授。

2. 非遗集市（文化节）

随着特色小镇的建设以及各级各类文化节的举办，非物质文化遗产展演展示活动成了传统文化的主角，在特色小镇的街市和文化节的舞台，各色非遗形式活跃起来，并且展示了自身魅力，活跃了传统文化。

3. 非遗展馆（活态）

非物质文化遗产展馆有别于一般的博物馆，非遗展馆可以有静态展示馆、演出馆、传承馆、文创产品展示馆等各色各类，重点之一就是要活态展示，否则将不是非遗展馆了。

4. 非遗产业的繁荣发展（非遗进校园等）

各种非遗保护项目，保护并非是最终目的，就如同濒危动植物的保护，让它活跃传承回归自然是最终目标；我们通过媒体宣传，通过场地展演，通过演出弘扬，最终起到弘扬传统文化，继承文化文脉，达到繁荣发展的目的。

5. 非遗大讲堂

开展非遗大讲堂活动，请大家宣讲，展示，形成习惯，弘扬传统文化。

随着雄安新区文化机构的设立，文化设施的逐步建设，文化管理人员会不断涌入，建设高标准的文化管理队伍，适应高标准文化管理工作。

文化管理上，发展与修剪枝干相结合，对于电竞和直播行业，严格管控；对于直播行业，统计一下，梳理一下，除了愉悦身心和教育教学等有价值的部分以外，管控不创造社会价值的东西。

六、关于书画事业

雄安新区书画行业的发展壮大，需要本土书画家的勤奋努力，对接国家和国际艺术标杆，需要邀请国内外的艺术大师过来交流，建设工作室，搞展览和讲座，推动和扬高雄安书画行业旗帜。

借助雄安新区规划建设的东风，相信会有群众喜欢的高规格美术展馆和艺术社区、团体的出现，会汇聚国家乃至世界的各行各业的艺术大咖，创作出众多高规格美术书法艺术作品。

七、文旅结合

文脉是旅游的灵魂，旅游是文化传承的载体。文旅相容，互相促进。

八、外出考察阶段的感想和收获

国家艺术基金立项组织成立了“雄安文化管理人才培训项目”。2018 年 12 月 12—24 日为理论知识学习阶段，地点选在容城县的金孔雀大酒店，2019 年 5 月 20—6 月 20 日为实践活动学习阶段，重在实践观摩考察。在老师们的精心安排下，我们雄安新区三县一行 30 多人从新区出发，先后奔赴北京、南京、杭州三地，在这 14 天的时间里，我们参观了北京国家大剧院、北京规划展览中心、国家广告产业园、网易、华数传媒集团、西泠印社等，印象最深的是北京、南京、杭州的几个大型的博物馆。

具体行程如下：

2019/5/20 日　下午，北京市朝阳区融媒体中心

2019/5/21 日　上午，北京规划展览中心

	下午，故宫博物院
2019/5/22 日	上午，国家大剧院
	下午，国家博物馆
2019/5/23 日	上午，E9 创新工场
	下午，751&798 艺术社区
2019/5/24 日	前往南京
2019/5/25 日	上午，南京博物院
2019/5/26 日	上午，六朝博物馆
	下午，夫子庙 科举博物馆
2019/5/27 日	上午，1865 产业园（省文化艺术中心）
	下午，国家广告产业园
2019/5/28 日	上午，江苏原力动画制作股份有限公司
	下午，前往杭州
2019/5/29 日	上午，浙江省自然博物馆
	下午，网易 华数数字电视传媒集团
2019/5/30 日	上午，浙江省博物馆孤山景区
	下午，西泠印社
2019/5/31 日	上午，白马湖生态创意城
	下午，宋城演艺集团
2019/6/01 日	上午，中国丝绸博物馆
	下午，阿里杭州 Z 空间（天猫）
2019/6/01 日	返回北京

在这一行程中，理论知识学习的部分，以实践的形式展现在学员面前。

我很珍惜这次难得的机会，所以走到哪里都是非常认真主动地去学习，咨询。5 月 20 日下午走进北京市朝阳区融媒体中心，这里是雄安新区管委会主任陈刚工作的地方。在老师的讲解中，熟知了大数据普及的情况下，融媒体的概念和工作、操作运用等情况，这极大地节省了资源、平台和信息共享。建设需要软件和硬件配合，需要尖端人才做坚强后盾，雄安新区要准备好。5 月 21 日上午，参观北京规划展览中心，下午参观的北京故宫博物院，得知北京的过去、现在和未来，雄安新区的建设，同样讲究风水学，“1 方城，2 轴线，5 组团，10 景院，百花田，千年林，万顷波”、这就是雄安新区的建设理念。新区的建设，环保人文，避免大城市病，更为明朗化；观摩故宫博物院的管理模式，从后台了解国家级博物院的组织机构建设人员配置和文创产品的开发运营，为雄安新区相关博物院的建设提供了模式参考；5 月 22 日上午参观了国家大剧院，体会了专业艺术剧院的管理情况；在 798 艺术社区，体会了艺术的活跃，在当代和现代，艺术思潮不是异类，需要保护和梳理，让它健康地发展；5 月 29 日，在华数数字传媒集团，现实体验了大数据和融媒体以及数字走进生活给人们带来的巨大便捷，随着 5G 技术的普及，相信人们的生活会发生巨大的变化，科技改变生活；5 月 30 日，在西泠印社，感悟了印鉴的发展历史和大师的作品，知道了会社的管理和运营模式；5 月 31 日，在宋城演艺集团，实现了空间和情感上的穿越，体会了非遗展馆和活态传承情况。

无论是在理论阶段的学习，还是在外出实践活动中，我们极大地丰富了自身知识，从理性到感性，从片面到全局，从肤浅到深入。雄安，我做好了建设准备，雄安，我来了。

雄安新区国家基金文化艺术培训

——论白洋淀可持续发展及文化

◎ 徐秀敏

白洋淀地处河北省中部，是华北平原的大型淡水湖泊，素有“华北明珠”之称。白洋淀有大小不等的 143 个淀泊，其中百亩以上的有 99 个。白洋淀原是其中的一个淀泊，因其面积最大，约两万亩，后统称为白洋淀。白洋淀水秀地灵，民风淳朴，积淀了淳厚的民俗文化。作为著名的国家 5A 级旅游景区，如何使丰富的旅游文化资源充分发挥其作用并可持续发展，是当前值得深思熟虑的问题。

一、白洋淀的旅游文化资源

（一）白洋淀旅游文化资源之一——自然风光

白洋淀，一片片大小不等的淀泊，一条条宽阔的河道，一块块高于水淀的方形苇田，一道道纵横交错的沟壕，一个个水上小岛式的自然村落，形成了在江南不多见的特有格局。白洋淀湿地是我国北方最典型且具代表性的湖泊和草本沼泽型湿地，这里是鱼的故乡，历史记载有鱼类 11 目 17 科 50 属 54 种；鸟类现存 17 目 47 科 195 种，因而这里也是鸟的家园。白洋淀更是我国东部鸟类迁徙的必经之路。每年春、秋季节，都有大批鸟类途经白洋淀，或在此歇息后继续迁飞，或在此水域进行繁殖。这使白洋淀成为河北省又一个观鸟的好处所，更成为鸟类保护的重要基地（省级禽鸟自然保护区）。淀上波光荡漾，水鸟啁啾，芦苇婆娑，荷香暗送，构成了一幅生态美景。利用白洋淀得天独厚的水环境，安新县委、县政府投资 3660 万元，建起占地 1460 亩的“荷花大观园”。园中荟萃了我国南北各地 200 余荷花品种，成为我国目前面积最大、品种最全的荷花展示园区。

（二）白洋淀旅游文化资源之二——古文化遗址

1. 梁庄遗址、留村遗址

据文献记载，在距今7000多年前，白洋淀境域的先民们已经在此地生活繁衍。现存的梁庄遗址、留村遗址都反映了在新石器时代原始的农业、渔猎已经出现，并开始饲养家畜，建有村落。两处遗址于1982年被列为河北省文物保护单位。

2. 燕长城

战国时期，燕国为了防御赵、中山国等，先后修筑南北两道长城。其中北长城即是现今的新安北堤。乘车到白洋淀旅游，漫步在通往安新县旅游码头的步行街，你可曾想到，这条步行街下的长堤便是战国时期燕长城旧址的一部分。

3. 赵北口十二连桥

位于白洋淀东北部，贯穿赵北口镇南北。在南北七里长堤上，每隔不远处，就有一座形式不同的桥梁，前后共十二座。每座石桥、木桥结构造型各有不同，构成了形态各异的群桥景观。由于历史变迁，中华人民共和国成立后，为根治海河，综合治理白洋淀等工程，十二连桥现仅存其中的广惠桥，1968年改为混凝土结构。

4. 清代的四座行宫

郭里口行宫建于清康熙四十四年（1705年），为康熙、乾隆举行水围之处；赵北口行宫为康熙春游围猎的驻地；端村行宫为乾隆二十六年春，在巡幸五台山回銮途中，顺道在白洋淀进行水上围猎活动的驻地；圈头行宫系康熙先后十一次在圈头进行水上围猎的驻地。四处行宫几经水灾战乱，或仅存御题石匾，或仅存宫迹，但是反映出白洋淀确实是个引人入胜的美好水乡。

（三）白洋淀旅游文化资源之三——红色旅游胜地

白洋淀是革命老区，抗日战争时期，在淀泊相连、苇壕纵横的白洋淀上，雁翎队神出鬼没、来无影去无踪，在白洋淀上除“三害”、兵不血刃端岗楼、痛打日军和伪军的“保运船”等，使敌人闻风丧胆。在近现代，有以穆青的《雁翎队》、孙犁的《荷花淀》、徐光耀的《小兵张嘎》、孔厥和袁静的《新儿女英雄传》等为代表的反映白洋淀人民不屈不挠、英勇抗争的文艺作品。这些故事已经广为流传、深入人心，成为鼓舞后人革命精神的红色源泉。如今，在“白洋淀文化苑”，每天都有无数游客亲身体会着以上革命故事，汲取着先人们的革命精神。这里就是红色旅游的胜地。

二、白洋淀旅游文化可持续发展存在的问题

1992年6月联合国环发大会上全球性可持续发展纲领——《21世纪议程》（《里约宣

言》）的通过，将可持续发展的理念普及到了全球。

随着我国的现代化建设，旅游事业得到空前发展，白洋淀旅游也吸引着大量的游客，人数逐年增高。但是白洋淀旅游文化的开发和可持续发展还存在许多的不足和发展模式陈旧的缺点。

其一，缺少“一盘棋”的理念。目前服务中心仅是出售各景点的门票和收取租船只的费用，游客的其他需求无人安排和管理，如游客的餐饮问题。不少游客被船家引到他的关系户（个体户）处用餐，餐饮的质量与费用没有统一标准，利用所谓地方特色乱要价；餐具只是清洗简单，根本不消毒；没有卫生间，只是在淀边用苇席围一小圈，随地大小便，这样的卫生条件如何可能再吸引回头客？在游客的心里，白洋淀的印象又会如何？这些问题实在使人担忧。另外，安新县与容城县水域之间含有分割，不时出现的再次收取旅游费用的事端使游客不悦。

其二，仅为“一日游”，流失了更多的游客。白洋淀仅有少数村落可留客住宿，所以导致这里不是旅游目的住宿地，而成为中间游的景点。游客只是白天在此地游玩，之后只好返回或到其他可居住的旅游点。这样一来，白洋淀夜晚的景色没有得到展示，新安八景之一的“鸭圈印月”没有机会使人欣赏。大量游客即使在此地游玩还没有尽兴，也只好遗憾而去。

其三，旅游文化资源尚待开发。目前白洋淀旅游仅突出了自然风光游、“文化苑”参观游、“荷花大观园”参观游等，而古文化遗址的资源和红色旅游胜地的资源没有得以开发，只是在“文化苑”有部分展出，如御题石匾、嘎子村等，实际的开发尚需时日。

其四，“生态旅游”理念需要加强。现在提倡“生态旅游”，即在不破坏生态平衡，不破坏当地的生物资源的前提下开展特色旅游，而白洋淀内的大量机动船只所泄漏的油污在水面形成了一层薄膜，水生生物环境受到极度的破坏，这难道不是在扼杀着白洋淀的生机吗？在各个景点，游客丢弃的果皮、包装袋及杂物比比皆是，虽有服务人员在清扫，但是加强对游客的管理更是必需的。

三、解决对策

白洋淀具有丰富的旅游文化资源，既要充分利用这些宝贵的资源，又要与自然保护紧密结合，这才是解决现存问题的有力途径。

其一，要积极提出相应的口号：“发展要创新，文化要跟进”“保护湿地，就是保护我们的肾”“人类和自然是亲兄弟”“关心白洋淀，常回家看看”“水是你我的生命源泉”，等等。只有爱护和大力宣传白洋淀，才能使游客更加热爱白洋淀，在游玩欣赏的同时，也要了解白洋淀的重要作用，从而在社会上形成保护、热爱、关心的舆论氛围，让大家，特别是对于北方干旱的地区认识到，白洋淀的水是何等的重要，何等的珍贵。

其二，“三个中心”要互相协调，互相促进，各有分工，集思广益，各负其责。不能够仅以旅游为中心，重开发，轻保护，重经济利益，轻社会效益。应提倡树立科学发展观，实现旅游经济的可持续发展，使旅游经济发展又好又快，建立可行的规章、制度，杜绝先发展再治理的现象；要重视 GDP 的增长，更不能够忽略环境的保护。因此，必须把保护中心与其他两个中心并列起来，提到同等地位。

其三，总服务中心要保障游客旅游的质量，需引入 ISO 质量评价体系，各项服务（包括旅游及餐饮业）都按标准进行，有指标、有检查，必然会使服务上一个新台阶。建立现代企业管理制度，建立一套规范的科学的管理体制是协调好各方面的利益所必需。更为重要的是，白洋淀的旅游资源应该得到充分的整合，这涉及各个方面的利益，包括当地利益与周边县市的利益、政府利益与居民的利益、眼前利益与长远的利益，等等。一切应从大局出发，从白洋淀长远发展的利益出发，这些利益冲突应得到妥善解决。建立大型的现代企业制度是一条较好的出路，即把旅游区广大的居民组织起来，形成大旅游集团，一个村落的居民可成立旅游分部，与大集团利益分成，人员由集团组织培训，持证上岗，财务、人员、设备、管理严格按 ISO 标准进行。非旅游季节时可分散在各家，旅游旺季组织起来，这样可以形成良性互动，充分调动群众的积极性，发挥他们的主观能动性，使广大居民主动参与到白洋淀的发展和保护中来，给居民一个建设保护白洋淀的平台，使他们懂得，谁保护谁得利，谁破坏谁可耻。

为了落实这一设想，首先研讨好利益分配，做到国家资产不流失，税收不减少，环境得保护，群众得实惠的局面。也可以建立股份制合作机制，谁出力大谁得利多，国家控股，群众参与，按比例分享成果，把民间的资本借来所用，不用国家的一分投入就能实现白洋淀的大发展，以后还可成立上市公司，解决长期解决不了的淀区居民问题，使居民为了国家利益和自身利益主动投身到建设和保护中去，真正建立和谐的白洋淀。用此资金还可以有计划地开发待开发的历史古文化遗址等。

其四，设立文化开发中心，提高淀区的文化整合能力，建立大文化概念。每年要举办一些作家文人的笔会，邀请外来人士参与，多视角提升文化思路，尤其是打造一台高水平的大型文艺晚会十分重要，它承载着白洋淀文化的传承作用，是提高旅游品位的重要手段，应给予高度重视。中国是文化大国，礼仪之邦，白洋淀又是著名景点，有着丰富的文化内涵，但如何在最短的时间里展现给游客是一个方法问题。白洋淀应借鉴其他发达的旅游地区的经验，特别是同样有着丰富历史文化内涵的地区的经验，例如著名景点杭州西湖、西安芙蓉园景点等，起到文化传播的作用，不仅使游客感受到白洋淀的美丽自然风景，同时也感受到深厚的文化底蕴，扩展旅游的内涵，提升旅游的层次。

其五，建立自然保护的专门管理、监测机构是对白洋淀的长远可持续发展的保证。

定时、定点对景区及周边进行各环境监测指标的检测，并及时做出报告与指出存在问题，提出解决办法奖罚规定。充分保护大自然赐给我们的环境，是对子孙后代负责，对国家负责，对人民负责，是“功在当代，利在千秋”的伟业，可以使白洋淀这颗“华北明珠”永放光芒。

四、结语

白洋淀具有丰富的旅游文化资源，它是自然旅游的支撑。白洋淀的旅游业应是自然搭台，文化唱戏；引入竞争，搞活发展；经济模式勇于创新，做到自然环境保护和开发相适应，社会效益和经济效益相适应，以达到建设和谐的白洋淀的目的。

加强乡村文化自信
创新群众文化工作新思路

◎杨　伟

随着社会进步与经济发展，人民群众不再仅满足于物质生活的富足，追求高质量的文化生活逐渐成为人们生活的主题。文化是民族的灵魂和思想的导向。文化基因和精神家园是一个民族安身立命的基础、生存发展的支撑、身份归属的标志，是维系这个民族发展繁荣最深沉的力量，构成了中华民族共同精神家园的重要组成部分。在乡镇范围内开展文化建设活动，能够积极提高群众的文化思想意识和为建设和谐社会做出积极贡献。

一、乡镇群众文化工作的特点

（一）地域性

我国乡村文化具有很强的地域性。不同地区的群众对文化的需求不同，这也是不同地区拥有不同乡村文化形式的原因之一。"每个地方都有自己的故事"。一个有故事的地方会有效增加这个地方的知名度和美誉度。容城自秦置县，属上谷郡，初名"桑丘"或"宜家"，汉景帝中元三年（公元前 147 年）设容城侯国，被省政府认定为"千年古县"。1982 年，容城上坡遗址（磁山文化）、南阳遗址（春秋战国）、晾马台遗址（商周）被省政府公布为河北省重点文物保护单位。容城历史悠久，文化底蕴深厚，境内有上坡新石器时期"磁山文化""龙山文化"遗址，可推断出 7000 年以前就有人类在此繁衍生息，形成了比较稳定的古村落。容城境内遗址众多，还有非常珍贵的名胜古迹。元初著名学者刘因、明朝忠烈杨继盛、清初大儒孙奇逢被誉为"容城三贤"。容城亦是狼牙山五壮士中胡德林、胡福才的故乡。规划建设雄安新区，更要"坚持保护弘扬中华优秀传统文化、延续历史文脉"。雄安新区的设立，也为挖掘三贤文化带来了新的契机，更加坚定了挖掘本土文化，强化文化内涵，营造文化氛围，提升城市文化品位，助推新区经济社会发展的决心与信心。

（二）多元性

乡村文化工作和群众是有紧密联系的，如果群众不积极参与到文化工作创新中，乡村文化工作就失去了创新的源泉。不同层次的群众对乡村文化的需求不同也决定了乡镇文化工作的内容和形式必须实现多元化，才能更好地满足不同层次群众的需求。

（三）功能多样性

乡村文化来源于民间，并未经过系统的分化。人们在创新乡村文化工作方法的同时，也享受到了乡村文化工作带来的累累硕果。在广大农村乡镇地区，群众文化可以更好地满足人们的精神需求。

二、做好乡镇群众文化建设的重要意义

（一）乡村文化是我国构建和谐社会的重要组成部分

目前，我国正在构建和谐社会，这就对乡镇群众文化工作提出了更高要求，既要保证“以人为本”的准绳，又要做到与时俱进，与人民群众的实际需求相符。乡镇群众文化工作做好了，人民的根本文化素养也就得到了提升，和谐社会的建设也就前进了一步。

（二）乡风文明是乡村振兴战略的题中之义

“乡村振兴，既要塑型，也要铸魂”。乡村是中华文明的重要载体，乡村生产、生活积淀下来的乡村文化，是中华民族得以延续的重要精神支撑。党的十九大报告首次提出“实施乡村振兴战略”，其中乡风文明是乡村振兴战略的题中之义。

（三）乡村文化可以满足人民群众业余时精神文化需求

若缺乏必要的文化活动，人民群众就会产生空虚感，由于本身的精神文化需求得不到满足，所以就产生了“精神饥饿”。因此展开好乡镇群众文化工作，为人民群众提供一个精神家园，满足人民群众的精神文化需求，具有重要的意义。

三、乡村文化建设的现状

近年来，尽管我国乡村振兴工作卓有成效，产业兴旺、生态宜居、乡风文明、治理有效、生活富裕的目标正在逐步变为现实。但是，在乡风文明建设方面还存在一些薄弱环节，

如一些农村仍存在高彩礼、讲排场大办宴席甚至赌博等陋习。

究其原因，主要是大部分群众物质生活条件好了，存有攀比心理，互相讲排场、比阔气造成的。婚丧大操大办行为耗费精力、物力、财力，广大干部群众出分子也很不情愿，但碍于情面又不得不随风而行。这些问题的存在，给广大人民群众造成了沉重的精神压力和经济负担，如果得不到及时解决，任其发展和蔓延，与社会主义精神文明建设的要求极不相符，与公民道德建设纲要的要求严重相悖。建立移风易俗，树立文明、节俭、健康向上的新习俗势在必行。

四、加强文化自信建设

现如今，随着我国改革开放不断地深化，各种思想文化相互激荡，不同文明交流、交融更加频繁，特别是随着大数据时代的到来，各个国家和地区之间的联系更加方便、更加密切，不同文化和不同社会思潮之间的交锋也更加激烈。思想文化力量在综合竞争力中的战略地位进一步凸显，如西方“快餐式”文化进一步侵蚀国人（特别是青少年）的精神世界。我国作为社会主义大国、东方文明古国，如何在世界文化激流中站稳脚跟，勇步向前，增强文化自立、自信，提高文化软实力和话语权，是必须高度重视的问题。

“十里不同风，百里不同俗。”因文化传承、地理位置、资源禀赋的不同，一省、一市乃至一镇、一村的乡村文化都各具特色。推动乡村文化振兴，需要因地制宜、精准实施。只有这样，才能做到“送”文化又“种”文化，造就乡村文化自信，以助推乡村振兴。

有人说，中国人往上数三代，多数来自农村，来自泥土。即使人在城市，也经常会遐想“暖暖远人村，依依墟里烟”的恬淡意境。然而现实中，为了保护古村落，却往往不得不与时间赛跑。有的村子年久失修；有的村民翻新民房，拆掉祖屋抹掉壁画；有的全村外出务工，留下老人儿童；有的地方随意搭建，破坏古貌……正如著名作家冯骥才所感叹的那样：“每座古村落都是一部厚重的书，不能没等我们去认真翻阅，就让这些古村落在城镇化的大潮中消失不见。”“看得见山，望得见水，记得住乡愁。”这是“城里人”和“村里人”共同的生活愿景，也是城镇化的目标所在。

要留住乡愁，留住乡村文化是关键。如果乡村文化都消失了，乡村建设没有规划，就不会有美丽乡村。对于许多一辈子种田劳作的村民来讲，村子就是他们的家；对拥挤在钢筋混凝土森林中的人们而言，乡村又何尝不是精神的归宿？我们脚下的这片热土，我们身居的这些村落，在雄安新区的建设大潮中，不可能也不应该一成不变，只是，这样的变化不应是衰败，而应是成长。那么，我们的文化自信从哪里来？我们坚定文化自信的坚实根基和突出优势，就在于中国优秀传统文化。博大精深的中华优秀传统文化、中国人几千年来积累的知识智慧和理性思辨，是我们最深厚的软实力。在承载着千年大计的雄安新区，为保护弘扬中华优秀传统文化、延续历史文脉，从 2018 年年初开始，新区党工委、管委会在雄安全域范围内组织开展了“记得住乡愁专项行动计划”遗存调查登记工作，雄安新区规划建设局对全部“乡愁点”开展校核、补充、录入地理信息系统，核对地理信息和保存状况，并与雄安新区综合执法局完善了“记得住乡愁专项行动计划”成果。一批承载着雄安新区人民记忆，凝聚着新区传统文化基因的乡愁遗存被登记造册、建档存根，形成了总数为 2367 项“乡愁点”的数字坐标总图。

以文化自信为乡村文化建设的灵魂，文化自信是更基本、更深沉、更持久的力量。增强乡村文化自信的关键是不忘本来、融合外来、着眼将来 。

文化虽然是由一个地区的经济决定的，具有区域性、多样性，但文化也有着相对独立性，有其独特的发展规律，文化自信也是如此。

文化自觉是文化自信发生的前提，就是我们应该珍视优秀的传统文化。没有文化自觉就谈不上文化自信，有些人说传统文化已经过时，但是实际上，传统文化中的很多东西，如仁义礼智信、善良、坚忍等优良基因仍然具有重要的时代价值。我们的文化自觉是建立在上下五千年之悠久历史和深厚的文化底蕴基础之上，通过文化自觉能够正本溯源，为乡村文化建设积聚绵延向上和向善的力量。习近平总书记也强调：“博大精深的中国优秀传统文化是我们在世界文化激荡中站稳脚跟的根基”，对本民族优秀传统文化的自觉是增强文化自信的前提，没有文化自觉就没有文化自信。乡村文化亦是如此，乡村文化自觉是在对本区域文化的思考和批判基础之上形成的对本地区文化的一种积极的评价，优秀的传统文化积淀着广大人民群众最深层的精神追求，代表着一个地区的精神标识，为区域发展壮大提供了丰厚滋养与认知。

文化交流是增强文化自信的条件，在和不同地区的文化交流和文化的对比借鉴中才有可能增强文化自信。在融合外来优秀的传统文化和全人类的文明成果的基础上，中华文化也在不断发展。毛泽东对待西方文化的主张是“要在破除迷信的条件下学习西方”，简练的话语却有着深刻内涵，即在与不同国家和民族的文化进行交流时，对资产阶级的思想和文化要客观、谨慎地审视；虚心学习外国的优秀文化，取其精华“作为自己文化食粮的原料”，弃其糟粕。习近平总书记在出席孔子 2565 周年诞辰国家学术研讨会时指出：“各国各民族都应该虚心学习、积极借鉴别国别民族思想文化的长处和精华，这是增强本国本民族思想文化自尊、自信、自立的重要条件。”加强与其他国家和民族文化的交流，吸取精华的成分，才能更好地发展繁荣本民族的文化。一个民族和国家进行自我封闭，不敢敞开国门与其他国家和地区进行经济和文化的交流，是不自信的表现，自我封闭不可能带来我国文化的大繁荣大发展。《雄安新区规划纲要》中指出：“世界眼光、国际标准、中国特色、高点定位”，“中国特色”就是注重保护和弘扬中华优秀传统文化，保留中华文化基因。“国际标准”就是要加强不同国家和地区间的交流与合作。为了响应号召，雄安新区积极搭建文化交流平台，创建三贤文化交流会，传承先贤精神。深入开展京津冀、港澳台和国际各国与雄安新区的智慧对接，建设中国特色、高点定位的大美雄安。

“明者因时而变”，文化创新是文化自信的基石，一个民族没有创新就没有其特色和灵魂。在“互联网 +”时代，不同地区之间的文化交流更加方便、更加广泛，要通过文化的新突破，根据实践的要求和人民群众的需求灵活地转变文化的形式和内容，传承和弘扬优秀传统文化，保持原有传统文化特有的基因和个性，从而增强我们乡村文化的影响力。通过文化创新，满足人民群众不同层次的文化需求，增强文化自信，从而提高人民群众的素质。

由此可见，增强文化自信的关键就是要注意文化的自觉、交流和创新，既不能完全否定原有的传统文化，又要注意在和其他地区进行文化交流时吸取有益的部分，更要根据时代的发展趋势和实践的要求不断进行文化创新。

五、创新乡镇群众文化活动创新思路

（一）创新工作思路，拓展培训对象

在日常培训文化工作者的基础上，加强对群众文化爱好者的培训，进一步提升活动组织者的总体素质。一是对乡镇文化专干和企事业单位的文化员进行培训。组织文化员进行活动开展的策划、组织、程序以及安全等内容培训。二是对民间文化活动牵头人进行培训。对乡镇广场舞组织者和群众文化带领人进行“一对一”培训，重点就活动策划组织、节目编排等内容进行培训。

（二）注重实际，打造具有区域特色并广泛接受的群众文化

群众文化其特点在于群体性。因此，必须从广大群众的需求和兴趣入手，在适用和适应方面加以思考。在我国农村地区，其传统的文化艺术表现形式往往具有浓郁的地域特色，能够更好地融入当地人的实际生活中，但如果简单的复制推广，效果往往不佳。克服民间文化区域局限，必须从社会主义文化建设高度进行统筹思考。在首先保证区域文化特色基本元素不丢失的基础上，对不同区域文化中的精华部分进吸收和借鉴，从而建立起一种既能得到当地人民喜爱，又能够弘扬正能量，具有良好的艺术表现力的文化活动形式。

（三）创新活动内容

群体活动的内容关系着其教育是否有重要的意义，对其内容进行创新，并不是举办与生活毫无关系的活动，而是将文化知识与内涵同活动内容有机结合。并且，根据当前社会发展趋势，插入不同的内容，使得公民在参与活动时能够在获取丰富知识的同时真正意识

到当前的社会形态，有助于公民将其应用到学习与工作中，有效提升其职业能力及思想道德素养。此外，要有创新意识，组织者要结合当前热门话题进行活动，并发表正确的言论，有效地引导公民对时事的辨别能力，使得我国传统文化得以正确传播。

（四）创新管理模式

1. 建立完整的管理规章制度

为了使群众文化活动在开展时能够体现出秩序化、规则化及完善化的特点，乡镇文化管理部门需要建立相关管理队伍，并对管理人员进行有效的培训，提升其专业化素养与职业技能，并明令禁止违反活动规则，对严重违反者进行有效教育。

2. 建立正确的评价机制

对开展的群众文化活动进行有效记录，并对其进行研究探讨。需要建立一支专业的评价队伍，结合多名管理人员的经验及评价，查找活动举办过程中的不足之处，并共同探讨其解决方案，从而促使群众文化活动的顺利进行。最后，将群众文化活动的开展设计集中化，较为分散化的活动会使参与者较少，教育成果不够明显，将其集中化能够使得活动具备有效性，以此来更好地传播优秀传统文化，推动乡村振兴和社会进一步发展。

（五）加大对资金的投入力度并确保专款专用

对于文化建设事业，地方政府必须在财政上给予一定的支持，并且还要做到专款专用，确保乡镇群众文化建设能够有固定的经济来源作为建设的支撑点。

随着社会的发展，人们对精神文化的要求也越来越高，越来越多的人开始注重乡村群众文化建设，所以要不断地总结经验，完善不足之处，提升乡村群众文化建设的有效性，坚持以社会主义核心价值观为导向，坚持示范引领，推出老百姓身边的道德模范、行业标兵等先进典型；让优秀传统文化植根于乡风文明建设中，充分挖掘各种传统民风民俗的当代价值和现实意义；结合实际情况制定百姓认可、行之有效、依法有据的村规民约，并扎实推进落到实处；进一步丰富农村文化生活，让群众在家门口就能享受到健康的文化生活，让群众的思想觉悟与文化素养得到进一步的提升。

关于文化传承的思考

◎ 杨自民

一、关于文化传承的思考

雄安文化因为雄安新区的成立而开始了更加深入地整理和挖掘，因而也更加深入地走进人们的视野和心灵。众所周知，雄县历史悠久，人文底蕴深厚，燕南古长城不仅是燕赵两国的分界线，同时也是燕赵文化的接合部，雄县出过《旧唐书》的作者刘昫，还有国家级文物保护单位"宋辽古战道"和"瓦桥关"，在宋辽时期也非常有名，宋代的欧阳修在出使契丹时路过瓦桥关曾赋诗一首："古关衰柳聚寒鸦，驻马城头日欲斜。犹去西楼二千里，行人到此莫思家。"

雄县有两个国家级非物质文化遗产保护项目，一是雄县古乐，包括亚古城、赵岗、杜庄、韩庄等。二是鹰爪翻子拳，而鹰爪翻子拳的创始人就是雄县李林庄村的陈子正。雄县还出过清末举人爱国志士刘崇本，抗日英雄孙连仲，世界跳水冠军李艺花，《小兵张嘎》的作者、著名作家徐光耀，电影《林海雪原》中扮演侦察英雄杨子荣的著名演员王润身，以及胡荫樟、田伯平、赵顺义、刘振州等书法家。

雄县黑陶从这里开始，帅康座椅从这里走来。在非遗方面，有两个国家级非遗传承项目，还有王派西河大鼓形意拳、功夫跤、阴阳八盘掌、音乐会、登云会、舞龙会等数不胜数。在文化活动方面，群众文化活动村村有，健身操、舞蹈、秧歌队，京剧、河北梆子、豫剧等为雄县人民的文化生活增添了不少乐趣。但是，好多非遗项目中都存在后继无人的问题，如雄县古乐、登云会、形意拳等，不及早解决，传承将成为难题。

大家知道，现在是经济社会，挣钱养家糊口是好多人的奋斗目标，而挣钱的方法无非是种地、经商、打工、上班等，他们白天没时间，晚上累了又想休息，没心思去崇文尚武，所以年轻人对非遗传承不太重视，如果不是十分有瘾，很难让年轻人参加各种活动，因此，这些活动就是练出来也挣不了钱，它们与群众文化活动中的健身操、扇子舞不一样，这些不以挣钱为目的，而是以健身和娱乐为目的，而非遗项目和古乐、武术不同，因此，现在好多非遗项目是老年人居多，中年也有，青年人很少，日久天长，老少断档，因此，需要发展传承。

二、鼓励民营企业关注、扶持非遗文化活动

这一想法是受到了雄县帅康座椅的启发。帅康座椅的老板昝贺伏是梁神堂村人，仅有小学三年级的文化水平，但他敢闯善为，经过20多年的发展，现在企业总资产已过10亿元，员工700人。昝贺伏创业发展至今，不忘关心文化事业，他出巨资辟出宽阔的场地，办起了雄文学院，让多年断档的雄文书院重新屹立于雄县大地。书院里有古今中外书籍数万套，这样的规模实属罕见，同时，他还聘请雄县知识型人才及金板凳文化团体对全县223个村进行了航拍，并且还入村采访，写作字数大量的“雄安记忆”文章，并多次举办国学讲座，他们对雄安文化建设的贡献是巨大的，功不可没。我想，昝贺伏能做到，其他企业老板也能办得到，经过各级党政领导的努力，或许也会有几个企业家像昝贺伏一样，出资扶持一下非遗项目，如书画活动、武术活动、剪纸、高跷、戏曲等。如果有了他们的支持，参与非遗传承的青年人可能要多一些。

三、加大政府投资力度，扶持各项文化活动

燕赵文化是雄安区域文化的源头，将特色文化产业发展纳入新型城镇化建设规划，延续城市历史文脉，承载文化记忆和乡愁，建设有历史记忆、地域特色、民族特点的特色文化城镇和乡村。尽管首批国家级非物质文化遗产项目得到支持，但由于文化生境与消费市场消失，艺术传承断裂，政府保护力度不够，这一传承艺术门类正渐行渐远，需要引起人们的高度重视。各有关部门应该加大对民间传统文化的保护力度，合理规划，创新民间传统文化的发展模式，切实推进我国文化的发展与繁荣，把特色文化产业发展工程纳入中央财政文化产业发展专项资金的扶持范围。

四、加强对乡镇村文化活动的管理

“没有文化传承，就没有雄安未来。”我们要遵照领导的指示精神，牢记使命，履职尽责，传承优秀传统文化，引进学习借鉴外地先进文化，挖掘创新本地具有时代特色的新文化。

乡村级文化管理员是乡村文化设施的管理者，也是乡村群众文化活动的引领者，完善

政府管理机制，提升管理员队伍素质建设至关重要。在文化行政部门的直接领导下，认真筛选，严格培训管理，使每个行政村配备的文化管理员具备政治觉悟高、业务能力强、群众信得过的高素质要求，引领乡村文化活动的传承，同时抵制封建迷信思想的腐蚀，不断注入时代强音和新鲜血液，健康良性发展，为贯彻党在新时期文化政策服务，为丰富乡村人民群众的文化生活服务。

安新“芦苇文化”传承浅谈

◎ 张益宁

一、安新历史文脉的形成

1. 时间轴

安新县境，在战国初期为燕国辖域，后为燕南赵北地。时有葛城（今安州镇）、浑埿城、三台城。秦代，为广阳、钜鹿两郡交壤地。西汉至隋代，大都属高阳、容城两县辖域。唐如意元年（692 年），在葛城置武昌县，神龙元年（705 年）改为武兴县，代宗广德二年（764 年）置唐兴县。先后属瀛州、易州、莫州均为河北道。五代时，唐兴县于后晋初改为宜川县，属莫州。宋代建顺安军（今安州垒头）。后移军治于高阳县（今高阳旧城）。升顺安军为安州。大定二十八年（1188 年），安州徙治葛城，并置葛城县。泰和四年（1204 年），又置渥城县（治所在浑埿城），即新安城。泰和八年（1208 年），安州又移治渥城县，称新安州，葛城仍为县。元代，安州仍领渥城、葛城二县，并徙治葛城。后几经归并至元九年（1272 年）安州、葛城、渥城复治，渥城县更名为新安县。安州继领葛城县，与新安县同属保定路。明代，省葛城县、新安县入安州，安州降为安县。后复设安州（安县即废）和新安县，安州治新安县，属保定府。民国 2 年（1913 年），废州治，安州改为安县属直隶范阳道。安新县地理位置民国 3 年（1914 年），安县（安州）与新安各取其名之首字合并为安新县，属直隶省保定道。民国 17 年（1928 年），属河北省。1949 年 8 月，安新属河北省保定专区。1950 年 4 月，安新县驻地由安州迁至新安。1958 年，与徐水、容城合为徐水县。1961 年，析出复名安新县至今。1970 年，保定专区改称保定地区，安新县属之。

1994 年 12 月 23 日，保定地市合并为保定市，安新县隶之。2017 年 4 月 1 日，由雄安新区托管。

2. 自然环境轴

安新县位于河北省西部，华北平原最大的淡水湖泊——白洋淀就位于安新境内。淀内总面积366平方千米，有“北地西湖”“华北明珠”之称。安新县因受历史上黄河改道和太行山东麓永定河、滹沱河冲积扇的影响，形成特殊形貌。西南北有冲积洼地平原，东有华北平原最大的淡水湖泊——白洋淀。白洋淀上承九河，下流入海，由大小不等的143个淀泊组成，百亩以上的大淀有99个，总面积366平方千米，安新境内面积312平方千米，约占总面积的85%。淀周边堤埝环绕，东有千里堤，西有四门堤，南有淀南新堤，北有新安北堤，境内堤长169千米，分安新大地为5个封闭区。内有7个较大洼地。总地势自西北向东南略有倾斜，地势平坦，地面自然坡度为1∶2000，西半部最高海拔10米，东半部最低海拔5.5米。地势较高的土壤发育成褐土，地势较洼的土壤发育成潮土。

3. 文脉形成及发展

愁是什么？是村头那棵大树，是小时候背着书包走过无数次的石桥，还是老家那排陈旧而温馨的老屋？乡愁，是萦绕在人们内心最深处的记忆，是家国情怀，是精神依托。在承载着千年大计的雄安新区，为保护弘扬中华优秀传统文化、延续历史文脉，这里活跃着一大批民间艺术团体和个人，雄县古乐、鹰爪翻子拳、安新圈头音乐会、大王音乐会、容城沙河营百年剧团……以农民为生力军，世代相传，生生不息，为当地民众文化生活、艺术修养的养成做出了贡献。雄县古乐发源于宋代，盛行于明清，已在当地民间流传近千年，是研究中国民族古典音乐的宝贵资料。古翻子拳是中华武术宝库中一个历史悠久的拳种，清末在河北流行广泛，民国时期，雄县李林庄人陈子正创建了鹰爪翻子拳。2008年，鹰爪翻子拳被列入国家级非物质文化遗产。

乡愁是历史文化遗存的一部分，也是铭记历史的精神坐标。据介绍，雄安新区将根据不同类型的历史文化遗存采取不同的活化策略，通过对历史文化遗存的挖掘、整合、创新、传承和利用，重新建立起文化遗产与现代人生活的关系，赋予历史文化遗存新的生命和活力。

二、芦苇文化在文化传承中的形成

1. 苇编的形成历史

白洋淀中芦苇以数量大、质地优而著称，素有“一淀水，一淀银，一寸芦苇，一寸金”之美誉。

白洋淀的苇编因历史久远、质地优良而享誉全国。白洋淀为古雍奴泽遗迹，1981年发掘的容城上坡遗址（距白洋淀约15千米）已发现苇席的痕迹，说明白洋淀远在3000多年前即产苇席。唐宋时期，白洋淀的苇席曾作为一地土产品上交国家。《保定郡志·食货志》记载，唐朝时土贡“苇席三千领”，宋朝时“席两千领”。及至明、清，苇席在白洋淀已有相当的发展，因白洋淀低洼易涝，“除织席一条生路别无活计”，故妇女编席织篓，男子即以卖席为贸易，“遍满直隶及关东口北”。民国时期，苇席的种类、规格、式样都有了进一步发展，当时安州的“州席”、关城的“大花席”和边（村）垒（头）的“小边席”已闻名遐迩。

2. 苇编在生产、生活中的特殊地位

冬天是白洋淀收苇子的季节，霜降前后，依水而居的人们就陆续开始“开镰打苇”。20 世纪，白洋淀苇席、苇编畅销大江南北，家家户户织席打箔。苇席可以晒粮食、盖垛遮雨，麦收的时候做粮囤。用苇箔铺炕、当门帘，盖房子时要房顶铺了苇箔才能上土，用处很多。“每年芦花飘飞苇叶黄的时候，全淀的芦苇收割，垛起垛来，在白洋淀周围的广场上，就成了一条苇子的长城。女人们，在场里院里编着席。编成了多少席？六月里，淀水涨满，有无数的船只运输银白雪亮的席子出口，不久，各地的城市村庄，就全有了花纹又密、又精致的席子用了。大家争着买：‘好席子，白洋淀席！’”这是孙犁笔下的《荷花淀》。芦苇编织产业一度是淀区人最主要的经济来源。

3. 苇编蕴含的文化价值和由此形成的“芦苇文化”

“蒹葭苍苍，白露为霜。所谓伊人，在水一方。”《诗经·国风》中这首耳熟能详的名篇，给人以悠远的美感和无限的想象。蒹葭，就是在中国广泛分布的水生植物——芦苇，也称“芦荻”。蒹是没有长穗的芦苇，葭是初生的芦苇。有植物分类学家认为，中国芦苇是芦苇属唯一的中国原生种。

白洋淀的芦苇，根系发达，茎秆高大健壮，芦花穗大有金脉。芦苇不仅是一道美丽风景，也是白洋淀生物多样性的重要基础，更是淀上人家编织美好生活的珍贵资源。白洋淀苇编是淀区人民世代传承的古老手艺，白洋淀芦苇画也是淀区人独创的大美艺术。

（1）苇子是华北平原湿地的原乡记忆，承载着多少代人难忘的乡愁。夏季，绿色的芦苇中掩藏着无数鸟儿的安乐窝。秋季，金灿灿的芦苇上端银白的芦花随风舞蹈，象征着白洋淀人家的财富。这是淀区人民收获的季节，收割下来的芦苇，垛满了小岛、岸边，也堆到淀上人家的屋顶，放眼望去，一片金黄。芦苇浑身是宝。芦花穗可作笤帚，花絮可填枕头，五月的苇叶可用来包粽子，鲜嫩的根可熬糖、酿酒，老芦根可入药。成熟的芦苇可以织席打箔、铺房扎围、编篓围栏、编织工艺品等。芦苇自身含有大量纤维，还是造纸的上好原料。

（2）无论是从历史还是现实来看，白洋淀芦苇注定是“华北明珠”最好的生态标志，也是燕赵大地厚德载物，赐给水乡人的珍奇资源。白洋淀旁的水上人家，几乎男男女女、老老少少都会织席。“月亮升起来，院子里凉爽得很，干净得很，白天破好的苇眉子潮润润的，正好编席。女人坐在小院当中，手指上缠绞着柔滑修长的苇眉子。苇眉子又薄又细，在她怀里跳跃着。”这是孙犁先生在《荷花淀》里描述的一幅优美的水乡画卷。

普通的芦苇，成了白洋淀人赖以生存的主要经济作物。淀里的芦苇色泽光亮，质地柔韧，纤维薄细，这种芦苇编成的苇席美观耐用，长期使用，会变成古铜色或金红色，产生厚重的包浆。因此，白洋淀芦苇有“铁秆庄稼、寸苇寸金”之说，“男捕女织”成为白洋淀最具特色的生活方式之一。

冬天芦苇熟了，村里的老人来赴约，更多是出于一份难以割舍的情结。

三、芦苇文化传承的现状

1. 从业人员少，从业人员老龄化，年轻人不愿从事相关产业，面临失传

现在白洋淀人的生活开始转型，开创新的营生，年轻人很少做这门手艺了，打苇对于很多人来说也不再是养家糊口的生计。“这个赚的少，没那么大需求了，现在炕上铺苇席的少，谁家盖房还用箔呢？他们在外面打工、做生意，做点儿什么都赚钱。”

2. 芦苇无人收割，大量闲置及危害

20 世纪八九十年代，白洋淀芦苇面积达 12 万亩。据 2014 年卫星遥感统计，白洋淀现有芦苇面积已缩减到 7.6 万亩。

原来各村的人每年都从淀里挖出淤泥填到芦苇地里，这是很好的肥料，平时还打药、除草。现在家家户户哪会自发去管护？长此以往，芦苇的品质将受到影响，芦苇弃收也直接影响下一年新苇的生长。不仅如此，村民不再对芦苇管护上泥，大量淤泥沉积在淀底，加之弃割的芦苇腐烂，还会对白洋淀的水质造成影响。曾经因著名作家孙犁的《荷花淀》而伴随白洋淀一起出名的还有白洋淀的芦苇。但近年来，每逢冬季来临，都有超过 10 万亩的淀区芦苇被丢弃在苇田里，任其枯败腐烂，其经济价值已无从谈起。而淀中的村庄多被苇田包围，遍野干枯的芦苇一旦被引燃，将出现“火烧连营”的惨剧，直接威胁到渔民的生命财产安全。

四、分析原因

1. 经济价值小形不成吸引力

马堡村的村会计张月楼算了一笔账。他说，一个壮劳力一天可以收割芦苇 40 捆，每亩苇田可产苇 80 捆，每捆 200 根。其中可选出好苇 3 成左右，现在每根好苇能卖 6 分钱，收割一天能挣 120 元。但人工工资一天最低要 150 元，忙活一天下来还得倒赔 30 元。“原来的一根好苇能卖到 1 毛 3 分钱，现在价钱降了一多半，市场还小得可怜。”

2. 市场太小无法吸纳大量从业人员

随着人们生活水平的提高和生活习惯的改变，农村的住房多由砖瓦房转变成水泥房，造成原来建房用的苇箔市场丢失。另外，出口苇箔的价格下降，以及人工费和材料费的上涨，

再加上个别渔民为了追求利润，在编织过程中偷工减料，都加剧了白洋淀芦苇产业的萎缩。

五、建议

古老美丽的白洋淀，浸润着乡愁的芦苇，在聪明智慧的人民手中创造了流传千年的苇席、苇箔、苇篓和芦苇画技艺。白洋淀的劳动人民用勤劳的双手编织出美好生活，创造出独特艺术，在享受劳作快乐的同时，也把白洋淀的美编织成华丽的人文篇章。

（1）政府应加大支持力度，特别是对芦苇其他经济价值的发掘。

（2）应加大宣传，鼓励年轻人从事相关产业。

（3）不断提升苇编产品的功能性、观赏性、文化内涵，提高附加值。

（4）避免单打独斗式的发展，积极发展合作社，利用电商销售的形式，促进苇编产品升级、升值。

浅析雄安文化的形成特点及龙湾镇文化定位发展的研究

◎ 张玉臣

一、雄安文化是地缘文化积累的历史

雄安新区所辖区域历史悠久，文化积淀深厚。目前雄安地区已知的商周时期遗存有20余处，且有重要的遗迹和遗物发现。战国时期，赵国灭中山，得今安新之地，奠定了雄安地区为“燕南赵北”的基本格局。燕南古长城不仅是燕赵两国的分界线，同时也是燕赵文化的融合之所。这里具有刚介慷慨、质朴劲勇的人文气质和仗义任侠、轻生尚义的社会风气。大文豪苏东坡也说，此地“自古多英杰，劲勇而沉静”。北宋时期是雄安地域文化继战国之后又一次大发展时期。这一时期，契丹雄踞北方，掌控燕云十六州，对中原王朝形成巨大的军事压力。北宋为巩固北部边防，采用六宅使何承矩的建议，从雄州边境开河引易水向东，沿边境注入渤海，东西三百余里，南北六七十里，沿河开辟湖泊，修筑堤坝蓄水，形成大面积水田，以遏制辽国的骑兵。这一措施不仅有效地阻止了辽国骑兵南下，而且在关隘以南播种水稻，沿河种植桑枣，为雄州经济的发展奠定了良好的基础。不仅如此，北宋还在雄州构筑了结构复杂、功能齐全，被称为“地下长城”的边关古地道。元明清时期，雄安地区成为拱卫京师的畿辅地区。文化上由于受到京都文化的辐射和滋养，呈现出异彩纷呈的繁荣景象。这一时期文化的阶段性特点就是畿辅文化，慷慨悲歌的燕赵人文精神集中表现为精忠报国、勇于牺牲的精神，在雄安地区表现得十分突出。这一时期，雄安地区成为畿辅文化的核心区。以教育为例，清代河北地区县级书院共计136个，其中保定府最多，有22个，雄县、容城、安新三县均建有县级的县学和书院。渥城书院、正学书院、葛乡别墅、静修书院被称为白洋淀四大书院。盛行京都的昆弋腔流散到白洋淀地区，成为当地群众喜闻乐见的娱乐形式。

二、雄安文化是民族文化交融的历史

雄安地区历史上是游牧文化和农耕文化的交界地带，因此雄安历史文化始终具有开放包容的胸怀，既接受内地移民亦兼采边地少数民族的文化特点和风俗习惯。雄安地区处于草原文明与农耕文明的接合部，少数民族与汉民族冲突和休养生息的前沿地，因此融合文化是其地域文化的主基调。先秦时期，这里是“燕南赵北”之地，而原生态的燕赵文化本身就具有农耕和游牧二重文化属性。不仅有着赵、齐等中原诸侯国的同质文化渊源，同时也夹杂着某些北方戎狄部族的文化元素，但更具有春秋以来燕国文化的本地特色。西汉景帝封匈奴降王徐卢为容城侯，封东胡降王卢他之为亚谷侯，说明此地是匈奴、东胡和汉族重要的聚集地。魏晋南北朝时期，北方各少数民族进入中原，雄安地区再次成为民族融合的重要区域。唐代，此地成为抗击契丹的前哨，曾在此设置北义州和归义县。宋初，与辽经过多次战争，最终签订《澶渊之盟》，以拒马河为界与辽形成对峙局面，一直持续到北宋灭亡。北宋时期，雄州除突出的军事职能外，还有以榷场为主要特色的特殊经济职能。北宋在雄州设榷场，由官方办理交易。榷场交易的物品，从宋输向辽的有绢帛、茶叶、瓷器等，辽在榷场交流的产品为马、羊及皮制品等。雄州榷场的设立，促进了宋辽两国的经济交流，满足了两国的经济需求，带动了雄州经济的发展。同时，使胡汉民族在商业交流中实现了文明互鉴、共融共生，推进了民族融合。雄安地区在学术上具有综合百家、成一家之言的气度和品格。正是由于雄安地域历史文化中具有“融合文化”的因子，因此在雄安新区建设中能够以海纳百川的气度，接受外来文化并逐渐内化为自身文化的优势。

三、雄安文化是水淀地域文化的彰显

谈雄安文化，不能避而不谈雄安的水淀文化，这是雄安文化形成的地域主体。以白洋淀为背景的散文很多，如西晋左思的《魏都赋》，观景古白洋淀以记事，感叹大自然造物之倬诡魁殊，记述穿龙山之虎涧而汇集成掘鲤之渊淀的绮丽风景。顺治时期的高景，观白洋淀“汪洋浩渺，势连天际，大小舫浮乎其中者，宛如仙搓初返银河”，不免发出“波涛吞乎日月，云雾变乎春秋”的感叹。中华人民共和国成立后，产生了以白洋淀为特色的文学流派——“荷花淀派”。“荷花淀派”是白洋淀革命文学的最高成就。白洋淀军民英勇抗日的事迹为文学创作提供了丰富而深广的题材。“荷花淀派”文学以现实主义为基础，用笔记录白洋淀人民依水而战、保家卫国的英雄事迹和光辉形象，《荷花淀》《芦花荡》与《风云初记》开中国诗化小说之先河，奠定了“荷花淀派”的基础。此后，《新儿女英雄传》《白洋淀水战》《小兵张嘎》《紫苇集》等文学和影视作品纷纷发表或公映。白洋淀景色为世人瞩目是在明代中叶以后。万历朝兵部尚书田乐（鄚州人）在《创建修阜庵碑记》中对白洋淀景色有以下一段描写：“……见诸水环绕，杨柳夹植；莲香舷韵，藻绿荇青；薄雾复见，水月一色，琉璃万顷，幽胜累累；对之心目开爽……”明万历进士、兵部尚书孙承宗（高阳人）也写过《白洋淀太湖歌》以赞白洋淀。万历十五年（1587 年），新安知县尹从教在端村永兴寺前修了一个亭子，面对白洋淀，他为此亭书楹联一副，上联：“水会九流，堪似碧波浮范艇”，下联：“荷开十里，无劳梦魂到苏堤”，横批：“北地西湖”。文人骚客乃至帝王显宦描写白洋淀风光的诗词也很多，比如康熙皇帝写过《水村》《水淀杂诗四首》《白洋湖》等诗文；乾隆皇帝写过《鄚州道中》，清大学士孙廷铨有《暑雨初晴过赵北口》一文记述白洋淀之美。如今，雄县古乐、芦苇花、仿古石雕、黑陶等传统文化都越来越有影响力。

四、雄安文化是未来发展的特色文化

《中共中央、国务院关于支持河北雄安新区全面深化改革和扩大开放的指导意见》指出，支持京津优质文化艺术资源向雄安新区疏解，放宽文化市场准入，培养具有雄安特色、中国元素的特色文化底蕴和氛围，培育新时代雄安精神。探索公共文化服务新模式，实行公共图书馆、文化馆总分馆制，建设公共文化服务“云平台”，实现农村、城市社区公共文化服务资源整合和互联互通。健全面向雄安新区基层群众的公共文化设施网络，全面提升公共文化设施免费开放水平，提高基本公共文化服务标准化、均等化水平。开展文化产业创新实验，研究建立推动数字文化产业发展的有效机制，培育各类新型文化业态，推进文化与前沿科技领域融合发展。支持雄安新区建立健全文物保护协调机制，将文物保护措施相关审批权限向雄安新区下放，促进雄安新区与京津冀区域加强文物保护交流合作。《河北雄安新区规划纲要》明确提出，保护历史文化，形成体现历史传承、文明包容、时代创新的新区风貌。坚持保护弘扬中华优秀传统文化、延续历史文脉，是规划建设雄安新区的要求。习总书记还提出构建蓝绿交织、清新明亮、水城共融的生态城市战略，必须坚持绿色发展理念，有效治理环境污染，坚决清退高能耗、低产能企业，还雄安更美好的生态环境。深挖地方文化特色，打造地区文化名片、文化品牌，增加对文化附加值的注入。可以说，雄安未来文化是科技文化、绿色文化、传统文化在新时代的融合。准确把握雄安地区历史文化的定位，梳理、总结、归纳其特色，在雄安新区规划建设中加强历史文化资源的保护、挖掘和利用，是时代赋予我们雄安人民的历史使命。

五、龙湾镇特色文化的定位和发展

文化现状：雄安新区所在三县悠久的历史和深厚的文化积淀，造就了一大批非物质文化遗产。这些各具特色的非遗也是雄安新区的宝贵财富。龙湾镇历史文化悠久，当前龙湾非文化遗产有葛各庄村的登云会（登高乔）音乐会、白傻子烧鸡、龙湾西村的铁砂掌、马务头村的戏校（小兵张嘎扮演者谢孟伟就是出自这个戏校）。龙湾镇有舞蹈协会 1 个，舞蹈队 25 个，龙湾镇是全县出了名的书画之乡，还成立了老年大学、书法绘画协会（中国书法协会的胡荫樟就是出自龙湾镇道一村）。

文化定位：龙湾镇坐落于雄县东南之隅，地邻文安、任丘，大清河贯穿其中。保静公路、大广高速纵横交叉，可以说，临界的地理定位，水陆交融的环境，便利的交通，为新时代龙湾特色文化的定位找准了基点。雄安新区的成立、龙湾特色小镇的建设为特色文化提供了历史风向标。作为一名基层一线的文化工作者，我认为，龙湾特色文化要把握“树时代新风、树龙湾风采、树龙湾特色”几个要点。

文化发展：立足于社会实践，是文化创新的根本途径。着眼于文化的继承，“取其精华，去其糟粕”“推陈出新，革故鼎新”，是文化创新必然要经历的过程。一方面，不能离开文化传统空谈文化创新；另一方面，体现时代精神是文化创新的重要追求。文化创新，表现在为传统文化注入时代精神的努力中。不同民族文化之间的交流、借鉴与融合，也是文化创新必然要经历的过程。实现文化创新，需要博采众长。文化的交流、借鉴和融合，是学习和吸收各民族的优秀文化成果。要立足于发展中国特色社会主义的实践，着眼于人民群众不断增长的精神文化需求，在历史与现实、东方与西方的文化交汇点上，发扬中华民族优秀文化传统，汲取外来文化的长处，在内容和形式上积极创新，努力铸造新时代龙湾文化。文化的发展离不开时代，离不开历史。龙湾文化的建设和发展既要发扬传统文化，更要创新新时代文化，两者交融就是龙湾文化的风采和特色。龙湾文化必须着眼现在，面向未来。着眼现在就是做好传统文化的搜集梳理，做好传承，保证一脉相承。面向未来就是要紧跟时代步伐，待特色小镇成立之际，做好发扬工作，建立乡愁纪念馆、非遗保护点等。要结合科技创新、绿色驱动的时代要求，开展对绿色景观文化、大清河文化等的发掘和培养。

千年大计落子雄安，历史与未来在这里交汇，传统与创新在这里融合。龙湾将秉持文化创新，深挖文化自身发展的内在动力，促进传统文化的繁荣。龙湾将带着“坚持保护弘扬中华优秀传统文化、延续历史文脉”的使命，开启新的文明创建之旅。

第二篇
非遗保护篇

雄安新区非遗保护工作的历史使命与担当

◎ 高再学

习总书记指出，文化自信是一个国家、一个民族发展中更基本、更深沉、更持久的力量。文化的繁荣发展能够更好地构筑中国精神、中国价值、中国力量，为人民提供精神指引。雄安新区规划建设以来，中央对新区文化保护传承工作高度重视，坚持保护弘扬中华优秀传统文化，延续历史文脉。河北省委常委、新区领导陈刚同志提出："无文化传承，无雄安未来。"作为传承和发展雄安文化的直接参与者，雄县深入贯彻习近平讲话精神，严格按照雄安新区党工委要求，把文化建设的历史使命时刻抓在手上、放在心上、扛在肩上，牢守文化底线，深入开展非物质文化遗产发掘、保护、传承工作，全县目前拥有国家级非遗项目 2 项，省级 6 项，市县级 154 项，取得了丰硕的成果，为把雄安新区建设成中华优秀传统文化传承示范区做出积极贡献，展现了非遗保护工作的历史使命与责任担当。

一、强保护，积极申报升级

雄县非物质文化遗产项目枝繁叶茂，得益于雄县深厚的文化底蕴，也得益于雄县文化工作者的辛勤付出和努力。文化部门准确把握住了推进雄县文化事业大发展的历史机遇，依托国家和省、市对非遗项目的大力支持，不断开创非遗保护工作的新局面。一是深入挖掘整理。对全县 12 个乡镇 290 个村深入走访，发掘整理文化遗产项目。经过深入整理筛选和积极申报，发现不少项目濒临失传，目前雄县列入市级以上非物质文化遗产名录的达到 49 项，县级 113 项，涵盖了传统音乐、戏剧、体育、技艺、医药、曲艺、民俗等多个门类。二是推动晋档升级。为使非遗文化发扬光大，积极推动各类非遗文化项目晋档升级。目前雄县古乐、鹰爪翻子拳两项分别入选国家第一批和第二批非遗项目名录；十里铺音乐圣会等 5 项入选省级非遗项目名录。2019 年，积极组织 10 项市级非遗项目成功申报省级非遗。三是强化保护措施。近年以来，不断加大非遗保护力度，先后筹措资金100余万元用于非遗项目保护。比如为各音乐会购置乐器及音响器材，举办培训班三期；制作《穿越——国家级非物质文化遗产名录项目雄县古乐》《根脉——雄县音乐类非物质文化遗产》等多部专题片，对国家级非物质文化遗产进行了突破性挖掘和保护。

二、重传承，规范记录推广

推动非遗文化有序传承，一是规范记录。聘请河北师大音乐教授对雄县古乐的工尺谱进行了全面研究，翻译成人们熟知的音乐简谱，同时编印了《雄县古乐古谱存鉴》《雄县非物质文化遗产图典》等多部书籍，录制了大量的视频、音频资料，为雄县古乐传承发展奠定了基础。二是推广宣传。通过大力推介，雄县非遗项目在国内外产生了较大影响。中央电视台多个频道的栏目组曾先后到雄县拍摄鹰爪翻子拳专题节目，播放后在海内外产生了较大反响。雄县古乐受中央电视台邀请，演奏了古乐《放风筝》，应邀到中央音乐学院进行表演，参加“京津冀古乐交流展演暨第七届智化寺音乐文化节”等，受到一致好评。三是交流展示。组织传统非遗项目到全国各地进行演出，产生强烈反响。以“雄州古乐”为主题，在保定市博物馆主办了《穿越》主题展览。王派西河大鼓传承人郭祥彬在北京“第二届宣南杯京津冀鼓曲比赛”中荣获三等奖和原创作品奖；记录雄县古乐、鹰爪翻子拳、阴阳八盘掌、竹雕等四个非遗和文化产业项目的多部纪录片在河北杂技频道非遗栏目中成功播出。

三、深挖掘，延续历史根脉

保护非遗文化，促进长远发展是关键。一是系统整理。建立非遗代表性项目名录，对项目进行保护和弘扬，提升非遗保护水平。邀请由河北大学音乐学院等京津冀三地20多位专家教授带领的考察团队，历时一年，完成了对雄县音乐类非物质文化遗产项目的考察、保护、研究和影像录制工作。目前正在组织编印出版《河北省音乐类非物质文化遗产丛书·雄县卷》。二是创新形式。积极组织非遗进校园、进社区活动。每年定期开展体育类非遗项目进校园活动，使鹰爪翻子拳、阴阳八盘掌等成为雄县中小学中普遍开展的体育运动，增强学生体质，传承文化精神。积极支持活动展演，在每年春节、国庆、文化遗产保护日等时间节点组织举办大规模非遗展演活动，推动非遗项目在民间的传承。三是加强交流。雄县古乐“亚古城音乐圣会”作为全国4个民间乐种代表之一，受邀参加了由联合国教科文组织中国委员会、国家文化部联合主办的“中国成都国际非物质文化遗产节”，在连续5天的演出活动中受到高度评价，荣获表演活动金奖。雄县鹰爪翻子拳项目受邀参加第六届中国成都国际非物质文化遗产节，现场演出赢得了观众的广泛好评。雄县古乐开口音乐会受邀参加了“中国·广川第四届董子（董仲舒）文化节”。鹰爪翻子拳项目参加“第四届中国非遗博览会”并获得“孙膑拳杯”首届中国（安丘）非物质文化遗产武术项目展演大会金奖，鹰爪翻子拳代表性传承人陈桂学当选为“中国非物质文化遗产武术项目保护协会”委员。

通过多年的不懈努力，非遗的种子在雄县这片沃土中生根发芽并不断茁壮成长。雄县人民在雄县非遗文化的不断发展中对这些古老的传承有了更深刻的认识和理解，对非遗的保护也更加主动和自觉，雄县非遗正不断融入人民大众的日常生活，真正实现了在保护中传承，在传承中发展的目标。

探索新时期雄安新区雄县非物质文化遗产及文物保护工作长效机制

◎李　丹

天地有大美而不言，中华文化历史悠久，在浩瀚的历史长河中，中国文化遗产熠熠生辉、展现出的独特魅力让世界为之赞叹。文化的繁荣发展能够更好地构筑中国精神、中国价值、中国力量，为人民提供精神指引。雄安新区规划建设以来，中央对新区文化保护传承工作高度重视，坚持保护弘扬中华优秀传统文化，延续历史文脉。河北省委常委、新区领导陈刚同志提出："无文化传承，无雄安未来。"非物质文化遗产凝聚了中华文化的精华，是宝贵的文化产品和精神产品，代表着中华民族优秀的传统文化，是人们世代相承、与群众生活密切相关的各种传统文化表现形式和文化空间。雄县非遗数量多、总量大，涵盖了传统音乐、传统戏剧、曲艺、传统体育、传统技艺、传统医药、民俗等九大门类。文物分布众多，有全国重点文物保护单位 2 处，河北省文物保护单位 2 处，县级文物保护单位 23 处。如何探索新时期雄安新区雄县非物质文化遗产及文物保护长效机制成了摆在面前急需解决的问题，就这一问题论述如下。

一、对非物质文化遗产的保护与利用

雄县目前拥有国家级非遗项目 2 项，省级 6 项，市县级 154 项，取得了丰硕的成果，为把雄安新区建设成中华优秀传统文化传承示范区做出积极贡献，展现了非遗保护工作的历史使命与责任担当。

1. 挖掘整理，积极申报

雄县文化部门准确把握住了推进雄县文化事业大发展的历史机遇，依托国家和省、市对非遗项目的大力支持，不断开创非遗保护工作的新局面。对全县 12 个乡镇 290 个村深入走访，发掘整理文化遗产项目。经过深入整理筛选和积极申报，目前雄县列入市级以上非物质文化遗产名录的达到 49 项，县级 113 项，涵盖了传统音乐、戏剧、体育、技艺、医药、曲艺、民俗等多个门类。不断加大非遗保护力度，先后筹措资金 100 余万元用于非遗项目保护，对国家级非物质文化遗产进行了突破性挖掘和保护。

2. 规范记录，有序传承

聘请河北师大音乐教授对雄县古乐的工尺谱进行了全面研究，翻译成人们熟知的音乐简谱，同时编印了《雄县古乐古谱存鉴》《雄县非物质文化遗产图典》等多部书籍，录制了大量的视频、音频资料，为雄县古乐传承发展奠定了基础。组织传统非遗项目到全国各地进行演出，产生强烈反响。2018 年 4 月 20 日，国家级非遗雄县古乐和省级非遗韩庄音乐会远赴我国台湾地区，参加唱响千年——雄安新区赴台展演交流活动，此活动列入了国台办 2018 年对台交流重点项目。

3. 深入挖掘，延续文脉

保护非遗文化，促进长远发展是关键。建立非遗代表性项目名录，对项目进行保护和弘扬，提升非遗保护水平。邀请由河北大学音乐学院等京津冀三地 20 多位专家教授带领的考察团队，历时一年，完成了对雄县音乐类非物质文化遗产项目的考察、保护、研究和影像录制工作。目前正在组织编印出版《河北省音乐类非物质文化遗产丛书·雄县卷》。积极组织非遗进校园、进社区活动。每年定期开展体育类非遗项目进校园活动，使鹰爪翻子拳、阴阳八盘掌等成为雄县中小学中普遍开展的体育运动，增强学生体质，传承文化精神。积极支持活动展演，每年春节、国庆、文化遗产保护日等时间节点组织举办大规模非遗展演活动，推动非遗项目在民间的传承。通过多年的不懈努力，非遗的种子在雄县这片沃土中生根发芽并不断茁壮成长。雄县人民也在雄县非遗文化的不断发展中对这些古老的传承有了更深刻的认识和理解，人民群众对非遗的保护也更加主动和自觉，雄县非遗正不断融入人民大众的日常生活，真正实现了在保护中传承，在传承中发展的目标。

二、文物保护长效工作机制的建立与运行

1. 成立机构，建立健全工作体系机制

近年来，雄县上下一心，高度重视文物保护工作。积极贯彻落实文物保护工作“五纳入”，坚持文物保护与文物利用、与城乡建设、与经济发展、与民生改善“四个统筹协调”，努力推动文物工作实现新突破。一是成立专门机构。成立了以政府副县长为组长，各相关单位一把手为成员的文物保护工作领导小组，按照不同的职责分工，细化工作举措，明确工作责任，形成长效管理机制，更加有效地保护了文物安全。二是配强专业人员。为促进文物保护工作开展，雄县文广新局在县政府的大力支持下，积极配齐配强文物管理工作人员，并为其落实各种待遇，解决后顾之忧。2017 年，县政府将县文物管理人员由原差额

事业编制人员全部落实全额事业编制，提高了文物工作人员的工作积极性。同时定期组织培训，不断提高文保人员的综合素质。三是健全工作机制。建立健全了专职文物保护员机制，对全县各级文物保护单位派驻专职文物保护员，与文物保护员签订责任状。每年投入5万元用于保护员补贴，大力提高保护员待遇，使文物保护工作由义务保护向有偿保护转变，提高了文物保护员的工作积极性，进一步保障了文物安全。

2. 注重安全，建立文物日常监管机制

（1）重制度，强投入，进一步加强文保单位的保护。一是建立专职保护员制度。实现了对国保单位的24小时看护，对省保单位设专人每月进行巡查，县保单位每月电话巡查，每季度实地检查。二是健全消防安全制度。制订了文物消防安全大排查方案及应急预案，每年对全县所有文保单位进行2次安全生产大排查、大检查活动，建立整改台账，按时督办整改结果。对国保及省保单位配备了消防器材，并对保护员进行了消防安全知识培训，每月对消防器材进行检验登记。三是加大文物保护投入。先后投入10万元对省保单位陈子正故居进行监控设施安装、老旧电线线路改造及墙体加固。四是健全文物保护管理制度。针对雄县地域宽广、文物众多的现状，因地制宜，建立起县、乡、村三级文物保护管理机构对全县文物进行妥善管理。五是完善文物突发事件应急预案和措施。建立并多次启动了文物保护应急预案，保障了文物安全。2016年7月份，雄县文物因暴雨遭到了不同程度的破坏，雄县文广新局立即启动应急预案，排查安全隐患，采取有效措施及时进行了保护修缮。通过各项工作积极开展，近年来雄县未发生一起涉及文物的消防安全事故，未出现一起不可移动文物破坏、损毁的责任事故。

（2）重保护，强管理，进一步加强对馆藏文物的保护与监管。在日常巡查的基础上，坚持每周例行检查制度，及时排查隐患，适时更换监控设备以及老化的电线线路，通过各项工作开展，雄县近年来馆藏文物未出现一起被盗、被抢、丢失、损坏案件。2016年年底，进一步完善了监控措施，加大投入力度，对馆藏文物实现了24小时录像监控监管。

（3）重联动，强队伍，进一步加强打击防范文物犯罪能力。一是健全完善公安单位和文物管理部门的日常工作机制。联合公安部门开展“打击文物犯罪专项行动”，严厉打击各类文物犯罪活动，遏制文物犯罪不断蔓延的发展势头和恶性文物犯罪事件的发生。二是指导国保单位与县消防大队签订了安全责任承诺书，完成了防雷安全专项检查；省保以上文保单位全部配备了红外线摄像监控系统，完善了消防配套设施；同时建设了市保以上文保单位安全防范工程。三是组建了文物稽查队伍，规范了城乡建筑中的行政审批程序，对未经文物部门审批擅自开工的施工单位加大了行政处罚力度，确保文物不被破坏。

3. 建立文物安全重大事项决策机制

各部门对文物安全负有法定职责，既要按法律法规的规定和要求，认真履行文物保护的各项职能，确保本系统、本部门所管理、使用文物的安全，确保所承担的文物安全监管职责落到实处，取得实效；又要加强协调配合，密切协作，广泛开展联合执法、联合打击文物犯罪、联合实施安全检查，合理确保文物安全。各部门要充分认识文物事业在经济社会发展中的重要地位和作用，共同研究解决文物安全领域的突出矛盾和重大问题，纳入经济社会发展总体规划，纳入科学发展考核评价体系，与经济社会各领域工作一同部署、一同推进，确保文物保护的各项任务落到实处。

以安新县为例，试论雄安新区非物质文化遗产现状分析及发展设想

◎ 王艳辉

一、安新县域内非物质文化遗产项目名录的现状及分析

（一）安新县域内国家级、省级、市级非物质文化遗产项目名录的现状及分析

2006 年，安新县开始第一批非物质文化遗产名录代表性项目的审核与申报工作，截至目前，共有 40 个代表性项目入选各级非物质文化遗产名录，其中国家级 1 项、省级 10 项、市级 29 项，并且拥有 1 项省级文化实验保护区——“白洋淀生态文化实验保护区”。第一批非物质文化遗产项目的申报建立，开启了安新县非遗保护工作机制建设的序幕。随着各种非物质文化遗产项目的挖掘、整理、申报、评审、认定的不断完善，各级政府对非遗政策的不断加强，多次全面深入的普查成果积累和扩充，非遗保护工作也得到了逐步的推进和加强。

（二）安新县域内非物质文化遗产项目的现状及分析

安新县域内非物质文化遗产项目按属地分析，总体分布数量比较均衡，其中圈头乡最高，37 项，占总数的 18.5%；安新镇 34 项，占总数的 17%；端村镇 31 项，占总数的 15.5%；安州镇 18 项，占总数的 9%；赵北口镇 14 项，占总数的 7%；刘李庄镇 12 项，占总数的 6%；同口镇 11 项，占总数的 5.5%；老河头镇 11 项，占总数的 5.5%；芦庄乡 9 项，占总数的 4.5%；大王镇、寨里乡、龙化乡均各 7 项，占总数的 3.5%，三台镇最低，2 项，占总数的 1%，比重高的三个乡镇中的纯水区、半水区乡镇交通不便利，经济不发达，三台镇是私营企业大镇，被誉为“北方鞋都”。比重差距悬殊现象说明经济发达、企业众多的地域非遗项目反而保存不完整，甚至一些项目已经消失灭亡（见图 2—1，详细内容见表 2—1）。

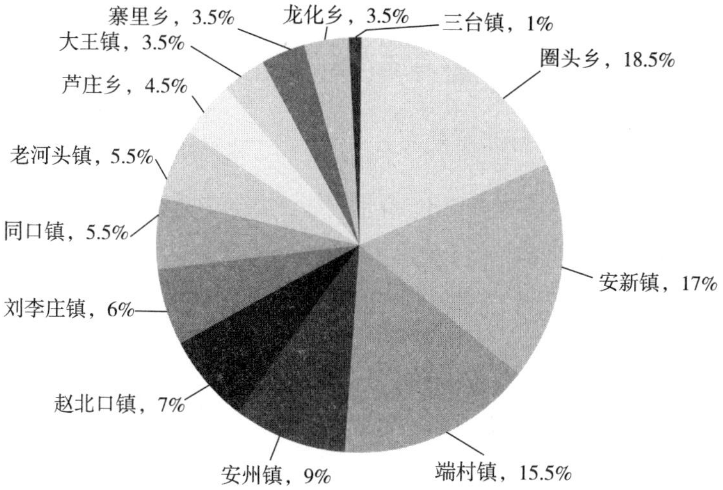

图 2—1 非物质文化遗产项目分布

（三）安新县域内非物质文化遗产项目占各类别的比率分析

非物质文化遗产根据一定的原则和标准，区分出不同的类别，对于进一步系统研究不可或缺。

安新县域内的非物质文化遗产资源非常丰富，并且形态各异，各具特色。在对这些非物质文化遗产项目类别比率分析中，传统技艺类峰值最高，共计 72 项，占总数的 36%；传统音乐类 31 项，占总数的 15%；传统体育游艺与杂技类 29 项，占总数的 14%；传统戏剧类 25 项，占总数的 12%；传统舞蹈类 12 项，占总数的 6%；传统美术类 10 项，占总数的 5%；民俗类 8 项，占总数的 4%；民间文学类 5 项，占总数的 3%；传统医药类 5 项，占总数的 3%；曲艺类 4 项，占总数的 2%。目前，这些非物质文化遗产项目的生存空间正在逐渐萎缩，传承与发展的危机均已显现（见图 2—2，详细内容见表 2—2）。

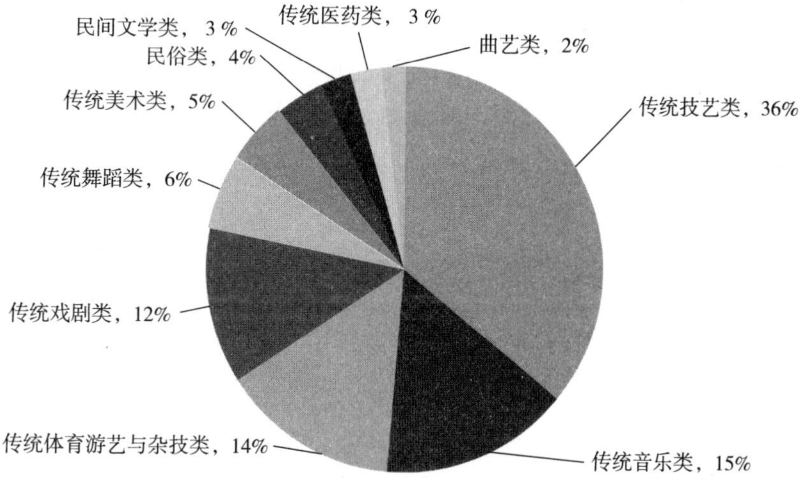

图 2—2 非物质文化遗产项目类别分布

二、安新县域内非物质文化遗产项目名录保护工作中存在的问题

（一）非物质文化遗产项目分布不均匀

安新县域非物质文化遗产分布比率说明非物质文化遗产项目分布很不均衡，例如三台镇，据历史考证，该镇在仰韶文化时期就已存在，但在这样一个历史悠久的古镇，随着经济的快速发展，许多宝贵的传统文化资源大量消失灭亡，截至目前，搜集、挖掘出的非遗项目资源仅为 2 项。这一现象表明，非物质文化遗产的保护工作应结合本地特点，建立符合当地特点的非物质文化遗产保护机制，对于全面推进非遗保护工作的均衡发展有一定的现实意义。

（二）非物质文化遗产项目保护经费投入严重不足

非物质文化遗产保护经费的来源分别是中央财政和省财政，中央财政资金针对的是国家级非物质文化遗产项目，省财政资金针对的是省级非物质文化遗产项目。

安新县非物质文化遗产保护工作中最核心、最亟待解决的是经费投入问题。截至目前，除中央财政 2011 年、2012 年、2013 年连续三年向安新县国家级非遗项目传统音乐——圈头村音乐会拨付非遗专项保护资金共计 78 万元；省财政 2013 年向安新县省级非遗项目传统技艺——白洋淀传统造船技艺拨付非遗专项保护资金 12 万元外，其他有等级的非遗项目均未有保护资金。市、县两级财政对非物质文化遗产项目保护资金均未有投入，资金的严重短缺，直接影响着非物质文化遗产的进一步保护和发展工作。

（三）非物质文化遗产保护机构和队伍建设及人员配备不健全

非物质文化遗产保护是一项专业性很强的工作，从全面普查、分类、资料的收集整理、到价值判断、保护规划等一系列内容，都需要专业知识的支撑。

安新县非物质文化遗产保护工作自 2006 年开始至今一直由县文化部门兼职，没有专门从事非遗保护管理的专职机构和人员。由于没有专业的机构和人员，在非物质文化遗产资料收集整理的完整性、分类的准确性、保护的科学性、工作机制的创新性上严重缺乏专业知识和素质，极大影响了非遗保护工作，从而难以有效承担保护工作任务。

（四）科学合理开发利用非物质文化遗产项目的措施亟待加强

安新县非物质文化遗产资源丰富，种类齐全，许多项目具有悠久的历史和鲜明的地方特色，但这些非遗资源转化为文化产业优势的能力不足。目前生产性保护做得比较好

的是安新芦苇画、安新荷叶茶这两个项目，不仅成为白洋淀旅游特色产品，也带动了一批从业者。更多优秀的非遗项目由于受自身局限性以及政策、资金、技术、管理与理念的制约，无法达到良性发展的局面。安新县虽然非物质文化遗产资源储备量丰富，但是在带动相关产业发展方面作用还不明显，非遗文化资源的科学利用还很滞后，未能发挥出价值。

三、雄安新区非物质文化遗产保护、开发、发展的几点设想

（一）与白洋淀旅游挂钩，加大对非物质文化遗产保护的基础性建设的投入力度，形成“旅游搭台、非物质文化遗产项目唱戏”的良好局面

白洋淀位于安新县境内，是国家5A级旅游景区，风景秀丽，有“华北明珠”的美誉，每年接待大量外地游客。2016年4月1日，雄安新区宣布成立后，来白洋淀的游客呈现“井喷”的态势，2017年仅国庆期间，白洋淀接待游客24万人，创旅游社会效益2.16亿元。按新区的规划建设，白洋淀要建成国家公园，届时会有世界各地的游客来此游玩，这将是一个庞大的市场和展示平台。雄安新区三县拥有的这些非物质文化遗产资源，可以借鉴国内外在非遗保护工作中走在前沿的优秀经验，与白洋淀旅游相结合，建设非遗体验馆、展示馆，利用高科技、数字化手段来展现这些具有地方鲜明特色的非遗项目，既丰富了旅游内容，又给非遗项目提供了展示平台。

随着我国产业结构调整政策的变化，文化产业迅猛发展，文化艺术通过创意和商品生产相结合，形成一种新型的产业模式，也为非物质文化遗产保护和传承提供了新的框架。

雄安新区有着丰富绚烂的非遗文化资源，也是文化产业开发的基础和保障。依托白洋淀旅游市场，大力发展非遗文化产业，盘活民间力量，运用市场手段和文化创意产业的新力量，在现有传统产业基础上对相关的具有旅游特色的衍生品进行扩大化商业开发，形成非物质文化遗产文化产业的链条模式。

非物质文化遗产只有“动”起来，才能“活”起来，必会“传”下去。

（二）建立健全非物质文化遗产保护工作机构和队伍建设，明确责任

加强非物质文化遗产保护机构、人才队伍建设，对非遗保护工作有着非常重要的意义。资金、机构、人才队伍的落实是整个保护工作的核心地位，非物质文化遗产类别多、涵盖面广，因此需要具备很强的专业知识才能有效地推进保护工作。只有做到组织、人员和责任全面到位，非物质文化遗产保护工作才能科学、良性、可持续发展。

表 2—1 雄安新区安新县非物质文化遗产分布（共 200 项）

序号	属地	项目名称	级别
1	大王镇西阳村	西阳村周家吹打乐	
2	大王镇小王村	小王村西河大鼓	
3	大王镇大王村	大王村音乐会	市级
4	大王镇大王村	大王村石磨香油制作技艺	
5	大王镇北六村	北六村音乐会	市级
6	大王镇北六村	大王镇传统布艺	
7	大王镇大阳村	大王镇八卦掌	
8	三台镇张村	张村河北梆子	
9	三台镇崔公堤村	崔公堤村河北梆子	
10	安新镇留村	留村武术	
11	安新镇	白洋淀民间故事	
12	安新镇	白洋淀民间歌谣	
13	安新镇	白洋淀夯歌	
14	安新镇	安新大糖制作技艺	
15	安新县	安新芦苇画	省级
16	安新县	白洋淀布艺	市级
17	安新县	白洋淀鱼片烹饪技艺（溜鱼片、炒鱼片、酥鱼片）	
18	安新县	白洋淀嘎嘎两吃烹饪技艺	
19	安新县	白洋淀嘎嘎疙瘩汤烹饪技艺	
20	安新县	白洋淀杂烩烹饪技艺	
21	安新县	白洋淀鱼鳞冻制作技艺	
22	安新县	安新小鱼咸菜制作技艺	
23	安新县	白洋淀炸虾制作技艺（大饼卷炸虾、炸河虾、虾坨）	
24	安新县	白洋淀小鱼烹饪技艺（醋烹小鱼、碎溜小鲫鱼、小鱼豆嘴儿）	
25	安新县	白洋淀全荷烹饪技艺（炸藕夹、炸荷花、炸荷叶、拔丝莲子、凉拌荷叶、荷叶炒鸡蛋）	

续表 2—1—1

序号	属地	项目名称	级别
26	安新县	白洋淀咸鸭蛋加工工艺	
27	安新县	白洋淀松花蛋加工工艺	
28	安新县	白洋淀特色小吃制作技艺（鱼肉饺子、小虾糊饼、鸡蛋泡）	
29	安新县	白洋淀面菜制作技艺	
30	安新镇南合街村	南合街村笼屉制作技艺	
31	安新镇南合街村	南合街村杆秤制作技艺	
32	安新镇东明街村	东明街村马家肉食加工技艺	
33	安新镇东明街村	东明街村古建筑艺术	
34	安新镇北辛街村	北辛街村飞叉	市级
35	安新镇北辛街村	北辛街村火叉	市级
36	安新镇北辛街村	安新镇火云飞叉	
37	安新镇漾堤口村	漾堤口村传统布艺	
38	安新镇漾堤口村	漾堤口村手工织网技艺	
39	安新镇漾堤口村	白洋淀别篓编织技艺	
40	安新镇漾堤口村	漾堤口村捕鱼具迷房儿手工制作技艺	
41	安新镇东杨庄村	东杨庄村大鼓会	
42	安新镇郭里口村	郭里口村音乐会	市级
43	安新镇王家寨村	王家寨村音乐会	
44	寨里乡增庄村	安新增庄村高跷	市级
45	寨里乡小营村	小营村河北梆子	
46	寨里乡小营村	小营村卤水豆腐制作技艺	
47	寨里乡小营村	小营村石磨香油制作技艺	
48	寨里乡西马一村	西马一村南乐会	
49	寨里乡西马三村	西马三村高跷会	
50	寨里乡东马村	东马村卤鸡制作技艺	
51	安州镇膳马庙村	膳马庙村大鼓	

续表 2—1—2

序号	属地	项目名称	级别
52	安州镇西马庄村	西马庄村河北梆子	
53	安州镇西角村	西角村秧歌	
54	安州镇桥南村	桥南村棺木浮雕工艺	
55	安州镇桥南村	桥南村手工篙子制作技艺	
56	安州镇桥南村	桥南村棺材制作技艺	
57	安州镇桥南村	桥南村祥和号卤鸭制作技艺	
58	安州镇大东庄村	大东庄村大鼓吵子会	
59	安州镇东角村	东角村太狮会	
60	安州镇东角村	东角村剪纸	
61	安州镇东角村	东角村潘氏中医诊疗	
62	安州镇北何庄村	北何庄村狮子会	
63	安州镇大寨村	大寨村大鼓会	
64	安州镇南际头村	南际头村手工灌肠加工技艺	
65	安州镇西向阳村	西向阳村少林会	
66	安州镇西向阳村	西向阳村传统捕鱼技艺	
67	安州镇东向阳村	东向阳村登云会	
68	安州镇七级村	七级村大鼓会	
69	端村镇关城村	关城村音乐会	省级
70	端村镇关城一村	关城一村少林会	
71	端村镇关城二村	关城村风云会	市级
72	端村镇关城三村	关城三村木刻	
73	端村镇关城三村	关城三村凉糕制作技艺	
74	端村镇端村	端村两翼通背拳	市级
75	端村镇东堤村	东堤村秧歌会	
76	端村镇东堤村	东堤村宝剑计武术会	市级
77	端村镇东堤村	东堤村石磨点卤豆腐制作技艺	
78	端村镇东堤村	东堤村叉会	

续表 2—1—3

序号	属地	项目名称	级别
79	端村镇西堤村	西堤村篌车会	
80	端村镇西前街村	端村镇民间传说	
81	端村镇西前街村	端村音乐会	省级
82	端村镇西前街村	西前街村传统手工酿醋技艺	
83	端村镇西前街村	西前街村传统手工家具制作技艺	
84	端村镇中后街村	端村镇大鼓（吵子会）	
85	端村镇中后街村	端村镇丁字门六合长拳	市级
86	端村镇中后街村	中后街村赵家武术会	
87	端村镇中后街村	中后街村方火烧制作技艺	
88	端村镇中后街村	端村镇锡器制作技艺	市级
89	端村镇中后街村	端村镇黄字号铁器锻制技艺	市级
90	端村镇中后街村	中后街村面供制作技艺	
91	端村镇大河南村	大河南村燕青拳	
92	端村镇大河南村	大河南村赵氏中医正骨	
93	端村镇马家寨村	马家寨村音乐会	市级
94	端村镇马家寨村	马家寨村画舫制作技艺	
95	端村镇马家寨村	白洋淀传统造船技艺	省级
96	端村镇西淀头村	西淀头村传统手工织网技艺	
97	端村镇东淀头村	东淀头村药王庙会	
98	端村镇东淀头村	东淀头村中元节放河灯	
99	端村镇寨南村	安新寨南村剪纸	市级
100	赵北口镇杨庄子村	杨庄子村河北梆子	
101	赵北口镇赵北口村	赵北口村音乐会	市级
102	赵北口镇北街村	北街村高跷会	
103	赵北口镇北街村	赵北口镇王家兄弟熏鱼技艺	
104	赵北口镇北街村	北街村石磨香油制作技艺	
105	赵北口镇北街村	北街村龙灯会（火龙）	

续表 2—1—4

序号	属地	项目名称	级别
106	赵北口镇北街村	赵北口镇评剧	
107	赵北口镇西街村	西街村梨园龙灯会	
108	赵北口镇东街村	东街村五虎会	
109	赵北口镇东街村	东街村形意拳	
110	赵北口镇南街村	赵北口镇食里香熏鱼技艺	
111	赵北口镇南街村	赵北口镇正月十五放灯、行香	
112	赵北口镇南街村	赵北口镇中元节放河灯	
113	赵北口镇南街村	赵北口镇少林老会	
114	圈头乡邵庄子村	邵庄子村笤帚制作技艺	
115	圈头乡光淀村	光淀村河北梆子	市级
116	圈头乡光淀村	光淀村评剧	市级
117	圈头乡光淀村	光淀村双龙会	
118	圈头乡桥西村	圈头八趟掩手	省级
119	圈头乡桥西村	桥西村传统布艺	
120	圈头乡桥西村	桥西村捕鱼工具“绠”手工制作技艺	
121	圈头乡西街村	圈头西街村评剧	市级
122	圈头乡西街村	西街村棺材制作技艺	
123	圈头乡东前街村	圈头东前街河北梆子	
124	圈头乡	白洋淀捞王淀传说	
125	圈头乡	圈头村音乐会	国家级
126	圈头乡	安新舞狮	市级
127	圈头乡	圈头评剧	市级
128	圈头乡	圈头河北梆子	市级
129	圈头乡	圈头“同庆会”	
130	圈头乡	圈头少林会	省级
131	圈头乡	圈头形意拳	市级

续表 2—1—5

序号	属地	项目名称	级别
132	圈头乡	白洋淀面塑	省级
133	圈头乡	白洋淀苇编	省级
134	圈头乡	安新荷叶茶加工工艺	市级
135	圈头乡	白洋淀传统捕鱼技艺	市级
136	圈头乡	白洋淀全鱼宴烹饪技艺	市级
137	圈头乡	圈头婚宴大席	市级
138	圈头乡	圈头内家拳	
139	圈头乡	圈头半蒸半煮烹饪技艺	
140	圈头乡	圈头小虾糊饼制作技艺	
141	圈头乡	圈头糖人	
142	圈头乡	白洋淀丧葬习俗	省级
143	圈头乡圈头村	圈头传统石磨香油制作技艺	
144	圈头乡桥南村	桥南村太平会（叉会）	
145	圈头乡桥南村	圈头传统中医正骨术	
146	圈头乡大田庄村	大田庄村苇编字花席技艺	
147	圈头乡大田庄村	大田庄村竹篮编织技艺	
148	圈头乡东田庄村	东田庄村布艺	
149	圈头乡东田庄村	东田庄村传统渔具制作和捕鱼技艺	
150	圈头乡采蒲台村	采蒲台村宋氏面塑工艺	
151	老河头镇沈家坯村、后屯村	沈家坯、后屯村河北梆子	
152	老河头镇后屯村	后屯村大鼓（武术会）	
153	老河头镇沈北村	沈北村大鼓	
154	老河头镇西喇喇地村	西喇喇地村吵子会	
155	老河头镇西喇喇地村	西喇喇地村河北梆子	
156	老河头镇西喇喇地村	西喇喇地村玉皇庙会	

续表 2—1—6

序号	属地	项目名称	级别
157	老河头镇东喇喇地村	东喇喇地村河北梆子	
158	老河头镇东喇喇地村、南喇喇地村	东・南喇喇地村西河大鼓	
159	老河头镇南喇喇地村	南喇喇地村杨氏手工熏肉技艺	
160	老河头镇刘庄村	刘庄村祭药王庙会	
161	老河头镇姬庄村	姬庄村姬家吹打乐	
162	芦庄乡牛角村	芦庄乡六合长拳	
163	芦庄乡牛角村	牛角村铁锅卤水豆腐制作技艺	
164	芦庄乡北边吴村	北边吴村大鼓（吵子会）	
165	芦庄乡北边吴村	北边吴村烙画	
166	芦庄乡北边吴村	北边吴村葫芦烙画	
167	芦庄乡北边吴村	北边吴村糖塑	市级
168	芦庄乡北边吴村	北边吴村西河大鼓	市级
169	芦庄乡苏果庄村	苏果庄村烙画	
170	芦庄乡南边吴村	南边吴村西河大鼓	
171	同口镇北曲堤村	北曲堤村刘守真药王庙传说	
172	同口镇北曲堤村	北曲堤村药王庙会	
173	同口镇北曲堤村	北曲堤村音乐会	
174	同口镇北曲堤村	北曲堤村剪纸	
175	同口镇北青村	北青村评剧	
176	同口镇中青村	中青村武术会	
177	同口镇南青村	南青村少林——母子八翻拳	
178	同口镇东辛庄村	东辛庄村河北梆子	
179	同口镇磁白村	同口镇传统手工糖塑工艺	
180	同口镇同口村	同口村音乐会	省级
181	同口镇同口二村	同口二村少林会	
182	刘李庄镇邸庄村	邸庄村评剧	

续表 2—1—7

序号	属地	项目名称	级别
183	刘李庄镇邸庄村	邸庄村捕鱼工具“卡”制作技艺	
184	刘李庄镇北马庄村	北马庄村评剧	
185	刘李庄镇北马庄村	北马庄村传统布艺	
186	刘李庄镇大马庄村	大马庄村音乐会	市级
187	刘李庄镇大马庄村	大马庄村评剧	市级
188	刘李庄镇刘李庄村	刘李庄村河北梆子	
189	刘李庄镇三义村	三义村李氏中医正骨	
190	刘李庄镇三义村	三义村张氏不孕不育专科	
191	刘李庄镇韩堡村	韩堡村少林会	
192	刘李庄镇南冯村	南冯村大鼓	
193	刘李庄镇南冯村	南冯村老调	
194	龙化乡大教台村	大教台村传统农具制作技艺	
195	龙化乡南佛堂村	南佛堂村民间曲子	
196	龙化乡北龙化村	北龙化村古典音乐会	
197	龙化乡北龙化村	北龙化村老调	
198	龙化乡南龙化村	南龙化村戒赌同乐会	
199	龙化乡南龙化村	南龙化村少林武术	
200	龙化乡西梁淀村	西梁淀村音乐会	

表 2—2　安新县非遗调查项目汇总（共 200 项）

序号	属地	项目类别	项目名称	级别
1	安新县同口镇北曲堤村	民间文学	北曲堤村刘守真药王庙传说	
2	安新县圈头乡	民间文学	白洋淀捞王淀传说	
3	安新县端村镇西前街村	民间文学	端村镇民间传说	
4	安新县安新镇	民间文学	白洋淀民间故事	
5	安新县安新镇	民间文学	白洋淀民间歌谣	
6	安新县圈头乡	传统音乐	圈头村音乐会	国家级
7	安新县端村镇西前街村	传统音乐	端村音乐会	省级
8	安新县同口镇同口村	传统音乐	同口村音乐会	省级
9	安新县端村镇关城村	传统音乐	关城村音乐会	省级
10	安新县安新镇郭里口村	传统音乐	郭里口村音乐会	市级
11	安新县大王镇大王村	传统音乐	大王村音乐会	市级
12	安新县大王镇北六村	传统音乐	北六村音乐会	市级
13	安新县端村镇马家寨村	传统音乐	马家寨村音乐会	市级
14	安新县赵北口镇赵北口村	传统音乐	赵北口村音乐会	市级
15	安新县刘李庄镇大马庄村	传统音乐	大马庄村音乐会	市级
16	安新县刘李庄镇南冯村	传统音乐	南冯村大鼓	
17	安新县安新镇王家寨村	传统音乐	王家寨村音乐会	
18	安新县安新镇	传统音乐	白洋淀夯歌	
19	安新县安新镇东杨庄村	传统音乐	东杨庄村大鼓会	
20	安新县安州镇膳马庙村	传统音乐	膳马庙村大鼓	
21	安新县安州镇七级村	传统音乐	七级村大鼓会	
22	安新县安州镇大东庄村	传统音乐	大东庄村大鼓吵子会	
23	安新县安州镇大寨村	传统音乐	大寨村大鼓会	
24	安新县大王镇西阳村	传统音乐	西阳村周家吹打乐	
25	安新县端村镇中后街村	传统音乐	端村镇大鼓（吵子会）	
26	安新县同口镇北曲堤村	传统音乐	北曲堤村音乐会	
27	安新县老河头镇姬庄村	传统音乐	姬庄村姬家吹打乐	

续表 2—2—1

序号	属地	项目类别	项目名称	级别
28	安新县老河头镇西喇喇地村	传统音乐	西喇喇地村吵子会	
29	安新县老河头镇后屯村	传统音乐	后屯村大鼓（武术会）	
30	安新县老河头镇沈北村	传统音乐	沈北村大鼓	
31	安新县芦庄乡北边吴村	传统音乐	北边吴村大鼓（吵子会）	
32	安新县龙化乡南龙化村	传统音乐	南龙化村戒赌同乐会	
33	安新县龙化乡北龙化村	传统音乐	北龙化村古典音乐会	
34	安新县龙化乡西良淀村	传统音乐	西良淀村音乐会	
35	安新县龙化乡南佛堂村	传统音乐	南佛堂村民间曲子	
36	安新县寨里乡西马一村	传统音乐	西马一村南乐会	
37	安新县圈头乡	传统舞蹈	安新舞狮	市级
38	安新县寨里乡增庄村	传统舞蹈	安新增庄村高跷	市级
39	安新县端村镇东堤村	传统舞蹈	东堤村秧歌会	
40	安新县端村镇西堤村	传统舞蹈	西堤村筱车会	
41	安新县赵北口镇北街村	传统舞蹈	北街村高跷会	
42	安新县赵北口镇西街村	传统舞蹈	西街村梨园龙灯会	
43	安新县赵北口镇北街村	传统舞蹈	北街村龙灯会（火龙）	
44	安新县安州镇西角村	传统舞蹈	西角村秧歌	
45	安新县安州镇东角村	传统舞蹈	东角村太狮会	
46	安新县安州镇北何庄村	传统舞蹈	北何庄村狮子会	
47	安新县安州镇东向阳村	传统舞蹈	东向阳村登云会	
48	安新县寨里乡西马三村	传统舞蹈	西马三村高跷会	
49	安新县圈头乡	传统戏剧	圈头评剧	市级
50	安新县圈头乡光淀村	传统戏剧	光淀村河北梆子	市级
51	安新县圈头乡	传统戏剧	圈头河北梆子	市级
52	安新县圈头乡光淀村	传统戏剧	光淀村评剧	
53	安新县刘李庄镇大马庄村	传统戏剧	大马庄村评剧	市级合并
54	安新县圈头乡西街村	传统戏剧	圈头西街村评剧	

续表 2—2—2

序号	属地	项目类别	项目名称	级别
55	安新县圈头乡东前街村	传统戏剧	圈头东前街河北梆子	
56	安新县圈头乡	传统戏剧	圈头“同庆会”	
57	安新县三台镇崔公堤村	传统戏剧	崔公堤村河北梆子	
58	安新县三台镇张村	传统戏剧	张村河北梆子	
59	安新县赵北口镇北街村	传统戏剧	赵北口镇评剧	
60	安新县赵北口镇杨庄子村	传统戏剧	杨庄子村河北梆子	
61	安新县同口镇北青村	传统戏剧	北青村评剧	
62	安新县同口镇东辛庄村	传统戏剧	东辛庄村河北梆子	
63	安新县刘李庄镇南冯村	传统戏剧	南冯村老调	
64	安新县刘李庄镇邸庄村	传统戏剧	邸庄村评剧	
65	安新县刘李庄镇刘李庄村	传统戏剧	刘李庄村河北梆子	
66	安新县刘李庄镇北马庄村	传统戏剧	北马庄村评剧	
67	安新县安州镇西马庄村	传统戏剧	西马庄村河北梆子	
68	安新县老河头镇西喇喇地村	传统戏剧	西喇喇地村河北梆子	
69	安新县老河头镇东喇喇地村	传统戏剧	东喇喇地村河北梆子	
70	安新县老河头镇沈家坯村、后屯村	传统戏剧	沈家坯、后屯村河北梆子	
71	安新县龙化乡北龙化村	传统戏剧	北龙化村老调	
72	安新县寨里乡小营村	传统戏剧	小营村河北梆子	
73	安新县芦庄乡北边吴村	曲艺	北边吴村西河大鼓	市级
74	安新县大王镇小王村	曲艺	小王村西河大鼓	
75	安新县老河头镇东喇喇地村、南喇喇地村	曲艺	东·南喇喇地村西河大鼓	
76	安新县芦庄乡南边吴村	曲艺	南边吴村西河大鼓	
77	安新县圈头乡	传统体育、游艺与杂技	圈头少林会	省级
78	安新县圈头乡桥西村	传统体育、游艺与杂技	圈头八趟掩手	省级
79	安新县端村镇端村	传统体育、游艺与杂技	端村两翼通背拳	市级
80	安新县端村镇东堤村	传统体育、游艺与杂技	东堤村宝剑计武术会	市级

续表 2—2—3

序号	属地	项目类别	项目名称	级别
81	安新县端村镇中后街村	传统体育、游艺与杂技	端村镇丁字门六合长拳	市级
82	安新县端村镇关城二村	传统体育、游艺与杂技	关城村风云会	市级
83	安新县安新镇北辛街村	传统体育、游艺与杂技	北辛街村飞叉	市级
84	安新县安新镇北辛街村	传统体育、游艺与杂技	北辛街村火叉	市级
85	安新县圈头乡	传统体育、游艺与杂技	圈头形意拳	市级
86	安新县安新镇北辛街村	传统体育、游艺与杂技	安新镇火云飞叉	
87	安新县圈头乡	传统体育、游艺与杂技	圈头内家拳	
88	安新县圈头乡桥南村	传统体育、游艺与杂技	桥南村太平会（叉会）	
89	安新县圈头乡光淀村	传统体育、游艺与杂技	光淀村双龙会	
90	安新县安新镇留村	传统体育、游艺与杂技	留村武术	
91	安新县端村镇东堤村	传统体育、游艺与杂技	东堤村叉会	
92	安新县端村镇大河南村	传统体育、游艺与杂技	大河南村燕青拳	
93	安新县端村镇关城一村	传统体育、游艺与杂技	关城一村少林会	
94	安新县端村镇中后街村	传统体育、游艺与杂技	中后街村赵家武术会	
95	安新县赵北口镇东街村	传统体育、游艺与杂技	东街村五虎会	
96	安新县赵北口镇东街村	传统体育、游艺与杂技	东街村形意拳	
97	安新县赵北口镇南街村	传统体育、游艺与杂技	赵北口镇少林老会	
98	安新县同口镇南青村	传统体育、游艺与杂技	南青村少林——母子八翻拳	
99	安新县同口镇同口二村	传统体育、游艺与杂技	同口二村少林会	
100	安新县同口镇中青村	传统体育、游艺与杂技	中青村武术会	
101	安新县安州镇西向阳村	传统体育、游艺与杂技	西向阳村少林会	
102	安新县大王镇大阳村	传统体育、游艺与杂技	大王镇八卦掌	
103	安新县龙化乡南龙化村	传统体育、游艺与杂技	南龙化村少林武术	
104	安新县刘李庄镇韩堡村	传统体育、游艺与杂技	韩堡村少林会	
105	安新县芦庄乡牛角村	传统体育、游艺与杂技	芦庄乡六合长拳	
106	安新县城	传统美术	安新芦苇画	省级
107	安新县端村镇寨南村	传统美术	安新寨南村剪纸	市级

续表 2—2—4

序号	属地	项目类别	项目名称	级别
108	安新县安新镇东明街村	传统美术	东明街村古建筑艺术	
109	安新县安州镇东角村	传统美术	东角村剪纸	
110	安新县安州镇桥南村	传统美术	桥南村棺木浮雕工艺	
111	安新县同口镇北曲堤村	传统美术	北曲堤村剪纸	
112	安新县芦庄乡北边吴村	传统美术	北边吴村木板烙画	
113	安新县芦庄乡北边吴村	传统美术	北边吴村木板、葫芦烙画	
114	安新县芦庄乡苏果庄村	传统美术	苏果庄村烙画	
115	安新县端村镇关城三村	传统美术	关城三村木刻	
116	安新县圈头乡	传统技艺	白洋淀面塑	省级
117	安新县圈头乡	传统技艺	白洋淀苇编	省级
118	安新县端村镇马家寨村	传统技艺	白洋淀传统造船技艺	省级
119	安新县端村镇中后街村	传统技艺	端村镇锡器制作技艺	市级
120	安新县安新镇南和街村	传统技艺	安新荷叶茶加工工艺	市级
121	安新县城	传统技艺	白洋淀布艺	市级
122	安新县圈头乡	传统技艺	白洋淀传统捕鱼技艺	市级
123	安新县圈头乡	传统技艺	白洋淀全鱼宴烹饪技艺	市级
124	安新县圈头乡	传统技艺	圈头婚宴大席	市级
125	安新县端村镇中后街村	传统技艺	端村镇黄字号铁器锻制技艺	市级
126	安新县圈头乡	传统技艺	圈头半蒸半煮烹饪技艺	
127	安新县圈头乡	传统技艺	圈头小虾糊饼制作技艺	
128	安新县圈头乡	传统技艺	圈头糖人	
129	安新县圈头乡大田庄村	传统技艺	大田庄村苇编字花席技艺	
130	安新县圈头乡东田庄村	传统技艺	东田庄村布艺	
131	安新县圈头乡桥西村	传统技艺	桥西村传统布艺	
132	安新县圈头乡采蒲台村	传统技艺	采蒲台村宋氏面塑工艺	
133	安新县圈头乡东田庄村	传统技艺	东田庄村传统渔具制作和捕鱼技艺	

续表 2—2—5

序号	属地	项目类别	项目名称	级别
134	安新县圈头乡圈头村	传统技艺	圈头传统石磨香油制作技艺	
135	安新县圈头乡邵庄子村	传统技艺	邵庄子村笤帚制作技艺	
136	安新县圈头乡桥西村	传统技艺	桥西村捕鱼工具“绠”手工制作技艺	
137	安新县圈头乡西街村	传统技艺	西街村棺材制作技艺	
138	安新县圈头乡大田庄村	传统技艺	大田庄村竹篮编织技艺	
139	安新县芦庄乡北边吴村	传统技艺	北边吴村糖塑	市级
140	安新县芦庄乡牛角村	传统技艺	牛角村铁锅卤水豆腐制作技艺	
141	安新县大王镇北六村	传统技艺	大王镇传统布艺	
142	安新县大王镇大王村	传统技艺	大王村石磨香油制作技艺	
143	安新县同口镇磁白村	传统技艺	同口镇传统手工糖塑工艺	
144	安新县刘李庄镇北马庄村	传统技艺	北马庄村传统布艺	
145	安新县刘李庄镇邸庄村	传统技艺	邸庄村捕鱼工具“卡”制作技艺	
146	安新县安新镇漾堤口村	传统技艺	漾堤口村传统布艺	
147	安新县安新镇漾堤口村	传统技艺	漾堤口村手工织网技艺	
148	安新县安新镇东明街村	传统技艺	东明街村马家肉食加工技艺	
149	安新县安新镇漾堤口村	传统技艺	白洋淀别篓编织技艺	
150	安新县安新镇漾堤口村	传统技艺	漾堤口村捕鱼具迷房儿手工制作技艺	
151	安新县安新镇南合街村	传统技艺	南合街村笼屉制作技艺	
152	安新县安新镇南合街村	传统技艺	南合街村杆秤制作技艺	
153	安新县安新镇	传统技艺	安新大糖制作技艺	
154	安新县端村镇中后街村	传统技艺	中后街村面供制作技艺	
155	安新县端村镇西前街村	传统技艺	西前街村传统手工家具制作技艺	
156	安新县端村镇马家寨村	传统技艺	马家寨村画舫制作技艺	
157	安新县端村镇西前街村	传统技艺	西前街村传统手工酿醋技艺	
158	安新县端村镇东堤村	传统技艺	东堤村石磨点卤豆腐制作技艺	

续表 2—2—6

序号	属地	项目类别	项目名称	级别
159	安新县端村镇西淀头村	传统技艺	西淀头村传统手工织网技艺	
160	安新县端村镇关城三村	传统技艺	关城三村凉糕制作技艺	
161	安新县端村镇中后街村	传统技艺	中后街村方火烧制作技艺	
162	安新县安州镇南际头村	传统技艺	南际头村手工灌肠加工技艺	
163	安新县安州镇桥南村	传统技艺	桥南村手工篇子制作技艺	
164	安新县安州镇桥南村	传统技艺	桥南村棺材制作技艺	
165	安新县安州镇西向阳村	传统技艺	西向阳村传统捕鱼技艺	
166	安新县安州镇桥南村	传统技艺	桥南村祥和号卤鸭制作技艺	
167	安新县赵北口镇北街村	传统技艺	赵北口王家兄弟熏鱼技艺	
168	安新县赵北口镇北街村	传统技艺	北街村石磨香油制作技艺	
169	安新县赵北口镇南街村	传统技艺	赵北口镇食里香熏鱼技艺	
170	安新县老河头镇南喇喇地村	传统技艺	南喇喇地村杨氏手工熏肉技艺	
171	安新县龙化乡大教台村	传统技艺	大教台村传统农具制作技艺	
172	安新县寨里乡小营村	传统技艺	小营村卤水豆腐制作技艺	
173	安新县寨里乡小营村	传统技艺	小营村石磨香油制作技艺	
174	安新县寨里乡东马村	传统技艺	东马村卤鸡制作技艺	
175	安新县	传统技艺	白洋淀鱼片烹饪技艺（溜鱼片、炒鱼片、酥鱼片）	
176	安新县	传统技艺	白洋淀嘎嘎两吃烹饪技艺	
177	安新县	传统技艺	白洋淀嘎嘎疙瘩汤烹饪技艺	
178	安新县	传统技艺	白洋淀杂烩烹饪技艺	
179	安新县	传统技艺	白洋淀鱼鳞冻制作技艺	
180	安新县	传统技艺	安新小鱼咸菜制作技艺	
181	安新县	传统技艺	白洋淀炸虾制作技艺（大饼卷炸虾、炸河虾、虾坨）	
182	安新县	传统技艺	白洋淀小鱼烹饪技艺（醋烹小鱼、碎溜小鲫鱼、小鱼豆嘴儿）	

续表 2—2—7

序号	属地	项目类别	项目名称	级别
183	安新县	传统技艺	白洋淀全荷烹饪技艺（炸藕夹、炸荷花、炸荷叶、拔丝莲子、凉拌荷叶、荷叶炒鸡蛋）	
184	安新县	传统技艺	白洋淀咸鸭蛋加工工艺	
185	安新县	传统技艺	白洋淀松花蛋加工工艺	
186	安新县	传统技艺	白洋淀特色小吃制作技艺（鱼肉饺子、小虾糊饼、鸡蛋泡）	
187	安新县	传统技艺	白洋淀面菜制作技艺	
188	安新县端村镇大河南村	传统医药	大河南村赵氏中医正骨	
189	安新县刘李庄镇三义村	传统医药	三义村李氏中医正骨	
190	安新县刘李庄镇三义村	传统医药	三义村张氏不孕不育专科	
191	安新县安州镇东角村	传统医药	东角村潘氏中医诊疗	
192	安新县圈头乡桥南村	传统医药	圈头传统中医正骨术	
193	安新县圈头乡	民俗	白洋淀丧葬习俗	省级
194	安新县老河头镇刘庄村	民俗	刘庄村祭药王庙会	
195	安新县老河头镇西喇喇地村	民俗	西喇喇地村玉皇庙会	
196	安新县端村镇东淀头村	民俗	东淀头村药王庙会	
197	安新县端村镇东淀头村	民俗	东淀头村中元节放河灯	
198	安新县赵北口镇南街村	民俗	赵北口镇正月十五放灯、行香	
199	安新县赵北口镇南街村	民俗	赵北口镇中元节放河灯	
200	安新县同口镇北曲堤村	民俗	北曲堤村药王庙会	

雄安新区非遗保护与传承研究

◎ 胡少刚

雄安新区历史文化久远，非物质文化遗产丰富，现有国家级非物质文化遗产 3 项，省级非物质文化遗产 16 项，市级非物质文化遗产 84 项。多年来，因独特的文化传统和传承，形成了深厚的文化底蕴。

一、与文化创意产业融合发展是我国非遗发展的趋势与必然选择

近 20 年来，非遗为我国民众越来越熟知，从 2001 年我国第一个世界级非物质文化遗产——昆曲申报成功，到 2007 年联合国教科文组织将“国际非遗节”落地中国成都；从 2011 年《中华人民共和国非物质文化遗产法》颁布，至 2018 年文化与自然遗产日“非遗公开课”在央视的热播，越来越多的国人了解到了非物质文化遗产在我国文化资源中的重要地位及其所散发出的独特魅力。

作为我国优秀传统文化代表的中国世界级非物质文化遗产高达 39 项，在全世界名列第一。然而，我国的非物质文化遗产仍面临着巨大的挑战，如非遗的传统功能正在不断减弱，不同类别的非遗由于本身的性质和受重视程度不同，发展极不平衡；非遗传承人培养体系尚未构建，许多非遗后继无人，传承链条面临断裂；由于传承人所在的地域限制和掌握现代科学知识的水平有限，很难将自己的独特技艺进行大范围的传播推广等，众多的非遗仍面临举步维艰、濒临失传的危险。

2017 年《关于实施中华优秀传统文化传承发展工程的意见》《中国传统工艺振兴计划》两份重要国家指导性文件的发布，更为传统工艺走入现代生活提供了纲领性的指导性意见。只有将非遗作为一种文化资源，怀揣敬畏之心，保持其核心本真度地进行科学的、可存续性的开发和利用，并将其融入现代产业发展，实现其从“文化资源”到“文化资本”的转变，才能得到根本性的保护和发展。而文化创意产业因为其作为一种以创意为先导，以文

化艺术为核心，打破了一、二、三产业横隔界限的融合型新兴产业，是最契合、也最适合非遗融入的产业类别。因而，非遗与文化创意产业的融合发展是基于非遗本身的历史发展阶段和存续要求的必然。

二、非遗与文化创意产业融合发展是我国文化创意产业发展的迫切需要

文化创意产业是将文化资源融入进行元素提取，并将其融入商品活动中，通过创作、复制、重组、生产、加工等多种创意手段生成文化产品，赋予其知识版权与产权，以满足人们对于高质量生活的多层面需求，并实现文化高附加值的一种产业形式。我国拥有世界级非物质文化遗产 39 项，是拥有世界级非物质文化遗产最多的国家；国务院现已公布四批《国家级非物质文化遗产代表性项目名录》，总数达 1372 项，四批《国家级非物质文化遗产项目代表性传承人》，总数达 1986 人，丰富多彩的非物质文化遗产活态传承着中华文明，弥足珍贵的非物质文化遗产是我国文化产业发展的独有稀缺资源。

目前的情况是，我国的文化产业的发展和创新“照搬”“照抄”的多，追捧美国大片、日本动漫、韩国电视剧等所体现出来的文化元素及其思想和价值观的情况仍然存在，反而对“中国文化基因”的融入和运用少，解读和内涵挖掘不够，创新方式落后、原创力不强，文化资源商品转化率低、同质化、低俗化现象严重，缺乏能真正凸显出中国文化的特色和魅力的文化商品，很难表现出中国文化的时代特点和价值观念。

三、非遗与旅游产业融合发展的实施路径

加大政策扶持力度，要转变以政府为主体的模式，发挥政府的引导作用，使企业成为真正的市场主体，让文化产业和旅游产业的发展符合市场经济运行规律。这就需要制定促进两大产业融合发展的政策，因地制宜地制定和落实各项优惠政策，建立文化产业和旅游产业融合发展基金，继续加大财政扶持力度。

加强基础设施建设要从全域文化旅游发展的角度，不断规划完善综合服务体系，既要充分利用先进的技术和设备，开发建成具有地域代表性特色、现代化的文化旅游设施，又要加强重点文化旅游设施基础建设，提高公共服务能力，特别是提高文化旅游基础设施建设水平，实现互联互通，提质增效。注重人才引进和培养加快推动文化产业和旅游产业的融合发展，就要充分发挥人才的作用，建立文化旅游人才保障机制。

四、以非遗为核心的现代文化元素嵌入式融合路径

可以将非遗资源和当地旅游文化资源相结合，以旅游的“衣、食、行、游、购、娱”六大元素需求拉动非遗的自我造血，以非遗增添旅游文化资源的多样性魅力。以非遗为核心的现代文化元素嵌入式融合路径，在保持非遗本真度的基础上，实现产业融合对接，有较大的推广价值。但由于非遗自身的特点和特性，在实现“文化资源”向“文化资本”转型方面，还存在着实施范围小、实现效益不明显、资本诉求满足率低等问题。

在挖掘、整理、提取非遗元素的基础上，从多元角度运用现代艺术手段和科技要素，通过再构造与再设计，对文化资源进行深度发掘、解构、整合、开发和利用，从而达到对非遗元素的创造性开发和转化，以崭新的创新产品或业态融入产业发展进程。笔者将其定义为“创意衍生”的概念，即从文化创意的角度思考非遗元素的提取和再造，创造出新的文化形式和产品。

以市场需求为导向，充分挖掘非遗所负载的文化信息，创造性地提取非遗资源的体验性特征，将非遗与旅游、演艺、娱乐产业相结合，通过消费者的体验过程来实现非遗所衍生出的文化内涵，达到陶冶情操、增长知识、提升审美、愉悦身心的具象价值，从而实现和创意产业的融合发展。

著名的“韩国民俗村”就是典型的将非遗的体验与演艺、科普、娱乐相结合进行文化创意产业运作的成功案例，游览者可以在民俗村中看到非遗、摸到非遗、听到非遗、尝到非遗、感受到非遗，充分地享受传统文化给人带来的愉悦感和幸福感，也因此成了文化根脉同源的亚洲游客游览韩国的必选之地。体验式衍生的意义在于能更大程度地激发非遗在当代生活、生产中的活力，容易形成文化创意品牌，实现规模化经营。

在国家非遗工作“保护为主、抢救第一、合理利用、传承发展”十六字方针的指导下，进一步探索新时代背景下雄安新区非遗与文化创意产业和旅游产业融合发展的新道路，对于中华优秀传统文化的传承与发展具有重要的现实意义。

车离不开油，非遗离不开传承人

——对如何保护非物质文化遗产传承人的几点建议

◎ 康占红

我国地域辽阔，是个多民族国家，每个民族都有着各自独特的文化艺术，并且很多民族的文化艺术已经被纳入非物质文化遗产名录，这充分体现了中华民族文化的璀璨辉煌。其中，非物质文化遗产中，或是传统技艺，或是独特的生活方式，其种类繁多、覆盖面广。众所周知，非物质文化遗产的传承与发扬的核心因素就是传承人，所以传承人应当受到特殊保护，而现阶段我国在传承人的保护与传承机制的建设中有众多不完善之处，这都亟待解决。

打个比方，如果非物质文化遗产是车，对应的传承人就是油，车如果想要运转顺利，就需要有汽油，再高级的车如果没有汽油也发挥不了任何作用，长久不用，车便会报废。非物质文化遗产需要传承人代代相传，如果没有了传承人，那非物质文化遗产就无法延续，时间长了势必会消失，那么国家就会失去一笔宝贵的文化财富，中华民族的文化宝库就会不完善。因此，必须保护好传承人这个必需的“油”，这样非物质文化遗产这辆“车”才能进展顺利，永续存在。本文从以下几方面论述如何保护非物质文化遗产传承人。

一、保护非物质文化遗产传承人的重要意义

非物质文化遗产是我国民族文化的精髓，非物质文化遗产区别于物质文化遗产的一个基本特性，就是它是依附于个体、群体或特定区域空间而存在的“活态”文化。口述文学及语言、传统表演艺术、传统手工艺技能、传统礼仪节庆等，无不与个体或群体中人的活动（包括展示、表演和传承）紧密相关。因此，与物质文化遗产相比，非物质文化遗产在保护的手段、方式上存在不同，即非物质文化遗产作为一种“活态”文化，除了需要收集整理保存那些物质性的载体，或通过记录等手段将其物质形态化外，更重要的是要对掌握、表现优秀非物质文化遗产技艺或形态的人加以有效保护，使之通过个人、群体、民族之间

的传承在现今以至未来社会中得以不断延续和发展。从这个意义上说，对非物质文化遗产的“保护”就不仅仅是一种物质形态的“保存”，非物质文化的传承与发展的重要载体就是传承人，更多体现为对那些作为传承载体的传承人的活态的保存。也就是说，正是传承人的存在和发展，才赋予了非遗鲜活而持久的生命力。

因此，加强对非物质文化遗产的保护与传承也就是要加强对传承人的保护。近年来，我国相关部门正加大对非遗传承人的保护工作，也陆续出台一系列非遗传承人的保护及传承机制，在一定程度上起到了良好的效果。我国开展非物质文化遗产保护以来，十分注重对非遗项目代表性传承人的保护。从2006年开始，我国开始实施非遗代表性项目和代表性传承人保护制度。截至2018年，我国已进行五批国家级非物质文化遗产项目代表性传承人的评审和认定，共计3000多名，地方认定的省级项目代表性传承人就更多了，逐渐形成了非遗项目代表性传承人保护的中国经验。

然而，当前对传承人的保护及传承机制仍然存在明显的问题，阻碍着非遗传承工作的科学有效开展。因此，在建设非遗传承人保护及传承机制时，必须严格遵循科学发展观，全面完善认定机制、保障机制和管理机制，积极开展教育传承工作，让非遗传承人能真正将民族文化精髓传承与发扬，促进我国民族文化发展。本文分析了目前非遗传承人保护及传承机制中存在的问题，并提出几种有效的解决措施。

二、目前非物质文化遗产传承人保护中存在的问题

（一）重视项目申报，忽视传承保护

当前，有一个问题亟须人们重视，即各级科研单位和各级地方政府，甚至是某些高等院校，都非常重视非遗项目的申报工作，却忽视了遗产保护的重要性。这从侧面反映出有些单位的领导干部以及部分学者在非遗的保护和传承方面存在较大的认识偏差，其思想意识需要进一步提升。往往在申报非遗项目的过程中，各部门、各单位表现得非常积极，号召大家都各显其能，共同协作，尽最大的努力保证项目申报成功。

然而，当非遗项目申报成功后，却没有建设科学、合理的项目保护与传承机制，并且各个部门、各单位又回到各自为政的状态。非遗保护工作比较复杂，在实际开展中会有层层困难，一般都会超出在申报项目时所预测到的问题范围。所以，当申报完非遗项目后，实施非遗的保护与传承工作就显得异常困难，很多指标都无法达到，并且被列入到申报名册中的传承人，在现实生活中并没有获得与书面描述中相符的地位和价值。

（二）部分非遗传承人存续环境堪忧

传统戏剧、曲艺、音乐类目等是中国传统文化中重要的组成部分，而现代社会的流行

音乐文化对其产生了强有力的冲击，绝大多数青年人都遗弃了那些经典的传统音乐文化，甚至有些老年传承人也渐渐将其遗忘。非遗中的民间传统工艺也由于不具备可观的经济价值而很难形成广阔的市场，所以很少有学徒愿意去学习。

非遗中的传统医药类项目也在科技快速发展的背景下被现代医疗设备所替代，其生存空间所剩无几。新时期，青年所接触的信息较多，喜欢快节奏的生活，视野也更开阔，对传统的生活方式持有怀疑甚至排斥的态度，就直接舍弃了传统的文化艺术和民间工艺，这导致非遗传承人出现严重的断层趋势，使得非遗保护工作形势非常严峻。

此外，非遗传承人的生存发展环境也不容乐观。市场经济快速发展，非遗传承人也需要面对生活的压力，而非遗行业基本都是生产文化及精神产品，其本身的生产成本比较高，而当前我国居民生活消费中很少涉及这些精神文化类产品，这让传承人的生存状况变得比较差，久而久之，只会让整个行业发展得非常缓慢，并且走向消亡。

比如，雄县朱各庄镇高庄村，高庄音乐会源远流长，从乾隆年间就开始兴起，一直存续至今。2017 年，高庄音乐会被列为市级非物质文化遗产，传承人从乾隆年间第一代王光辉禅师开始，现在已经到第九代传人李铁良。他们经常反映缺少资金，因为需要购置服装和乐器，培养年轻人，培养下一代接班人，可是面临的现实问题就是这些都需要资金支持，然而，喜欢音乐会的大部分都是普通农村老百姓，收入比较低，如果总是让这些人自掏腰包，自己解决资金问题，可想而知，时间长了势必会打消他们对音乐会的积极性，非常不利于音乐会的传承和发展。如果相关部门可以给予财力上的大力支持，资金跟得上，让他们无后顾之忧，便可以全身心地投入到他们所喜欢的音乐会上，相信他们肯定能把这个项目办好，一代代地传承下去。

（三）非遗传承人认定制度不完善

我国在非遗传承人的认定过程中普遍采用的是层级认定方式，并且传承人也明确分成国家级非遗项目传承人和省市级非遗项目传承人。通过分析我国现有的认定机制的相关法律法规，笔者很明显地看出几个问题，包括认定数目不明确、认定程序不科学以及认定条件比较抽象等。

首先，非遗项目传承人的数量没有明确规定。显然，对于某个非遗项目，被认定的传承人数量越多则推广的力度也就越大，将会促进非遗项目健康长久地发展。

其次，认定程序不科学、不合理。目前非遗传承人一般都是被推荐的或自行申请的，而这些传承人都生活在民间，对相关的申请制度几乎没有了解过，所以自愿申请的流程并不适合。

最后，认定条件模糊，较为抽象。我国规定非遗继承人不能为集体，而在发达国家则对传承人的主体身份没有任何限制，采取“个别认定”“团体认定”“综合认定”等方式。

三、对非遗传承人保护工作的几点建议

（一）完善相关法律法规，加强部门监管

政府部门应该结合目前非遗传承人的现状，不断完善相关的法律法规，可以借鉴发达国家的非遗传承人保护机制，从而能够明确传承人的社会价值和文化价值。更为重要的是，在审核各地方部门递交的非遗项目申报方案时，一定要重视非遗传承人的保护与传承机制，确保传承人的切身利益。当非遗项目申报成功后，就应该积极督促相关部门落实申报书所写的关于保护传承人的方案，派遣专人不定期地进行巡视检查，确保传承人的保护工作落实到位。

（二）加大对非遗传承人保护力度

各级政府部门对本地的非遗传承人要做好普查登记，对于特定弱势的非遗传承人群体要给予一定的扶持力度，为他们提供可靠的生活保障，这样就可以让他们全身心地投入到非遗传承工作中。同时，也要颁布相关的法律法规来确保非遗传承人的财产性权利和精神性权利，让他们依法享受获取报酬的权利。通过多种方式，增加对非遗传承人的激励力度和扶持力度，可以利用社会募捐等方式建立专门的非遗传承人保护基金会。

政府部门加强对当地非物质文化遗产的宣传力度，让当地老百姓认识到非物质文化遗产的文化价值，有利于拓展非物质文化产品的市场，这也能增加非遗传承人的经济收入。当传承人有了一定的资金支持，就可以调动其主观能动性，也能吸引到更多青年做非遗传承人的学徒，这也有效地解决了传承人的断层问题，促进非物质文化遗产的进一步发展。

非物质文化遗产的保护和传承离不开广大人民群众，怎样调动广大人民群众的积极性，怎样在广大人民群众中挖掘传承人，除了利用报刊、广播电视、网络等媒体广泛宣传非物质文化遗产保护以及非物质文化遗产代表性传承人的权利与义务外，还需鼓励和支持已被认定的代表性传承人开展各种各样的传习活动，积极组织开展各类赛事、展览、培训和交流活动，激发广大人民群众的学习参与热情，普及非物质文化遗产保护知识，扩大非物质文化遗产在社会中的影响力，通过各种方式增进全社会对非物质文化遗产项目的了解，营造非物质文化遗产保护的良好社会氛围。

（三）制定科学合理的非遗传承人认定制度

首先，非遗传承人的数量认定必须科学合理。根据非遗项目的具体情况，尽量提高传承人的认定数量，鼓励年轻人去拜师学艺，并且给予物质奖励，这样就会不断扩大非遗传

承人的数量，也会进一步推广非遗项目。

其次，非遗传承人的认定标准必须科学合理。很显然，认定标准是判定非遗传承人是否符合标准，那么认定标准就直接决定了传承人的认定数量。为了适当提高认定数量，认定标准可以适当放宽。

再次，扩大传承人的候选范围。尤其是初学者，要给予充分的鼓励，给予他们特定的认定标准，可以给他们充足的时间去拜师学艺，且继续给予资金扶持，这样就会慢慢培养出一批批技艺精湛的非遗传承人。

最后，认定程序多渠道化。要突破传统的个人申请与他人推荐相结合的认定程序，当地政府部门应该主动寻找和发现非遗传承人，并且协助他们申请，鼓励民众多推荐非遗传承人，充分发挥社会资源，并且做好登记，由专人去调查，最终协助其申请。同时，评定对象也应该多元化，不仅包括个人认定，还要包括集体认定，只要是具有非遗文化价值的传承人或传承群体，都可以认定为非遗传承对象。

四、结语

非物质文化遗产凝聚了中华文化的精华，是宝贵的文化产品和精神产品，代表着中华民族优秀的传统文化，是民族之根，是连接民族感情的纽带，它的保护与发展有着难以估测的意义和价值，而其延续的主要载体则是人。

因此，非物质文化遗产传承人的保护对非物质文化遗产的延续与发展起着至关重要的作用。相关部门应该探索和实践如何保护非物质文化遗产传承人这个“油”，充分认识到“油”是异常珍贵的。车离不开油的驱动，必须充分发挥“油”的功效，以便让非物质文化遗产这辆“车”安全正常高效地运转，确保不出现问题。加强非遗传承人保护及传承机制建设是一项重要的任务，只有不断改善和优化保护与传承机制，才能确保非物质文化遗产得到进一步弘扬和发展。

浅谈雄县非遗的保护传承与发展

◎ 李会然

一、非遗保护的目的是维护文化的多样性

文化的发展与经济、政治的发展相互关联，文化与艺术的发展受制于经济、政治与时代整体价值观的走向。非物质文化遗产凝聚了中华文化的精华，是宝贵的文化产品和精神产品，代表着中华民族优秀的传统文化，是人们世代相承、与群众生活密切相关的各种传统文化表现形式和文化空间。雄县非遗数量多、总量大，涵盖了传统音乐、传统戏剧、曲艺、传统体育、传统技艺、传统医药、民俗等九大门类。截至目前，雄县共普查非物质文化遗产项目 162 项。其中，国家级非遗项目名录 2 项，省级非遗项目名录 6 项，市级非遗项目名录 41 项，拟定县级非遗项目名录 113 项，市级国家级非遗项目代表性传承人 2 人，省级代表性传承人 10 人，市级代表性传承人 13 人。在确定了雄县非遗项目传承精髓的同时，也为多样性的文化表现与传承形态留下发展空间。

二、雄县非遗文化的保护工作没有田野考察，是绝对不行的

要做好非物质文化遗产保护工作，没有田野考察，是绝对不行的。没有田野考察，所有的实施就不会有针对性，没有准确的识别力，非遗保护、传承、发展就没有了核心、方向和动力。前几年，在文化部的大力推动下，国务院专门出台办法，确立了国家级非物质文化遗产的评选立项。在专家和政府的共同努力下，在群众的参与下，中国建立了一个三级评选体系，先由县市评选县市级非物质文化遗产项目，在此基础上产生省级的非物质文化遗产项目，由省级的专家委员会进行评审，在省级评选的基础上，进行国家级非物质文化遗产评选项目的评审和确定。

对于最初的非物质文化遗产保护，田野工作要先行。田野工作是我们的职责所在，是必须要做的事情。在非物质文化遗产普查中，要充分尊重民众的创造性，以全面性、代表性、真实性为普查的指导原则。全面性，即在普查和采集过程中，要避免教条主义和机械主义，坚持全面调查和采录。代表性，即在普查中，要善于发现在一个地区的范围内，哪些形式、哪些作品、哪些类型、哪些民俗现象是有代表性的，抓住了这些，就抓住了主流的或主要的东西。真实性，即按照民间文化作品和民俗表现形态，真实地、不加修饰地将其记录和描述下来，不要以自己的想象或凭自己的知识和爱好去篡改民间文化作品。2015 年，雄县文广新局组织广大非遗工作者对全县 9 个乡镇 223 个村深入走访，发掘整理文化遗产项目 84 项，其中不少项目都有濒临失传的危险。2018 年 4 月，原任丘市的苟各庄镇、鄚州镇和七间房乡划入雄安新区雄县后，为进一步加强雄安新区雄县非物质文化遗产调查和保护工作，在 2015 年组织开展的非遗普查的基础上，继续组织开展非遗项目重点调查工作，共发掘、整理、申报非遗项目 162 项，涉及传统音乐、传统技艺、传统中医、传统体育、传统美术、传统戏剧、传统舞蹈、民俗九大类，完整保留了前人创造的文明和文化财富，非遗项目在秉持“原汁原味传承，多元多向创新”的理念中被大量保存下来，大大提升了非遗项目的保护水平。

三、雄县非遗文化的保护和传承

一座城市有一座城市的历史文化底蕴，构成了有别于其他城市的特色与风格。申遗不等于保护，仅仅是申遗还远远不够，重要的是有效保护。非物质文化遗产是不能像文物一样被保护起来的，它不是死的，我们要在继承的基础上发展非物质文化遗产。非物质文化遗产既是历史发展的见证，又是珍贵的、具有重要价值的文化资源，没有准确的识别力，非遗保护、传承、发展就没有了核心、方向和动力。

雄县是千年古郡，从 6000 年的仰韶文化到 2400 年的中医文化，再到 1200 多年的古乐文化，它承载着深厚的历史积淀，传承着悠久的历史文化，雄县古乐、黑陶、武术、剪纸等民间艺术、民间工艺、民俗等非物质文化遗产种类繁多。非物质文化遗产是千百年来历史进程中创造的文化成果，保护和利用好这些祖先留给我们的宝贵财富，对于继承和弘扬优秀传统文化、推进文化建设、促进社会和谐发展具有重要意义，也是我们的职责所在。非物质文化遗产普查又是对非物质文化遗产进行有效的保护，对濒危的非物质文化遗产进行抢救的基础。因此，根据省非遗中心的统一部署，对雄安新区三县的非物质文化遗产所进行的普查，无论是对非物质文化遗产的继承和发展而言，还是对县情的调查而言，都具有重要意义。

为使雄县非遗文化发扬光大，在申报市级非遗项目成功后，积极推动雄县非遗项目晋档升级。经过积极申报，目前雄县古乐、鹰爪翻子拳两项分别入选国家第一批和第二批非遗项目名录；十里铺音乐圣会、阴阳八盘掌、韩庄村音乐会、王派西河大鼓、岳氏散手和鄚州庙会6项入选省级非遗项目名录。2014年，聘请河北师大音乐教授对雄县古乐曲谱进行研究并翻译成人们熟知的简谱，编印了《雄县古乐古谱存鉴》（一、二）；先后拍摄制作了《穿越——国家级非物质文化遗产名录项目雄县古乐》《根脉——雄县音乐类非物质文化遗产》等多部专题片；印制《雄县非物质文化遗产图典》（一、二）、《鹰爪翻子拳》等多部书籍；录制了大量的视频、音频资料，为雄县非遗文化传承发展奠定了基础。

为进一步加强雄安新区非物质文化遗产调查和保护工作，2018年以来，我县先后邀请省非遗中心专家、河北师范大学胡小满教授等为雄县非遗项目传承人、乡镇文化站长和民间热爱文化事业的老教师和退休人员举办了5次非遗工作培训班，进一步加深了非遗传承人和从业人员对非遗知识的了解，提升了他们的保护意识，开拓了他们的保护思路，为非遗项目的进一步挖掘和保护奠定了坚实的基础。

近年来，雄县非遗项目及传承人多次参与中央、省、市级媒体的拍摄，在国内外产生了较大影响。中央电视台4、5频道的栏目组曾先后两次到雄县拍摄鹰爪翻子拳专题节目。国家级非遗项目杜庄村音乐会曾受中央电视台邀请，在中央电视台12频道《魅力12》栏目中演奏了雄县古乐《放风筝》；国家级非遗项目雄县古乐赵岗村音乐会应邀到中央音乐学院进行表演；记录雄县古乐、鹰爪翻子拳、阴阳八盘掌、竹雕4个非遗和文化产业项目的多部纪录片在河北杂技频道非遗栏目中成功播出，反响强烈。雄县古乐、鹰爪翻子拳、黑陶、竹刻、珐琅彩等项目参与“传承非遗·感受雄安”纪录片拍摄；2017年10月，与雄安新区权威发布机构合作录制了非遗项目黑陶和西河大鼓艺术宣传片，充分展现雄安新区的历史和文化风采，实现了创造性转化和创新性发展。

2017年雄安新区成立后，我县更将非遗传承工作作为文化工作的重中之重，先后组织开展传统戏曲、曲艺、音乐会、武术等非遗项目进校园、进农村、进社区等活动，组织非遗项目剪纸走进河北大学交流研修剪纸艺术，组织雄县古乐国家级传承人到河北师范大学给音乐学院研究生讲授管子的构造与特点及演奏技巧，很好地传承了中华优秀传统文化。

2019年4月，雄县举办了雄安雄州首届文化艺术节，共有46项非遗项目参加文化节主会场四场演出，涵盖了武术、飞叉、舞狮、舞龙、古乐表演、西河大鼓、京剧、评剧、河北梆子等多种表演形式，代表了我县非遗文化的最高水平，参演队伍包括国家级、省级、市级非遗项目的传承人，参演人员达800多人，吸引观众数万人。组织黑陶烧制技艺、京簧竹刻、布老虎制作技艺等 34 项静态非遗项目展示活动，组织剪纸、竹刻、吹糖人、草编、黑陶等 12 项动态非遗项目进行文化节非遗展演活动，全力扩大我县文化的影响力和软实力，雄安新区党工委书记陈刚和我县县委书记万树军到非遗展区现场参观，给予了高度评价。

为进一步展示雄县非遗文化底蕴，我县多次组织传统非遗项目到全国各地进行展演展示活动，得到了社会各界的广泛好评。2012 年 1 月，以雄县国家级非物质文化遗产“雄州古乐”为主题，在保定市博物馆主办了展览《穿越》；2014 年，组织亚古城音乐会参加霸州举办的冀中笙管乐展演，得到了国家、省市领导的好评；2015 年 9 月，组织雄县国家级非遗项目雄县古乐“亚古城音乐圣会”参加了由联合国教科文组织中国委员会、国家文化部联合主办的“中国成都国际非物质文化遗产节”，雄县文广新局被组委会授予“太阳神鸟”组织活动金奖，亚古城音乐圣会荣获“太阳神鸟”表演活动金奖。

2016 年 5 月，组织雄县古乐韩庄音乐会参加了北京“继往开来——中国传统音乐理论的继承与创新暨袁静芳教授八十华诞学术研讨会”活动汇报演出，获得了与会专家学者的高度评价。同年 9 月 21—25 日，组织我县国家级非遗项目鹰爪翻子拳参加文化部和山东省人民政府共同主办的“第四届中国非遗博览会”并获得了“孙膑拳杯”首届中国（安丘）非物质文化遗产武术项目展演大会金奖，鹰爪翻子拳代表性传承人陈桂学当选为“中国非物质文化遗产武术项目保护协会”委员。10 月 29—30 日，组织雄县古乐亚古城音乐会受邀参加了在河北大学艺术学院举办的“中西部 14 省一省一校艺术学科峰会”并得到了与会专家、学科带头人一致的好评。

2017 年 6 月，雄县非遗项目剪纸受邀参加了由省文化厅主办的“第三届京津冀非遗联展暨第十届河北省民俗文化节”展示活动。同年 9 月，国家级非遗项目鹰爪翻子拳应邀参加第六届“中国成都国际非物质文化遗产节”。同年 9 月，参加在贵州举办的“中国福泉山国际武林大会”。

2018 年 4 月 21—26 日，雄县古乐亚古城音乐圣会和韩庄音乐会代表雄安新区民间古乐参加了由国台办主办的台湾展演交流，在台北、桃园、新竹、新北等地进行了 5 场展演和文化交流，受到当地民众的热烈欢迎，起到了展示宣传、交流经验、切磋技艺的作用，搭建了两岸古乐文化交流的桥梁，宣传了国家雄安新区建设战略。2018 年 4 月，组织非遗项目王克桥舞龙队参加由中国文联、中国民协主办的中国舞龙大赛暨第十四届中国民间文艺山花奖初评活动，是河北省唯一一支参赛舞龙队。2018 年 6 月，文化和自然遗产日期间，雄县常庄音乐会和北大阳音乐会参加了流动的文化——大运河文化带非遗大展暨第四届京津冀非遗联展（第八届智化寺音乐文化节京津冀古乐交流展演）；雄县古乐和鹰爪翻子拳参加了北京朝阳区传承共筑传统文化的家园系列非遗展演活动；10

月 25 日，在中国国际会展中心举行的第十三届中国北京国际文化创意产业博览会上，雄县京簧竹刻、黑陶、芦苇画 3 个非遗项目代表雄安新区参展，集中展示了雄安非遗文化的独特魅力，河北新闻联播做了独家报道。2018 年 11 月，雄县古乐亚古城音乐会赴京参加第三届中国民族民间音乐周展演活动，还参加了中央音乐学院、中国人民大学和国家大剧院的多场演出活动，彰显出民间艺术的魅力，对于中国传统文化的复兴来说，意义重大。

在今后的工作中，我们要把被专家学者们称为“地下长城”的雄县宋辽古战道与雄县非遗文化连在一起，搞好文旅结合，共同发展。自主研发一些非遗文创产品，让雄县非遗文化走得更远。

四、数字化技术在非遗保护中的应用

2019 年 5 月，在国家艺术基金、中国传媒大学、雄安新区公共服务局共同组织的外出培训期间，在网易、华数等地参观学习时发现，数字化技术已然是他们企业管理的重要支点，反思我们的工作，真是望尘莫及。在非遗的传承工作中，数字复原技术、再现技术是一种有效的工具；在非遗的传播工作中，网络技术、数字信息系统等会提供便捷、高效、互动性强的平台。

非遗保护工作的基础首先是非遗的采集与保存。由于非遗具有形式多样、非物质形态和信息量庞大等特点，数字化技术为非遗保护中多种数据形式的记录工作提供了强有力的工具。传统数字化采集技术包括使用图文扫描、文字识别、录影、录音等技术获得文字、视频和音频信息。非遗转化为数字化形式后，往往以文字、图片、音频、视频等多种形式进行储存，这些非遗数据来源多样、结构异质，大多包含较大信息量，并有长期保存、方便管理的需求。在物理层面，除了以传统的光盘、磁盘作为存储介质外，磁盘阵列、分布式存储等技术为大容量存储提供了可能。

雄县非常注重非遗项目的数据保存。2014 年，组织编印文字资料《雄县古乐古谱存鉴》（一、二）、《传承 · 非物质文化遗产——雄县十里铺音乐会》《河北雄县韩庄音乐会》《雄县非物质文化遗产图典》（一、二）、《鹰爪翻子拳》等多部书籍；录制了大量的视频、音频资料，为雄县非遗文化的传承发展奠定了基础。

非遗以声音、形象和技艺为表现手段，是活态的文化，数字化技术在非遗保护中必然具有传统纸质媒介无法比拟的优势。2015 年以来，我们先后邀请京津冀三地 20 多位专家教授带领的考察团队，完成了对我县音乐类非物质文化遗产项目的考察、保护、研究和影像录制工作。2018 年，省非遗中心组织的雄安新区非遗普查汇总工作，将雄县非遗项目进行了文字、照片、录音、录像及纸质存储等多种形式的数据保存，非遗数据的完整性、一致性、准确性和及时性得到了提升，加速了数字化技术在文化遗产保护事业中的普及。

在未来的工作中，数字化技术在非物质文化遗产的采集、继承、传播和发展中均能发挥重大作用，并具有传统方式无法比拟的优势。希望未来建立非遗资源数据库，制订一整套数字资源体系，加强人才队伍建设，提升管理水平，把我县博大深厚的传统文化资源成功转变成数字文化产品，让雄县人民创造的灿烂文化得到传播和发扬。在雄安新区的发展建设中，雄县非遗文化必将与雄安新区一起走向更加灿烂的明天。

试析雄安新区非遗传承助力基础教育研究

◎ 梁东新

党的十九大报告指出，没有高度的文化自信，没有文化的繁荣兴盛，就没有中华民族的伟大复兴。文化自信源于文化认同，文化认同源于对民族文化的深厚情感，作为中华民族优秀传统文化的重要组成部分，非遗对传递民族文化、凝聚民族认同、重塑民族精神、增强文化自信具有重要意义。

雄安新区的设立是具有国家重大战略意义的“千年大计，国家大事”，深刻体现了以习近平同志为核心的党中央强烈的责任意识和历史使命感。传承和弘扬雄安新区悠久灿烂的历史文化，为雄安新区的腾飞提供强大的精神动力，正如新区建设之初就提出的口号那样，“无文化传承，无雄安未来”。雄安新区的非物质文化遗产作为雄安历史文化的重要组成部分，体现了雄安人民的生活风貌、生存状态、生产习俗、人际关系、伦理观念和民间信俗，对于解释雄安新区的文化变迁、丰富雄安新区文化资源、传承雄安地区的文化脉络具有极其重要的历史认知价值和当代启示意义。让非遗传承与基础教育有机融合，开展长期、常态化的非遗教学活动，让学校成为非遗传承基地，对非遗保护、增强学生的文化认同感和提升其综合素质能有更多益处；让非遗传承成为校园生活的一部分，把非遗项目和美术、音乐、体育、德育等课程结合在一起，让学生能长期、深入地了解独特的非遗文化，在潜移默化之中增强对雄安历史文化的热爱之情。

一、雄安新区非物质文化遗产现状

（一）类型齐全，资源丰富

雄安新区三县历史悠久，文化积淀深厚，非物质文化遗产丰富。据统计，共有国家级和省级非物质文化遗产项目 18 项，市级项目 27 项，基本涵盖了非物质文化遗产的 10 个大类。

（二）民族文化交融特点突出

雄安地区在历史上长期处于中原地区汉文化与北方游牧地区少数民族文化交融之地，从秦汉时期的战略要塞到宋辽时期的前沿阵地，无论是兵家必争之所还是澶渊之盟缔结之地，不同时期各方势力的犬牙交错，使得农耕文明和游牧文明不断地在这里交流碰撞，为雄安新区非物质文化遗产的萌生奠定了历史基础，也注入了独特的文明基因。

例如，圈头村音乐会、雄州古乐等雄安地区十多家民间乐社在历史上的萌芽和创始过程中，都具有鲜明的少数民族和西域特色。雄县的鹰爪翻子拳相传可以追溯到辽、金、元时期，战争驱动激活了军队武术的发展潜能，也带动了民间武术的蓬勃发展。鹰爪翻子拳就是以岳飞初创的岳氏散手和岳氏连拳为蓝本，结合当地尚武图强的民风民俗，糅合了少数民族军队的攻战套路和技能演变而成的。澶渊之盟的订立，使得当时的雄安地区从边塞要冲一下演变为友好通商之地，榷场经济的繁荣极大地促进了雄安传统手工业和非物质文化遗产的发展。

（三）保护传承情况

近年来，随着国家对非物质文化遗产保护传承的重视，自上而下的非物质文化遗产保护传承体系不断完善，雄安三县通过完善保护机制、普查建档、挖掘整理、加强普及宣传等措施，基本实现了保护传承工作的系统化、常态化。总体而言，雄安新区的非物质文化遗产保护传承工作以政府主导为主，在保护手段上还比较单一，侧重静态保护。

二、非遗进校园，非遗保护传承工作携手基础教育，让传统文化在校园里焕发勃勃生机

随着经济的发展和社会的进步，雄安地区非物质文化遗产受到了来自各个方面的巨大冲击，其文化生态恶化，传承面临灭绝的危险，因此非物质文化遗产的保护与传承显得尤为重要。将非物质文化遗产融入中小学基础教育，在基础教育中进行非物质文化遗产传承，就是非物质文化遗产保护的方法之一。2017 年，中共中央办公厅、国务院办公厅印发《关于实施中华优秀传统文化传承发展工程的意见》，明确提出非遗传承和传统文化传承要全方位、全学段、全过程融入从幼儿园到大学直至继续教育，并要“以幼儿园、小学、中学教材为重点，构建中华文化课程和教材体系”。

（一）非遗进校园意义重大

非物质文化遗产是指各族人民世代相传并视为其文化遗产组成部分的各种传统文化表

现形式，以及与传统文化表现形式相关的实物和场所。可以说，非遗浓缩了中华民族传统文化的精华，其丰富性、生动性与多样性既展现了中华文化的绚丽多姿，又在推动着中华文化的现代转化与创新。

就非遗教育进入校园来说，它至少具有三大价值。一是有助于增进少年儿童的文化认同和文化理解，培养幼儿对祖国传统文化的深厚情感，促进中华文化的传承和发展。幼儿具有文化认同的可能，并通过生活化表达和游戏化表达体现出来。非遗源自人们的日常生活和日常需要，作为日常经验的特殊表达方式，它凝聚了国人的智慧，因此，非遗能够通过其特有的形式来增强文化认同和文化理解。二是有助于培养具有社会主义核心价值观的一代新人。基础教育是立德树人的事业，要把培育和践行社会主义核心价值观融入教书育人全过程，加强社会主义核心价值观教育，引导儿童自尊、自信、自立、自强。非遗是涵养社会主义核心价值观的重要源泉，它虽是历史的表达，但却不是对过往的迷恋，而是民族文化基因的当代活化。因此，非遗走进校园，能够培养具有社会主义核心价值观的一代新人。三是有助于深化基础教育改革，全面提升办学质量。当代中国进入了中国特色社会主义新时代，如何创新基础教育发展模式，提高学育质量成为当前基础教育改革面临的重大课题。非物质文化遗产大多通过口传心授传承，表现形式大多是技艺、仪式，或是表演、传说、习俗等，非遗走进校园，能够丰富校本课程的内容，为学生创造多元体验，丰富日常经验，全面提升学前教育质量。

（二）结合学生和学校实际，让非遗项目进得来，传得好

非遗种类繁多，涉及的行业领域五花八门，既包括传统口头文学以及作为其载体的语言，也包括传统美术、书法、音乐、舞蹈、戏剧、曲艺和杂技；既有传统技艺，也有传统礼仪、节庆等民俗，以及传统体育和游艺等。因此，要推动非遗进入校园，必须要考虑“什么入”“入什么”“入到哪儿”等问题，这就涉及内容取舍及其选择原则。

一是教育适应性原则。面对非遗的诸多类型，首先要考虑其是否适合于中小学教育的特性。二是可接受性原则。在选择非遗内容时，应考虑各年龄阶段的兴趣与可接受性，这是非遗进入校园是否有效的重要前提和基础。不同年龄阶段的学生有其自身的认知特点与规律，引进非遗项目，必须考虑到非遗课程的阶段性、连续性和发展性，并经过充分论证，使其真正能够促进学生的持续发展，以避免一哄而上、一上就死和传承表面化、知识零散化的状况。三是资源可及性原则。非遗大多具有地域性、非广泛性和非普遍性的特点，所以在入园时应坚持文化适应理念，结合时代要求，考虑地域条件，特别是当地资源的支持性和是否具有相关素养的师资等，理性选择和组织适宜项目，为学生提供有益的文化经验和非遗体验。

《中国学生发展核心素养》确立了我国学生的六大核心素养，其中“人文底蕴”居于

首位。之所以提倡非遗进入校园，就是因为非遗对涵养人文底蕴具有独特功能。在甄选完非遗项目后，还应进行课程转化和教材开发，进一步构建非遗园本课程体系，形成非遗课程的阶段化和序列化，打造非遗课程的生态群落，持续滋养润泽学生的心灵，为其文化启蒙和文化认同奠定基础。与此同时，应列出清单，建立资源库，以便在使用过程中进行动态调整与完善。

（三）非遗进校园的对策性建议

应该指出，非遗进入校园是系统工程，既需要顶层的政策设计，也需要学校的自觉实践，唯有各个方面的通力合作，才能实现非遗进校园的实效和长效。

在推动非遗进校园的路径上，可从以下几个方面入手。一是加强政策顶层设计。作为传承中华优秀传统文化的重要方式，非遗进校园已经受到中央的高度重视，但要真正把其落在实处，还需要各级教育行政部门积极制定非遗进校园的地方性政策和相关措施，以进一步明确非遗进校园的目的、宗旨、原则、内容、形式，非遗进校园中不同主体的责任、权利和义务，非遗进校园的法律保护和纠纷处理，非遗传承中的知识产权保护等。二是构建非遗进校园协同机制。非遗进校园涉及诸多利益相关者，包括非遗管理部门、非遗传承单位、非遗传承人、社区、家庭、学校、民政等相关部门，要保证非遗顺利进入校园，就要调动各利益相关者的积极性，破解相关的体制机制障碍，使其携起手来，通过共建平台、协同促进，达成入园共识，建立非遗传承长效机制，共推非遗进校园大计。三是加强中小学校自身建设。非遗进校园对中小学校建设提出了较高要求，要保证非遗顺利进入校园，就需要提升教师非遗素养、创设园所非遗环境、研发非遗相关课程、编写非遗系列教材、开展非遗游戏活动、建设非遗网络平台、打造“互联网 +”非遗传承体验区、涵养非遗学校文化、培育非遗合作共同体等。

“求木之长者，必固其根本；欲流之远者，必浚其泉源。”今天，我们推进非遗进入校园，就是为了让祖国优秀的非遗文化及其基因在少年儿童心中扎根发芽，从而增进下一代的文化情感、文化自觉和文化自信，最终实现民族优秀传统文化的代代相传。

试析雄安新区的非遗保护思路

◎王 飞

非物质文化遗产（以下简称非遗）是各族人民世代相承、与群众生活密切相关的各种传统文化表现形式和文化空间，是人类共同的、值得去保护与传承的宝贵财富。雄安新区历史文化久远，文物和非物质文化遗产丰富，现有 3 项国家级非物质文化遗产项目，15 项省级非物质文化遗产项目，27 项市级非物质文化遗产项目。这些宝贵的文化资源是中华灿烂文明的重要体现，也体现了冀中地区的历史文化传承。

雄安新区高度重视非遗保护工作，新区非遗保护工作扎实推进，成效显著。为了更好地发挥雄安新区文化资源优势，进一步彰显本土文化特色，扩大雄安新区非遗的吸引力，坚定文化自信，按照《中华人民共和国非物质文化遗产法》，结合雄安新区文旅发展和发展规划战略，笔者从宣传普及、项目申报、保护传承和加强人才队伍建设等方面提出今后工作的几点思路。

一、宣传普及

积极参加全国文化和自然遗产日活动，办好雄安新区分会场及配套活动。利用重大节日、纪念日经常性开展活动，结合新区当地重大节会，开展非遗展示展演体验活动。加强对雄安新区非遗民俗闹春、大拜年等品牌的推广。注重宣传的多样化，充分利用“互联网 +”，加强新媒体的传播。加强对外文化交流，组织雄安新区非遗项目和传承人参加国内外各级各类展示、展演、展销和比赛活动。

二、项目申报

严格把关，提高标准，进一步完善雄安新区非物质文化保护名录准入标准。对新区非遗项目和代表性传承人进行梳理。

每年组织一次新区非遗项目和代表性传承人的年审。对保护传承不力的项目和代表性传承人，建议整改；长期未开展传承活动的，提出警告；逾期不改，情节严重的，建议取消其资格。

积极组织各级各类非遗代表性项目和代表性传承人的申报。梳理具有鲜明地域特色、发展前景好的优势项目，列入新区非遗代表性项目，更好地保护开发和利用。在现有基础上，力争有更多各级非遗项目代表性传承人被推荐吸纳为更高一级非遗项目代表性传承人。

三、保护传承

加强对非物质文化遗产保护工作的研究，注重新区非遗保护工作的科学性。全面了解掌握和梳理新区非遗保护现状、经验与做法、存在的问题与制约因素，积极探索工作的新模式和新思路。

组织人员对新区民间文学、民俗民间音乐、民间舞蹈进行整理并编辑成书，形成影像资料。组织编辑出版雄安新区非遗图文集和非遗学生科普读物。

建立激励机制，鼓励各级代表性传承人积极开展非遗保护工作。采取优惠政策，鼓励传承人设立工作室。对雄安新区及非遗代表性传承人给予一定的经费补助，为从业人员提供更多学习教育机会。

建立奖励扶持机制和退出机制，对非遗项目单位、传习所、传习基地以及传承人进行一定的约定和要求。通过表彰每年在非遗保护方面做出突出贡献的传承人和民间工艺大师，增强全社会保护和利用非物质文化遗产的积极性。

对新区及以上的非遗项目制订单独的保护计划，认真重点加以保护。发挥示范引领作用，对具有一定市场前景的项目实施生产性保护。

充分调动社会各方面的积极性，鼓励企事业单位、社会团体和个人等社会力量的广泛参与。鼓励民间资金注入，支持扶持民间非遗博物馆的建设。加强数字化建设，新区、县二级全面建设非遗数字馆。

按照政府主导、统一规划、市场运作、企业主体、规范管理的原则，在建设以雄县黑陶文化为载体的创意产业园区。通过文旅融合，引进新兴文化业态。

规划建设中国民间艺术博物馆。运用高科技手段、多媒体手法，通过收藏、保护和再现，立体生动地再现民间故事、曲艺音乐和传统技艺，并吸引市民游客积极参与手工艺品制作、器具使用以及活动体验等。

四、加强人才队伍建设

1. 做好传承人才的保护与培养工作

非物质文化遗产有一个本质上的特征就是它的非物质性质，它是人在漫长的发展过程中创造的，并且通过人这个主体，以口传心授的方式得以长久的传播。在非物质文化遗产中，传承人是非常重要的组成部分，因此我们一定要进一步地保护以及栽培传承人，使得传承队伍进一步壮大。总的来说，可以通过以下方式来对传承人进行保护与栽培。首先，因为很多传承人都是社会基层的劳动人民，其收入并不多，在传承文化之余还要奔波于生计，这会削弱他们在传承上的精力，所以可以设立专门的资金给予这些传承人补助。同时，很多传承人已经不再年轻，因此政府要建立相关的医疗及养老制度来对这些老年的传承人进行保护，使得他们能够更加专心地投入于这项传承事业。其次，因为传承非物质文化遗产需要特定的场所，所以政府可以利用很多种方式来进行相关场所的建立，使得传承人能够在这些场所中进行相关讲学。所以，政府一定要建立好相关的传习场地。最后，由于现如今是一个互联网时代，所以可以充分地利用互联网、广告、电台、电视、报刊等方式来对这些非物质文化遗产及其传承人进行宣传，提高他们的荣誉感，使他们在社会上更加有影响力。

2. 做好工作人员的培养工作

想要保护以及传承好我国的非物质文化遗产，不仅需要对传承人进行保护与栽培，由于项目中的管理工作者会在其中发挥非常重要的作用，因此对其管理工作者也要进行一定的培养。总的来说，可以通过以下几种方式来进行培养。首先，因为部分工作者对相关的理论知识的学习不系统，因此对于这些非物质文化的了解不够透彻，很多时候都是一知半解的状态。所以在这方面，政府可以向相关领域的专家求助，并且成立相关的机构进行专门的培养训练，从各方面对工作者的专业知识作一个全方位的提升，这有利于使工作进行得更为顺利。其次，后继人才非常匮乏。因此对于这项工作的工作者的年龄结构要进行相关调整。政府可以通过改善工作制度使相关工作者工作待遇提升的方式来吸纳更多的有专业知识的年轻人投入这项工作，对年龄结构进行进一步调整，使得工作者的队伍素质更高。并且还可以通过一些服务项目来招聘大学生进入这个行业之中，比如“三支一扶”，等等，同时一些文工团的工作者的投入也非常重要，所以要对他们进行鼓励、支持，使得他们更加热衷于文化指导的工作。而对于一些社会或者农村的文化管理员，则可以采用补贴的方式。以上种种措施都可以帮助对相关工作者队伍进行优化，使得工程更加惠民利民。

浅谈雄州黑陶的传承与发展

◎ 吴进良

一、黑陶概述

（一）黑陶的概念

黑陶作为中国最古老的工艺美术品，有着7000多年的历史。黑陶是在烧造过程中，采用渗碳工艺制成的黑色陶器。中华黑陶工艺源于大汶口文化时期，兴盛于龙山文化时期，并在这段时间达到了世界制陶工艺的巅峰，被《中国工艺美术史》称为中国工艺美术的巅峰。

（二）雄州黑陶的起源和历史渊源

雄州黑陶因后周显德六年周世宗亲征伐辽，收复瓦乔关（今雄县南关），置雄州，取名为瓦桥关窑雄州黑陶。河北省文物局在雄县踏查燕南长城时，发现了多处战国遗迹，并采集了大量陶片标本，进一步考证了雄州黑陶的悠久历史。历史沧桑巨变，文脉代代相传，雄州黑陶在几千年的历史长河中一直与这方土地上的人们相生相伴。黑陶的工艺在代代相传中不断改进、满足着人们精神和物质生活的需要。

黑陶文化分为早、中、晚三个阶段。早期黑陶以砂质、泥质为主，有部分磨光的，器表多为素面，有的饰以弦纹、划纹、镂孔；中晚期的黑陶以表里透黑的砂质陶和细泥陶为主，还出现了制陶水平最高的蛋壳陶，蛋壳陶乌黑光亮，胎薄质坚。黑陶与普通陶器相比，观赏性大于实用性。在4000多年前，黑陶由原来人们的生活日用品逐步发展成古朴、庄重、优美、高雅的礼制用品，成为古代宫廷和官宦贵族阶层祭拜天地、占卜、宴飨贵宾的高级礼制用品。

如今，雄州黑陶在传统黑陶的艺术的基础上，不断创新，继续发扬光大，使黑陶这一远古的艺术获得辉煌重生。

（三）雄州黑陶的地域优势

雄安新区地处九河下梢，古黄河、古易水、拒马河、白沟河、大清河从这里流过。地表3米以下是黄河淤泥，土质细腻，黏性大，富含多种矿物元素，在烧制中能产生纯黑均匀质感，适合于黑陶制作。雄县昝岗镇孤庄头村地下2米至20余米的地层中，分布着细腻、纯净的红胶土，是制作优质陶器的最好原料。黑陶利用经过几千年岁月淘洗的红胶泥做原料，以其深厚的历史底蕴和丰富的人文内涵，构成黑陶文化的渊源。

在5000年前的中华大地，文明之火灿若星辰。雄安新区地处华北地区北部，资源丰富，水土肥美，物质资料的极大丰富，促使远古的人们开始了更高层次的文化追求，创造出“阴阳”易学的雏形，并牢牢印在了陶器的形制与烧制上。

二、雄州黑陶的制作工艺和艺术特征

（一）雄州黑陶的制作工艺

雄州黑陶是黑陶的一个重要分支，属于无釉陶器，原料为雄县特有的纯净细腻的红胶土，制作上主要由选料、压滤、练泥、拉坯、干燥、修坯、压光、刻制、磨光、干燥、烧制等一系列工艺组成。黑陶经过定型、压光、刻制、抛光后，还要经过精准的干燥环节。这一环节尤为重要，少一分不够，多一分则过。黑陶入窑烧制前呈土黄色，在烧制过程中，经过高温渗碳等系列反应，黑陶逐渐着色亮化。黑陶入窑，需要密封烧制5天左右。一口窑可同时烧制大小薄厚不一的陶器，在烧制时将小而薄的陶器摆在热源远端，尽量保证窑内陶器均匀受热。在后期存放与保养方面，由于黑陶质地较为疏松，吸水性好，为防止黑陶质地改变，因此在存放与拿取时要格外注意，拿干布擦拭，并存放在干燥通风的地方。

（二）雄州黑陶的艺术特征

陶瓷艺术已经成了中国文化艺术的一个标签。雄州黑陶为纯手工艺品，技术含量高，工艺复杂，较完整地保留了古老的制陶流程与工艺，是研究陶艺的宝贵资源。黑陶器皿质地坚硬，具有古朴而新颖的造型，其色乌黑，赏心悦目，具有独特的艺术审美价值。

黑陶作为古老的传统制陶技艺，有色如墨、声如钟、薄如纸、亮如镜、硬如瓷的特色。如今的黑陶工艺不仅有着千年古艺的历史文化特点，还以其具有的“质地细腻，古朴典雅，色如墨玉，声如钟磬”的独特艺术内涵，成为收藏及赠送友人的理想佳品。

黑陶制品既有日常实用的笔筒、储物盒等用品，也有较为复杂、造型设计更为精巧的研光觚、研光葫芦、龙凰杯、双座古龙等艺术品，品种达460多个，色泽也有乌黑、银灰、紫靛等多种，并形成了仿古、现代、民族、西欧等多种流派、多种风格相结合的独有特色。

三、雄州黑陶的文化价值及传播

（一）雄州黑陶的文化价值

中国黑陶有着7000年的悠久历史，其工艺具有极高的历史文化价值。在人类文明的初期，彩陶文化延续了若干年之后，黑陶悄然面世，它以温润文雅的黝黑含蓄取代了彩陶的色彩张扬，它是先民认识、改造自然的又一次跨越，使文明再次提升。黑陶的黑色背后透露了先民在对黑色与白色对应的认知过程中对自然变化的直觉感悟，显示了人类由对黑的虚幻莫测所引起的恐惧，到对黑的顿悟、顺应、认可，直至欣赏崇拜的全过程，至此阴阳转化的宇宙观开始萌芽。

另外，黑陶多变的器型、精良的工艺也反映了时下人们的生活状态和社会结构。从黑陶造型的设计思维所提供的赏用相兼的功能，可想象到先民的生活审美情趣，特别是被称为人类造物极品的蛋壳陶，生动体现了先民在造物技能方面手、眼、脑默契合作的至高境界。

在人类原始文明的过渡期，黑陶作为无声的语言，沟通传递着古今的文化信息，这便是黑陶被赞为人类文明史上的明珠、中华国粹文化的依据所在。

（二）雄州黑陶文化的传播

黑陶制作工艺不仅仅是我国悠久文化的标签，更是我国劳动人民智慧的结晶。黑陶的精致美观，制作精湛，是在几千年的发展过程中逐步形成的，它作为一种艺术创造，是中华艺术的骄傲。

自2002年以来，雄州黑陶多次在全国工艺品展销会上荣获各种奖项，产品已远销美国、加拿大、日本、新加坡等十几个国家，成为中国传统手工艺制品的优秀代表。

雄州特艺陶瓷厂的黑陶工艺还曾多次在世博展、全国博览会等展览中获得好评，曾在第四届中国剪纸艺术节期间举办的民间精品展销会、首届全国奇石文化大展等展会中荣获金奖。杨成武将军、原河北省委书记刘秉彦、著名画家李燕等曾为雄州黑陶工艺专门题词。《河北农民画报》《香港文汇报》、河北卫视、天津电视台、长城网等多家媒体对雄州黑陶进行过详细报道。

如今的雄州黑陶因悠久的历史文化内涵、精益的手工艺技术传承已成为雄县的一张“名片”，也是雄县唯一的一项手工艺特产，远近闻名。

四、雄州黑陶文化产业的存续

（一）雄州黑陶文化产业的形成

为弘扬中华民族文化，1986 年，雄县昝岗镇孤庄头村刘章锁、张承秀、刘双喜等人在祖辈的技艺感召下，联手创办起了雄州特艺陶瓷厂。在祖传黑陶手艺的基础上，技术人员又得到了中央工艺美院专家、书画名家的指导和帮扶，提升了工艺水平。充分利用雄安本地经过上万年岁月淘洗的红胶泥做原料，经过手工拉坯成型、晾晒、轧光、画线、雕花以及烧结等多道工艺程序，制作成仿古、仿青铜器、高轧光、镂刻、彩绘等多种系列的黑陶工艺品。他们制作出的黑陶器皿具有独特的造型，质地坚硬，其色乌黑，外表光亮，胎壁细薄，做工精巧。

雄县昝岗镇孤庄头村广泛流传制陶工艺，拥有许多高水平的制陶艺人。受祖辈影响，1993 年，刘小伟师从父亲学习黑陶制作和烧制技艺，并逐渐成为黑陶厂的中坚力量和经营骨干，2009 年成为雄县黑陶厂总经理。

近年来，该厂边生产，边经营，边改进，依靠技术进步上档次、上水平、上工艺，研制开发出 2000 多种系列产品，形成了仿古、现代、民族、西欧等多种流派、多种风格，不仅展现着千年古老的历史文化特点，又体现出浓郁的现代气息。自 2002 年以来，雄州黑陶多次在全国工艺品展销会上荣获各种奖项，产品已远销美国、加拿大、日本、新加坡等十几个国家，成为中国传统手工艺制品的优秀代表。

（二）雄州黑陶文化产业面临的境况

黑陶文化产业地域性不强，雄州黑陶的发展也没有深厚的文化积淀。虽然黑陶文化源远流长，但是并没有影响到黑陶文化产业，会烧制黑陶只是当地人谋生的手艺，他们制作黑陶的初衷是养家糊口，锅碗瓢盆都是自给自足。然而，后工业时代，机器生产逐渐替代传统手工业，新材料的发明与应用使塑料、金属制品开始取代其地位。因而除了古代贡品之外，再无其他观赏性强的工艺品，亦没有体现当地的文化特色，少了深厚的人文积淀。

由于黑陶文化产品设计不符合现代生活美学，使得企业创新能力弱。现代生活美学是后工业时代人们对产品寄予的多元化精神诉求在与产品互动时产生情感的联结与认同。据考证，黑陶的出现与当时的社会背景、文化思想和审美观念有直接关系。人类的审美是随着时代而变化的，有时盲目跟风也会影响一个时代的审美标准。从装饰和造型来说，现代黑陶基本还是沿袭传统，导致其设计风格趋于雷同，千篇一律、良莠不齐。这与制陶工艺的传承沿袭方式有关，家传式、师徒式的传统相传模式多以实际仿效方式完成，鲜有创新。

由于年代久远，一些古老的制陶器具和工艺已失传，需要进一步发掘整理。不仅如此，因工艺复杂，学习难度大，学习黑陶工艺的人越来越少，现在几乎已经没有年轻人再愿意做黑陶，剩下的都是中老年人，传承后人的工作有一定难度。而且当下黑陶工艺从业人员综合文化素质不高，人才结构不合理，工人们基本没接受过高等文化教育与系统化的黑陶文化学习，其生产完全依赖制式化商品的生产模式，创新能力弱。

（三）雄州黑陶文化产业的创新策略

在经济全球化的时代背景下，许多非物质文化遗产正在消失，保护民族文化多样性刻不容缓，其最有效的方法是文化产业化。保持文化产业的可持续发展需要依靠文化产品创新设计，创新意识和创新方法能够为其提供新鲜的血液，从而获得更大的生存发展空间。

推动文化产业发展，需要有开阔的思路和创新的魄力。文化建设是经济建设和社会发展的重要支撑。要按照文化发展的内在规律和经济规律，正确引导文化产业发展方向，对外加强宣传，对内加强管理，把雄县特有的黑陶文化宣传出去。

校企合作是提高企业创新能力最有效的方式之一。在中小学有针对性地增设体验课，播撒文化种子。企业与高等院校建立合作关系，不仅可以培养学生的实践能力，对企业发展也大有裨益。高等院校在黑陶文化产业发展中的作用主要体现在三个方面，其一，高等院校是培养专业人才的基地。校企的合作可以为黑陶产业提供源源不断的人才。其二，高等院校能够发挥其在文化成果研究方面的优势。系统性的、科学化的学习流程，可以保证黑陶文化创新的正确性、持续性。其三，高等院校能够发挥其科研优势，利用现代工业设计方法发掘黑陶文化的典型特征元素，并将现代技术运用到黑陶产品开发中去，提高企业的生产力。

把以地域性非物质文化资源为主体建立的本土文化符号架构，作为黑陶文化产业可持续发展的设计知识体系。有形的产品是承载和传播无形文化的主体，文化必须转化为符号才能为本土知识体系所用。当然，我们可以将这些元素符号化作为黑陶产业从业人员记忆中存储的表征，此类表征在不同的人创作时会呈现不同的提取信息，有利于实现产品的差异化。一方面，在器形塑造上，将黑陶制品从祭祀等传统定位，融入时尚元素，拓展到艺术观赏、民间收藏、家居装饰等领域；另一方面，在发扬原始黑陶“黑如漆、亮如镜、薄如纸、硬如瓷、声如磬”这一尊贵本色的基础上着力创新，在灵活运用传统的雕、镂、塑、阴阳刻等艺术技法的同时，大胆地将石雕、木雕、景泰蓝掐丝、镶嵌、影雕甚至剪纸等艺术之精华灵活运用到黑陶艺术创作之中，充分展示黑陶“土与火的结合、力与美的结晶”之美。

进一步弘扬中华民族传统文化、秉承陶瓷的优良传统，坚持、坚守、传承，打造黑陶文化庄重与舒适的美感，宁静而致远的厚重，服务人民的文化生活并以推动黑陶记忆传承为己任，让黑陶走进人民的精神家园，让陶艺美化理念深入人心，在全县营造人人爱陶、人人做陶、人人宣传陶文化的浓厚氛围，宣传扩大雄县地域文化的知名度和影响力，为雄县人民的文化服务，为加速建设富强美丽的雄县贡献力量。

积极参与各地工艺品展会，加大对黑陶工艺的宣传力度。孤庄头村委会提供了价格低廉的生产场地，给黑陶工艺的发展提供了有力支持。争取上级扶持，筹资建厂、增添设备、招募工人，共同发展黑陶产业，走“产业兴遗”发展之路。探索“产业兴遗”，采用“文化+”模式，带动现代休闲观光农业、乡村游等，推动乡村振兴。

随着雄安新区的设立，雄州黑陶这一中华民族古老文化的瑰宝也再次被各界人士高度关注、观摩。雄州黑陶是雄安新区土生土长的一项工艺，是泥土与火焰的艺术，从7000多年前的古黄河文化传到今天，它也必将代代传承下去，与雄安新区一起走向灿烂的明天，为雄安新区留下不朽的民间高超技艺。

关于保护、传承和利用我县非物质文化遗产的调研报告

◎ 张双利

近年来，在中共雄县县委、雄县人民政府和上级主管部门的正确领导下，协调乡、村两级，推动非物质文化遗产保护工作，塑造了雄县文化形象，增强了雄县文化软实力，为传承中华民族优秀文化的传统，构建人民群众的精神家园发挥了很大的作用，现就我县“非物质文化遗产保护、传承和利用”的专题进行调研，现将调研情况报告如下。

一、我县非遗保护、传承工作概况

（一）深挖掘，延续历史根脉

一是普查挖掘整理。2017 年 7 月，雄县文广新局组织广大非遗工作者对全县 9 个乡镇 223 个村深入走访，发掘整理文化遗产项目 84 项，其中不少项目都有濒临失传的危险。经过深入整理筛选和积极申报，雄县列入市级以上非遗名录的非遗项目达到 32 项，占全市的五分之一。在 2017 年组织开展的雄安新区非遗普查的基础上，雄县继续组织开展非遗项目重点调查工作，共发掘、整理、申报非遗项目 162 项，涉及传统音乐、传统技艺、传统中医、传统体育、传统美术、传统戏剧、传统舞蹈、民俗八大类，并建立了非遗代表性项目名录，提升了非遗项目的保护水平。

二是推动晋档升级。积极推动雄县非遗项目晋档升级。目前雄县古乐、鹰爪翻子拳 2 项分别入选国家第一批和第二批非遗项目名录；十里铺音乐圣会、阴阳八盘掌、韩庄村音乐会、王派西河大鼓、岳氏散手和鄚州庙会 6 项入选省级非遗项目名录。2018 年，河北省文化厅公布第五批省级非物质文化遗产项目代表性传承人，雄县赵连方、郭祥彬、刘乐民等 7 人获此殊荣。

（二）重传承，规范记录推广

一是规范记录。2014 年，聘请河北师大音乐教授胡小满对雄县古乐曲谱进行研究并翻译成人们熟知的简谱，编印了《雄县古乐古谱存鉴》(一、二)；先后拍摄制作了《穿越——国家级非物质文化遗产名录项目雄县古乐》《根脉——雄县音乐类非物质文化遗产》等多部专题片；《传承・非物质文化遗产——雄县十里铺音乐会》《穿越・国家级非物质文化遗产——雄县古乐》《河北雄县韩庄音乐会》《雄县非物质文化遗产图典》《雄县非遗图典》(一、二),《鹰爪翻子拳》等多部书籍；录制了大量的视频、音频资料，为雄县古乐传承发展奠定了基础。先后邀请由河北大学音乐学院齐易教授等京津冀三地 20 多位专家教授带领的考察团队，完成了对我县音乐类非物质文化遗产项目的考察、保护、研究和影像录制工作，对促进雄县非物质文化遗产的保护和传承起到了积极作用。

二是强化培训。我县先后邀请省非遗中心专家、河北大学教授为非遗项目传承人、乡镇文化站长和民间热爱文化事业的老教师和退休人员举办了 5 次非遗工作培训班，进一步加深了非遗传承人和从业人员对非遗知识的了解，提升了他们的保护意识，开拓了他们的保护思路，为非遗项目的进一步挖掘和保护奠定了坚实的基础。

三是推广宣传。雄县非遗项目及传承人多次参与中央、省、市级媒体的拍摄，在国内外产生了较大影响。中央电视台 4、5、12 频道的栏目组曾先后两次到雄县拍摄专题节目，记录的雄县古乐、鹰爪翻子拳、阴阳八盘掌、竹雕等引起了强烈反响，充分展现了雄安新区的历史和文化，大力推动保护传承雄安的非物质文化遗产，实现了创造性转化和创新性发展。

雄县武术进校园工作全面铺开，共有 21 所中、小学开设了武术课，有近 8000 名学生开始接受武术文化的熏陶，截至 2019 年 4 月，又增加了 9 所学校，共有 30 所中、小学开办了武术课程，参加武术学习的中、小学生超过了 1 万 3 千人。其中，《金猴闹春》的节目参加了 2016 年河北省第一届民间春晚的节目录制；还协助电影《武痴》的拍摄，展示了雄县的武术风采；带领学生在第三小学参加大型公益纪录片《记忆雄安》的节目录制等。

2019 年 4 月，举办了雄安雄州首届文化艺术节，共 46 项非遗项目参加文化节主会场四场演出，参演人员达 600 余人，吸引观众几万人。组织黑陶烧制技艺、京簧竹刻、布老虎制作技艺等 34 项静态非遗项目展示活动，组织剪纸、竹刻、吹糖人、草编、黑陶等 12 项动态非遗项目进行文化节非遗展演活动，全力扩大我县文化的影响力和软实力，雄安新区党工委书记陈刚和我县县委书记万树军到非遗展区现场参观，给予了高度评价。

（三）强交流，打造文化品牌

为进一步展示雄县非遗文化底蕴，我县多次组织传统非遗项目到全国各地进行展演，产生了强烈反响，得到了社会各界的广泛好评。2014 年，组织亚古城音乐会参加霸州举办的冀中笙管乐展演，得到了国家、省市领导的好评；2015 年 9 月，雄县国家级非遗项目雄县古乐亚古城音乐圣会受邀参加了由联合国教科文组织中国委员会、国家文化部联合主办的“中国成都国际非物质文化遗产节”，在 5 天的连续演出活动中受到高度评价，雄县文广新局被组委会授予“太阳神鸟”组织活动金奖，亚古城音乐圣会荣获“太阳神鸟”表演活动金奖。

2016 年 5 月，组织雄县古乐韩庄音乐会参加了北京“继往开来——中国传统音乐理论的继承与创新暨袁静芳教授八十华诞学术研讨会”活动汇报演出，获得了与会专家学者的高度评价。8 月，我县非遗项目王派西河大鼓传承人郭祥彬在北京“第二届宣南杯京津冀鼓曲比赛”中荣获三等奖和原创作品奖；同年 9 月 21—25 日，组织我县国家级非遗项目鹰爪翻子拳参加文化部和山东省人民政府共同主办的“第四届中国非遗博览会”并获得了“孙膑拳杯”首届中国（安丘）非物质文化遗产武术项目展演大会金奖，鹰爪翻子拳代表性传承人陈桂学当选为“中国非物质文化遗产武术项目保护协会”委员。10 月 29—30 日，组织雄县古乐亚古城音乐会受邀参加了在河北大学艺术学院举办的“中西部 14 省一省一校艺术学科峰会”，并得到了与会专家、学科带头人一致的好评。

2017 年 6 月，雄县非遗项目剪纸受邀参加了由省文化厅主办的“第三届京津冀非遗联展暨第十届河北省民俗文化节”展示活动，受到省市领导的高度关注。9 月，国家级非遗项目鹰爪翻子拳参加应邀参加第六届“中国成都国际非物质文化遗产节”，展现了国家级非遗项目的无限魅力；参加在贵州举办的“中国福泉山国际武林大会”获得一致好评。同年 9 月 24—25 日，国家级非遗项目雄县古乐杜庄音乐会受邀参加“京津冀古乐交流展演暨第七届智化寺音乐文化节”，受到与会专家和观众的一致好评。

2018 年 4 月 21—26 日，雄县古乐亚古城音乐圣会和韩庄音乐会代表雄安新区民间古乐参加了由国台办主办的台湾展演交流。此次展演交流旨在通过组织雄安新区民间古乐赴台展演，促进海峡两岸民间古乐文化交流，共同感悟中华文化的魅力，吸引台湾民众参与国家建设。来自雄县亚古城音乐会和韩庄村音乐会的 25 位雄安新区民间古乐艺人在台北、桃园、新竹、新北等地进行了 5 场展演和文化交流，受到当地民众的热烈欢迎，起到了展示宣传、交流经验、切磋技艺的作用，搭建了两岸古乐文化交流的桥梁，宣传了国家雄安新区的建设战略。2018 年 4 月，组织非遗项目王克桥舞龙队参加由中国文联、中国民协、广西省文联、南宁市政府主办的中国舞龙大赛暨第十四届中国民间文艺山花奖初评活动。这也是河北省唯一一支参赛舞龙队。6月，文化和自然遗产日期间，雄县常庄音乐会和北大阳音乐会参加了流动的文化——大运河文化带非遗大展暨第四届京津冀非遗联展（第八届智化寺音乐文化节京津冀古乐交流展演）；雄县古乐和鹰爪翻子拳参加了北京朝阳区传承共筑传统文化的家园系列非遗展演活动；《雄县古乐》传承人史军平成功获批国家级非遗项目代表性传承人；10月25日，在中国国际会展中心举行的第十三届中国北京国际文化创意产业博览会，雄县京簧竹刻、黑陶、芦苇画3个非遗项目代表雄安新区参展，集中展示了雄安非遗文化的独特魅力。2018年11月，雄县古乐亚古城音乐会赴京参加第三届中国民族民间音乐周展演活动，参加了中央音乐学院、中国人民大学和国家大剧院的多场演出活动，彰显出民间艺术的魅力，对于中国传统文化的复兴来说，意义重大。

二、存在的主要问题

虽然雄县非遗保护、传承工作取得了可喜成效，但其生存与发展环境仍面临诸多问题和困难，非遗的保护、传承和利用仍然任重道远。

（1）认识不到位，总体发展不平衡。个别乡镇、村对非遗保护工作的重要性和紧迫性认识不足，没有树立非遗保护的自觉意识，导致有关工作进展缓慢，工作不扎实，成效不明显，表现在有的乡镇在建立保护工作等方面措施不力，致使一些非遗资源的普查、抢救、保护工作不能正常持续深入进行；有的申报项目不积极；有的重申报轻管理、重开发轻保护。

（2）保障机制尚未建立健全。一是经费投入机制未建立，财政投入严重不足，经费来源单一。仅靠这十分有限的保护资金来发掘、保护和传承全县的非遗项目，显然是十分困难的。二是传承激励机制不健全。不少身怀精湛技艺的老艺人大多年届古稀，精力不济，十分担心技艺失传。且有的传承人生活经济来源无保障，缺少医疗、养老等社会保险，后顾堪忧，明显影响其向后人传授技艺的积极性。三是人才培养机制不完善。由于缺乏传承基地和传承点，加上非遗项目多数难与经济效益直接挂钩，传授、学艺均难以为继。

（3）保护队伍力量薄弱。一是缺乏专业人员。特别是乡镇单位，非物质文化遗产保护工作由文化站长兼管，大部分文化站只有站长一人，人少事多，导致基层非遗保护工作基础差，标准质量不高。二是非遗项目涵盖文化艺术、生产商贸、宗教信仰、生活习俗等众多领域，除需要文化部门做好相关工作，还需要宣传、教育、建设等政府职能部门和社会各界的积极支持。

（4）项目传承后继乏人。非遗是一种活态文化，必须由人来传承、去延续。长期以来，由于自然、社会环境和人们生活方式的快速变化，一些民间传统技艺因制作周期长、资金缺乏、市场不景气、再加上陈旧的思想观念等因素影响，致使有的习俗失去传承发展空间，有的传统技艺后继乏人，有的传统艺术濒临失传。

（5）系统保护规划滞后。非遗保护工作是一项长久的系统工程，不仅需要普查整理、深入挖掘、分类指导，而且在保护方式方法上更要科学合理、不断创新。但从雄县非遗保护工作的现状来看，整个非遗保护工作还缺乏科学、系统、长远的规划，需要完善顶层设计。

三、意见和建议

具有浓郁地方特色的非物质文化遗产，是我县人民在长期生产生活实践中创造、积累、流传下来的传统文化瑰宝，是构建和谐社会的凝固剂，是需要我们共同守护的精神家园。因此需要切实保护好、传承好我县非物质文化遗产，更好地发挥其在文化传承创新、建设先进文化、满足人民群众的精神文化需求、提升人们的文化素质、提升文化软实力等方面的积极作用。对此，我提出如下建议。

（一）文旅融合，为非物质文化遗产传承发展及其成果共享创造新机遇

文旅融合，激发非物质文化遗产传承发展新动力。非遗是文化多样性的重要体现，很多人正是因为文化的多样与差异，因为着迷于各地多姿多彩的非物质文化遗产，才有了旅游的需求。很多旅游产品实际都是文化旅游，深度游都是文化游。人们通常都讲风景名胜，但风景不一定是名胜，有了文化才是名胜。山不在高，有仙则名；水不在深，有龙则灵，这就是与文化结合的魅力。旅游的发展也为非遗的传播拓宽了渠道、插上了“翅膀”。我们要深入贯彻中央的决策部署，牢牢把握文化和旅游融合的方向和要求，贯彻新发展理念，进一步加强对非遗资源的挖掘阐发，通过提高传承实践水平，为旅游业注入更加优质、更富吸引力的文化内容。要充分发挥旅游业的独特优势，为非遗保护传承和发展振兴注入新的更大的内生动力。文旅融合，为激发非物质文化遗产传承发展动力及其保护成果在满足大众旅游时代需要发挥重要作用，创造了新机遇。

（二）以政府为主导，扎实推进非遗的保护、传承和利用工作

充分认识非物质文化遗产的珍贵价值，认识做好非遗保护、传承和利用工作的重要性，把此项工作作为贯彻落实科学发展观的一项重要内容，采取有力措施，切实保护、传承和利用好我县的非物质文化遗产。

（1）建立健全投入机制，确保非物质文化遗产保护工作落到实处。一要认真落实上级加强非物质文化遗产保护工作的文件精神，要加大政府投入力度；二要通过政策引导等措施，鼓励个人、企业和社会团体对非遗保护工作进行资助；三要积极争取国家、省非遗保护工作专项资金，用于非遗重大项目的研究、资料与实物征集、传承单位的补助等。

（2）建立、完善管理和运作机制。一是要加强我县文化管理机构和队伍建设，加快传承基地和传承点的建设，推进非物质文化遗产的传授、培训工作。二是组织开展非遗理论研究，不断丰富、提升其文化内涵，构建理论体系。非遗的保护传承首先是人的保护传承，艺以人传，努力使非遗项目在民间有坚实的群众基础。建议将我县入选各级目录的非物质文化遗产编写成民间艺术乡土教材，在中小学、职业学校开设民间艺术课程，邀请传承人进校园表演、传授，在部分校园设立某一项目的非遗传承点（培训班），使校园发挥在非遗的保护传承中对青少年教育的熏陶基础作用。

（3）强化基础工作。建立非遗资料数据库。在全面普查的基础上，对全县非遗项目进行登记、分类、整理，将普查资料系统化、规范化、档案化，对濒临消失的没有市场前景的项目进行资料保存。

（4）强化机制保障。按照《中华人民共和国非物质文化遗产法》《河北省非物质文化遗产保护条例》以及《国务院办公厅关于加强我国非物质文化遗产保护工作的意见》要求，逐步完善体制机制，严格落实国家法律法规规定，将政策宣传到位，将体制机制落实到位。

（5）强化资金支持。对非遗项目、保护责任单位、传承人设立专项资金，设立优秀传承人、优秀传承基地奖励办法，实现可持续发展；建立非遗传承人资助制度，鼓励和支持传承人开展传习活动，建立传承人动态信息报告制度，对工作生活困难的传承人予以帮助；强化非遗资金使用的监督管理，提升非遗资金使用效率，使非遗经费在非遗申报、保护、宣传和利用工作中发挥最大作用。

（6）强化队伍建设。成立县非遗保护中心，建立以县文化馆为龙头、乡镇文化站为基础、村协查员为补充的普查保护队伍，健全县、镇、村三级普查保护网络，构建起全县非遗项目和非遗人才的保护体系；举办非遗培训会和推广交流会，有利于促进非遗项目的传承和产业化。

（三）合理开发利用，发展特色文化产业

1. 围绕新时代、新要求，采取问题导向，补短板、强弱项，着力推动非物质文化遗产存续发展和保护传承中的不平衡、不充分问题的解决

继承和弘扬中华优秀传统文化，促进社会主义精神文明建设，是保护非物质文化

遗产的目标任务。进入新时代，我国社会的主要矛盾转化为人民日益增长的美好生活需要和不平衡不充分的发展之间的矛盾。我们应围绕推动解决新时代社会主要矛盾，梳理非物质文化遗产存续发展的不平衡、不充分性和保护传承工作的不平衡、不充分，补短板、强弱项，从供给侧发力，在遵循社会发展规律和非物质文化遗产保护传承规律的基础上，探索更加有效的保护方式，进一步优化相关工作机制和资源，不断提高保护传承能力与水平。

2. 充分尊重、调动、支持社会各界广泛参与非物质文化遗产保护，提升合力效能

我县非物质文化遗产保护工作起步早、起点高、成效显著，从根本上说是得益于我们的制度优势和对“政府主导、社会参与，明确职责、形成合力；长远规划、分步实施，点面结合、讲求实效”的保护工作原则的坚持。近几年，随着非物质文化遗产保护理念的深入人心，在各级部门的鼓励下，在相关优惠政策的推动下，相当多的企业、团体、群体等社会力量积极投入保护工作。如何完善和强化指导社会力量参与保护工作的机制，使非物质文化遗产保护传承工作形成更加深厚、更富活力、融会贯通的有机整体，需要进一步从政府职能优化、社会资源现状和非物质文化遗产传承实践主体意愿 3 个主要方面加以重点思考，为传承实践者相关权益保障提供更有力支撑。只有不断地完善融合性、贯通性、整体性的工作机制，才能更好地保持并发挥我国非物质文化遗产保护的制度优势，不断提升全社会参与保护的合力能效。

3. 充分认识“非遗进校园”的意义，着力提高青少年的文化自信

非物质文化遗产是人类文化多样性最为直观的写照，是人类伟大创造力的重要成果，是人类非凡智慧的生动见证。经过多年努力，“非遗进校园”活动已在各地大中小学踊跃开展，对于激发青少年的中华文化认同感起到了不可忽视的作用。剪纸、鹰爪翻子拳等非物质文化遗产，已成为广大师生耳熟能详的文化表现形式。每一项非物质文化遗产都蕴含着丰富的内涵。“非遗进校园”要通过相关非物质文化遗产知识传授、能力培养，促进青少年增强文化自信，从而自觉传承传播中华优秀传统文化。要加强“非遗进校园”师资能力建设，鼓励非物质文化遗产保护传承专业人员进校园上讲台；要从包括非物质文化遗产在内的经验、知识、技能传统习得方式变迁层面认识学校教育在非物质文化遗产传承保护中日益重要的作用，不断拓展代际人才培养通道。

论双堂盒子传承及发展

◎ 周春红

一、双堂村地理位置及来历

（一）地理位置

河北省雄县双堂乡双堂村，隶属河北省保定市雄县，位于华北平原中部及京津保中心腹地，北靠著名小商品集散地白沟，南倚华北明珠白洋淀，双堂乡位于县境东部，距县城 19.1 千米。面积 43.2 平方千米，人口 2.38 万人（2018 年）。辖 19 个行政村，乡政府驻双堂村。大广高速沿村西而过，雄霸公路（固雄线）穿村而行，交通便利。

（二）双堂村的来历

双堂村建于明洪武年间，山西洪洞移民迁此落户，弘治年间，村中建佛堂两座（今已不存），取村名“双堂”（出自《雄县县志》），沿用至今。自雄安新区成立之后，经考古勘测，证实建于 1000 多年前，属宋辽边界，宋辽时期为边关重地，古战道穿村而过，宋朝在此屯兵设防。民国以前，该村为保定府新城县所辖，中华人民共和国成立后，为雄县所辖。清初期至民国时期一直被称为“古镇”。

二、双堂村冰雹会

（一）冰雹会的起源与渊源

说到双堂，不得不提到双堂的冰雹会，冰雹会在双堂村有悠久的历史，一代代传承下来，具有雄厚的文化基础。

冰雹神信仰起源于农耕时代人们对自然现象的敬畏，体现了气候对农业生产的重要作用，是传统农耕社会的文化产物，是华北民间一种比较广泛的民间信仰。双堂冰雹会起源于何时，并无明确文字记载。

说起冰雹会的渊源，传说与双堂村的千佛寺有关，尚隐藏一美丽传说。明初战事稍息，天灾又频临人间，双堂人屡受雹灾之苦，村民祈求佛祖保佑，佛祖即遣使化为一白发长须老人来此地指点迷津，告谕双堂村民可于正月十四、十五、十六向佛祖烧香祈祷，且以制造并燃放盒子、灯花为中心项目。村民们如是而行，无一疏漏，果然灵验，双堂本村及周边从未遭受冰雹之灾。故村民共议，定名“冰雹会”，年复一年，代代相传，从未间断，后经战事频发，灾难迭起，村民们仍不忘初心，尤其是19世纪至20世纪以来，中国社会经历了战乱、政治运动，使冰雹会这项传统文化形式断断续续，延续至今。

冰雹会创建之初目标单纯，只是想通过祭祀祈福期盼风调雨顺，免受雹灾祸害，到后来顺理成章地增添了合家幸福、婚姻美满、多子多孙、接续香火、万事如意等吉祥内容，因此人们的信仰即由儒释道并存，各种神灵位被供奉起来，庙堂于是就相应建起，各种花会也应运而生，如盒子会、灯花会、火伞会、吵子会、牌坊会等各种会统。白天的各种花会表现形式不一，集音乐、绘画、剪纸、戏曲、舞蹈等为一体，广大群众喜闻乐见，逐渐形成了全村及周边数十村落百姓心目中的文化盛宴，独具地方特色的双堂盒子成为双堂村的象征，冰雹会成了该村的文化符号。

（二）冰雹会的影响力

双堂祭祀冰雹神活动的影响力能涵盖周边数百里80多个村庄，鼎盛时期能涵盖周围十多个县市及京津冀地区，不少社会名流亦涉足于此。白天的景象足以夺人耳目，人山人海，高处看人流如波浪，此起彼伏。广场上，铿锵的锣鼓震得人心旗摇曳，各种古装花会竞相献技，让人叹为观止。

（三）冰雹会的基本内容

在传统社会里，祭祀冰雹神的仪式在河北省各地广泛存在。双堂祭祀冰雹神活动的影响力涵盖周边百余里的80多个村镇，鼎盛时期，涵盖周围十多个市县及京津冀地区，多年来，各级领导、社会名流等也曾到此观赏。

祭祀冰雹神的仪式活动自每年的腊月三十起，止于正月末，仪式过程时间较长。冰雹会设有总会会头，下设东西南北4个分会，于腊月三十聚会合议，举行悬冰雹神位、地藏王菩萨、观世音菩萨仪式，初一开始募捐善款，初一至初八为仪式筹备期，初八至十三是盒子组装、过街牌坊搭建期，十四至十六是仪式举行的正式日子，要举行请神、敬神、送神等一系列仪式活动。分属4个大会的本村吵子会、盒子会、龙灯会、狮子会乃至附近村落的梁神堂登云圣会、陈家柳登云会、宫岗登云会等传统花会，都会自发到冰雹会庙址前的广场表演助兴。晚上还要集中燃放盒子、灯花，十里八村云集于此，人山人海，铿锵的锣鼓，古装的各种花会，炫美的灯花，灿烂的盒子，将双堂的夜空打扮得面目一新，一幅新时代的太平盛世之壮景，浓缩在这雄州古镇上。

1. 牌坊会

这是双堂冰雹会中的牌坊会，过去有“东西牌楼南北城”之说。各街口牌坊林立，五彩缤纷。定神细看牌坊上的图案，其绘画技术堪称精湛；牌坊上与时俱进的字样，更可谓传统技艺与现代文明交相辉映。

2. 吵子会

紧锣密鼓时的群情振奋、舒缓平稳时的轻松惬意，鼓手们纵情的敲打，观众们忘我的投入，驱散了大家一年的疲惫倦意，台上台下，乐乐陶陶。

3. 登云会

表演者脚撑两米木杖，打花脸儿、着古装，再配上惊险刺激的动作、幽默搞笑的神情还有你进我退的嬉闹，这登云会可是让十里八村的百姓为之着迷。

4. 狮子会

狮子作为人们心中的祥瑞之兽，每逢佳节庆典都不会缺席。你看那狮子威武的外形、多变的神态和刚劲的动作，一具皮囊竟然在技艺传承人的舞动下上蹿下跳，惟妙惟肖。

5. 龙灯会

那硕大而威严的龙头引着灵动的龙躯，让人在眼花缭乱之际，竟然有些难辨是人在舞龙，还是神龙附体，这大概就是人龙合一吧。恍惚之间，只见金灿灿的龙身呈翻江倒海之态，活灵活现。

6. 盒子会

盒子又叫“花盒”“盒子戏”，是一种民间技艺。它是集编扎、造型、剪纸、彩绘等为一体的手工技艺，始于宋代，是在宋代五种傀儡戏之一的“药发傀儡”的基础上发展而来的。双堂盒子制作技艺被评为保定市第二批市级非物质文化遗产项目，其制作复杂，内容繁多，技艺精妙。双堂村民世代相传，并融合了多种文化传承发展。你看那灵动贪玩的猴子、各显神通的八仙、相会在鹊桥的牛郎织女，还有纸里包住火的八卦九莲灯，它们都承载着双堂人民的精神和意志，更寄托着双堂人对美好生活的向往与追求。

7. 灯花会

那承载着原始信仰的人、神、鬼三种灯花，是古镇人们祈求风调雨顺、国泰民安的夙愿。白天的灯花制作伴着欢声笑语，夜晚的灯花活动更是精彩纷呈，古镇上的灯花会好不热闹，象征着双堂古镇积极地融入雄安新区建设的宏伟蓝图。

双堂古镇一直致力于用民俗活动接续历史脉络，具有旺盛的生命力和无限的文化魅力。今天的双堂冰雹会，正践行党的十九大关于“坚定文化自信，推动社会主义文化繁荣兴盛”

的要求，深化人们对雄安新区特色历史文化的认知和体验，彰显雄安传统文化符号和历史记忆。

（四）冰雹会的传承人

王法旺，男，汉族，高中，中共党员，1980 年生于河北省雄县双堂乡双堂村，现任双堂村冰雹会会长，自幼受冰雹会的熏陶，自 1995 年开始师从老会长“王大奇”入会，利用业余时间，从事冰雹会的研究和收集工作，组织挖掘该会的历史沿革、原始祭祀活动，经常向老会长们请教，虚心学习，致力于该会的保护和传承，自 2004 年任该会会长以来，收集充实了各分会的安排，筹资更新了过街牌坊、吵子会的乐器、灯花会和各种花会的服装等，壮大了会员队伍，加强了对外交流的机会，多方奔走积极操办申请非遗工作，扩大了网络宣传的途径，是该会的领军人物和核心。

（五）冰雹会的重要价值

冰雹神信仰起源于农耕时代，经久不衰，已形成了特有的风格和模式，内容展现的既有民间传统的艺术形式，同时又给它赋予了新的内容，把历史的艺术和当今的艺术紧密结合起来，对于研究我国艺术发展过程有着极其重要的作用，对于透过这一现象深刻了解社会生产发展以及民俗风情等具有重要价值。对研究区域经济、文化之间相互作用，具有重要的历史考证价值。

长期以来，双堂冰雹会远近闻名，已是双堂节日庆典文艺活动的主要部分，是群众喜闻乐见并广泛参与的民俗娱乐品牌。它不但继承和传播了民间优秀文化精华，同时，还能寓教于乐，丰富、活跃群众文化生活，在加强精神文明建设，提高人们思想觉悟，加强对外宣传窗口，促进社会文明进步，促进经济发展等方面有着不可代替的巨大作用。

双堂冰雹会一直是双堂吸引外地游客的重要因素，在当地的经济发展中发挥了十分重要的作用。如果能以此为契机发展旅游业，将极大地促进本地区的发展。

三、双堂盒子

（一）盒子的简介

盒子又叫“花盒”“盒子戏”，是一种民间技艺，它是集编扎、造型、剪纸、彩绘、烟花制作等为一体的技艺，始于宋代，是在宋代五种傀儡之一的“药发傀儡”的基础上发展而来的。当时有人为了使傀儡戏更具有欣赏价值，便把“烟花”和“木偶”结合起来，在发展过程中借鉴和吸收了戏曲造型、提线木偶等艺术特点，逐渐形成了这种集礼花、戏剧人物造型于一体的特殊的烟花艺术——盒子戏。它虽无音乐旋律伴奏、说唱匹配，但有与木偶戏、皮影戏、手影戏、纸影戏等民间艺术形式类似的艺术因素和功能。《武林旧事·元夕》载："宫漏既深，始宜放烟火百余架"，描述的也是此种情景。

盒子自出现以来专为宫廷娱乐所制作，至明代达到制作工艺的顶峰，后来渐传至民间，双堂"盒子"便也得承于此时。清代不但在宫廷是按例观看，在民间也是竞相燃放，红楼梦当中就有宝钗请老太太看盒子的片段，可见民间流传甚广。据《清朝的杂技与游艺》记载，"盒子之制，大小方圆不一，大架式高悬，一盒三层，一层为'天下太平'四大字；二层为鸽雀无数群飞，取放生之意；三层为四小儿击秧鼓唱秧歌，唱'太平天子朝元日，五色云车驾六龙'一首。每个盒中包含许多小的花彩，人物花鸟无所不有。"

双堂"盒子"制作复杂，内容繁多，技艺精妙。其技艺大体包括"盒子"外壳制作、"故事"选定、"故事"单扎、"引线"捻制、"故事"安装、"隔火"设计、"盒子"总装、"盒子"燃放等诸多工艺和技艺。"盒子"装的戏一层一层由牵线连在一起，以一根总药捻为引子，通过导线一层一层燃放。在每个节目中又有多个小药捻串联，先来看哪个，看多长时间，均按设计要求精心制作，盒子中最精彩的非"满架葡萄""百子千孙"和"八挂九联灯"莫属。

但随着时代的变迁，又因其地域性、民俗性、传承性的殊异，其他地方皆已失传，而唯独双堂仍以原生态的技艺特征流传于今。这种集趣味性、知识性、科学性、观赏性于一体的烟花艺术，虽历经几千年历史，至今仍深为当地民众所喜爱。

（二）盒子的历史渊源

据现存资料考证，盒子始源于宋代，得法于火药的发明应用和烟火的创制技艺。据伊水文《古代中国札记》中《烟火略谈》对烟火的研究，两宋时期，火药广泛用于娱乐性烟火之中，技术已达到相当高的地步。能用燃烧性火器施放大型烟花，能燃放内藏药线的"屏风烟火"及色烟、声响兼具的"药发傀儡"和妙趣横生的"人物烟花"，这便是"盒子"的雏形。

明代，"烟火"的制作十分普遍，品种繁多，以傀儡表演的"药发傀儡"得到长足发展，出现了成组场景的"烟火戏"。将药线烟火编排好后放入盒子里，搭架悬盒，点燃后盒中药线逐层脱落燃烧，可幻演多层形象，这就是我们俗称的"放盒子"。

清代，烟火艺匠们能用烟火器架燃放能变化、能转动的"烟火戏"，能将几种不同的"烟火戏"装入同一筒中、箱中或盒中，并以"隔火法"将每戏间之，使一戏之后再现一戏，次序燃放。有的"烟火盒子"能容装 16 出之多的"烟火戏"，从而使"烟火戏"达到了尽善尽美的程度。

明代时已经有盒子的燃放记录，明朝金陵笑笑生的《金瓶梅词后》第 42 回就有描写西门庆拦火玩烟火的情景。

明代晚期的文学家张岱也记录过当时燃放“盒子”的盛况，他在《陶庵梦忆》中也有详细记载：

殿前搭木架数层，上放黄蜂窠，撒花盖顶，天花喷薄。四旁珍珠帘八架，架高二丈许，每一帘嵌孝、悌、忠、信、礼、义、廉、耻一大家，每字高丈许，晶映高明。下以五色火漆塑狮、象、橐驼之属百余头，上骑百蛮，手中持象牙、犀、角、珊瑚、玉斗等诸器，器中实千丈菊、千丈梨诸火器。兽足蹑以车轮，腹内藏人，旋转其下。百蛮手中，瓶药徐发，雁雁行行，且阵且走。移时，百兽口出火，尻也出火，纵横践踏。端门内外，烟焰蔽天，月不得明，露不得下。

记载明代民间“放盒子”的文字，尚有刘侗、于奕正所撰《帝京景物略》:“烟火施放。烟火则以架以盒，架高且丈，盒层至五，其所藏械：寿带葡萄架、珍珠帘、长明塔等。於期时也，丝竹肉声不辨折煞，光影五色照人无妍，烟冑尘笼，月不得明，露不得下。”

近人徐珂在《清稗类钞》中记有清代历朝施放烟火的事例，其中就有燃放盒子的记载，兹集录五条如下：“康熙上元时烟火……大发于筒，以五为耦，耦具五花，抡升递进。乃举巨炮三，火线层层，由下而上。其四箱套数，若珠帘、焰塔、葡萄、蜂蝶、雷电车鞭、川奔轴裂，不一而足……火械所及、节奏随之，霹雳数声、烟飞云散。”

嘉庆、道光以前，圆明园正月十五日放“和合”，例也。和合即烟火盒子，大架式高悬，一盒三层，一层为“天下太平”四大字；二层为鸽雀无数群飞，取放生之意；三层为四小儿击鼓唱秧歌，唱“太平天子朝元日，五色云车驾六龙”一首。

咸丰朝，每岁上元夕，京师西厂舞灯放烟火最盛。清晨，先于圆明园宫门列烟火盒子数十架。药线徐引燃之，成界画栏杆五色，每架将完，中复出现宝塔楼阁之类，并有笼鸽喜鹊数十在盒中乘火飞出者。

从上述记载中可以看出，清代自康熙至光绪，均于正月十五燃放烟火。而每以放盒子最为壮观，这种源于民俗的节令活动得到了认可和提倡。

其中最著名、最被大家所熟知的就是四大名著之一的《红楼梦》中关于放盒子的描写，第九十七回中写道：“箭厅上是宝钗供应铺设。面前搭着彩牌楼，对面离半箭远是盒子架。先在两旁放了些金盆捞月、五子连科、流星赶月、三打金弹、刘海撒金钱、遍地锦、天女散花、滴滴金、大泥花各样花炮。放毕接着点放盒子，只见公侯万代、瓜瓞连绵、百子千孙、满架葡萄、万里封侯、连珠挂屏、九莲灯，放了好大一会。末了儿是孙悟空大战火云洞，一窝蜂花炮流星十分热闹。”

清代，凡属闹市区，如东四、西单、鼓楼前、正阳门外大街一些商店燃放焰火，名为“酬谢主顾”。一般届晚，首先放万头鞭……最后才是放盒子，有几层至十几层不等。放大型盒子须预先用杉篙搭好架子，把盒子吊在上面。第一层照例是向观众祝贺的吉祥话，例如“恭贺新禧，祝君健康”之类或是主办铺户的字号；然后映出“长明塔”“珍珠帘”，和合一仙，福、禄、寿三星、八仙人或其他戏剧人物的图案。还有映出诗名的。清代高士奇在《灯市竹枝词》中写道："火树银花百丈高，过街鹰架搭沙篙。月明帘后灯笼锦，字字光辉写凤毛。"又注："月明帘、灯笼锦皆盒子内放出者，最后有午夜漏声催晓箭诗，全首字如斗大，光焰荧荧，良久方灭。"反映了当时盛况。

民国时期因动乱，尤其是抗日战争的打响，人们忙于躲避战乱，没有闲心制作盒子，也就很少有制作盒子的记载了。

中华人民共和国成立后曾有个别地方逐渐恢复了制作和燃放盒子，但随着"文化大革命"的兴起，尤其是"破四旧"运动的展开，很多地方都再度停止，而从此以后再无燃放的记录，至此大部分地区皆以此时失传。

（三）盒子的创始人与传承

双堂"盒子"的创始人叫李老四，原名李云山，祖籍京城（元大都），年幼拜师学做烟花，后以制作和贩卖烟花为生，后因战乱落户双堂，会做以烟火照明和驱动的傀儡戏，也就是双堂"盒子"的前身。每年正月十五双堂人家家户户燃放烟花，其中最为引人瞩目的当属李云山的烟火傀儡戏。

双堂盒子的第二代传人李子全，李云山之子，生卒不详，幼时做木工学徒，据传此人心灵手巧、能描善画，他用了不少精力研究"烟火木偶戏"的制作，后因装入一个圆柱形的竹编纸糊的盒子里故得名"盒子"。正是他的妙手神思，使这一民间工艺的水平有了新的提高，据传，盒子中著名的八卦九联灯、百子撒花等皆是此人所做。

李子全晚年很注重盒子的技术性、观赏性，复杂程度大为增加，已非一人之力所能及的了，其子李本亭，邻居刘跟要、刘根需皆帮其制作，也就成就了双堂盒子的非家族式传承方式。

后李本亭、刘跟要、刘根需组织村民成立了冰雹会（又因其正月十五燃放的烟火远近闻名），李子全被推举为会头，并将其制作盒子的技术带入冰雹会，成为冰雹会入会即学的手艺之一。双堂盒子至此发展成了双堂全体村民年年必做、年年必放的民间传统。而这一传统被双堂人传承了600余年，可以肯定的是，从明洪武年间至今从未中断，可谓传承有序，而双堂也已成为"盒子"这一特艺术的唯一传承地。

（四）盒子的基本内容

1."盒子"制作

盒子以实木等为主料制作而成。上板多用木板拼接而成，中板做成八方八角状，下板为八角形的空心架体，下口直径约4.5米，用厚的皮纸板或竹席糊贴而成，中板多以彩绘而成，多为至忠至孝、至诚至信或大勇大贤的上古人物图形，以及各种中华传统故事及传说。

2.“故事”选定

“放盒子”故事取材于民间流传较广的典故、神话、传说、英雄事迹等故事内容。单扎时，根据民俗事项和民俗活动的性质，选定不同的故事内容。如喜庆、节日、灯会等带有娱悦性的事项，主要有“满架葫芦变葡萄”“庆丰收”“百童撒花”“鱼变龙”“观音坐莲”“吉庆报春”“群灯照塔”“八卦九联灯”等内容；中华人民共和国成立后，“故事”内容的选择有所更新，增加了“迎奥运”“庆丰收”“迎国庆”和具有讽刺意义的“打麻将”等新的内容。

3.“故事”单扎

按预先选定的“故事”，分别以其“情节”，精心选用、计算其用料，设计构件的模型、人物傀儡造型及其道具等。一般以竹篾为骨，棉纸为衣，麻线为筋，经裁、剪、卷、折、绑扎、裱绘、压型等过程，暗施以药线，做成各种不同“场景”和“故事”模型。这个模型，有的地方称为“折纸戏”或“烟火戏”另外，还须单扎4个带有吉语、祈福语的“彩灯”模型，各内置一支小蜡烛，常安装于“盒子”第一台，作为“故事”燃放的第一幕，以达到烘托气氛、引人入戏的目的。其“彩灯”壁上的吉语、祈福语也依民俗事项而定，如春节，用“新年快乐”“庆贺上门”“吉祥如意”“恭贺新禧”等问候性祝福语句。

4.“引线”捻制

引线，又称“药线”，是放盒子的重要部件。一般以棉纸、敏火为主要材料，加以木炭、潮脑等配药混合，捻成圆的线条，经过抹、晒干等制成。在“盒子”安装中，引线又分为总引线和支引线。总引线作为过渡和通燃设施，控制整个“盒子”燃放的时间、速度和施放质量。支引线是辫缚的总引线上的支线，与“故事”模型的暗藏引线连接，作为每出“故事戏”的启动设施。

5.“隔火”设计

在“盒子”“故事”模型安装过程中，用隔火板将各台故事间开，使其在燃放时，一台戏完成后再现一戏，次序燃放展现，不至于一起燃烧，这种方法称为“隔火法”。隔火板一般以厚的纸板为材料，按“故事”模型的大小，或方或圆，中间镂成“十”字形空格，外糊巩纸做成“底板”，又称“底托”，是确保“故事戏”表演质量的重要部件。

6.“故事”安装

即将单扎好的“故事”模型按预先设计的表演程序，逐一安装在“盒子”中的过程。“故事”安装是关系“盒子”燃放表演的关键，技艺要求颇高。其中引线的设置、隔火技术的应用、“故事”模型的串组，是“盒子”安装的关节点。安装过程中，要一边拴接“隔火板”，一边铺设“引线”，一边置放“故事”模型，每个模型上须糊抹适量的焰硝、硫黄，并用引线和细绳悬挂在它的上一台隔火板底下部。安装时，总引线和细绳辫缚成“药辫”，贯穿全部“故事”模型首尾，支引线辫于总引线，并与每个“故事”模型拴接。总引线穿过隔火板十字口处时，要预留一段盘绕于十字口处，其预留长短要以药线燃烧与本台“故事”表演达到速度上的协调和时间上的吻合，以便火到同缚口自燃而坠现表演。一般安装六至十三台，第一台安装“火字”模型，系熊熊烈火燃烧成几个字或一句话，然后依序安装第二、第三……至最后一台“八卦九联灯”。如此这般串联、组合，使组与组、串与串、层与层、戏与戏之间，既盘根错节，又有条不紊地连成一个整体。

7.“盒子”燃放

盒子燃放地的中央搭起几丈高的架子，称“盒子架”，用绳将组装好的“盒子”悬挂在支架上，“盒子”口下系一根细长绳，串上冲天炮，作为点火装置。燃放时用火点燃冲天炮，冲天炮循线绳发射，使火炮着火而响起，火炮声止，隔火板接着掉出“盒子”，四只灯笼随之落出，悬于“盒子”下方，灯笼中的小烛同时亮起来，灯壁上的“春节快乐”“庆贺上门”等祝福语展现在观众面前。小灯笼掉出不久，第二层火炮隔火板掉出，第二台“故事”悬于“盒子”下展示表演其“情节”……如此接连不断，井然有序地展演第三、第四……直至最后一台“八卦九联灯”表演完毕，紧随于后则是冲天火焰齐发，烟花四射，将观众的兴致引向高潮而止。全场燃放时间约二十分钟，场面壮观，其表演的“情节”引人入胜，场景精彩迭起。如“孙猴子过火焰山”，先现以雄雄焰火（意为火焰山），紧接着那孙猴两臂向上，手握横杆（意为“金箍棒”）自上而下，焰火直冲孙猴翻腾（意为“翻筋斗”）数圈，蹿上跃下，然后消失；这些表演，活灵活现，栩栩如生，仿佛如闻其声、如见其人、如临其境，令人赏心悦目，惊叹不已。这种以焰火为动力操纵“傀儡”表演，以多戏同台汇演的“盒子”艺术，每演即为观众送上一台精彩的文化“大餐”，让观众大饱眼福。

（五）盒子的主要特征

1. 造型独特，内容丰富，技艺精湛

双堂“盒子”作为一种民间技艺，它是集编扎、造型、剪纸、彩绘、烟花制作等为一体的技艺。其内容、造型特征，前面已有论及。在双堂“盒子”制作过程中，如“盒子”编扎、“故事”选择与单扎、“药线”的捻制与布设、“故事”的安装与施放等，每个具体环节、细节，涉及文学、艺术、数量化科学、工艺技艺，乃至民族学、民俗学等多学科知识的应用，艺匠在操作时，都必须根据上述知识，事先计算和精心设计，寓文学、艺术、科普及双堂“盒子”技艺之中。这不仅集中体现了民间艺匠的社会阅历、个性气质、艺术天赋、文化修养，还体现了艺匠的文艺精神、科学精神、高超智慧和才能。

2. 精心编导，焰火操纵，傀儡演戏

双堂“盒子”作为一种民间艺术，它是“盒子”艺匠精心设计、编导、导演的，以傀儡为角色，以焰火为动力操纵傀儡表演的戏剧。它虽无音乐旋律伴奏、说唱匹配，但有与木偶戏、皮影戏、纸影戏等民间艺术形式类似的艺术因素和功能。双堂“盒子”艺术自成一体、别具一格，通过“焰火”技艺，把形形色色的人物傀儡和各种各样的故事“场景”展现给观众，通过栩栩如生的故事“情节”，让人们在轻松愉悦的观赏中学习知识、陶冶情操，并通过这种艺术形式，讴歌真、善、美，批判假、恶、丑。而其中包括大量的爱国主义题材作品，是对青少年进行爱国主义教育、革命传统教育、民族传统教育、民俗传统教育不可多得的生动教材。

3. 地方风格、民族特色、乡土味浓

任何艺术形式的形成和发展，都包含着一定的民族习俗和传统文化的因素，其艺术形式和表演内容，无不受民俗的制约和深刻的影响。双堂盒子主要是在驱除邪恶，祈求来年五谷丰登等民俗活动中燃放，有祈福、避邪、娱神的功能，后因其观赏娱乐性强，它的适用范围进一步扩大，功能进一步拓展，除了在传统的元宵节等民俗活动中施放外，还常于节日庆典、元宵灯会等民族节日中燃放，以增添节日氛围，寓教于乐，凸显民族节日文化特征，具有浓郁的乡土气息。

（六）盒子的重要价值

双堂盒子源于民间烟火与戏曲的结合艺术，是民间烟火艺术提高和发展的产物，但比烟火艺术更具有创造性，是民间烟火艺术发展的一个新阶段，具有很强的观赏价值。在发掘、抢救、保护方面，其主要价值体现在以下 5 个方面。

1. 历史价值

双堂盒子有着悠久的历史，最早可追溯到明代，延续至今已有 600 多年历史，它再现了失传上千年的宋代药发傀儡戏的燃放表演技艺。是宋代药发傀儡的一线脉络和重要艺术遗产，这一传统的民间艺术在 600 多年的历史发展过程中，世代传承，经久不衰，并使民族的优秀文化在演出活动中得到体现，具有很高的历史价值。

活动在盒子里的故事以古代人物为原型，主要体现古时人们的生活场景和民间喜闻乐见的人物及神话故事，在它身上体现着历史的积淀，体现着一个民族拥有的传统，这对研究明以来的政治、经济、文化、社会的发展有着重要价值。

多年来盒子的记载多见于各种文献及宫廷记载之中，而双堂世代传承的盒子，则是我国增添一处成片保存盒子的活化石。这对研究各个朝代宫廷生活、宫廷烟火的产生，提供了最为原始的佐证，因此有着极高的历史价值与社会意义。

2. 文化价值

盒子已流传千余年，经久不衰，形成了特有的风格和模式，内容展现的既有民间传统的艺术形式，同时又给它赋予了新的内容，把历史的艺术和当今的艺术紧密结合起来，对于研究我国艺术发展过程有着极其重要的作用，对于透过这一现象深刻了解社会生产发展以及民俗风情等具有重要价值。对研究区域经济、文化、政治之间相互作用，具有重要的历史考证价值。

盒子继承并发扬了博大精深的中国民族艺术传统。历经1000多年的发展，文化积淀深厚，不仅综合了中华民族的多种传统文化，其工艺本身就是一部沉甸甸的本土文化历史。这一表演艺术具有形式多样、题材广泛、色彩鲜明、生动震撼等艺术特点。

盒子具有的重要文化价值还体现在众多古籍皆有章节予以记载，其中伊水文所作《古代中国札记》中的《烟火略谈》、周密的《武林旧事》、明代著作《墨娥小录》、刘侗、于奕正所撰《帝京景物略》、清代赵学敏的《火戏略》《帝京岁时纪胜》、清吴振棫《养吉斋丛录》卷十三引《毛西河诗话》及《清朝的杂技与游艺》都详细尽地描绘了盒子的形状及燃放盛况，更有我们熟知的四大名著之一的《红楼梦》第九十七回、《金瓶梅词话》第四十二回，以及近人徐珂在《清稗类钞》等都有详细记载，为研究我国文学名著提供了宝贵素材。

3. 艺术价值

双堂盒子奇特而神秘的燃放形态使观赏者为之倾倒，实属古老的民间艺术一绝。这对研究我国傀儡戏的发展以及宋代以来的“药发傀儡戏”技术的变革，具有十分重要的意义。同时，作为宋代五种傀儡戏之一，对于研究和恢复其他（悬丝、杖头、药发、肉傀儡、水傀儡）傀儡戏有着很好的借鉴意义。

盒子燃放具有浓郁的娱乐性，深受人们的喜爱，使人们的心情得到愉悦和升华，为人们带来了欢乐和更多的艺术享受。

4. 工艺价值

双堂盒子工艺流程复杂，182道工序都需手工完成，每道工序的细腻程度和要求极高。这些生产技艺是中国劳动人民长期的智慧结晶，且难以为现代技术所替代。它蕴涵着丰富的科学技术基因，是一份极其宝贵的历史遗产。制作过程中，它的框架、主杆、分支架等设施，捆扎、悬挂、层落等技术，在设计制作中均体现了丰富的力学原理，展现了我国劳动群众在实践中的创造力和想象力，使力学原理在现实生活中广泛应用，具有很高的科学价值。

双堂盒子的种类繁多，品种齐全，表演精湛，地域特色突出，涵括了多种民间艺术形式，它广泛吸收了民间剪纸、戏剧、提线木偶、竹编、民间绘画等艺术营养，研究它的产生、发展，对于民间文艺学、民俗学、民间工艺等理论研究有着重要价值，有利于中国烟火艺术史料的积累，对于保护民间手工艺及民间文化遗产有着重要的学术价值。

5. 经济价值

长期以来，双堂盒子远近闻名，已是双堂节日庆典文艺活动的主要部分。

双堂村冰雹会和盒子在今天能够以非物质文化遗产的名义正当存在，意味着国家文化政策的一个大转向，意味着国家开始对自己民族的传统文化更加重视并加以支持和维护。这种政策的转向与全世界范围内维护人类文化生态的多样性的大趋势相契合，对于中国传统文化的复兴与发展有着非常重要的意义。

第三篇
公共文化篇

白洋淀公共文化事业发展调研报告

◎ 张双龙

文化是民族的血脉和灵魂，是国家发展、民族振兴的重要支撑。加快文化发展，建设文化强县是学习实践科学发展观，全面建设小康社会的重要举措，也是促进经济社会协调发展，满足人民群众精神文化需求的必然要求。文化底蕴深厚的安新县（白洋淀）当如何破解这个“文化命题”，是当前应抓好的重点工作之一。

一、安新县发展文化事业的优势和基础

安新县县域面积 742 平方千米，人口 43 万人。一说到安新县就离不开白洋淀，作为国家 5A 级景区的华北明珠白洋淀占据了安新县的大部区域，安新文化事业的发展即是白洋淀文化事业的发展。尤其是近年白洋淀旅游文化品牌既代表了安新县、保定市、河北省，某种程度上又代表了中国形象。在新石器时代这里就有人类活动的遗迹，留村遗址、梁庄遗址就是佐证，战国时代这里是燕南际赵北陲，境内的赵北口古镇就是明证，辖区内的燕长城、古秋风台、烧车淀、康熙行宫、陈调元庄园更印证了历史文化的丰厚。

这里是戏曲之乡，我国的北昆发祥地就在端村镇马村，北昆泰斗白芸生就是从这里走向全国走向世界；老调发源于刘李庄镇北冯，戏曲大师王冠英就成长于此；河北梆子广为传唱，王派创始人王玉磬即从这里唱红。目前，该县有三分之一的村庄有大大小小的老调、河北梆子、评剧团活跃着群众文化生活。

这里是多项非物质文化遗产诞生地，有国家、省、市级非物质文化遗产 7 项，其中国家级非物质文化遗产“圈头音乐会”被誉为中国音乐的活化石。

这里是文学流派“荷花淀”派和“白洋淀诗群”的诞生地，大量描写白洋淀风情的文学作品，因为经历了历史的考验和文人骚客的品味而百读、百看不厌。

尤其是近几年在安新县委、县政府的高度重视和大力支持下，安新县的文化事业蓬勃

发展，全县呈现出“群众文化好戏连台、精品文化屡创佳绩，文化盛宴名家荟萃。特色文化亮点频现”的喜人局面，2011 年，安新县被评为保定市文化强县。一是组织精彩活动。利用重大节日、重大事件举办文化艺术活动，如文艺联欢、摄影展、书画展。二是文艺团体上大舞台。白洋淀永生高跷艺术团登上春晚、参加世博会，“圈头音乐会”走进中央音乐学院，参加中非音乐之春。三是打造知名品牌。白洋淀芦苇工艺画连获国家级金奖、银奖，杨丙军被评为中国工艺美术大师。

在看到成绩的同时，也要看到安新县发展文化事业还面临着一些现实的困难和问题。一是文化基础设施建设还不能满足文化事业发展的需要，很多乡镇综合文化站存在着没有场地、没有设备、没有人员、没有专项经费等问题，县文化馆、图书馆也没有专项事业经费。二是人才缺乏，从事文化事业的工作人员（尤其是乡镇）业务性不强，结构老化，优秀文化人才少。三是群众文化活动还缺乏引领，地域文化挖掘不够。四是把安新县文化定位为白洋淀文化、唱响白洋淀文化的力度还不够。

二、发展文化事业关键要抓好以下几项工作

（一）以人为本，大力弘扬和培育白洋淀精神

发展文化事业、建设文化强县最根本的任务就是大力提高全县人民的综合素质，大力弘扬新时期的白洋淀精神，增强全县人民的凝聚力，激发全县人民干事业、富民兴县的劲头。安新县就是要以白洋淀为名片，提炼白洋淀精神，加以培育和弘扬，使全县人民始终保持昂扬向上的精神状态。我认为白洋淀精神应是宽厚、明礼、求实、进取。

（二）增加投入，加强文化基础设施建设

针对安新县城乡文化设施不完备的现状，建议要在加大投入力度的同时，还要积极引导和鼓励社会力量参与文化建设。一方面，整合现有资源，合理开发利用。另一方面，借助我县城乡建设规划，按照高水平、多渠道投入，产业化运作，分阶段实施的要求，建设品位高雅、风格鲜明的文化基础设施。着重建设体现白洋淀文化特色的标志性文化设施，使之成为群众文化活动的主阵地、对外开放和宣传白洋淀的窗口，用优美的文化环境树立我县社会发展的新形象。

（三）形式多样，广泛开展群众性文化活动

要大力引导广大人民群众紧紧围绕白洋淀精神，开展影响大、群众参与广、效果好的群众文化活动。在县电视台开设《百姓舞台》栏目，让更多的普通群众走上电视，展示才艺，提高水平。同时，把县级电视台办活、办火，让全县人民都把县电视台作为首选台，

发挥县电视台县委的喉舌作用，用正确的舆论引导人。充分发挥文化馆、图书馆、雁翎队纪念馆、白洋淀之窗等基层文化阵地的作用，全方位地为城乡人民提供丰富多彩、健康文明的文化服务。要积极开展文化、科技、卫生“三下乡”活动和文体、科教、法律、卫生进社区活动。认真开展群众性文化活动评比竞赛，努力创建文化型行业、部门、家族，倡导文明新风，推动基层文化活动蓬勃发展。

（四）突出特色，全力打造白洋淀四大文化

1. 生态文化建设

一是借环城水系治理工程，突出白洋淀特色的绿化、美化，让游客一到安新县城就应知道到了白洋淀。

二是抓好白洋淀水区生态保护，强力制止毁芦苇造田和围堤围埝，保持白洋淀的原生态。

2. 民俗文化建设

一是加强农村综合文化站建设，让老百姓从歌厅中走出来，从麻将桌旁站出来，从电视机前跑出来，纷纷参加公益性文化活动，凝聚人心，引领风气，让老百姓健康、快乐、祥和地生活。

二是培育地方特色文化。如圈头音乐会、寨里永生高跷、马家寨造船、芦苇工艺画等等，应进一步宣传，进一步走出去。

3. 历史文化建设

一是在县城建设上要认真考虑创建历史文化景观，如可否建历史文化一条街，可否建一些景观亭，再现“渥城八景”等。

二是搜集白洋淀历史文化名人资料，教育后人。

4. 红色文化建设

红色文化建设，就是要多借助影视作品加以宣传，同时以雁翎队纪念馆为基地，加强对青少年及外来游客的教育。

为把白洋淀四大文化进一步彰显，建议做好三个“一”，即出版一套全面反映白洋淀文化的书籍（也可做礼品书）:《白洋淀史话》《白洋淀历史文化名人》《名家笔下的白洋淀》《白洋淀诗词选》；打造一台具有白洋淀风情的文艺节目，将代表白洋淀地区的曲目、音乐、歌曲按一定序列编排展示给公众，让老百姓吸取传统文化的营养；培养一批弘扬白洋淀文化的文艺人才，给他们搭建创作的舞台，诗词歌赋各显神通，讴歌家乡，讴歌白洋淀，上大台，登大报。

（五）加强领导，确保发展文化事业的各项措施的落实

一是成立“安新县文化建设工作领导小组”，把建设文化强县纳入全县和各乡镇经济社会发展的规划及年度计划中进行部署和实施，建立目标责任制，加强考评考核。二是确保对文化的投入，随着经济的发展和增长，保持每年一定数量的发展文化的专项经费。三是落实中央、省、市并制定我县有关文化事业的优惠政策。积极引导，鼓励社会力量兴办各类文化事业和文化产业，多渠道、多形式筹集文化建设资金。四是加快文化体制改革的步伐，建立机制，出人才，出精品，让业务人从事文化，让能人抓文化。五是培育文化队伍，造就一批文化名人。

对雄安新区博物馆规划建设的几点思考

◎黄 琛

一、中国博物馆发展的现状与趋势分析

（一）中国博物馆发展现状分析❶

1. 2017 年中国共有 4721 家博物馆

根据文化和旅游部统计数据，1996—2017 年中国博物馆规模逐年快速增长，1996 年仅有 1219 家，至 2017 年，博物馆数量达到 4721 家，占文物机构的 47.5%。1996—2017 年，年复合增长率达 6.6%。另外，国家文物局公布数据显示，截至 2016 年年底，全国经各地文物部门年检注册的博物馆总数达到了 4873 家，比 2015 年度增加了 181 家，保持稳定增长的态势。

2. 2017 年中国博物馆藏品共 3938.32 万件

截至 2017 年，全国文物机构拥有文物藏品 5096.32 万件，比上年末增长 14.4%，其中，博物馆文物藏品 3938.32 万件 / 套，占文物藏品总量的 77.3%。

3. 2017 年中国博物馆接待观众 97172 万人次

据国家统计局数据显示，2006—2017 年，中国博物馆参观人次呈逐年上升趋势。2017 年，全国文物机构接待观众 114773 万人次，其中博物馆接待观众 97172 万人次，增长 14.2%，占文物机构接待观众总数的 84.7%。

（二）博物馆发展趋势："互联网 +"博物馆成为风口

自 1905 年张謇自费创建中国第一座现代博物馆以来，我国博物馆已经走过了百余年的发展历程，其地位也从早先的"开民智"之场所，沦落到如今的城市"摆设"。互联网

❶ 数据及分析，参考前瞻产业研究院发布《2018—2023 年中国互联网 + 博物馆行业商业模式创新与投资机会深度研究报告》。

作为当今时代最具发展活力的领域，已经全面融入生活的方方面面，也使得博物馆依托互联网时代的技术与平台重焕生机成为可能。

尤其是 2016 年由国家文物局、国家发展改革委员会、科技部、工信部、财政部印发了《"互联网 + 中华文明" 三年行动计划》，在此背景下，如何利用网络媒介有效传播中华优秀传统文化，成为目前博物馆领域正在探讨的重要课题。故宫便是其中的佼佼者。从数字故宫到故宫淘宝，再到故宫游戏、故宫社区……故宫博物院已搭建起以故宫官方网站为核心和主入口，由网站群、App 应用、多媒体数据资源等各种信息组成，线上、线下互通互联的聚合平台。根据故宫馆长单霁翔的公开发言，故宫还制订了 4 年计划，至 2020 年，把故宫博物院建成为世界上最强大的数字社区之一（见图 3—1）。

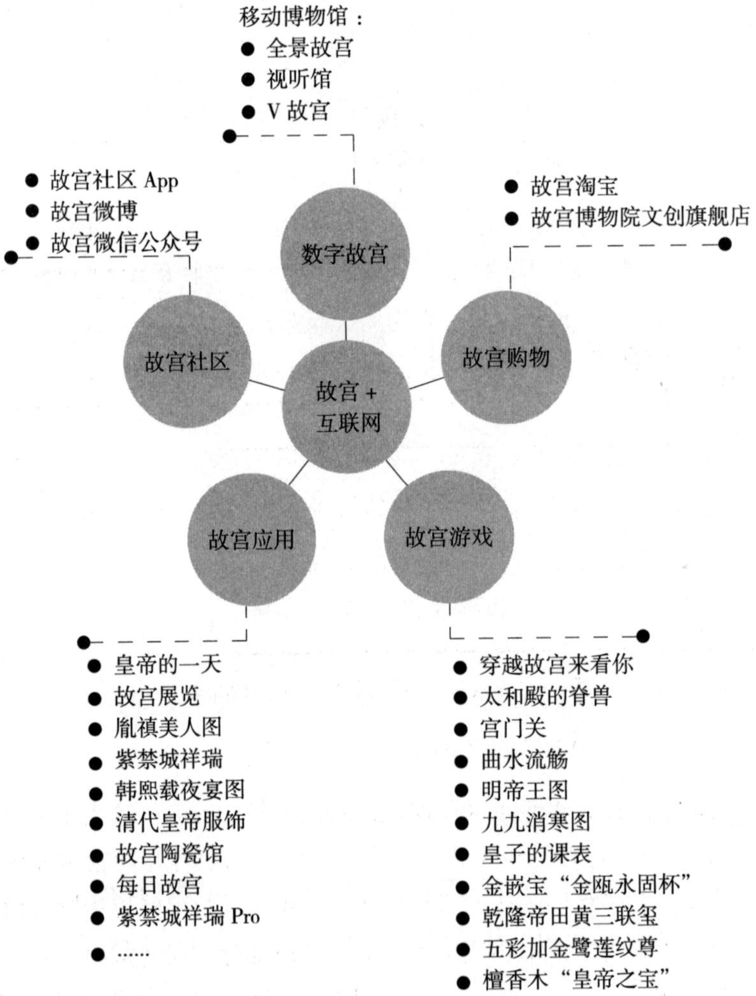

图 3—1　故宫 + 互联网的布局

资料来源：前瞻产业研究院整理。

2016 年以来，故宫先后与阿里、腾讯、凤凰网等建立合作伙伴关系，一方面，在天猫开设了官方旗舰店，主要有门票、文创、出版三个板块；另一方面，和腾讯游戏推出基于故宫文化的大型游戏，从 2017 年下半年开始，双方合作更是介入到动漫和文学的创作，包括微电影的创作中；另外，还和凤凰网合作，利用 AR、MR、3D 等手段传播故宫文化。通过一系列的战略合作，故宫有望成为真正的“世界级的超级 IP”（见图 3—2）。

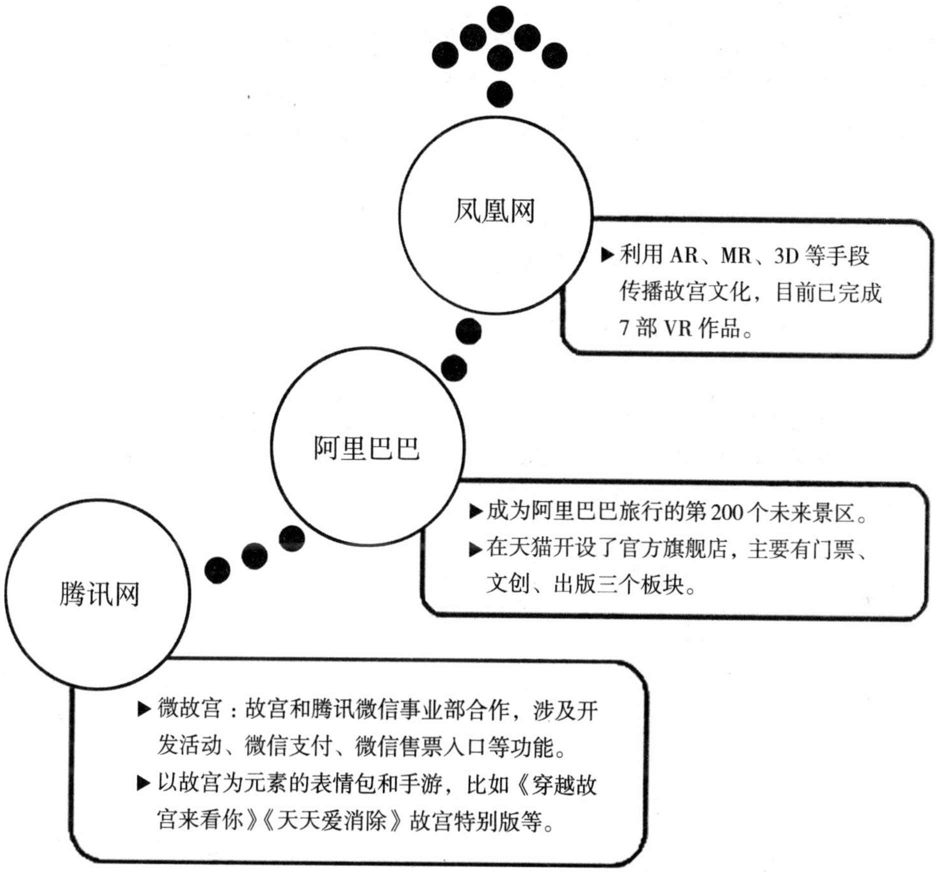

图 3—2　故宫与互联网企业的合作情况

资料来源：前瞻产业研究院整理。

可以肯定的是，古老博物馆走上互联网之路将是大势所趋。一项由皮尤研究中心基于对美国 1224 个博物馆机构进行在线调查而发布的一份“新媒体与博物馆观众参与”报告表明，社交网络的价值已经得到了艺术机构的普遍认可，并且已经渗透到博物馆等文化机构运作的方方面面，成为美国艺术领域不可或缺的组成部分。而在国内，博物馆触摸新网络的不止故宫一家，2017 年上海市开设网站的博物馆共 68 座，策划数字展览 58 个，开通微信、微博公众号的 109 个，全年利用新媒体发布信息共 8672 条。互联网让古文化重新“活起来”已成为共识。一方面，在国家相关政策的激励下，博物馆希望借助互联网和新技术的平台，将其所拥有的优秀文化资源与公众分享，把传统文化的内涵用富有创意的方式普及并传递下去，从而培养更多爱传统文化的年轻人；另一方面，互联网公司希望能有更多 IP 资源，提升整体内容的文化品位，同时还可以借助故宫博物院和国博的强大品牌影响力和流量，提高竞争门槛。

二、探索博物馆集群化发展的雄安模式

改革开放 40 年，中国社会快速发展，人们日益增长的文化消费需求与现行博物馆数量和服务无法达到平衡。虽然博物馆数量在不断增加，但存在的问题也日益严峻，如资源分配不均、藏品分布不足、场馆同质化严重、人员不足、资金缺乏、观众量如何增加、创新能力低下等。如何解决这些问题，“博物馆集群化运营”应不失为一种有效的解决路径。

（一）什么是博物馆集群化

博物馆集群化是指各博物馆及相关社会机构集中分布，共同从事与博物馆相关的工作和活动，通过集群提升自身经济效益，丰富博物馆文化消费内涵，巩固博物馆与其消费者的情感关联，同时对社会可持续发展做出有价值的贡献。博物馆集群从行政体系和资源共享方式可分为两类四项。

1. 垂直模式

（1）先因性垂直管理模式。由政府、相关社会机构或者是实力强大的博物馆统筹安排，在成立之初就计划构建一个包含多个博物馆和组织机构的博物馆集群框架，根据此框架，在发展的过程中逐步建立多个博物馆，最终形成一个全新的有机博物馆集群（以史密森尼学会为代表）。

（2）后因性垂直管理模式。单独发展的博物馆，在发展到一定程度后会陷入困境，需要由政府、有关机构或者是其中一个实力强大的博物馆牵头，将各个博物馆整合成为一个博物馆集群体，各博物馆接受核心机构的统一管理（以英国利物浦博物馆和德国博物馆岛为代表）。

2. 水平模式

（1）服务型水平合作模式。通过核心馆的资源和品牌影响力，帮助聚集的中小型场馆发展，实现资源优势配置的同时提升自身优势（以新西兰国立蒂帕帕博物馆为典型代表）。

（2）共享型水平合作模式。没有绝对主导的核心场馆，而是通过协同合作，分享资源，最终达到共同的发展（以意大利托斯卡纳博物馆的共享型水平合作模式为代表）。

（二）史密森尼学会集群化发展案例

博物馆集群化发展在西方拥有较为丰富的历史和经验。以史密森尼学会为例，1846年成立的史密森尼学会在建立之初就已经确认集群化发展体系，目前已发展为拥有包括19座博物馆和美术馆、1个国家动物园、9个研究中心、20座图书馆的集群体。并且史密森尼学会在巴拿马、波多黎各和美国44个州有199座附属的博物馆，拥有藏品1.4亿件，是目前世界上最大的博物馆系统和研究机构的集群体。

博物馆集群化运营，是建立在集群化合作的框架下实现的（见图3—3）。史密森尼学会的运营模式完全体现了这一特点，它以理事会为核心机构，以“为人类增进和传播知识”为目标，建立史密森尼专业的管理团队负责整个学会的运作，包括运营零售、媒体、产品开发、特许服务等商业内容，同时明确在合作网络中各个博物馆的定位、角色、责任以及互相之间合作的内容和领域。通过集群化的科学管理，史密森尼学会首先实现了参观人数的不断增长，2013年参观人数达到3500万人以上。

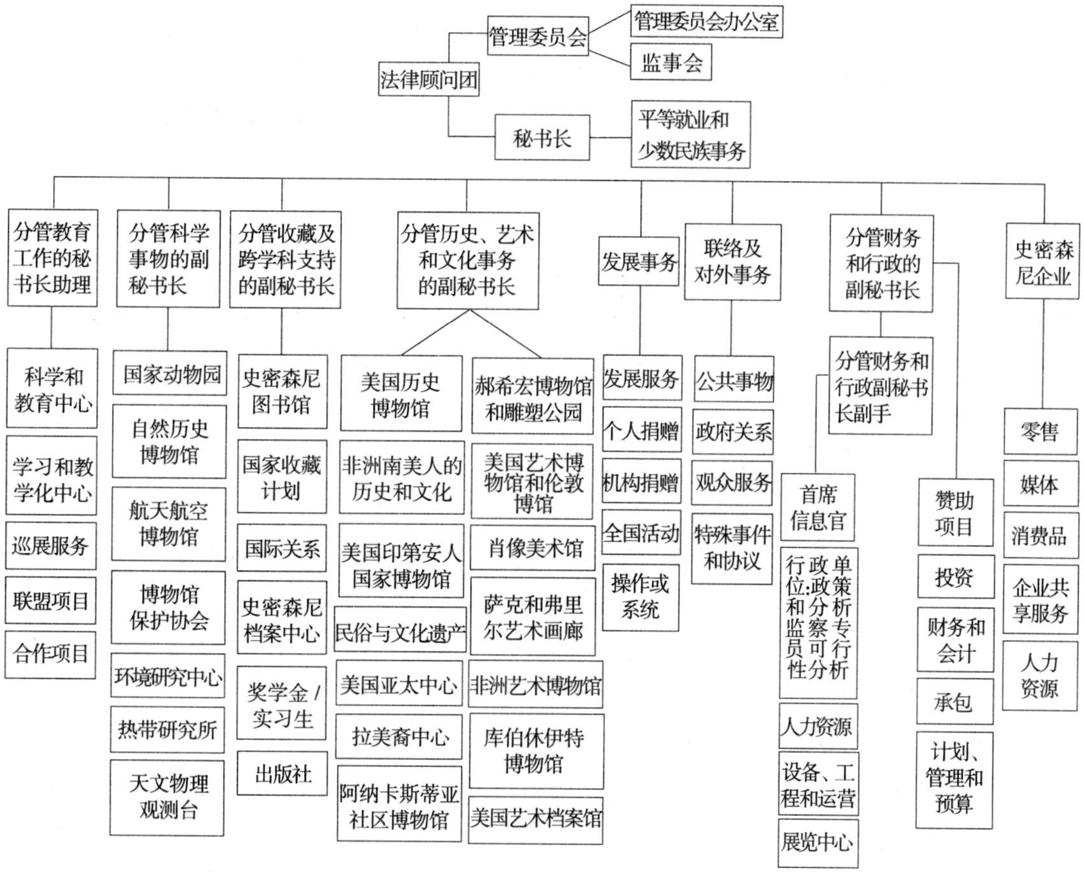

图3—3　史密森尼学会管理模式框架

其次，教育活动能够进行广泛的开发和拓展，全美有100多万教育工作者在课堂上使用了史密森尼学会编印的教育资料，数百万儿童青少年受益。另外有35万人参加了史密森学会组织的演讲、培训、学术旅行和表演等项目。在藏品资源管理和展示能力方面，史密森尼学会常年向全球70多个国家和美国近50个州的有关机构借出20余万件藏品以供展览和研究。而在人才管理方面，史密森尼学会拥有6300多名员工，并且使用灵活的管理机制，比如将藏品类型相似的弗利尔艺术馆和赛克勒艺术馆合称为“亚洲艺术馆”，这样可用同一班人管理，不仅减少了机构设置，同时大大减少了人员成本，使人力资源得到最大化利用和最佳配置。

（三）中国博物馆集群发展尝试

中国博物馆人在集群化发展方面也进行了大量探索，其中以南京市博物馆总馆和上海科技博物馆为代表。

1. 南京市博物馆总馆

南京市博物馆总馆是较为典型的后因式博物馆集群，由南京市博物馆、太平天国历史博物馆、中国共产党代表团梅园新村纪念馆、南京市民俗博物馆、渡江胜利纪念馆、江宁织造博物馆、六朝博物馆以及南京市考古研究所、南京市文化遗产保护研究所9家文博单位合并成立为一家新的副局级文博单位。在人事、财务、管理三方面实现统一规划、统一预算、统一采购。

2. 上海科技馆

上海科技馆同样属于垂直管理模式的博物馆集群，它由科技馆、自然博物馆、建设中的天文馆三馆合一，同时在人事、财务等方面进行统一调配。并且三家场馆各有特色，均衡互补。经过多年发展，上海科技馆目前已经成为全国规模最大的国家一级博物馆的综合性科普场馆群，并且在科普教育活动、科普展览以及参观人数等方面成为国内领先。

3. 长三角科普场馆联盟

除了行政构架上的垂直管理模式外，资源共建共享的场馆联盟也是目前长三角地区尝试的集群化发展模式。这一联盟由上海科技馆等8家科普场馆发起，有150余家科普场馆、企业、高校盟员单位，旨在推进科普展览教育活动的长三角一体化发展。相比垂直管理模式而言，长三角科普场馆联盟加入了企业和高校，补足单一性群体发展的缺陷。在未来有更广阔的空间，将产业集群优势充分发挥出来。

4. “一带一路”文化融合发展

除了已经成型的场馆联盟外，“一带一路”文化融合也是不能忽视的博物馆集群化发展重点。博物馆作为文化传播主阵地之一，其拥有的文物资源承载着“一带一路”沿线地区人民的共同记忆，也是“一带一路”沿线国家作为互利共赢“利益共同体”和共同发展繁荣“命运共同体”的历史依据。博物馆作为“一带一路”建设的有力载体，可以建立起文化交流平台及合作机制，尝试集共享型集群化发展，充分利用博物馆资源，成为连接不同文明对话与信任的情感纽带。

（四）博物馆集群化发展展望

博物馆集群化发展可以在最大程度上解决资源分配和管理上的不均衡问题，弥补人力、藏品、财务以及信息资源不充分的缺憾。但是也要警惕在合作中容易出现的因发展不均衡而产生的协调困难，以及产业化发展中利益诉求和博物馆本身非营利组织本质矛盾的问题。

无论如何，博物馆集群化发展的前景无疑是光明的，正如《博物馆集群化发展的综述及思考》一文所说：“博物馆事业长足发展飞跃并不仅看每座城市人均拥有的文化场馆数量，更看重其对社会教育、人文传承、文化发扬等方面所作出的贡献。参考现代经济学和企业管理学，产业集群后形成的规模效应，可使集群成员获得效益最大化 / 成本最低化。文化事业大发展大繁荣被提出后，‘文化产业’亦成可循之路，博物馆作为文化产业中实体单元之一，可以大胆尝试‘博物馆集群’这种新发展思路。”

三、博物馆建设统筹博物馆学学科建设

（一）困境与瓶颈

自 20 世纪 80 年代初起，随着我国博物馆事业的发展，南开大学、复旦大学、浙江大学等高校先后设立博物馆学专业。至 20 世纪 90 年代，开办较为正规博物馆学专业的主要高校有复旦大学、南开大学、浙江大学、北京大学、吉林大学、中央民族大学、四川大学、西北大学等十几所高校。这期间，中国博物馆的数量增长情况为 1983 年为 467 座，1990 年为 1013 座，2000 年为 1397 座。这些高校的人才培养基本上满足了我国博物馆事业发展对人才的需求。然而，进入 21 世纪以来，我国博物馆数量增长了 3.5 倍（2017 年为 4721 座），但我国高校博物馆学专业人才培养的数量几乎仍停留在 20 世纪八九十年代的水平。显然，这样的人才培养数量远远落后于全国博物馆迅猛发展对人才的需求。

博物馆常规业务包括营运管理、展览策划设计、教育活动规划、展览形式设计、展览媒体与制作、展陈材料和方法、文物保护、照明、展览评估、文化传播、数字化、科技手段应用、观众调查分析、公共关系、文化产品开发、筹措资金、博物馆法规等。看上去好像是一众的博物馆学内容都需要教给学生，而实际上，博物馆学专业出来的硕士研究生没有一样能做到其岗位的真正的专业性。在博物馆系，这些都学，但都非常皮毛，毕业生的

专业前途并不明朗。实际上，这些岗位在其他的真正的学科有专业的毕业生，这些设计系、教育学、市场营销、法学、艺术史、计算机、考古学、历史学、美学、哲学、科技史、古生物学、传播学、社会学、化学系、物理系、生物系等专业毕业的硕士，真正进入博物馆工作实践，在实习期后了解了博物馆业务，相对来说，能够更快地进入工作角色，做业务更有专业性，而专业的人干专业的活儿，这才是中国博物馆飞速发展的今天最需要的人力资源状态。即使馆校联合培养博物馆学的学生，也都仅停留在参与工作实务上，对于学生自身的学科的专业性并无大益。反而是其他学科的专业学生在博物馆的实习，把自身专业用于博物馆业务而另辟蹊径地拓展了自己的专业能力。没有理论支持，博物馆学在人才建设上就不可能走上正轨。博物馆学必须建立起自己的理论系统才能真正发展，否则仅是借鉴其他学科理论方法并杂糅一起，放在博物馆这个场域内谈，同样也可以放在其他场域内讲，无特色、无基本理论就无学科发展。综上，博物馆学的非学科论以及博物馆学的博士学位似乎值得再探讨。

在我国，博物馆学作为一门新兴学科，其生存和发展面临诸多困难。博物馆专业人才培养得不到重视，博物馆学学科建设也得不到应有的重视。在我国学科高度行政管制的背景下，在高校强势学科面前，作为“冷门”专业的博物馆学专业，无论是在专业设置、招生数量、资金投入，还是编制、人才引进、课题申请等方面都处于弱势，博物馆学学科发展步履艰难。

1. 设置博物馆学专业的高校极少，且难以增长

在目前急功近利的高校专业发展思路下，凡不是一级学科或没有直接的经济效益的专业，往往不被作为高校专业发展的目标。

2. 招生规模小，并且难以扩大

在招生方面，相对于一些显学或老牌学科的扩招，博物馆专业往往是被挤压的对象。

3. 投入少，教师队伍编制少，人才引进难

以复旦大学为例，“985”建设期间，投入资金 3 年总共才不到 100 万元。

4. 研究课题申请困难，学术期刊少

博物馆学在国家学科分类中不仅没有应有的位置，甚至没有对应的目录。因此，无论是在国家社科还是教育部项目申请方面，博物馆学课题申请都非常困难。

5. 没有获得各种人才工程的机会

如长江学者、千人计划等都与博物馆学没有任何关系。

6. 受考古学挤压，学科地位被矮化

前些年国家学科改革将原本与博物馆学并列的考古学升为一级学科，并将博物馆学置于考古学之下后，原来已经很弱势的博物馆学专业又面临严重的冲击，其地位被大大矮化，面临加速边缘化、弱势化、萎缩化的危险。一些高校开始急功近利地要求将博物馆学专业

改为考古学专业，将博物馆系改名为考古学系。

学科发展的目的是什么？显然是为了适应社会的需求，是为了培养人才。目前全国各类考古研究机构有 30 余个，以每个机构 50 人算（全国考古机构多的人数达六七十人，少的只有三四十人），从业人员也不超过 2000 人，可见，目前高校考古学专业已经饱和。而全国博物馆从业人员总数远远大于考古从业人员，而且博物馆总量在不断增长中。此外，博物馆学的范围也远大于考古学，不仅仅是历史考古学博物馆，还包括自然科学和各行各业博物馆。显然，将博物馆学置于考古学之下，既不科学也不合理，严重影响了博物馆学学科的发展。

综上所述，由于不重视博物馆学学科的建设和后备人才的培养，博物馆学学科建设和人才培养困难重重。如此，在今天我国博物馆事业快速发展并急需大量博物馆专业人才的时候，改革开放以来好不容易发展起来的、当前本该大力发展的博物馆学专业不仅得不到应有的发展，而且还出现萎缩的现象，这必将严重影响博物馆专业人才的培养，严重制约我国博物馆事业的发展与进步。

（二）破解之道

1. 确立博物馆学学科地位，完善学科自身建设

人才的培养有赖于高校博物馆学学科的发展，只有博物馆学学科得到应有的地位，博物馆学学科才能发展，博物馆专业及其人才培养才有保障。博物馆学科的发展固然需要自身的完善和提高，但更离不开国家的支持和扶植。显然，人才培养是学科发展的主要目的之一。以全球博物馆事业和博物馆学学科发展最发达的美国为例，随着美国综合国力的增强，20 世纪 70 年代，美国博物馆开始快速发展。如今，美国约有合格博物馆 17500 座，其中大部分建于 20 世纪 70 年代后。20 世纪 60 年代末至 70 年代，博物馆的快速增长提出了对专业人才的需求，美国博物馆界日益意识到博物馆专业人才的缺乏。于是从 70 年代开始，美国高等教育开始着力发展博物馆学科，以培养既有专业学术素养又具备博物馆运作知识和专长的博物馆专业人才。1976 年，首个博物馆学专业成立于乔治·华盛顿大学。据最近一项统计，美国有 155 个博物馆学的研究生项目，其中包括纽约大学、约翰·霍普金斯大学。目前，日本全国约有 110 所大学设有博物馆学课程或进行文博培训，每年有 6000 名左右的大学生攻读博物馆学艺员。如今中国的博物馆事业的发展如同 20 世纪 70 年代的美国，急需加强博物馆学学科建设和高校博物馆学专业发展，加快博物馆学专业人才的培养。

2. 克服博物馆学科发展的体制性障碍

主管全国博物馆的国家文物局和中国科协要努力推动教育部及有关部门确立博物馆学学科应有的地位，推动高校博物馆学专业的发展。特别是在学科建设方面，如果不能将其

作为一级学科对待，至少应按独立学科来管理。只有这样，才能激励高校重视博物馆学专业的发展，增设博物馆学专业，扩大博物馆学专业招生，加大博物馆学专业的投入。

3. 完善和提升自身学科的发展水平

高校博物馆专业要努力完善和提升自身学科的发展水平。要加强博物馆学学科发展研究，特别要研究和借鉴国际上先进国家博物馆学学科发展的成熟经验，结合中国博物馆实际，提出我国博物馆学科发展的方向，明确博物馆学学科知识体系，做好博物馆学科发展的统筹规划。在此基础上，加强博物馆专业师资队伍、课程体系及其教材建设，加强馆校合作培养，努力克服博物馆学学科发展自身存在的问题，使博物馆学学科日趋完善和成熟，使大学博物馆学专业学生的知识体系和技能更能适应我国博物馆发展的实际需求。

4. 完善人才培养知识体系，提高针对性和适应性

适应现代博物馆角色和功能的转变以及我国博物馆多样化发展的需求，完善博物馆专业人才培养知识体系，不断提高人才培养的针对性和适应性。博物馆角色和功能的转变以及博物馆类型多样化的发展趋势，必然对大学博物馆学科发展和专业人才培养提出新的要求，即大学博物馆专业该培养什么样的人才？怎样的博物馆学学科知识体系和课程体系才能适应博物馆发展的实际需要？

5. 改变现有知识体系

要改变我国高校博物馆专业文物学、考古学、博物馆学和文物保护大杂烩式的知识体系，建立有别于考古学和文物学的博物馆学人才培养知识体系，即建立一个以公共知识组织、加工和传播教育为导向的博物馆学人才培养知识体系。一是具有从事人类及人类环境的物质及非物质文化遗产搜集、整理、保管、研究和阐释的知识和技能，例如博物馆藏品的搜集、鉴定、分类、整理、编目、保管、修复、研究等。二是具有策划、组织和实施文化展示、传播、教育、公共服务的知识和技能。并且，从当下中国博物馆经营的现实看，尤其需要强化对“展示、传播、教育和公共服务”方面的知识和技能的培养。

6. 适应博物馆类型多样化发展的需求

要适应我国博物馆类型多样化发展的需求，特别是自然、生态、科技类博物馆的发展，在高校开设培养自然、生态、科技类博物馆专门人才的博物馆学专业。长期以来，我国高校培养的博物馆专业人员知识结构过于单一，主要是文物学、考古学和历史学教育背景。显然，这样的知识结构难以适应我国自然、生态和科技类博物馆的发展需求。因此，迫切需要在我国高校设立跨学科的博物馆专业。根据国际上自然、生态、科技类博物馆专门人才培养的成功经验，合适的方法是采取第二学位或专业硕士的培养模式。即本科阶段学生可以学习生物、物理、化学、天文、地理等自然科技专业，然后再修读

博物馆学第二学位或攻读博物馆学专业硕士。这样的培养模式，既能让学生具有自然科技方面的专业知识，同时又拥有博物馆学专业知识，从而能够胜任自然科技类博物馆的专业工作。

7. 制定并实施博物馆从业人员职业资格认证制度

为了保持博物馆的专业水平和博物馆从业人员的专业素质，推动我国博物馆事业的发展和进步，必须建立与实施博物馆从业人员职业资格认证制度，从源头上保障博物馆从业人员的专业素质，保障博物馆专业队伍的建设。

首先，在借鉴国际上博物馆从业人员职业资格认证制度成功经验的基础上，结合中国实际，制定“中国博物馆从业人员职业资格认证制度”（特别是博物馆核心专业人才），包括任职资格条件、专业素养和技能要求。

其次，推动国家人力资源和社会保障部将博物馆从业人员职业资格认证制度纳入国家职业资格体系，并制定具体的实施和操作办法以及相应的配套措施，将博物馆人力资源管理纳入法制化轨道，使认证制度得以有效实施。

（三）应对之法

1. 推动高校增设博物馆学专业，加快博物馆人才培养

首先要推动高校增设博物馆学专业，加快博物馆人才培养，以适应我国博物馆事业快速发展对人才数量的需求。目前中国的博物馆建设已经进入迅猛发展的时期，未来十几年都将是我国博物馆事业的高速发展时期。为了适应我国博物馆事业快速发展对专业人才的需求，必须加快博物馆专业人才的培养。

2. 制定博物馆人才发展规划

由国家文物局和中国科协牵头，在对全国博物馆人才调查的基础上，从我国博物馆中长期发展需要的高度来制定全国博物馆人才发展规划，明确博物馆人才培养的战略目标和总体部署，人才队伍建设的主要任务，人才培养的重大政策，人才培养的组织实施等，以推动我国博物馆人才培养和队伍建设。

3. 加强博物馆后备人才的培养

推动教育部和有关高校加强博物馆后备人才的培养。博物馆后备人才培养主要依靠高校的力量。这需要主管中国博物馆的国家文物局和中国科协加强与教育部的沟通，争取得到教育部的支持，通过教育部推动高校增设博物馆学专业，扩大博物馆专业人才培养的招生规模，加大对博物馆专业发展的投入。

4. 加强博物馆人才培养基地建设

博物馆学专业是个实践性和应用性很强的专业，国际上成功的做法是“馆校联合培养”。为此，国家文物局和中国科协可根据博物馆人才的需要，结合各高校的优势和特点，

选择一批高校作为博物馆人才培养基地。通过高校和博物馆之间合作培养博物馆人才、组织博物馆专家和高校教师联合编写教材或讲义、为高校师生提供实习基地等手段，建设一批博物馆人才培养重点基地。

四、以博物馆文化建设统领可持续发展

（一）博物馆文化建设的意义

博物馆文化是一种巨大的无形资源，影响着博物馆的服务品质与未来发展动力，建设良好的博物馆文化，具有多方面的重要意义。

（1）有利于促进博物馆事业健康发展。优秀的博物馆文化对于博物馆整个行业来说，都具有革新经营理念、工作模式等重要作用，并且能够促进我国博物馆事业发展。博物馆文化可以培养一种改革、开放的思想，改变封闭的博物馆观念，激发全体员工探索博物馆管理的新理念与新模式。

（2）有利于促进博物馆员工的全面发展。在博物馆中，文化建设的过程也是全体员工健康发展的重要过程。不但能够促使博物馆员工积极地发展自己，建立一种良性的人际关系，在博物馆文化的深刻影响之下，博物馆全体员工会激发主人翁意识，促使员工与员工、员工与观众之间相互支持与关怀，改善博物馆内部上下级之间人格平等关系，使价值取向上保持一致，形成一个齐心协力为博物馆、为社会做贡献的集体。

（3）有利于促进博物馆创新意识的产生。在博物馆各项工作中，优秀文化的塑造能够使博物馆获得一种创新意识，博物馆文化的不断发展，对博物馆工作也相应地产生了重大影响，它要求博物馆工作不断开拓新的服务领域。作为一种思想观念，创新意识是在博物馆文化这个环境中孕育生长的，离开了博物馆文化的激发，创新博物馆工作也是不大可能的。因此，博物馆文化建设有利于创新意识的产生。

（二）博物馆文化建设的途径

一个博物馆成功与否，并不仅决定于博物馆的经济经营，也与文化经营与建设有着重要的关系。例如，博物馆工作中的藏品文化、环境文化、经营管理和精神品格等方面，是博物馆文化建设的重要途径，需要博物馆各方面因素的共同努力。

（1）充分重视藏品文化建设。藏品是博物馆之本，一个博物馆的发展离不开自身馆内珍贵、独特的藏品，这些藏品一般具有较高的历史价值、艺术价值和科学价值，是博物馆立馆的基础。因此，博物馆文化建设的首要目标就是藏品文化。博物馆要想打造自身独特的文化品质，树立自己的品牌，增强自身的竞争力，应该依靠博物馆优雅宽敞的展厅、热情周到的服务，但最重要的还是要形成和塑造一种底蕴深厚的藏品文化。对此，博物馆一

方面应该找准地域与自身类型特点进行合理布局，依托地域悠久的历史与文化以及文物特点，打造特色型的主题展览，并且利用各种各样的自然与文化遗产，实现藏品文化的多元发展。另外，为了实现持续化发展，博物馆应尽可能地多方面开展高质量、专业化的藏品征集活动，并且对藏品的历史与文化进行深入挖掘，充分展示藏品的观赏价值，以此提升博物馆的文化内涵。

（2）打造良好的博物馆环境文化。目前，我国博物馆的环境建设已经初见成效，很多博物馆都设施齐备、环境优美，但是环境质量与环境文化并不是一个概念，所以具有良好环境文化的博物馆很少。为此，在博物馆环境建设方面，首先应该将环境与陈列性质、主题等因素进行综合分析，布置一些文化品质较高的内容，顺利实现博物馆环境的升级和文化建设目标。其次，博物馆经营者不能将环境文化与环境精致度画等号，也就是说，环境布置的精细与粗犷本身并没有好坏之分，这要视陈列展览的需要而定，只有营造良好的环境文化氛围，才能激发观众的参观情绪，从而改善博物馆的经营状况。

（三）实现博物馆文化建设与经营管理的结合

（1）加大博物馆的内部管理力度。管理是一门学问，良好的管理能够为企业带来巨大的效益，同时也是企业文化建设的重要支撑。一方面，博物馆可以通过健全和完善的各项管理制度，以一种系统化、制度化的规范来引导和约束员工行为，激发他们的工作热情，建设好博物馆文化。另一方面，在博物馆工作中，应该加强“人本管理”思想的注入，使员工拥有积极进取的精神状态和良好的工作习惯，打造一个具有人文氛围的博物馆管理文化。

（2）努力打造博物馆创新经营。在激烈的市场竞争背景下，博物馆要想立于不败之地，必须紧抓创新这一管理理念，以创新带动管理向着科学的方向前进，可以说，创新是博物馆发展的不竭动力和源泉。在管理上，应该不断打破常规，尝试一些崭新的管理策略，只有这样，才能使博物馆文化建设通过创新经营来实现。

（四）依托精神品格培育博物馆文化

博物馆精神是员工集体主义精神和时代精神在博物馆的反映，是社会主义精神文明在博物馆中的具体化。作为博物馆的精神支柱和灵魂，博物馆精神能够凝聚员工力量，产生强大向心力，使得经营充满无限活力。有了属于博物馆的个性化精神品格，即使工作条件较差，员工也会对博物馆前途充满信心，迸发出强烈的工作激情和服务意识，使得博物馆文化能够依靠员工的努力而建立。

因此，建设良好的博物馆文化，首先应该建设好优秀的员工队伍，大胆提拔馆中有潜力、懂管理、素质高的优秀人才，拓展员工的成长和发展空间，以其优越的精神力量在博物馆中树立典范，影响并带动全体员工不断进取，通过全体员工的工作状态营造出一种和谐的博物馆文化氛围。

总之，博物馆作为文化传播的媒介，不但应该有效提升公众的文化素养，而且还要加强自身的文化建设，从而满足社会、民众的精神文化需求。博物馆文化是其获得核心竞争力的根本途径。只有博物馆文化建设适应社会的发展，才能在激烈的竞争中脱颖而出，利用深厚的博物馆文化为观众服务。

浅论博物馆的公共文化信托与法人治理结构

◎侯　珂

一、博物馆的“非营利性”和公共文化信托的法律属性

博物馆是人类收藏记忆凭证和熔铸新文化的殿堂，也是最重要的公共文化机构。国际博物馆协会（ICOM）2007年对博物馆的定义是：“博物馆是一个不追求营利的、为社会和社会发展服务的、向公众开放的永久性机构，为研究、教育和欣赏的目的，对人类和人类环境的见证物进行搜集、保存、研究、传播和展览。”《博物馆条例》（2015年3月20日实施）规定：“本条例所称博物馆，是指以教育、研究和欣赏为目的，收藏、保护并向公众展示人类活动和自然环境的见证物，经登记管理机关依法登记的非营利组织。”作为公共文化机构的定位，使公共信托和“非营利性”成为博物馆的根本属性。

博物馆“非营利性”的内涵，源于博物馆藏品法律属性具有“公共性”。博物馆藏品不能以任何形式转变为私人财产，作为非营利组织，当其发生终止情形需要清算时，博物馆的剩余财产不能效仿公司在股东之间进行分配，而只能转交给其他公共部门（政府或其他非营利组织）；博物馆创办者的所有投入不是投资，而是捐赠，一旦付出，任何时候都不得将其投入转让或者撤回，创办人或博物馆主管无权私自占有或者馈赠博物馆藏品，创办人去世以后，博物馆资产不得作为创办人的遗产转让给家人或子女。这些不同于营利组织的原因在于，博物馆藏品具有特殊的法律属性，它们是“公物”或者称为“公共信托资源”。大陆法系国家认为博物馆藏品是“公物”，藏品作为一项具有经济价值的财产，承认和尊重其所有权，是市场经济所要求的私法平等原则在行政立法中的必然反映；与此同时，出于对社会公众应有的“平等享受文化权”的保护，使社会公众对藏品得以共享，立法设置了对藏品物权加以限制转让的规定。基于此，大陆法系国家对博物馆藏品的法律属性认定为：“出于公共利益需要而受法律特殊保护并提供给社会公众利用的财产或物。”这种建立在公共利益价值取向基础上、由政府依法规制并提供

给公众利用的“物”，在行政法上属于行政“公产”范畴，也就是传统大陆法系国家行政法律体系中的“公物”。英美法国家则是将博物馆藏品纳入“公共信托资源”范畴，博物馆是公共信托资源的称职监管人，这里所说的“公共信托资源”显然包括博物馆的藏品。在博物馆藏品的公共信托制度中，包含“物”“受托人”“财产授予人”“受益人”等要素。其中，藏品是“物”，政府和博物馆是“受托人”，公众是“受益人”。可见，英美法系中的“公共信托资源”与大陆法系中的“公物”类似，在价值取向上都是出于保证藏品安全和公共利益，由国家公权力专门设定的。《国际博物馆协会伦理道德规范》中对博物馆和藏品的描述也再次印证了这一点，“那些维持了收藏的博物馆为了社会和社会发展的利益将藏品作为信托来对待；原则是，博物馆有义务获取、保存和推广它们的收藏，作为保护自然、文化和科学遗产的贡献。它们的收藏是一种重要的遗产，在法律上有一种特别的地位，并被国际法律所保护。这种公共信托是管理人的概念，包括合法的所有权、永久性、存档、使用和负责任的清档工作。”按照这一界定，博物馆的收藏是一种“公共的”行为，作为非营利组织的博物馆的创办者并非组织的“所有权人”（即股东），博物馆的创办者的所有投入不是投资，而是捐赠，捐赠行为一旦成立，捐赠财产即由私人财产转变为公共财产，脱离了原所有权人的私法处分权。

“非营利性”通常包括以下几层意思，第一，此类机构的大部分收入不是以在市场上出售商品或服务获得的，而是通过政府出资或者其成员、支持者的会费或捐赠获得的。第二，“非营利性”强调的是博物馆的基本法律特征，国际博物馆协会在明确博物馆“非营利”性质的同时，更突出强调了博物馆的基本宗旨和根本任务，即“为社会和社会发展服务”，这就明确了博物馆这一机构组织是不以营利为目的，组织的宗旨并不是为了获取利润，而是为了实现某种公益或者一定范围内的公益，博物馆是社会公益事业。第三，按照“禁止利益分配原则”，非营利组织不得向组织成员分配货币收益，不能进行剩余收入（利润）的分配。非营利组织可以开展一定形式的经营性业务而获得剩余收入，但是这些收入不能作为利润在成员之间进行分配，即根据所在地法律，禁止向实际控制该组织的个人（如管理人员、董事或会员）分配剩余收益。[1]

二、博物馆法人治理结构

博物馆公共文化信托和“非营利性”的法律属性，决定其在管理体制和治理机制上有别于其他社会机构，要从“管理”向“治理”转变，体现其公共性和公共信托之义。在博物馆推行组建理事会，是实现公共文化机构法人治理的应有之义。推行和建立理事会制度，

[1] 金锦萍“漫谈博物馆的非营利性”，载于中国文物报，2015 年 3 月 10 日。

无疑可以进一步推动公众和社会力量参与到博物馆的各项决策和建设中，从而强化博物馆的公共性，增加管理的公开透明度，促进其公共职能的深度实现。

世界最早的文化机构理事会制度可以追溯至19世纪中叶美国波士顿公共图书馆的建立以及理事会制度的确立。1963年，英国国会通过了《大英博物馆法》，规定“大英博物馆理事会”为大英博物馆的法人团体，拥有管理权，开博物馆理事会制度之先河。2011年3月印发的《中共中央、国务院关于分类推进事业单位改革的指导意见》，提出要“建立健全法人治理结构”；“面向社会提供公益服务的事业单位，探索建立理事会、董事会、管委会等多种形式的治理结构，健全决策、执行和监督机制，提高运行效率，确保公益目标实现”。同年，国家文物局发文要求“公共博物馆纪念馆要逐步实行理事会决策、馆长负责的管理运行机制”。2013年，党的十八届三中全会明确提出“推动公共图书馆、博物馆、文化馆、科技馆等组建理事会，吸纳有关方面代表、专业人士、各界群众参与管理”。国家文化文物行政管理部门高度重视事业单位法人治理结构改革。2014年8月，文化部从全国遴选10家公共文化机构，作为国家事业单位法人治理结构改革的首批试点单位。2015年，国家文物局在全国选取了142家博物馆，开展理事会制度建设探索性试点，在完善博物馆管理体制和治理机制、推动公众和社会力量参与博物馆决策和建设、增加管理公开透明度等方面积累有益经验，并制定公布了《国有博物馆章程范本》和《非国有博物馆章程示范文本》。同年3月20日，《博物馆条例》颁布实施，第十七条明确规定：“博物馆应当完善法人治理结构，建立健全有关组织管理制度。”2017年9月，中宣部、文化部、中央编办、财政部、国家文物局等7部委联合印发《关于深入推进公共文化机构法人治理结构改革的实施方案》，确定把法人治理结构建设纳入博物馆运行评估和绩效考评体系，完善监督和激励机制，推动方案的实施落地。

完善博物馆法人治理结构，建立健全组织管理制度，将法人治理结构纳入博物馆运行评估体系，是我国博物馆管理制度上的一次重大变革，形成了内部科学管理，外部规范自律的双轨，对于推动我国博物馆事业的健康发展具有重要意义。首先是要求博物馆治理手段上去行政化，打破以往博物馆行政隶属关系，实现自主决策、自主管理、自主发展和自我约束，调动积极性和生机活力，形成权利、义务、责任高度明确和统一的现代管理模式。其次是要求博物馆逐步实现社会化，将博物馆的建设发展主动融入社会发展中，主动与社会各方面建立沟通互动的渠道，让博物馆不再“高冷”，紧跟时代发展步伐，反映社会需求，体现公益属性，从而形成基础广泛、管理透明的社会化治理结构。

但必须承认的是，在现有管理体制下，理事会制度的推广还面临多种难题。目前，除少数民办博物馆、美术馆、国有企事业单位设立的博物馆在理事会建设方面进行了有益的探索外，国有公共文化机构确立理事会制度的尚属少数。这方面，上海的经验可以借鉴。据了解，上海市的国有企业博物馆皆已建立理事会制度，如上海玻璃博物馆、上海银行博物馆、上海纺织博物馆，它们的理事会成员几乎全部为社会人士。[1]归其原因，在我国推进博物馆理事会的建立，可谓是一种制度创新，既然是创新，就难免会对既有观念和制度产生扰动发生冲突，既要做好制度的“顶层设计”，也要兼顾现实情况，分类推行、循序渐进、积极稳妥、不断完善。[2]

首先，博物馆理事会理事人选要从与博物馆的发展使命、结合理事所代表的不同方面产生，通常由政府、社会和博物馆三方面代表组成。以浙江省博物馆为例，其理事会成员有13名，采用委派、征选和推选方式产生。举办单位代表1名，由浙江省文化和旅游厅委派产生代表政府部门；社会公众代表9名，包括各利益相关方代表、专家代表、观众代表等，由举办单位面向社会征选；本馆代表3名，其中馆长和党组织主要负责人为同一人，则其为当然理事，其余2名则从全馆正式在编在岗职工中经全馆职工大会或职代会推选产生；如馆长和党组织主要负责人非同一人，则两位均为当然理事，其余1名则从全馆正式在编在岗职工中经全馆职工大会或职代会推选产生。[3]

其次，要界定清楚理事会与管理层的权利义务与职责。中国博物馆建立理事会制度就是要确立博物馆决策层的决策地位，制度设计的终极目标是，由理事会承担决策和监督职能，管理层成为执行机构，对理事会负责。例如浙江省博物馆的管理层，作为执行机构，从事日常业务管理，其职责包括：组织实施理事会的决议，接受理事会的监督，编制博物馆发展规划，组织开展业务活动，实施年度工作计划等日常工作管理，编制并组织实施经费预算等财务资产管理，按照相关条例做好职工招聘、岗位晋升、人员管理、内设或分支机构的设置、薪酬发放等工作，做好文物安全工作、保障本馆内参观及活动人群的安全。[4]

再次，博物馆的理事会制度建设还应主动借力于国家事业单位改革中体制机制新举措，强化和完善博物馆机构作为法人单位在人事和财务方面的合法权益。“顶层设计”着力解决的是人财物的问题，我国事业单位现有体制机制对于博物馆法人治理结构的建立恐怕会有一定程度的阻碍而使其流于形式。目前我国事业单位改革已进入攻坚阶段，应紧紧抓住这一契机，将改革成果运用于博物馆法人治理结构，夯实理事会在人事和财物方面的话语权。

最后，理事会身份地位的确立需要一个循序渐进的过程，遇到深层次的问题，宜稳妥一点，避免半途而废。综合来看，目前我国建立法人治理结构的博物馆，理事会虽然建立了，但是馆长一般仍由政府部门任命，这样就带来一个突出问题，如何明晰理事会与政府管理部门之间的权责关系，二者谁来真正执行决策权。以湖南省博物馆为例，理事会作为

---

[1] 宋新潮．宋新潮谈理事会制度：博物馆公共性的组织体现［N］．人民日报，2014-11-02（011）。

[2] 同[1]。

[3] 参见《浙江省博物馆章程（2018.12）》第十一条。

[4] 参见《浙江省博物馆章程（2018.12）》第三十六条。

议事和决策机构，管理层为管理机构，省文化厅对博物馆行使监督管理权这么一个所谓的三级模式，吸纳政府相关官员为理事会成员甚至担当理事长，以一种“中间”状态进行来过渡这个问题；浙江省博物馆的馆长也是由省文化和旅游厅任命。可以直言不讳地说，目前各馆的理事会多是以咨询为主要任务；再有，在现有财政和人事体制下，理事会单独任命一个馆长不太现实，但是理事会有权弹劾一个馆长，说他做得不合适，罢免掉他是有可能的。所以，现阶段理事会的作用主要是以咨询为主，部分参与管理决策；理事会决策监督作用的发挥，还有待实践不断完善，稳妥推进。

河北雄安新区的设立是国家大事、千年大计。《河北雄安新区规划纲要》明确提出：“高标准布局公共文化设施、丰富优质公共文化内容供给、创新公共文化服务体制机制。”为了建设国际化文化都市的样板，雄安新区的博物馆建设，一定具有起点高、密度大的特点，将会有城市级、组团级、社区级各级各类的博物馆产生。如此众多的博物馆，在建设和运营管理方面，必然坚持政府主导，鼓励社会参与的原则。政府承担主体责任，同时将引入市场机制，畅通社会力量参与渠道，激发各类社会主体参与公共文化设施建设的积极性，逐步形成“政府主导、社会参与、共建共享”的发展格局。同时，也必将创建博物馆等公共文化设施的管理模式。应当建立以理事会为主要形式的法人治理结构，吸纳有关方面代表、专业人士、各界群众参与管理，创新公共文化管理体制，探索多元协同治理模式，加快政府职能转变，推动新区高质量建设发展。

从孙犁图书馆规划建设看文学类博物馆的社会作用

◎李　婧

为全力打造中国现当代文学大师孙犁（字芸夫）故里的特色文化品牌，安平县委、县政府推出了以“弘扬孙犁文化、建设文化强县”为主题的系列活动，竖立起全国第一尊汉白玉孙犁全身雕像，举办了首届孙犁文学奖散文大赛和“孙犁故里、书香安平”华夏阅读论坛主题年会，并建成了4000平方米的孙犁图书馆，规划出台了孙犁故居恢复和孙犁纪念馆建设方案，在全国上下掀起了学习传承孙犁文化的一波波热潮，在提振安平文化影响力与美誉度的同时，也受到了越来越多国内外作家学者的高度赞扬。孙犁图书馆位于安平中学校园内，总建筑面积3948.42平方米，工程投资629万余元，由天津市天勘建筑设计院设计，建筑风格恢宏大气，布局设计科学合理。图书馆为钢筋混凝土框架结构，共4层，主体建筑高度为17.9米。各层厅堂的命名都与孙犁有关，一楼各“苑”以“荷”命名，意在突出孙犁作为荷花淀派创始人的内涵，二、三、四楼所有“阁”“堂”“斋”分别以孙犁的文学作品名字命名，旨在表达对大师的敬爱与怀念。完善孙犁图书馆建设，此馆也是目前为止全国唯一一个以孙犁的名字命名的图书馆。

孙犁图书馆作为文学博物馆成为被理论界忽视的博物馆类型，其界定、功能、分类等基本问题有待进一步厘清。此外，文学博物馆的发展还受制于两个关键问题。其一，与文学史的关系制约着文学博物馆的发展定位；其二，与视觉化的关系深刻地影响文学博物馆的陈展表现。

21世纪，博物馆发展迅猛，数量持续增长，类型日益多元，并尝试通过各种“新方法”连接“新公众”，使博物馆及其文化广泛介入公众的日常生活，逐步改变着公众对博物馆消极的刻板印象。然而，各类型博物馆仍存在发展不平衡的状况，博物馆学界对不同类型博物馆的关注也显得顾此失彼。其中，文学博物馆便是一种未被充分认识的博物馆类型。对于一般公众来说，文学博物馆是一种陌生的博物馆类型，即便对于博物馆研究者而言，它也充满了诸多不确定性。因而，十分有必要从最基础的层面对这一博物馆类型进行探讨。

一、文学博物馆的界定及功能

1. 文学博物馆的界定

当下，对于文学博物馆的界定仍旧充满争议。国际博物馆协会文学博物馆专委会2015年第比利斯会议将此列为重要议题进行讨论，讨论一直延续至会后，时至今日仍在进行。

目前，一种主流的观点认为文学博物馆应符合博物馆的一般定义，国际博物馆协会博物馆定义的框架及其中性质与功能的阐述适用于文学博物馆的界定。然而，当触及“文学”及“文学遗产”问题时，观点分歧开始显现。其一，从文学博物馆中“文学”所涵盖的内容来看，斯特凡·博曼（Stefan Bohman）认为其核心应是作家、文学作品及其内容与影响的有形或无形证据。而韦斯娜·德利奇·戈泽（Vesna DelicGozze）则认为没有必要将文学扩展至“作者”或“书籍”，而应关注与创作和写作过程紧密相关的事物，以及书面作品提供给公众的过程。其二，从文学遗产的动态性看，文学只有被置于文化遗产视域中才能成为博物馆“征集、保护、研究、传播并展示”的对象，而文学遗产的识别是一个持续过程，导致“不是所有的文学都是文化遗产，而是所有的文学都可能是文化遗产”，这也加剧了文学博物馆工作对象的不确定性。

从以上分歧我们可以发现，对文学博物馆界定的困难很大程度上来自于对文学及文学遗产的认识不清。此外，对一般博物馆定义的简单套用虽能体现文学博物馆作为博物馆的一般功能与性质，但其特殊性未能得到充分表达，如其特定目的、功能与工作方法等要素因这种简单的定义方式而被忽视。可见，文学博物馆定义的探讨仍有广阔空间。

2. 文学博物馆的功能

套用已被普遍接受的博物馆定义来界定文学博物馆，虽有“偷懒”的嫌疑，但似乎安全稳妥，不会犯任何根本性错误。然而，真正将一般博物馆与文学博物馆的功能进行比对时，两者却难以吻合，文学博物馆定义方式的欠妥可见一斑，其功能的局限也由此显露。

首先，文学博物馆对于文学保护的局限。在当代这个被大众消费文化裹挟的图像社会中，文学曾经的话语权力与中心地位被彻底颠覆，文学的“生存危机”亟待被“拯救”。博物馆显然不具备此种能力，也承担不起这种责任。在这一方面，博物馆远不及图书馆，文学通过阅读获得生生不息的生命力，而文学载体——书籍以及作者故居、遗物的博物馆化保护，反而在某种程度上宣示着文学的“死亡”。

其次，文学博物馆对文学传播的局限。博物馆通过展示获得传播信息的能力。文学与博物馆联姻或许便是在寻求一种对抗图像化的新的传播可能。然而，在博物馆场域中，原本“文本”的“读者”变成了“展品”的“观众”，原本书斋式的“阅读”过程转化为展厅的“观看”过程，文学性的“审美”也在某种程度上蜕变为视觉化的“消费”。文学博物馆的这种“文学”传播是否意味着“读者死了”，“阅读”消亡了？

再次，文学博物馆文学教育的局限。文学博物馆的“文学教育”必然依托博物馆所具有的独特资源，并反映场域本身的固有属性。正因如此，博物馆的文学教育更倾向于文学家或文学史的教育，而非文学本身。但无可否认，博物馆的实物及情境化展示具有激活观众文学情感的可能，可作为那些在日渐学院化与体制化的文学教育中逐渐丧失的感性内容的补充。

可见，一般博物馆的常规功能在文学博物馆中并不能得到充分发挥，同时，文学与博物馆的不相容性也在一定程度上有所显现。

二、文学博物馆的分类及发展趋势

1. 文学博物馆的分类

国际文学博物馆分类以斯特凡·博曼的方案为代表，将其大致分为三类。

（1）作家博物馆。通常以某一作家出生、生活或死亡的建筑物或公寓为依托，也可是为纪念某位作家而兴建的新博物馆建筑，以展现作家生平与纪念性为主。

（2）综合文学博物馆。如地方性文学、特殊文学体裁、书面或口头文学等博物馆，这些博物馆中通常包含有以博物馆化的方式处理书籍或手稿藏品的业务部门。

（3）文学景观。如同一座“生态博物馆”，通常为与作家相关或与作家作品紧密相连的景观。

中国文学博物馆发展的样态有别于世界文学博物馆分类。中国博物馆协会文学博物馆专业委员会截至 2017 年 5 月共有团体会员单位 27 家，以此 27 家及专委会挂靠单位中国现代文学馆为样本，可大致分为以下四类。

（1）纪念类。在性质上与一般纪念馆相似，具体又可分为事件与人物两种。文学事件纪念类博物馆所占比重较小。文学人物纪念类博物馆占据较大比重，其中相当一部分以文学家故居为依托，对生活场景进行复原，展现其生平与文学成就。

（2）文学馆类。此类并非属于典型意义的博物馆，而体现出较强的综合性与跨界性，集博物馆、图书馆、档案馆于一身，其中展示功能体现出博物馆的特征，具体又可分为人物、时代、地域三种。

（3）文学作品类。此类博物馆以文学作品为中心，涉及与该文学作品相关的版本、创作、人物等的收集、研究与展示，此类目前国内仅有一例，即青岛的骆驼祥子博物馆。

（4）其他。不能归入以上三类的文学博物馆，如北京人民艺术剧院戏剧博物馆。该馆隶属于北京人民艺术剧院，主要起到对北京人艺完整而系统的院史资料进行保存与展示的作用。

纪念类与文学馆类中的人物类有一定的相似性，前者倾向于对文学家的纪念与凭吊，而后者更强调对文学家的文学作品的整理、研究与展示。

2. 文学博物馆的发展趋势

中国文学博物馆仍处于起步阶段，在形态、主题、定位上虽不尽相同，但均较为紧密地围绕文学家与文学作品，体现出较强的博物馆属性。而从世界范围来看，文学博物馆的发展呈现出差异化态势。其一，以典藏、教育与展示功能为核心的博物馆化趋势，表现出典型的博物馆视觉化特征；其二，以阅读与展示并重的图书馆与博物馆综合体趋势；其三，以文学作品虚拟内容为基础进行展示的主题公园化趋势。其中，第三种趋势近年来发展迅速。

三、文学博物馆的两个关键问题

1. 文学博物馆与文学史的关系

博物馆属性中天然带有历史向度，文学博物馆在文学史所赋予的既定位置或地位之中，以视觉化和空间化的方式向公众进行呈现与传播，文学史在这一机构中成为一种隐藏的权威。

在大众传播领域，美国学者保罗·拉扎斯菲尔德（Paul Lazarsfeld）与罗伯特·默顿（Robert Merton）曾提出大众传播具有“社会地位赋予”的功能。博物馆作为一种非典型意义的大众传播媒介，却典型地体现了这一功能。从现实来看，艺术家将自己的作品被博物馆收藏与展示视为巨大荣誉及对其艺术成就的肯定；回溯历史，博物馆“缪斯圣殿”的形象加重了其权威性，从而使其获得了有别于一般大众传播基于传播效能而生的“社会地位赋予”功能。由此，文学博物馆对文学及文学史的展示在某种意义上产生了改写文学史的效果，使被博物馆展示的文学内容在文学史中凸显，以博物馆化方式传播的文学内容获得地位提升。

在厘清文学博物馆与文学史相互影响的机制后，反观文学博物馆业务活动，便会发现其非同一般的难度。

第一，如何使博物馆呈现动态的文学史。文学博物馆背后的文学史作为对社会、时代、作家、作品等关系不断审视、反思与叙写的过程是处于不断变化中的，同时又极其复杂，涉及不同的文学发生方式、不同的思潮立场、不同的文学场域。而稳定状态的博物馆如何适应与应对这种不断的变化？文学史经典化的观念被修正或改写会使文学博物馆产生何种走向？博物馆又如何作为一个微妙的变量参与到文学史的动态书写之中？这些均是文学博物馆发展过程中所无法回避的问题。

第二，专家的权威话语与观众自主评论权之争。从某种意义上看，文学史与文学批评是由文学学者和批评家等专业人士书写的，由此构成文学博物馆的陈展体系与学术支撑。不可否认，真正的文学批评需要具备自己的观念框架，并形成系统化的知识体系，与大众批评家那种零散的、个人体悟式的鉴赏完全不同。那么，观众的文学评论全然无意义吗？若文学博物馆场域中将“学者型”观念确立为绝对权威，“大众”则只是被动地接受其所下的结论？在这一场域中完全操持文学批评术语的学者思想如何能够被观众所接受？文学博物馆能否搭建起学者与公众之间交流对话的平台？如何在展示中留给观众自主评论的空间？如何在陈列中显现观众的话语？这些问题也亟待探讨。

2. 文学博物馆与文本的视觉化

博物馆作为一个以视觉为中心的展示机构，其基本任务便是将信息与知识进行视觉化呈现，传递给观众。文学博物馆除将作家故居、遗物、手稿、著作不同版本等实物以展示方式呈现外，也在试图通过博物馆化的方式，将文学作品所描写的人物、场景、故事在展厅（展馆）物理空间中展现。由此，衍生出两个问题，一是文学文本视觉化的悖论，即文学文本的想象空间与文学博物馆实体展示间的矛盾；二是“文学性”视觉转化的技术困境。以上两个问题仍需要文学与博物馆学两个领域联袂探讨，携手解决。

公共文化场馆高峰期客流管控的意义和方法

◎ 朱小光

改革开放以来，随着综合国力的提升，人民生活水平的不断提高，人民对精神层面的需求日益增强，我国文化产业随之迅猛发展，国家对文化、旅游产业的重视程度也日益加强，公共文化场馆游客日益增多。党的十九大报告明确指出，“坚定文化自信，推动社会主义文化繁荣兴盛”。文化是一个国家、一个民族的灵魂。推动文化事业和文化产业发展，满足人民过上美好生活的新期待，必须提供丰富的精神食粮。要深化文化体制改革，完善文化管理体制，加快构建把社会效益放在首位、社会效益和经济效益相统一的体制机制。完善公共文化服务体系，深入实施文化惠民工程，丰富群众性文化活动。

在不断完善公共文化设施免费开放保障机制的同时，应充分发挥各类公共文化场馆的优势，发挥其公共文化资源的最大效益，提高公共文化服务的质量和水平，更好地满足群众的文化需求。

一、公共文化场馆高峰期客流管控的意义

目前，我国公共文化场馆建设进入较快发展阶段，各地纷纷开展各种形式的公共文化场馆建设。与此同时，我国人口基数大，参观人数多，参观时间相对集中，公共文化场馆基础设施相对薄弱，公共文化场馆数量相对于大量的参观人数，远远不能满足人民的需要。

游客参观公共文化场馆的时间，在一年中是十分不均衡的。以博物馆为例，法定节假日、寒暑假、周末等时段，参观人员众多，一般时段参观人员较少，这就导致淡季工作人员、设施设备闲置，旺季人员、设备不能满足群众需求。现在较热门的公共文化场馆在特殊时段，均出现客流量大于承载量的尴尬局面。由此带来了游客体验差、工作人员压力大、场馆安全隐患突出等问题，所以公共文化场馆进行客流管控，势在必行。

二、公共文化场馆高峰期客流管控的方法

（1）建立客流管控指挥调度协作机制。联合公安、交通运输、市场监管等相关部门建立假日高峰期游客流量指挥调度协作机制，及时预测、研判假日高峰期客流走向趋势，针对节假日及大型活动制订相应流量控制预案，对外围进出道路、客流集散地和内部流量实施有效管控，避免发生拥堵踩踏导致游客伤亡事故。

（2）科学核定并公布最大承载量。依据公共文化场馆自身实际情况，结合公共文化场馆停车场数量、场馆面积、卫生间数量、讲解人员数量、安保人员数量等各种因素，科学核定最大承载量、瞬时承载量并及时向社会公示。

（3）实施游客流量监测常态化。公共文化场馆应完善设立门禁闸机票务系统、一卡通联动系统、实时监控系统等，实现对游客流量监测的点、线、面布局，确保实时掌握游客数量变化。

（4）实施游客流量信息实时化。结合数字信息新技术，利用移动多媒体、智能终端等多样化的电子信息平台，公共文化场馆要通过公共媒体并在入口处等显著位置及售票区，增设电子显示牌，及时公布最大承载量和实时客流量供游客参考。

（5）强化高峰期客流交通疏导。按照远端分流、近程管制的原则，通过道路管控、停车控制、门票控制等措施，确保公共文化场馆外围进出道路交通秩序。假日高峰期要在公共文化场馆周边合理增设临时停车场、加开临时摆渡车。增强重点时段、路段、道口的警示标志和警力部署，严防发生交通事故，造成大面积拥堵。

（6）及时启动客流管控应急预案。公共文化场馆游客数量达到最大承载量的80%时，要及时启动应急预案，采取交通调控、入口调控等措施进行疏导分流。游客数量接近最大承载量时，要通过网站、广播、户外大屏等多种渠道及时向社会公告并采取限流措施。游客数量达到最大承载量时，要立即停止售票，及时进行公示，合理有序疏导人群。

（7）推进门票、参观票网络预售预约机制。公共文化场馆要加快推进实施门票、参观票网络预售预约，真正实现网络预售与线下售票有机结合，引导游客通过网络平台提前预约订票。

（8）积极引导游客有序参观、文明参观。高峰时段增设指引标牌，增派导游、讲解员、志愿者、安保人员等，引导游客按指定线路文明有序参观，防止出现人员拥挤，损坏场馆设施、展陈物品等情况。

（9）做好假日旅游信息发布工作。综合运用广播、电视、报纸、手机短信以及车站、广场、景点信息屏等多种渠道，建立假日信息服务平台，及时发布交通、住宿、游览、气象、卫生以及节日市场供求、价格等旅游公共信息，引导群众错峰参观，理性参观。

（10）加强组织领导。公共文化场馆管理人员要切实提高政治站位，加强统筹协调，建立健全由主要负责同志担任召集人的工作联席会议制度，切实把高峰期客流管控工作作为当前安全生产工作的重要内容、重要抓手，列入重要议事日程并进行专题部署。应依法落实主体责任，高峰期客流管控责任制，进一步细化具体工作方案。

（11）加强工作人员宣传培训。公共文化场馆要抓紧建立高峰期客流管控的常态化机制，充分利用会议、责任书、工作微信平台等多种方式广泛宣传，切实提高相关部门和工作人员、部门负责人和从业人员的理念认识，熟知工作方法，增强全员参与的自觉性和主动性。

（12）加强问责问效。按照“分级负责，逐级管理”的原则，把高峰期客流管控工作的责任和目标任务逐级落实到每个部门和每个人员，做到一级抓一级、层层抓落实，要紧盯关键时段、关键节点和关键部门，采取日常督导、专项检查和定期通报相结合的方式推动工作落实，及时总结汇报，对工作不力甚至推诿扯皮的，严格追究有关人员责任。

群众文化建设中的问题及对策

◎ 李艳芳

在新时期下，人们的生活质量有了很大的提高，同时也带动了群众文化建设的发展。群众文化的发展，展现着人民群众的精神面貌和综合素养，群众文化发展的程度影响着社会主义文化繁荣昌盛的程度。

群众文化属于社会文化，在社会主义精神文明建设中起着重要的作用。习近平总书记在十九大报告中提出，发展中国特色社会主义文化的总体要求就是“以马克思主义为指导，坚守中华文化立场，立足当代中国现实，结合当今时代条件，发展面向现代化，面向世界，面向未来的，民族的，科学的，大众的社会主义文化，推动社会主义精神文明和物质文明协调发展”。

在雄安新区建设过程中，加强群众文化建设不仅能够丰富人民群众的精神文化生活，提高人民群众的思想文化素质，还有利于和谐社会的构建。因此，我们要重视群众文化建设。

现阶段，群众文化建设中还存在一系列问题，要想更好地促进群众文化事业的繁荣发展，将文化建设融入雄安建设的各项工作中去，打造淳朴友善的群众文化，改善群众的文化素质，提高群众的文化修养，助力雄安发展大势，就必须立足于现实，从问题入手，采取相应的解决对策，拓展群众文化事业发展的新局面。

一、群众文化是以基层大众为主体的社会性文化

在社会生活中，群众文化无处不在，无时不有，是人民群众自我娱乐、自我教育、自我完善的一种活动，因贴近大众与生活而深得广大人民群众的喜爱。同时，群众文化在和谐社会的构建过程中也发挥着重要的作用，有利于提高人民群众的生活质量，丰富人民群众的精神文化生活，促进社会和谐、稳定发展。

当前，群众文化生活与现代化的文明建设还有差距，也有很多方面不完善，如何使群众文化发展顺应新时期社会的发展是值得我们深入权衡的问题。如何在顺应中国国情的前提之下，将群众文化建设得以充分有效的利用和发展？从现阶段看，群众文化建设的现状并不乐观，依然存在诸多问题，如资金不足，人才匮乏，文化基础设施陈旧、缺失，文化活动场地不足等，严重阻碍了群众文化事业的发展。

二、群众文化建设中存在的问题

群众文化具有大众化、基层化以及从众的特点，同时还有地方特色和民俗特色，它的发展传承着民族精神和民族文化，新时期的群众文化建设工作面临的第一个问题就是人才匮乏。

（1）群众文化建设离不开人才。近年来，随着老百姓物质生活水平的不断提高，精神文化的需求也随之增高。目前，现有的文化形式已无法满足广大人民群众的需求，活动内容单调，形式内容过于单一，太拘于传统，无法顺应时代的变化，没有专业人才、团队的辅导、策划和引领，群众文化只局限在了广场舞、秧歌队的范围之内。而现有的群众文化工作者，专业水平不高，业务能力较弱，队伍严重老化、断档，人才流失的情况也非常严重，对一些不重视文化建设的区域来说，各项条件的落后导致更留不住专业人才。

（2）资金不足。在群众文化建设中，制约发展的另一个因素就是资金的严重不足。因为充足的资金是群众文化工作正常开展的保障之一。从目前看，我国群众文化建设过程中仍面临着资金不足的困境，文化活动经费来源渠道有限，极大地制约了文化建设的发展，在数额较少又需开展活动较多的情况下，导致文化活动形式单调，内容单一，大部分活动的服装、道具等物品都是群众自己购买的，经费不足造成多种文化活动停留在中下层水平，在群众的强烈要求中虽偶有增加一些经费，但高层次的文化交流还是难以开展，更多的造成部分群众性文化活动的缺失，不能全方位满足群众的需求。

（3）文化设施滞后。虽然当前我国越来越重视群众文化建设，各地也对文化基础设施进行了更新与完善，但仍跟不上群众文化建设的发展步伐，不能满足人民群众的文化需求。目前，全国还有部分县、乡没有建立自己的文化馆站，还有相当一部分的文化馆站有名无实，几乎形同虚设。乡镇文化站的情形更差，在现有乡镇文化站中，许多只有一个位子，一块牌子，一个工作人员，一间房子，有的连单独的房子都没有，文化活动器材更是少得可怜，村里的文化活动室之类的场所无活动设施的情况更是普遍，有的连场所都没有，只有一块牌子挂在那里。以前一些乡镇还都有电影院或放映队，现在，这些设施因受到各方面的影响，大都已停用或解散，这些问题很大程度上制约了基层群众文化工作的有序开展。

（4）活动内容单一。随着时代的发展，社会的进步，人们的需求发生了很大的变化，他们不再满足于以往单一的文化活动，急切地希望参与到高层次、多样化的文化活动中。但当前开展的文化活动并不能满足群众这一需求，仅重视娱乐性和休闲性，却忽略了创新性和发展性，有些地方的文化建设现已滑坡，像电影、戏曲、图书等一些健康的精神食粮很难被群众享受到。相反，以电子游戏、麻将等为主的不良活动却成了人们的主要活动。另外，文化活动的创新性不高，有的节目多次上演，导致部分群众参与的积极性不高，对群众文化素养的提高也起不到应有的作用。

三、文化建设的发展及对策

针对上述问题，政府、社会、群众文化工作者应当积极行动起来，采取有效的解决对策，以促进群众文化事业的发展，满足广大人民群众的文化需求。

（1）加强管理，做好人才的引进和培养。开展群众文化工作，人是关键，应重视专业文化工作者队伍的建设和管理，要按照政治强、业务精、素质高、作风正的要求，建立一支专兼结合的文化队伍，只有建立一支知识硬、能力强的群众文化队伍，才能更好地将文化发展成果惠泽于民，更好地服务群众。在文化队伍的建设上，要及时解决工作人员的编制问题，真正稳定文化工作者队伍。在工作人员的选拔上，要采取多重式选拔，培养多种文化人才。相关的文化单位也要对他们进行业务培训，或邀请群文工作方面的老师、学者授课，或组织他们外出参观、学习、进修，进而提高他们的业务水平。此外，还应当充分发挥当地文艺团体退休人员以及民间艺人的龙头作用，鼓励他们组建各类艺术团，以增加群众对文化活动的参与度，壮大基层群众文化队伍。

（2）拓展经费投入。经费不足是制约群众文化建设的重要因素，必须予以高度重视。首先，各级政府要明确自己作为地方群众文化建设投资主体的责任，将群众文化建设资金纳入财政预算，并设立专项文化资金，用于群众文化建设。其次，各级政府及相关部门要制定切实有效的政策，调动企事业单位及个人投资，将民间资金引进群众文化建设领域，形成政府主导、社会参与、市场运作的多渠道投资的良好局面。再次，相关文化单位要做好资金自筹工作，开展一些有偿服务，以进一步解决资金短缺问题，千方百计开拓创收门路，扩大自身积累。

（3）加快文化基础设施的建设。群众文化活动离不开场地与设施，针对当前场地不足、设施不完善的问题，相关部门必须加大投入，及时做好基础文化设施的更新与完善，建设一批结构合理、功能健全、实用高效的公共文化场地，要利用一切有利因素，对一些陈旧的文化设施进行改造或更换，并根据区域人口布局情况，科学调配好现有的文化设施，提高设施的利用率。另外，要以农村和社区为重点，加强图书馆、文化馆、活动室等建设，并有专职人员进行管理，以确保群众有场地活动，有良好设施可用。

（4）开展丰富多彩的文化活动。针对当前群众文化内容形式过于单一的问题，相关文化单位必须拓展思路，寻找经济与文化的结合点，寻求传统文化与现代生活、人文历史与经济建设的结合点，大力推进绿色文化建设，发挥文化的独特作用和巨大潜力，既宣传党的方针政策，又提升人民群众的思想认识，结合重大节日开展一些群众喜闻乐见的活动，如歌舞汇演、猜灯谜、革命电影放映、书画展、戏曲、广场舞、腰鼓舞、少儿艺术培训、少儿阅读演讲活动等。再次，还可因地制宜，根据地方风俗习惯开展一些有地方特色的文化活动，弘扬传统，传承文化。最后，组织文化下乡并将其常态化，丰富农民群众的文化生活。

四、展望未来雄安

文化建设是雄安新区建设中不可或缺的一部分，群众文化建设也是保障人民群众安定幸福生活的一个展现窗口。在广大人民群众的物质生活水平不断提高后，群众更需要的是精神生活的提升。自新区成立以来，新时代需要我们建立文化活动的品牌理念，提高群众文化活动品牌建设也具有更重要的意义。文化工作者们迎合时代的步伐，勇字当先，先后组织了很多群众文化活动，如雄安马拉松、雄安自行车赛、雄安万人健步走、雄安非遗展、雄安服装节、雄安嘉年华等，为雄安的群众文化创立品牌，也大大提升了广大人民群众的积极性和参与性，我们将更期待这些品牌化的文化活动能够发展成为常态化，成为一种具有社会效益的无形资产。

古今文化碰撞与雄安公共文化

◎ 李子梦

公共文化服务，是指政府公共服务的重要内容。它是以政府部门为主的公共部门提供的、以保障公民的基本文化生活权利为目的、向公民提供公共文化产品与服务的制度和系统的总称，包括公共文化服务设施、资源和服务内容，以及人才、资金、技术和政策保障机制等方面内容。

公共文化活动是为了实现人民群众的公共文化权利而主办的，公共文化权利是构建公共文化服务体系的理论基础和终极目标，也就是说，公共文化活动应该以人民群众、以实现公众的文化权利为第一目标。构建公共文化服务体系必须首先满足社会主义先进文化发展的需要，为提高全民文化素质、提高全社会的精神文明程度提供保障。构建公共文化服务体系必须满足最广大人民群众日益增长的文化需求，保证全体民众享受到基本的精神文化服务，保障人民群众最基本的文化权益。保证人民基本的文化权益是对一个健康、文明的社会的基本要求，公共文化服务体系的建立，就是要确保每一个人都能够享受到除生存权外的基本的文化权利，实现其最基本的文化需求。人民群众是我们服务的主体，是我们各种公共文化服务的"顾客""上帝"。这不仅仅是从一般的，为人民服务的角度讲，其中还包含着经济的成分。从经济的角度，公共文化活动的资金来源于政府的拨款，实际的来源是纳税人的税款，活动的买单者是全体纳税人。在参与活动的时候群众似乎享受的是免费的或低价的服务，其实，他们在纳税的同时也就订购了各种公共服务，其中也包括我们的公共文化服务。因此，享受这种免费的公共文化活动是天经地义的，并且应该享受到的是高质量的、贵宾级的服务。也只有从这个意义上，才能真正体现出人民群众是国家的主人。因此，决不能因为公共文化活动是免费的或低价的文化活动，就降低我们的活动质量、服务标准。公共文化服务的对象是全体人民群众，要照顾到全体人民群众的利益和需求。

人民群众的文化需求是分层次、多元化的，不能以单一的活动提供给所有的人。今天的公共文化服务面临的需求越来越复杂、越来越多样化。一方面，文化发展的多样化导致了需求的多样化；另一方面，服务对象的多样化也导致了需求的多样化。把“大秧歌”送给“白领小资”和把歌剧、芭蕾送给农民工同样不合时宜，因此，如何丰富我们的公共文化产品，繁荣公共文化活动，成为政府文化部门、公共文化服务者所必须解决的一个问题，还死抱着原来那些简单的服务方式和传统的节目活动，只能是最终被人民群众所抛弃，而达不到公共文化服务的目的。公共文化服务活动的方式应该实事求是、与时俱进的。

自成立雄安新区以来，国家明确支持京津优质文化艺术资源向雄安新区疏解，放宽文化市场准入，培养具有雄安特色、中国元素的特色文化底蕴和氛围，培育新时代雄安精神。探索公共文化服务新模式，实行公共图书馆、文化馆总分馆制，建设公共文化服务“云平台”，实现农村、城市社区公共文化服务资源整合和互联互通。健全面向雄安新区基层群众的公共文化设施网络，全面提升公共文化设施免费开放水平，提高基本公共文化服务标准化、均等化水平。开展文化产业创新实验，研究建立推动数字文化产业发展的有效机制，培育各类新型文化业态，推进文化与前沿科技领域融合发展。支持雄安新区建立健全文物保护协调机制，将文物保护措施相关审批权限向雄安新区下放，促进雄安新区与京津冀区域加强文物保护交流合作。作为目前颇受关注的城市，毫不夸张地说，雄安新区的发展全国人民都看在眼里，都在密切关注着新区发展的一举一动。所以说，新区的文化发展是绝对不可以落于文化水平之后的。

文化，作为一种意识形态，既随着社会进步而发展，又反作用于社会，对其发展起着促进或阻碍、积极或消极的作用。传统文化，从广义上讲是指中华民族在社会历史发展过程中创造的物质财富和精神财富的总和；从狭义上讲是指社会意识形态及与之相适应的组织机构。就其形式而言，可分为物质形态（如文物、建筑、器皿、衣物服饰等）和精神形态（如思想、道德、风俗、文化、文艺等）两类。狭义的中国传统文化是指由中国长期社会历史沿袭而形成的风俗、道德、思想、艺术、制度、生活方式等物质与精神文化现象的总和，其中大部分以传统自然经济为基础，本质上是一种小农意识的反映。

现代文化是相对于传统文化而言的，现代文化是对传统文化的发展与创新。现代文化与传统文化有“血缘”关系。如果说现代文化是“子”，那么，传统文化就是“母”。有传统文化千年发展而来的底蕴，现代文化才能演变发展，才能越来越成熟。任何一个民族在其发展过程中，都会生成一种独特的民族文化。这种文化伴随着本民族的发展而发展，当一种新制度产生时，既会对旧文化中一些不相适应的部分进行批判和排除，又会使其精华得到遗留，经过“改造”使其升华，适应新的经济基础和政治制度的需要。在正确对待中国传统文化问题上，要“批判地继承”。现代文化与传统文化相遇，肯定会发生冲撞，因为它们是矛盾的两个方面，其结果必然是彼此发生变化。传统文化从其主流上看是以儒家思想为核心的中华传统主体文化，它产生的社会基础是以小农经济为特征的农业经济。而与社会主义市场经济伴生的现代思想文化，它的特征与要求决定着必然会带来组织发展与人们活动在观念、心理、行为上的很大变化，这样就导致了传统文化与现代思想文化之间不可避免地冲撞与对抗。在这样的碰撞中有很多古今相同或者相悖的理论出现，这是必然的。

中国传统文化是立足于封建主义之上的，而现代文化中饱含着很多马克思主义思想。中华民族在几千年的历史发展中创造了举世瞩目的灿烂文化，它源远流长，博大精深，影响深远。由于孕育传统文化土壤的特殊性以及历史、文化自身发展的个性特征，使中国传统文化独成一系，以其独特风姿自立于世界民族之林，以其巨大的魅力影响着世界文化的发展。我们应当十分珍惜和发展其精华，这种“血脉”和“精髓”与马克思主义相结合，构成现代文化的主体。中国传统文化有辉煌的历史，它的精华将永远是中国文化的“基因”。

从中国文化的整体看，封建时代的文化和社会主义时代文化都是民族文化长河中的不同发展阶段，它们既有相互排斥的对立性质，又属于同族文化，有着中国传统文化中蕴含着的整体主义精神。“修身、齐家、治国、平天下”是维护国家社会整体；孝敬父母、悌爱兄弟是维护家庭整体；“天下为公，贤能与选，讲信修睦，故人不独亲其亲，不独子其子，使老有所终，壮有所用，幼有所长，鳏寡孤独废疾者皆有所养，男有分，女有归。”这是对人类大同世界的最朴素想象。这里的“公”内涵丰富，可以是国家、社会、大众，也可以是公理、公式、公制，有正直无私、为大家利益着想之意，也有公正、公心、大公无私之意。但首要的就是强调人们要有公共意识，遵守社会规范与社会公德。人如何立身处世，怎样处理人与人、人与集体、人与社会、人与国家、人与自然的关系，是历代中国思想家、政治家最为关心的问题，也是孔子儒家思想学说的核心问题。包括孔子在内的早期儒家、历代学人都思考过“人心”与“道心”、“人情”与“人义”、“人欲”与“天理”的关系，论证过人的自然性与社会性的关系。儒家认为，“人之所以为人”，应当遵守社会的规范，自觉遵守社会的公德，这是一个人的素养所在。所以，在孔子“天下为公”的表述中，以自觉的修养处理好各种关系，自觉遵守社会规则与社会规范，有较高的公共意识，才是孔子所说的“公”的主要内涵。在社会与家庭生活中，每个人的角色都是复合的，工作中都有下级与上级，具有“君”和“臣”的不同身份；在家庭又有“父”与“子”等的不同身份……每个人都处在君臣、父子、夫妻、兄弟、朋友的各种关系中，于是，要处理好这些基本关系。孔子说：“君臣也，父子也，夫妇也，昆弟也，朋友也，五者，天下之达道。”又说：“父慈、子孝，兄良、弟悌，夫义、妇听，长惠、幼顺，君仁、臣忠，十者谓之人义。”社会关系以“五达道”为主并延伸开来，处理好这些关系离不开“人义”的10个方面。所谓“天下为公”，就是社会的大同与和顺，就是处理好这些关系。正如现代文化中所提的夜不闭户，路不拾遗，社会秩序安定，以和为贵一样，都是对“天下大同”最深切的渴望。现代的“同”同样不是说财产共有，所有人公平分配，而是思想上的大同，每个人都能扮演好自己的角色，心怀善念，把我们所生活的社会打造成一个和谐友爱的环境。我国古代留传下来的至理名言如“舍生取义”“国家兴亡，匹夫有责”“杀身成仁”“先天下之忧而忧，后天下之乐而乐”等，都体现着这种整体主义精神。整体主义的具体内容因时代和社会的条件不同而各异，但就群体生活中个人需要顾及他人利益及大众利益这一点却是共同的。从一定意义上讲，正是这种精神维系了中华民族数千年的民族团结和国家的持久不衰。在社会主义条件下，个人与国家、社会在根本利益一致的基础上仍然存在着矛盾，而二者必须统一于建设有中国特色的社会主义的伟大事业上来。

文化有发展就必定会出现融合，新区的发展不会是文化单方面的发展，而是会和其他方面共同发展，首先就是旅游。文化无疑是旅游最好的传播方式之一。文化和旅游势必会发展融合在一起，而文旅融合是在执行国家的发展战略，会很大程度地促进人们的文化自信，增强国家认同，使民族复兴有更加扎实的基础。

2017 年，联合国世界旅游组织重新定义“文化旅游”概念，“文化旅游”的基本动机是学习、发现、体验和消费旅游目的地的物质和非物质文化景点。“文化旅游”景点涉及社会独特的物质、文学、精神和情感特征，包括艺术和建筑、历史和文化遗产、烹饪遗产、文学、音乐、创意产业、生活方式、价值体系、信仰等。文旅融合必须要以人民为中心，兼顾游客和当地居民的需求，还要从战略、文化、旅游三方面来考虑如何去进行文旅融合，如何去发展文化旅游。因为文化旅游是文旅融合最直观的表现方式。旅客会到有文化的目的地旅游，文化是旅游的灵魂，旅游是文化的载体，这两方面是相互依存、相辅相成、缺一不可的。

在当下世界，文化旅游产业的融合更代表着一个国家和城市的识别度，是当代大国崛起的文化自信和全球影响力的体现。在旅游全球化时代降临以来，我们领略、熟知爱琴海的竖琴蓝顶、东南亚的棕榈沙滩、欧罗巴的古堡教堂、东瀛两京的唐风宋韵等文化旅游印象。但自改革开放 40 年以来，中国在如火如荼的城镇化运动的浪潮下，城市和乡村呈现出“千城一面”“千村一貌”的局面，严重地影响了中国在文化旅游方面作为“五千年文明古国”的文化辨识度与城市旅游首位度。

那么，要怎样才能吸引更多的游客呢？文化旅游地多的是，人家为什么非来不可呢？那就必须要求雄安新区有自己的特点，有独一无二的文化。人们都向往“诗和远方”。这就要求新区必须有旅游的故事和科学的传播。有故事就会有吸引力，才会有游客想要来当地旅游，有科学的传播，当地的文化才能被广泛地传播出去，才会有更多的人前来。

而想要人来又不会来一次就足够，那就要有品牌的塑造和合理的定位。目前文化旅游的形式主要有 6 种。

（1）“体验型文旅融合”是指开发如节庆活动、演艺和体验类旅游活动，通过市场手段让游客参与其中来体验非物质文化遗产。对非物质文化遗产进行体验型开发主要是对民间舞蹈、民间音乐和民俗宗教活动等进行开发，形成综合性的旅游体验类活动。如日本清水寺舞龙游行、中国台湾地区的祭妈祖、巴西狂欢节等。

（2）“活化型文旅融合”是指对现有的物质文化遗产进行延续利用与活化改造来发展旅游。活化型文旅融合在保留原有文化的基础上，迎合现代人的需求，在功能上除了作为博物馆延续利用，还可以利用餐饮、酒店、民宿等形式进行活化改造。

（3）“保护型文旅融合”以文化线路为主要对象，通过对文化的保护和旅游的开发利用实现文旅融合。文化线路不仅能为旅游和文化的交流提供平台，通过对线路的开发还可以促进区域旅游合作。文化线路具有巨大的潜力，可以鼓励城市居民与游客广泛参与文化活动，提高对共同文化遗产的体验性认识。

（4）“创意型文旅融合”是指通过文化创意设计将文化与旅游结合起来，形成新的文化创意产业，促进旅游业发展。旅游与创意旅游之间的关键环节是文创产业。美国迪士尼乐园与迪士尼周边商品作为迪士尼文化产业链上的重要环节，是文化创意和旅游融合的成功实践。这种融合业态突出了旅游的功能，与动画电影、周边产品融合成为一条产业链。

（5）“重组型文旅融合”是指打破原有的旅游和文化产业的界限，将旅游产业和文化产业重组构成新的产业链。以新加坡博物馆节、塞尔维亚世界音乐节、英国爱丁堡艺术节为代表的节事旅游，以日本为代表的动漫旅游，以韩国为代表的影视旅游等都吸引了大量游客。

（6）“延伸型文旅融合”是指旅游业与文化产业互相延伸，从而实现文化与旅游的交叉融合。在文化产业与旅游产业互动中，文化产业向旅游产业延伸所形成的影视基地、动漫主题乐园、创意设计园区、会展中心等，都属于文化产业向旅游业延伸所形成的文化产业景点，如美国好莱坞影视基地、东京海贼王主题乐园等。

时下“文旅融合”已成为一个热门的标签，凡是与文化和旅游沾边的特色小镇、田园综合体、美丽乡村、全域旅游、会议论坛、风景度假区等都被贴上了“文化旅游”的标签。这个现象并非坏事，说明文旅融合已成为了社会共识。而雄安新区以后如何发展文化旅游还要看如何定位，如何打造。

第四篇
未来发展篇

浅谈雄安未来城市形象的理想呈现模式

◎ 辛 欣

一座城市能够被人记住，并且愿意来此参观游览，往往有很多不同的原因，或因优美的地理环境和气候条件，或因某个建筑、某个企业、某个事件、某位知名的人士……但有一点是共同的，那就是城市文化的吸引力、感召力和黏合度。

雄安新区自 2017 年 4 月 1 日设立以后，八方来客纷至沓来，一时间，让正处于规划阶段的雄安新区措手不及，应接不暇。雄安将以怎样的方式向世人去呈现未来发展的宏伟蓝图，在起步区、起动区建设阶段如何能够阶段性地展示雄安的"世界眼光、国际标准、中国特色、高点定位"，如何去承载和体现历史赋予雄安在城市发展各方面的时代引领和示范作用，成为摆在我们面前的重要课题。

2019 年 5 月下旬至 6 月初，我有幸跟随国家艺术基金雄安人才培养项目一道走访了北京、南京、杭州 3 座城市的 20 余个单位和项目，涉及城市规划（文化艺术是城市会客厅的理念）、博物馆人文艺术、文创产业、非物质文化遗产、文化园区建设与运营、双创、自然科学与文化街区等多个专业类别，从更加专业化的角度对公共文化体系建设及文化产业全链条管理和运营做了一次较为多元、系统化的学习和了解，不仅提高了对业务工作的实际应变能力，同时通过全方位、多角度、不同形式的文化艺术展示，也更加深刻地体会到除了文化艺术本身所带来的无穷魅力之外，城市文化的全方位呈现对于一座城市发展所发挥的举足轻重的特殊作用。

一、规划馆是呈现一个城市文化的最佳起始点和关键环节

作为在北京生活居住近 20 年的人，才第一次走进北京规划展览中心，从全局和系统的角度去了解北京的过去、现在和未来，不能不说是一种遗憾，但是在此之前，早已很习惯地认为自己已经融入北京，成为南来北往的朋友们了解北京的最佳向导，可是在这里，

我才真正意识到自己离认识北京还相去甚远，更谈不上是了解了。

从全局考虑问题的思想和观念是中国传统哲学中最为重要的组成部分，是博大精深、源远流长的中华文化的灵魂、核心和精髓，以此来体现“中国特色”“中华风范”便是抓到了根本，用到了实处。在城市规划馆，你不仅可以略览整体城市的完整风貌，了解她的前世今生和未来，在这里你还可以知晓城市的各种更多便捷的出行方式、医疗设施和学校、博物馆、音乐厅等公共基础服务配套资源的分布情况；探寻到有哪些名胜古迹、文人雅士、乡愁民俗等人文景观；也还可能了解到更为贴近生活的好去处、引领时尚和具有示范功能的好企业、好社区，好模式、好样板，并在此基础上根据个性化需求做出下一步优选线路的合理规划和时间安排。既实现了有效分流外来人口的目的，又可通过智能化的手段实现整座城市人流动态控制，大大提高城市管理效能，有效预警和降低安全风险和事故的发生。

无论是观光客还是本地居民，都可以通过“走进城市规划馆”这样一种形式无数次地去加深对这个城市的认识和理解，并由此生发出想参与其中的冲动。到目前为止，雄安新区设立以来最为引人注目的便是雄安新区规划展示中心和设计中心公示的《河北雄安新区启动区控制性规划和起步区控制性规划》。来此参观的人除了赞叹之外，也留下了许多感想、建议和意见。

随着5G时代的即将到来，信息的交互性将越来越体现出无缝对接的趋势，但无论怎么快，变是永恒，不变永远只是历史长河中的一瞬。在规划层面，雄安已经为未来预留了很大的发展空间，同时，随着开发节奏的加快，各项规划的落地，在实操层面希望也要留出足够多的规划空间进行开放，一如中国画中的留白，以征寻更多对于城市发展的思考与参与。

二、开放社区将成为熟悉一座城市的最快捷方式

信息时代，随着各种智能化应用的普及，手机已经成为我们生活中的主角，当所有的信息不再需要与人交流就可能轻易获得时，人的思考能力和交往能力，甚至于认知能力都在同比下降。足不出户就可以了解天下之事，即便我们面对面，一个眼神可以解决的问题，用的可能却是微信中不断变换的表情包。城市文化的呈现一样也正在被不断开发的软件小程序、App所替代。表明自己行走轨迹的最便捷手段就是网红打卡地的一张照片，只是证明我曾经来过，仅此而已。

在2019年河北省文化和旅游厅组织的全球旅行商推介活动中，一位资深的外籍旅行商在谈及来中国旅游的感受时特别提到，手机方便了他的旅行，想去哪里就去哪里，再也不需要向过路人寻问，让整个旅行变得纯粹而孤独，没了往日应有的生活滋味和色彩，失

去了融入的那份幸运和期待。

在本次国家艺术基金组织的考察项目中，我们有幸看到了几个文化产业园区打造的成功案例，包括杭州高新区白马湖生态创意城、北京市朝阳区E9区创新工场、北京798艺术区和751D·PARK北京时尚设计广场。这些园区的成功各有因缘，但其中有一个共同之处非常重要，就是这几个园区无一例外都是对旧有园区或区域的一种改造，是对城市记忆挖掘和整理后的一次盘活。正是由于有这样的历史、文化和生活的沉淀，才奠定了产业发展各要素的集聚和融合。近距离地徜徉在园区之中，你所获得的不仅仅是感观的印象，它会带你走入一种情境，一种氛围，一种文化之中。

751艺术区结合废弃工场原貌，通过老照片、色彩、灯光以及新媒体等多种形式全方位展示过去年代园区曾经的辉煌，同时继续利用原有的设备和资源为园区提供基础和富有特色的公共服务功能，通过打破工作和生活的边界，增加体验度与黏性，提供大量空间，让园区与社区功能相互融合，以实现公共文化价值的最完美呈现。白马湖生态创意城则是直接在一个居民小区中置入了文化创意产业。通过政府购买居民房产引领企业入驻，在保持原貌的基础上，通过统一规划，完成土地一级开发改造和基础服务配套后，再行采取由政府提供统一租赁管理、居民自主选择的方式，增加产业进驻率，实现了产业从孵化、展示到加速升级一体化的呈现。居民、企业与观光客相融在同一空间中，互不打扰，又互相依存。同时也会因会展、活动、演出等引流项目实现有效的分流。

从刚刚结束公示的《河北雄安新区启动区控制性规划和起步区控制性规划》中我们欣喜地看到，未来的雄安新区起步区将构建城市基本公共服务网络，建设“城市组团社区”三级公共服务设施体系。按照城市生活圈的理念，分组配置公共活动空间和公共服务设施，建设社区中心、邻里中心和街坊中心。合理安排居住空间，落实职住均衡，实现居住与就业、服务功能均衡发展。可以说这个规划是对以往园区规划和城市设计中条块分割、职住分离的一种回归，为走进社区让更多的人熟悉雄安提供了条件，但在规划落地的过程中还要特别强调公共服务配套的开放性，通过合理的设计，实现不同人群的有效分流，让更多关心雄安发展的外来观光客也能够有更多融入其中的空间和自由。让雄安的城市魅力通过观光客与社区和邻里的互动与参与得以有效传播和推广。

三、博物馆、遗址公园、科普基地、演艺活动——深度解读城市历史文化的重头戏

在我们的记忆中，博物馆、遗址公园自然都是沉淀城市历史的所在。但现今社会，艺术形式的多元化发展让更多的表现形式可能通过科学普及、参与式互动和历史的回放、艺术地解读去展现文化的深层内涵，科普基地和演艺活动便是其中极为重要的两个载体。

（一）沉睡中的博物馆正在以新的姿态通过与现代创意产业的融合走向新的起点和对历史文化的继承

故宫让“文物活起来走进人们生活”成为业界网红，依托的便是创意产业的兴起，故宫不再只是中国第一热门旅游景点，其公共博物馆属性越发鲜明，到访故宫的人数逐年攀升，他们逐渐从“游客”转变为“观众”，在此感受文化、体悟传统，享受一场场文化盛宴。一万余种文化创意产品的相继面世，更是让人们印象中的故宫从“正襟危坐”变成“萌萌哒”，变得越来越亲民。南京博物馆更是将创意发挥到极致，每一次策展都是一次创意活动的盛宴，不仅锻炼了队伍，同时也在与市场互动的过程中实现了文化创意产品社会价值和经济效益的双丰收。

（二）遗址公园将成为深度解读雄安文化的打卡地

雄安新区特殊的地理位置决定了这方水土的历史传承脉络。由于地处中原地区的农耕文明与北方少数民族的草原文明交会之地，因此，既体现出边疆地区各国纷争不断，战略防御设施遗存众多的特点，也兼具两种文明互相渗透、融合又各不相同的明显特征。尽管各历史阶段的文化迭代带来的文明一次次被覆盖，但是拨开层层迷雾，我们还是会在现有土地上找寻到历史的影子和时代的见证。南阳考古遗址公园、宋辽边关地道考古遗址公园、鄚州古城考古遗址公园、古州颛顼古城考古遗址公园都将成为未来深度了解雄安历史文化的打卡地。

（三）科普基地承载的不仅是科学知识的普及，更要成为了解当地风土民情的重要场所

在雄安新区起步区的控制性规划中最基层的社区单元——邻里中心也设计安排了科普基地的功能，如何很好地利用是规划实施过程中非常关键的环节。科普的目的在于正确有效的应用，在每一时空坐标点上，自然界运行的规律都是有明显差异的，这便是科普的定位点和着力点。如果远离这个坐标点，空泛地去讨论普遍规律和认知，对于区域文化的解读就不会更加深入和精准，因此，从这个意义上来说，为科普基地注入个性化的天文气象观测、地理农时跟踪、本地物产等更为有效的文化基因，并结合文化活动中心对于风土民情、当地人物列传等传统记忆的整理和结合，通过市场化的运作方式，将游学、科普教育实践等活动融入其中，或可成为未来雄安新区独具特色的文化解读方式。

（四）一场好的演出奉献的不仅仅是一次文化的饕餮盛宴，更能够创造出一个城市的文化传奇

宋城演义就打造了这样一个经典的案例。大型歌舞《宋城千古情》已经成为网上公认

的“一生必看”的演出，是杭州宋城景区的灵魂，与拉斯维加斯的“O”秀、巴黎红磨坊并称“世界三大名秀”。设计者黄巧灵以其对杭州历史名城文化的深度挖掘，运用先进的声、光、电科技手段和舞台机械，以出其不意的呈现方式演绎了良渚古人的艰辛、宋皇宫的辉煌、岳家军的惨烈、梁祝和白蛇许仙的千古绝唱，把丝绸、茶叶和烟雨江南表现得淋漓尽致，极具视觉体验和心灵震撼。并以此为起点进行品牌输出，使“千古情”系列成为“中国演艺第一股”宋城演艺打造的旅游演艺经典品牌。《三亚千古情》《丽江千古情》《九寨千古情》《炭河千古情》《张家界千古情》《中华千古情》《桂林千古情》《明月千古情》相继出炉，每一个“千古情”都成为一个城市的文化传奇，实现了千古情品牌的连锁经营，创造了世界演艺史上的奇迹，也创造了呈现一座城市文化的最好形式，值得未来的雄安借鉴和参考。

四、文化交流平台必将成为展示城市文化国际化水准的最佳选择

体会一座城市的国际化水准要有足够的开放度和包容度，在时间和空间上搭建一个高频次、多形式融合的常规化文化展示交流平台，是雄安城市未来发展中必须要着重考虑的因素。

杭州高新区白马湖生态创意城和网络作家村的兴起和打造，其成功因素之一就在于文化展示交流平台的强大助力作用。在空间布局上，有 30% 的空间用于展示展览，每年举办会展、文化节、音乐节、车展等 70 多场，每个周末活动都是排满的，仅中国动漫节一项，来此参展的各类商户就达 2000 多家，交易额 139.84 亿元，参加人数 143.6 万人次。

2018 年 10 月，第一届河北国际工业设计周在雄安新区的成功举办，吸引了全球 20 多个国家和地区的设计大师、设计机构负责人、商界领袖、领军企业代表等 400 人出席此次工业设计界顶级盛会。连续举办三届的容城国际服装文化节、于 2019 年 4 月 26—28 日在雄安新区雄县举办的首届“雄安 · 雄州文化艺术节”，以及雄安马拉松、飞碟等体育赛事的承办，标志着雄安已经走在搭建文化交流平台的路上。

随着各项规划的陆续出台，相信将会有更多的展示、展览空间提供给各种文化交流活动综合调配和利用，但是如何利用市场化的手段调动更多的有生力量做好各项交流活动的组织、协调和运营，实现与城市文化点、线、面各类产品的有效衔接、调剂和运用，将是城市文化呈现的难点和痛点。文化和旅游管理部门在此过程中将起到统领全局的重要作用。能否在体制机制上实现有效的突破，彰显雄安政府部门有所为有所不为的责任担当，将直接影响雄安未来的国际形象和影响力。

展示展览要在空间布局上实现新区一盘棋，既要兼顾地理区位上的平衡与错落有序，又要兼顾时令与市场的瞬息万变，既要考虑到历史与创新的承继与发扬，又要照顾到企业

与社区的不同定位，从居民角度、客人身份全方位进行体验和设计，最终实现各要素相互融合、互相助力，协同发展的目标。

展示展览内容的打造是雄安新区引领和示范功能的直接体现，城市发展的形态与模式、产业前沿科技的展示、城市建筑、地下管廊、网格化、信息化、精细化等理念都需要一种较为精准的形式进行展示。像5G运用的VR、无人驾驶车体验、刷脸识别等都是具象化的呈现，但同时也需要更高级别的高峰论坛、行业峰会、大型产品推介等活动的组织和安排，实现“海陆空”360°全频立体覆盖，打造出雄安新区独有的展示模型。

五、乡愁民俗与景区发展深度融合将会为城市文化注入新的动能与活力

随着文化和旅游部的合并，至2018年底，全国范围内的文化和旅游行业合并基本到位，雄安新区也不例外。当诗与远方终于走到了一起，文化因此而放出更大的光芒，旅游也因此而散发出更多的魅力。

雄安新区本地的旅游资源并不十分丰富，只有一个国家5A级旅游景区白洋淀和一个国家3A级旅游景区宋辽边关地道，且由于过去经济发展的不平衡，形成了目前白洋淀景区景点各自为政、分散经营的局面，不同利益主体的诉求不同，整合难度非常之大。宋辽边关地道也因为规模尚小，无法承载更多游客的参观，并没有形成一定的旅游优势。新区设立后，“雄安”成为游客关注的新焦点，市民服务中心则由政府办事机构直接变成了游客争相参观访问的打卡之地，有些旅行社甚至直接将其纳入了“雄安一日游”的标配。“雄安之行”已经不再是以景点为中心的旅游度假休闲游，而是夹杂着对国家未来的一种期待和美好祝愿，“世界眼光、国际标准、中国特色、高点定位”这些概念化的解读为雄安赋予了强大的能量，让所有关注中国命运和发展的人都要来此看上一眼。这便是处于规划设计阶段的雄安旅游行业目前所面临的尴尬处境。

文化和旅游管理的合并，为我们提供了更为宽广的思路和发展空间。将“雄安之行”纳入城市文化的呈现和推广范畴，将乡愁民俗与景区发展深度融合，必将为城市文化注入新的动能与活力。

目前《雄安新区乡愁遗产保护规划》正在制订当中，纳入保护的物质类乡愁遗产和非物质类乡愁遗产众多，其历史价值、社会价值、文化价值和情感价值相当丰富。这些乡愁遗产与民众的生活紧密相连，其负载的乡愁具有连续性和独特性，是珍贵的记忆载体，也是最为重要的社会凝聚力来源，体现了一个地区的乡土文化，反映的是当地人民长久以来对于自然、社会、艺术的认识和造诣，见证着历史文化、社会生活的变迁与延续。同时，还承载着当地居民对过往生活寄予的深情厚爱。尽管规划尚未出台，但是相应的保护工作已经启动，后续还将根据不同现状情况，分类实施保护和利用。

鉴于城市文化整体呈现一体化的考虑，建议在未来规划实施的过程中，依据雄安新区整体规划，围绕白洋淀现有的自然景观及景点布局，有针对性地将乡愁遗产保护和利用，以及民俗文化发展等多元化的因素与景区景点的升级改造同步考虑，统一打造，力争实现资源的集约化开发与利用，让远方处处都充满诗情画意。

综上，我以一位观光客的视角对雄安未来城市形象的理想呈现模式进行了初步的探讨。雄安的未来需要去设计、去建设，更需要去解读。合理地布局和设计城市的游览线路，充分利用规划和交通优势，实现从总体到单项的分流，从全局到个性化需求的追踪；形成主客共享，社区与企业同步发展，突破创意传统与留住历史的局限，深度挖掘城市文化的内涵，让引领和示范效能在线上线下平台上实现同频共振，让每一个在新区的人和来新区的人都能够完整地感受到、并且有效地传达出新区的文化赋能，实现国际标准、高点定位的中华风范是每一个文化旅游从业者的担当和责任。

浅析雄安文化及雄安经济发展

◎ 陈晓燕

文化，不仅是一座城市不灭的印记，更作为一种软实力，在日益激烈的区域竞争中凸显重要作用。在我国，习惯上总是把“县”与农村和农业联系在一起，离开了农村和农业就不称其为“县”。严格地说，农村文化产业又分为两类，第一类是以农村居民为主要目标消费群的文化产业；第二类是以城市居民为主要目标消费群的文化产业。在本文的论述中，农村文化产业就是指第二类——以农村文化为主要依托、在农村发展的、以城市居民为主要目标消费群的文化产业，因为第二类农村文化产业有着广阔的发展空间和不可估量的发展前景。文化创意产业是将文化资源融入进行元素提取，并将其融入商品活动中，通过创作、复制、重组、生产、加工等多种创意手段生成文化产品，赋予其知识版权与产权，以满足人们对于高质量生活的多层面需求，并实现文化高附加值的一种产业形式。虽然经过十几年的高速发展，中国文化产业在国家的大力扶持下取得了可喜的进步和成绩，但与美国、英国、日本、韩国等文化产业比较发达的国家相比，仍存在很大差距，面临着许多突出问题，譬如文化消费缺口大、文化贸易逆差、文化产业化规模和专业化程度不高、文化品牌建设和管理意识差、文化创新力弱等，而这些问题产生的核心原因，还是在于我国文化产业的发展水平和本身所具有的浩瀚的文化资源不适应和不匹配。如何充分挖掘文化资源，变资源优势为产业资源，成了亟待解决的问题。我国拥有世界级非物质文化遗产 39 项，是拥有世界级非物质文化遗产最多的国家；国务院现已公布四批《国家级非物质文化遗产代表性项目名录》，总数达 1372 项，四批《国家级非物质文化遗产项目代表性传承人》，总数达 1986 人，丰富多彩的非物质文化遗产活态传承着中华文明，弥足珍贵的非物质文化遗产是我国文化产业发展的独有稀缺资源。而目前的情况是，我国的文化产业的发展和创新“照搬”“照抄”的多，追捧美国大片、日本动漫、韩国电视剧等所体现出来的文化元素及其思想和价值观的情况仍然存在，反而对“中国文化基因”的融入和运用少，解读和内涵挖掘不够，创新方式落后、原创力不强，文化资源商品转化率低、同质化、低俗化现象严重，缺乏能真正凸显出中国文化的特色和魅力的文化商品，很难表现出中国文化的时代特点和价值观念。所以，我国现今文化产业的发展阶段，迫切地需要非遗这样一种具有深刻内涵和传统魅力的文化资源来承载内容、丰富形式、活跃市场和推动创新，从而使中国的文化资源真正发挥出自己的历史和当代价值。

一个新的城市要立得住，关键要传承好文脉，注重对历史文物和历史风貌的保护。《河北雄安新区规划纲要》明确提出，保护历史文化，形成体现历史传承、文明包容、时代创新的新区风貌。传承与弘扬优秀传统文化。“无文化传承，无雄安未来。新区规划建设中，坚持古树不挪，古建筑不拆，古牌坊不搬，保持原址不动。建成的新城市要有老场所，让老百姓记得住乡愁。”乡愁也是历史文化遗存的一部分。坚持保护弘扬中华优秀传统文化、延续历史文脉，是规划建设雄安新区的要求。为摸清历史文化遗存家底，2019 年年初，新区开展了“记得住乡愁专项行动计划”（简称“乡愁行动”），调查登记能体现新区人民共同历史记忆的要素，涵盖老房子、老井、老树、剧场、戏台、名人祠堂等。“新区这个新的城市要立得住，必须传承好中华优秀传统文化。”雄安新区管委会相关负责人表示，全力推进历史风貌保护，将历史文物、文化风貌、古树名木、历史典故等整理成册，纳入新区地形图和规划编制底图，使规划建设与历史文化传承有机融合、相得益彰。

以传承文脉和留住乡愁为目的，分类别、分层次地研究保护和活化利用策略，讲述百姓自己的故事，再现典型的民风民俗，打造记得住乡愁的图景，让乡愁的根脉不因城市的建设而泯灭。“乡愁行动”是雄安新区文化建设的基础工作和重要组成部分，为科学制定新区规划和文化政策提供依据。业内人士指出，这也是继文物调查之后，在新区开展的又一次全方位的乡土文化调查登记和保护传承活动，主要是把与老百姓生产和日常生活密切相关、能够承载人们乡愁尤其是集体记忆的物质载体列为普查对象。本次普查，新区三县全覆盖。通过乡村普查、入户走访、现场踏勘、探访老人等多种方式，“乡愁行动”取得了初步成果，先期登记不可移动遗存 592 处、可移动遗存 300 多件（套），老房子、老井、老树、老磨盘、粮站、供销社、乡村卫生院、影院、戏台、桥梁、烈士墓等，一批承载着雄安新区人民共同记忆的遗存将陆续被建档“存根”。第二批遗存登记正在进行中。据省文物局调研员刘洁介绍，本次“乡愁行动”主要调查的历史环境要素，是除文物古迹、历史建筑之外的反映地域历史风貌、构成地域特征、某一时期百姓的生产和生活风貌的构筑物和器具，具有内容种类丰富、要素形态多样、分布广泛、贴近生活生产等特征。这些遗存展现了雄安新区人民生产生活的文化内涵，体现着新区人世世代代繁衍生息的乡愁记忆。遗产活化，护用并举，赋予历史文化遗存新的生命和活力。根据不同类型的历史文化遗存，雄安新区将采取不同的活化策略。遗产活化是把遗产资源转换成为现代产品，而又不影响遗产传承的护用并举的治理过程。通过对历史文化遗存的挖掘、整合、创新、传承和利用，重新建立起遗产与现代人生活的关系，赋予历史文化遗存新的生命和活力。新区有关部门制定了活化利用需要遵循的原则：保证历史文化遗存的真实，展现历史；结合重要建筑及开敞空间，巧妙利用，共同塑造空间氛围；积极探索新技术、新材料在保护与活化利用中的应用；落实绿色低碳、节约、可持续发展的要求；从文化、文物、规划等多专业角度保护历史文化遗产。

雄安新区地处燕南赵北、宋辽边界，自古以来就是思想碰撞、文化交融的繁盛之地。容城南阳遗址和宋辽边关古地道遗址是雄安新区中两处国家重点文物保护单位，也是燕赵文化和豪侠精神的重要载体。南阳遗址位于河北省容城县南阳村村南，遗址的东、南、西三面都有古河道，占地面积7万多平方米。1984年出土的春秋时期钱币“尖首刀”，证明了该遗址悠久的历史。宋辽边关古地道位于保定市雄县、廊坊市永清县、霸州市境内的平原地带，是宋辽边界附近的军事设施。宋辽时期战事频繁，名将杨延昭曾镇守此地。由于地处平原，在战场上无天险可据，修筑地下战道成为重要的军事策略，地下战道可以用于藏兵运兵、传递情报和监测敌情。古地道中出土的酱釉缸、弹丸、铁镞等，充分证明了其军事价值。南阳遗址和宋辽边关古地道承载的燕赵文化和豪侠精神充分体现了河北的历史底蕴与精神内涵。因此，充分发掘雄安新区丰厚的历史文化资源，以燕赵文化和豪侠精神为亮点，以历史人物为灵魂，以南阳遗址和宋辽边关古地道为重要载体，打造雄安新区历史文化的“金色名片”，是雄安文化遗产保护与利用的重要内容。自然环境是遗产文化景观的重要组成部分，独特的地理环境促进了别具特色的文化景观的形成，对自然的改造和利用又使得环境具有人文和历史的内涵。对于雄安地区而言，白洋淀作为华北平原独特的水文湿地，是人与自然和谐共处、相融相济的生态遗产。注重自然与人文景观共融，通过生态修复、蓄水涵养等，突出淀水特色，打造水韵苇海的文化生态景观，是雄安文化遗产环境保护的重要内容。

按照《河北雄安新区规划纲要》提出的产业重点发展方向，新区相关部门加强与企业主动对接服务，联合企业积极争取国家级、省级创新和示范平台，拓宽民营企业发展路径。在雄县，科技局精心组织各级各类科技项目申报，加快各类科技平台建设步伐，加强科技成果管理，培育并打造科技企业孵化器，进一步推动大众创业、万众创新，提升自主创新能力，为企业发展提供有力支撑。雄安新区还将深化“放管服”改革，积极推进政务“一网、一门、一次”服务。“我们将通过线上线下结合，加强互联网政务建设，把线下的实体政务服务大厅和线上互联网政务大厅结合起来，力争实现雄安新区有关的政务服务事项‘马上办，就近办，网上办’，实现投资贸易服务便利化。”作为继深圳经济特区和上海浦东新区之后又一具有全国意义的新区，作为以习近平总书记为核心的中国共产党人留给子孙后代的重要历史遗产，雄安新区的建立是以疏解北京非首都功能为目标，重点承接行政事业单位、总部企业、金融机构、高等院校、科研院所等部门，这种产业和科研机构的迁移直接丰富和优化了地区经济结构，并为提升本地企业生产技术提供强力支撑，同时新区在政府职能定位、政府与市场关系方面有着更深入的设计和考量，从而为雄安新区改善资源配置、发挥要素市场化作用提供良好的契机和政策支持。2016年中央经济工作会议中强调，“要坚持以提高发展质量和效益为中心，坚持宏观政策要稳、产业政策要准、微观政策要活、改革政策要实、社会政策要托底的政策思路”，可见产业政策的制定对经济转型、提质增效的重要性。作为继深圳和上海浦东后第三个全国意义的新区，作为构建“京津冀”协同发展的重要支撑以及疏解北京非首都功能的重要载体，雄安不仅要让新产业落地生根，更要提升本土产业的生产效率，形成规模集聚优势，优化京津冀地区资本、人力以及产业的空间分布，培育增长动能。习总书记还提出构建蓝绿交织、清新明亮、水城共融的生态城市战略，必须减持绿色发展理念，有效治理环境污染，坚决清退高能耗、低产能企业，还雄安更美好的生态环境。要坚持可持续发展，减持绿色发展理念，有效管理高污染、高能耗的企业。雄安乳胶、皮革、塑料制品行业产值占比大，生产工艺低，生产过程中的废水和废料对地区水源和大气环境造成极大损害。必须要对高污染、高能耗的企业进行集中整治和管理，既要通过法律手段对污染企业进行严厉惩罚，也要鼓励企业提升生产工艺从而主动降低污染排放。另外，要推动低碳循环发展，建设清洁低碳、安全高效的现代能源体系。树立节约集约循环利用的资源观，建立健全用能权、用水权、排污权、碳排放权初始分配制度，推动形成勤俭节约的社会风尚，坚定走生产发展、生活富裕、生态良好的文明发展道路。白洋淀作为雄安新区的“眼睛”，华北地区的“绿肾”，对稳定地区生态平衡、建设生态新城的作用非同小可。要坚决治理白洋淀水域的环境污染问题，杜绝沿岸企业通过直排、暗排等形式污染水质，加强沿岸居民生活垃圾的无害化处理，时刻监测水质变化。同时，兴建水利工程，确保上游水、下游流域的水源管理，保证水位动态平衡。再次，加强渔业监管，保持生态平衡。白洋淀水域养育了雄安一方百姓，居民的生活对其依赖性强。因此，要保护淀区物种的平衡，严禁违法、违规的捕鱼行为，严禁对物种进行灭绝性的杀戮，要坚持经济发展对生态的反哺，定期进行鱼苗投放，维持人与自然的和谐发展。打造生态城市要将环境与产业相结合，既要让优势产业依托自然环境而发展，更要发挥资源集聚效应，吸引更多资金来保护、改善生态。要合理、有效开展旅游产业，要转变理念、创新手段，将白洋淀现有的、独立经营、分散管理的旅游资源串联起来，统一管理凝练旅游主线。同时，深挖文化资源、培育文化产业。从抗日时期白洋淀的雁翎队革命精神，到“荷花淀派”文学和“白洋淀”诗群，都是宝贵的文化遗产，此外，南阳遗址、晾马台遗址、辽宋古栈道等历史遗迹，容城八景、高腔喜等非物质文化都是雄安宝贵的文化积淀，要加强对地方文化的保护工作，做好对文化资源的梳理与分类；要深挖地方文化特色，打造地区文化名片、文化品牌，增加对文化附加值的注入；同时文化要为民服务、要为民所用，要加强对地方文化的宣传，培育非物质遗产的接班人，让百姓切实感受到文化产业对生活质量的提升。

千年大计落子雄安，历史与未来在这里交汇，传统与创新在这里融合。雄安新区将带着“坚持保护弘扬中华优秀传统文化、延续历史文脉”的使命，开启新的文明创建之旅。在雄安新区文化遗产的利用与保护中，可以将遗产环境的功能进行合理分区，如生态恢复区、风景游览区、文化科教区等。生态恢复区主要以保护湿地生态环境、涵养水源、保持水土为主。风景游览区是为游人提供观赏游玩的区域。文化科教区则承担了文化遗产价值传播和社会教育的功能，增强中华文明的凝聚力和向心力。雄安新区所在三县悠久的历史和深厚的文化积淀，造就了一大批非物质文化遗产。这些各具特色的非遗也是雄安新区的宝贵财富。

雄县古乐是地方传统鼓吹乐。据考证，雄县古乐起源于宋元时代，兴盛于明清时期，是民间鼓吹乐之北乐支系。古乐曲目均是历经百年才得以保留的古曲，较完整地保留了传统民族音乐的原有风貌，是研究民族古典音乐的宝贵资料。雄县古乐是古燕赵文化的重要组成部分，对继承发扬祖国传统文化具有重大意义。2008 年，雄县古乐被确定为国家级非物质文化遗产。

雄县鹰爪翻子拳是中华武术宝库中的一个历史悠久的优秀拳种，在明代名为八闪翻，后俗称翻子拳。此拳术具有翻子拳的闪翻、少林拳的快捷和鹰爪功法的刁抓擒拿三者融为一体的特点，其健身作用显著，技击性突出，实用性强，历来受武术界称道。2008 年，该拳种被确定为国家级非物质文化遗产。

安新县圈头村音乐会是保定市的传统民间音乐。圈头村位于白洋淀的中心地带，四面环水。圈头音乐会始于明末清初，保留了明清时代甚至更古老的曲目，曲目完整，几百年来传承至今。该音乐会形成以来，一直在本村及周边地区为民间祭祀及社会庆典活动无偿服务，在当地传统民俗文化中占有重要地位。2008 年，该音乐会被确定为国家级非物质文化遗产。

安新芦苇画是白洋淀特色民间艺术，素有“一淀水，一淀银，一寸芦苇，一寸金”之誉。芦苇画精选白洋淀特种芦苇及其他材料，经分类、切割、雕刻、编织等多道工序制作而成，画面栩栩如生。2009 年，安新芦苇画被列入省级非物质文化遗产。

总体来说，民俗文化及非遗文化有其地方的独特性，这与其所处的地理环境密切相关，其发展以旅游业为经济依托，旅游的发展与当地人文特征息息相关，这就要求我们在开发民俗旅游时需要注重统一的规划和科学的市场营销。旅游中民俗文化的市场化、商品化并非一无是处，相反，纯粹的艺术形式的民俗文化的发展未必能够长久。笔者认为，民俗文化不存在所谓永远的原汁原味，只要社会在发展，民俗文化就在不断演变，也只有不断变化的民俗文化才更具有生命力，旅游中的民俗文化市场化、商品化也是一种在社会前进中的必然现象，不可能人为地去阻止改变，但可以人为地引导其正确的发展。

因此，当前旅游中民俗文化的发展，在很大程度上应当以市场为导向，结合其本身的独特性，市场细分，对一些特色民俗文化进行精美包装，以经济带艺术，以艺术促经济协同发展。这样，也许很多地方特色的民俗文化都可以如东巴文化一样发扬开来，再次彰显其生命魅力。

关于新时期的雄安传统文化的若干思考

◎ 高红梅

一个地区自身的文化能否崛起，在很大程度上决定了这个地区能否真正崛起。新时期的雄安新区有着良好的文化体系，白洋淀区域在古代属于燕南赵北之地，文化博大精深，源远流长，但现阶段也面临着一些危机，亟待传承和保护。新区万物布泽新，正是每一个新区儿女大有所为之时。

一、雄安地区有着深厚的历史文化底蕴

雄安新区包含雄县、安新和容城三县，其命名是以雄县和安新的首字拼合而成，核心区是容城。雄安的灵魂在于白洋淀，这渺渺的白洋水为北宋何承矩所建议，从雄州边境开河引易水向东，沿边境注入渤海而成。东西三百余里，南北六七十里，沿河开辟湖泊，修筑堤坝蓄水，形成大面积水田，以遏制辽国的骑兵。现今雄县留存有北宋的地下古栈道，青砖所砌，人可以直立通行，可以推测出雄县（古称雄州）为北宋的边防要地。而如今却是黯淡了刀光剑影，远去了鼓角争鸣，这一段时光早已经成为历史的记忆。

北宋时期，雄州除突出的军事职能外，还有以榷场为主要特色的特殊经济职能。宋辽签订“澶渊之盟”，北宋在雄州设榷场，由官方办理交易，从宋输向辽的有绢帛、茶叶、瓷器等。辽在榷场交流的产品为马、羊及皮制品等。雄州榷场的设立，促进了宋辽两国的经济交流，满足了两国的经济需求，带动了雄州经济的发展。同时，胡汉民族在商业交流中实现了文明互鉴、共融共生，推进了民族融合。

金时置安州，即有了今天雄安的另一州府安州。金朝时，海陵王曾在白洋淀建造千艘战舰，“大船辟舰容万斛，小船飞鹘何翩翩”。以马家寨为代表的造船业是白洋淀地区的特色产业，元明清时期漕运、海运使用的船只，有很多出自马家寨。尤其是清代，航运事业达到极盛，保定到天津的水路运输历经 200 年不衰，促进了白洋淀造船业的发展。据传说，

乾隆皇帝下江南所使用的龙舟就是由马家寨工匠建造。

特色的商业文化和民族融合文化的“宋辽榷场”，燕赵两国的分界线的燕南古长城；刚介慷慨、质朴劲勇的人文气质和仗义任侠、轻生尚义的荆轲之遗风，正如古人所云，“燕赵自古多慷慨悲歌之士”。

元明清以来，由于畿辅文化的滋养，雄安地区社会风气为之一变，并逐渐形成崇文尚学、士类渐众的局面。刘因、杨继盛、孙奇逢被称为“容城三贤”，刘因是“元初三大儒”之一，在理学、文学、史学等方面成绩斐然，并且和他个人的志趣、品格、操守、风节紧密结合在一起，是名重朝野的著名学者。杨继盛不畏权势，上书“十罪五奸”状告奸臣严嵩，被捕入狱，临刑前留下诗句：“浩气还太虚，丹心照千古；生前未了事，留与后人补。”清代安州“陈氏三进士”即陈德荣、陈德正和陈德华，其中陈德华为乾隆年间状元，如今陈家后人在中国的文化艺术界依旧有着重要影响力。

一方水土养育一方人，雄安新区这块土地上人才辈出，踏着慷慨悲壮之士的先贤的足迹，呼吸着雁翎队的红色英雄气息。“仁者乐山，智者乐水”，白洋淀儿女有着水的灵动的智慧，也创造出如江南的灵动而深沉而厚重的文化。

在 2017 年 4 月 1 日设立雄安新区的世界眼光、国际标准的指引下，新区文化也必将迎来大繁荣与大发展。

二、雄安地区文化的现状和反思

尽管新区拥有着厚重的文化底蕴，但新时期雄安地区发展依旧面临着信任危机、道德危机等一系列社会问题，燕赵慷慨悲歌之士的大义凛然、仗义疏财、舍生取义、重诚守诺、急公好义、除暴安良、舍生取义、杀身成仁、长幼有序、尊老爱幼等传统道德在部分民众身上有所缺失。

经过“文化大革命”拆除四旧的毁灭性迫害，新区所存文物无几，更为可惜的是延续了几千年的传统文化血脉被堵死。文化不能传承，则中国只能被称为一个现代国，雄安也就不能被称为雄安了。

现在，尽管人们较以前有了更为雄厚的物质基础来孝敬老人，但一些人孝心已经丧失，孝敬长辈不是有心无力，而是有力无心。由于中国人口结构日益老龄化，同时社会保障体系不健全，孝文化的缺失势必会带来严重的社会问题。

传统文化的继承和发扬，不是建一个博物馆或者只是把传统文化用声音和影像保存起来，而应该是一种生活方式和行为准则，是一种活生生的东西。如今国门早已打开，只是为了更好地发展我们的生产力，让所有人参与到全球的分工与合作。中国人之所以是中国人，不在于是否穿着西装，不在于是否吃西餐，更不在于是否学英语，而在于其信仰中国的文化和对这个民族有着根植于内心的爱和认同感。新区的文化建设不是让传统文化断流，而是爱我们的祖国，爱我们浩渺的白洋淀，爱我们承载千年大计的新区；还要身体力行，在未来的建设中，找准个人的位置，诚信待人，真诚对人，踏实做事。

对传统文化的保护并不是让其静止，而是让它如空气一样留存于百姓的生活中。眼下雄安人面临着新区拆迁补偿款的分发问题，诸多问题有可能出现。希望我们的人民能够将老区的革命精神传承下去，创造属于新区的生活风范。

三、重视老调的传承

白洋淀地区物阜民丰，这里的民众在劳动之余有着对精神富足的渴求。任丘市苟各庄镇的著名戏曲大师尚长荣的弟子吴桂云认为，安新县、雄县，以及任丘市的苟各庄、七间房环绕整个白洋淀，这里有最热情的河北梆子戏迷，是诞生河北梆子的土壤，是河北梆子的“根”，河北梆子以京津冀为中心，曾红遍中国北方。

保定老调，又可称为老调梆子，是清朝初年在河北保定白洋淀周边和潴龙河以西广大农村中流行的一种民间小曲，是在“河西调”的基础上逐步发展演变而来的。“燕南赵北”则是对雄安地理位置历史性的概括，有形的文物古迹蕴含了丰富的文化内涵，诉说着历史的起伏、王朝的兴衰。这些都为保定老调提供了丰厚的历史素材与演唱材料，成为保定地区最具代表性和影响力的剧种。作为河北地方戏曲独具特色的艺术奇葩，2006年，保定老调被定为河北省首批非物质文化遗产。在历经不断的吸收借鉴和艺术实践中，老调逐渐形成了质朴健朗、大气豪放的风格，有着颇具特点的北方民歌铁骨衷肠、侠烈慷慨的民族色彩。

老调的演出主要集中在农村，同其他传统艺术一样，农村演出主要分为庙会和红白喜事两种。庙会的演出是广场形式的，而非剧场式的，不用买票就可随意观看，没有固定的座位，可随到随看，“雅俗共赏”，正是这种开放式的演出使老调有着深厚的群众基础，保定地区庙会众多，是老调得以生存发展的良好土壤。

老调中的某些优秀剧目，(《忠烈千秋》《王莽断臂》《花娘改嫁》等）既体现了中国传统的真、善、美思想，又打破传统，追求自由真情，寓意深刻，成为当地百姓饭后茶余所津津乐道的谈论话题。保定老调的作用不仅仅是娱乐，在长期的下乡演出中，对人民群众的思想教育是不可低估的。植根于传统文化的沃土之中，他们对老调的感受力是非常深厚的。当然，保定老调除了娱乐功能，也同样具有教化意义，至今还是深入人心，与现代生活理念一致。

随着生活节奏的加快，各种娱乐活动丰富多彩，老调的观众圈日益缩小。老调与现代社会的步调开始变得不协调，尤其是年轻观众不再能与之产生共鸣，和其他许多古老的艺术一样，保定老调处在濒危之中。越来越多的人喜欢“快餐文化”，通俗甚至低俗的娱乐活动越来越受到欢迎，而具有深厚的文化内涵的戏剧则越来越处于边缘化的位置。如《霸王别姬》《桃园三结义》《钟馗》等剧目，人们曾经熟悉到可以吼几嗓子的程度，而如今却已对这些剧目完全陌生了，能够被抑扬顿挫的唱腔所吸引的人越来越少了。面对如此严峻的局势，亟待我们采取措施，对其保护和拯救。

资金匮乏是造成老调演员短缺的主要原因，新区应当在经济政策上给予适当倾斜，在挖掘整理传统戏曲曲目的同时，推举新的优秀曲目，支持民营资本投入非物质文化遗产的拯救行动中。

老调已经在燕赵大地传扬数百年，我们的祖辈曾受其滋润，我们的先人在锣鼓声中耳濡目染，感受其历史的苍凉与正义，辨别忠奸，明辨善恶，老调无疑是最好的民间教材。作为国家非物质文化遗产，在新时代理应得到政府部门的重视和扶持，戏剧未必没有前途，或许是我们的戏剧未能适应现代化的市场和商业化的运行机制，或许是我们在宣传上的力度不够，或许是我们对下一代根本未曾去普及。毕竟无文化则无传承，老调在燕赵大地传唱数百年，如果在新区成立后消亡，那我们或许就是历史的罪人。

四、文化传承的思考

新区处于蓬勃建设之际，新区提出古物不拆，古树不移，让雄安新区留存部分乡愁。中国传统文化的物质载体，如村落、寺庙、街道、碑刻、古城及其他建筑，其他如服饰、器皿、农具、造景、雕塑及其他美术品等，“风物长宜放眼量”，新区建设着眼于千年的文化传承与建设，无传承自然很难有建设，否则建起来的也只是一堆由水泥堆积起来的砖石。

我们应重构中国传统文化的价值体系。文化并不只是物质的遗存，正如杭州西湖并不只是一汪清水，而在于她有白堤、苏堤、断桥的厚重的人文历史，有许仙和白娘子的人蛇相爱的美好期许。新区建设必须去挖掘白洋淀千年的文化内涵，传承优秀的文化基因。

新区传统文化的传承与改造要有面向现代化、面向世界、面向未来的时代意识，坚持取其精华、去其糟粕，古为今用、西为中用的原则。中国传统文化中的“仁义礼智信”“以和为贵”“兼爱”“尚贤”“自强不息”等普适性文化元素要勇于发扬光大，并努力探寻与现代化发展相适应的文化再创新的理念。

利用现代传媒向中国大众、世界宣传雄安的传统文化。大事必起于细，教化于细密无声中滋润万物，将传统文化融入文学艺术、影视戏剧、服饰搭配、墙体或街面广告、公益宣传中，渗透在网络、报刊、广播、文化交流、旅游观光中，面向社会大众，重新唤起社会大众了解传统文化的热情。

以丹青妙笔绘锦绣雄安

◎ 管建军

2017 年 4 月 1 日，惠风和畅，草长莺飞，雄安新区横空出世，它是中共中央、国务院决定设立的国家级新区，是顶层设计的历史性战略选择，具有重大的现实意义和深远的历史意义。它的发展方向是信息技术、生物技术、新材料等高新技术产业。

未来的雄安是水城相融、蓝绿互映的生态宜居之城、创新发展之城，以往污染、散乱的低端产业会被淘汰出局。因此肯定会出现很多闲散劳动力，这部分人员如何妥善安置，融入市民生产生活中将会遇到很大瓶颈。雄安新区规划中的文创小镇正好可依托白洋淀厚重的文化底蕴和丰富的旅游资源，成为文化产业创作的理想之地。我作为一名在文化战线的基层工作者，对“白洋淀花鸟画”的发展前景做如下展望和简单叙述。

一、入门简单、培训方便、需求广泛、收入可观

习近平同志在十九大报告中指出：“中国特色社会主义进入新时代，我国社会主义矛盾已经转化为人民日益增长的美好生活需求和不平衡不充分的发展之间的矛盾。”报告中强调“满足人民过上美好生活的新期待必须提供丰富精神食粮”。这里说的“精神食粮”指的就是文化产品和服务，核心就是文化内容。随着人民生活水平的不断提高，精神追求也会日益广泛。这正是文化经济兴起的重要历史机遇。

在优秀的中华历史文化遗产中，“中国书画”一直在大众心目里有着较高的位置和审美需求。白洋淀地区历史悠久，有新石器时代的梁庄遗址、留村遗址，商殷时期的张村遗址、上坡遗址，到先秦时期更有南阳、申明亭等 30 余处人类生活遗存，汉代以来更是不胜枚举。燕赵自古多慷慨悲歌之士，荆轲、杨继盛等义士名臣光照史册。雄安三县文化底蕴源远流长，刘因、孙奇峰等鸿学大儒声名远播。陈德华、潘龄皋等状元、进士 100 余名，文脉流芳。白洋淀人民有着崇尚文化的优秀传统，当代艺术发展氛围浓厚。现有中美协、

中书协会员 13 人，省级美协、书协会员 100 余人。加上白洋淀景色宜人、风光秀丽、荷红苇绿，一枝一叶皆成画卷，百鸟水禽、锦鲤鲢鳙都是传统国画里的祥瑞题材。在中国画中花鸟、鱼类相对山水、人物入门较快，而且画风清新、宜于大众审美，一幅蓝本可流水化生产，多次复制，适合产业化发展。全国以“农民画”为当地支柱性产业的成功经验也值得参考。

如 20 世纪 80 年代，民权县王公庄的一名农民画家把自己创作的工笔老虎拿到城市，居然以 10 元价格售出，这相对于当时经济水平已经很是可观。渐渐地，不少农民慕名前来拜师学习，很快就能掌握基本技巧。画虎势头被带动起来，价格由原来的十几元逐渐涨至几百上千甚至近万元，市场也拓展到北京、上海等大城市，优秀作品还打入日本、韩国、新加坡、德国等国际市场，并形成当地很有名气的“四大虎王”“四小虎王”。全村 700 余人从事画虎产业，年销售万余幅，销售额逾 6000 余万元。当地政府投资 1800 万元建成 60 多座画室，成为画虎产业展示平台和交流销售窗口。

再有洛阳平乐镇依托洛阳牡丹的文化符号，形成了以传统技法为主的“平乐牡丹画”。游人在观赏洛阳牡丹的同时喜欢购买寓意富贵吉祥的牡丹画作，或馈赠亲朋或自赏留念。经过 20 多年发展，“平乐镇牡丹画”远销海内外，现从事牡丹绘画人员 600 余人，年创作牡丹画 8 万余幅，销售收入 5000 余万元。小画笔画出大产业，不仅能够愉悦欣赏者的身心，同时增加了绘画工作者的经济收入，提高了从业者的社会地位及生活质量。

通过以上两个成功案例可以想见，“白洋淀花鸟画”产业随着雄安新区的高端起步必然是顺应潮流、前景广阔，对吸收剩余劳动力，充实产业结构一定会有所作为。

二、依托文化小镇、培育市场、文旅融合、活化产品

《河北雄安新区规划纲要》的发布，预示着未来的雄安是一个城绿交融、创新驱动、宜居宜业的现代化城市。白洋淀这颗华北平原上的耀眼明珠，随着雄安时代的到来必将更加璀璨，在不久的将来定会成为全国旅游度假胜地。高端人才的不断引进和大量游客的到来将会成为文化产业新的增长点，为旅游产品的销售带来无限商机。文旅融合是文艺繁荣的重要载体，要用新思想、新观念打造新产品，以文促旅、以旅彰文。传统文化现代表达，厚重文化轻松表达，中国文化世界表达。用雄安“流量”迎合市场需求，引领市场品味，获得市场利润。结合雄安的人文景物、绿色资源，用丹青妙笔讲好雄安故事，不仅让游客看得见山、望得见水，更能体会到雄安浓浓的乡愁。开启一个世界了解雄安的窗口，架起一道雄安走向世界的桥梁。在绘画过程中为更好地与游客互动，可在文旅小镇建造主题公园，开设集画院交流、展厅欣赏、基地培训、交易中心等多位一体相配套的绘画产业示范园区。通过开放式营销场景让观众增加参与度和亲和力，把文化

艺术和旅游休闲更好地结合，有效地进行宣传推介。挖掘更多文化资源、体现历史与现实价值，让文化艺术贯穿旅游消费全过程，让游客不是走马观花、一望而过，而是入脑入心的回味、珍藏，流连在人文、自然的氛围中得到审美认同、价值认同，给游客留下深刻的文化记忆，嵌上“雄安脚印”。

三、研创结合、利用现代媒介多渠道推广

创新、创造既包括继承经典也包括推陈出新，特别是源自中华民族五千年文明历史所孕育的优秀传统文化，“中国画”更是我国留给世界宝贵的历史文化遗产之一。深入了解其中蕴含的思想内容、人文精神、道德修养，结合时代要求实现创新性发展，这就需要不断更新拓展市场所需求的作品广度，不断丰富表现形式，提高作品品质。文化经济因其本身的艺术性、文化性而具有较高的附加值，较高投入产出比，这也为文艺产品不断创新发展提供了精神动力和物质保障。

在未来雄安之城的建设道路上，数字化科技应用无处不在。把雄安文化资源转化为创意产品，把文创产品转化为经济价值，媒体作为艺术创造的主要平台与载体，具有重要的作用。充分利用融媒体、画廊线上线下多位一体的销售体系，有效发挥各类媒体的传播功能，用好“雄安”这块金字招牌，才能助推文化“创造性转化，创新性发展”，让文化“活起来”，释放应有的现实价值。根据不同的消费群体设计不同类型的文艺作品，广种薄收的大众产品与精耕细作的高端艺术品相结合，打造不同审美层次的个性语言，形成不同“频道”的“共振”。收割当下，瞄准未来，由交易的一次性提升到可重复性，使创作队伍不断壮大，品牌效益不断凸显，为雄安文创增添亮丽的一笔。

雄安，这座承载着中华民族“复兴之梦”的未来之城，建设大幕已经拉开。我们为自己生活在这一伟大时代而骄傲，为自己能成为雄安新区的建设者而自豪，以“功成必定有我”的精神境界，用手中的妙笔讴歌描绘新时代，为雄安文艺建设增砖加瓦。

从科学研究的角度谈未来雄安新区博物馆研学

◎高　馨

研学（旅行）虽是近几年出现的新词汇，但却在社会掀起一股热潮。博物馆作为不同于学校的社会教育机构，当仁不让地成为研学目的地的首选。然而任何新事物的诞生，不可避免存在着这样或那样的问题，博物馆研学同样如此。许多尝试性的规划和计划出炉，有些甚至不知和学校教育有何区别。作为一名曾在博物馆从事多年科研工作的工作者，笔者想从科学研究的角度谈一下对博物馆研学的看法。

所谓研学，笔者认为应从"研"与"学"两个方面理解。"研"，即研究，"学"，即学习，合在一起为研究性学习，国际上统称"探究式学习"（Hands-on Inquiry Based Learning，HIBL）。

笔者看来，研学重在一个"研"字。因此，在旅行学习的基础上，需要我们对"研"字形成正确的认识。这里的"研"，并非真正意义上的科学研究，而是让学生在过程中体会、体验和探究研学主题，激发孩子好奇心，增强责任心，培养他们科学思维、科学研究（探究）方法，以及逻辑思维能力等。

一、科学与科普

在此番"研学"浪潮中，"科普"常被冠以研学的目标，博物馆研学服务同样如此。在此，若想更好地理解博物馆研学，我觉得有必要将"科学"与"科普"做一些比较性的解读。所谓"科普"，即科学普及的简称，又称大众科学或者普及科学，是将已成熟的科研成果及社会公认的认知系统用教育的方式传授给受众体。而"科学"，首先是对事物的正确认识，面对的是"未知"。从事科学工作，不似科普工作那般闲适且从容，并且考虑问题的重点也与科普不同。科普关注的是对基本认知的科学知识进行传播、普及；而科学关注的则是对事物的未知方面进行分析、研究，用科学理念和方法进行指导论证，对探究方案和途径进行分析和规划，甚至对未知问题进行预案分析……

总而言之，“科学”与“科普”有截然不同的认知及思想基础。科学更多的是过程的实践，最常见的是尝试—失败—再尝试—再失败—再尝试—最后成功的模式。科学研究面对的不是简单的知识吸收或积累，而是大量的修改、反复实验、不断精简路径和调整工作方法或流程等。科学研究的结果虽有成功的喜悦，但更多的是反复的失败和外界的不解。更有由于某些资料、设备、人员甚至知识的缺乏等问题所带来的困扰。试想，如果不是应用指导理论，对研究方向的细微规划和对所出现的新问题进行不断分析、研究和试验，居里夫人怎么能从成吨的矿石中提取出“镭”呢？

二、博物馆的“研学”使命

博物馆与学校不同，它不仅肩负着社会教育的职能，更有通过对“物”的展示，向观众更深度地解读社会所需求的“认知”问题的功能与使命，这或许是许多人将“研学”与博物馆联系在一起的原因之一吧。

我国大部分与自然科学有关的展览都是以“科普”为主线的，很少涉及科学方法的传播，更没有多少对科学研究思维和方法的释放。

事实上“研学”的许多内容与现代科技馆目标有很多相似之处。笔者曾有幸作为专家参加了北京科学中心的规划会议，当时就有人提出在科学中心中建立许多实验室和与展示科学方法有关的展览。笔者理解科学馆的这些目标，在“研学”讨论初期没有被充分认知的原因之一是很多都将目标建立在文化领域。另一个原因也可能（很可能）是我国科技馆更重视对技术的展示（重视科技原理解读、科学史展示等），但对科学（尤其是与社会生活紧密连接的科学）规划和科学途径的分析探索性的展示有所忽视，只是用简单的“互动”一词来涵盖科学传播科学思想的真正内涵。也许这正是提出让学生利用旅行来提高科学思维的一个目的所在。

当前，新科技革命的浪潮席卷全球，科技发展的速度迅猛异常，科学技术作为第一生产力的重要地位更是无法撼动。当前国家提出的智慧创新、生态优先等战略，无不反映到科学发展，国际上的许多科学项目都告诉我们，科学人才是未来的希望，而科学人才来源于社会，社会发展离不开正确的社会前进的脚步，如此，研学方能成为扎根社会，成为社会科学建设的推进剂。

博物馆任重前行，其不仅肩负着提升国家与地方软实力的重要使命，同样也是文化科技育人的重要场所，更是社会素能发展提升的重要驿站。虽然有许多博物馆的展览还延续着传统的科学教育模式（如死板的陈列方式），但考虑到具体状况，很难一下全面改观，但通过一套新的研学方略，可以焕发展陈新貌。如在老的陈列中重新确立“研学主题中心”

展区或展项，将展览确立因果关系、单元模式关系等，加上一些新的研学展项（如关于新发现、新问题的启发式展品，或选择性答案或提示，以达到启迪作用的复合型展台等）。

三、博物馆如何在“研”上做文章

既然“研学”对社会教育与发展如此重要，这无疑对博物馆提出新要求。如何才能真正地理解和发挥博物馆的研学作用呢?

笔者认为应该深刻讨论和理解研学中的“研”字，在“研”字上做好文章。要实验这一思想，我认为应有两个方面：

一是如何实现“研学”内容的展示功能。

二是实现这一“研学”功能的人与物的基础。

第一个问题，笔者了解到在1995年北京自然博物馆古生物研究所曾有过一个与美国Earth Watch（北美著名的专业旅游机构，名气曾与Discovery相当）的联合发掘项目。北京自然博物馆和中国科技院动物所分别与其合作，进行专业考察。自然博物馆负责的是领导中美考察队在宁夏同心县丁家二沟村进行中新世古哺乳动物化石发掘项目。参与这个项目的美国考察团中有许多学生和爱好者，而中方则大都是古生物学工作者。在发掘过程中，笔者发现这些学生不仅对项目提前做了功课，而且各自确定了研究方向，甚至像古生物学家一样制订了研究计划，包括如何发掘化石，处理化石、化石分类，功能分析等。他们在参与过程中会经常提出疑问，并通过各种途径寻找答案（或是查阅资料，或是请教专家），并最终整理形成论文。这样的研学不仅能够直接接触科学家，而且可以按照科学家的思路、方法去完成这一旅行中的科学研究项目。笔者还曾看到一些学生的论文初稿，我认为他们的思路是很专业的，是与科学家同步的。

第二个问题是如何在展览中体现研学内容？对此，笔者的看法是：

首先，要尽可能将已有或要做的展览与研学目标相统一，同时增加一些可以使参与者综合和深入讨论问题的展项（这一展项往往是综合的，或有因果关系，或具启发性内容）。

其次，是对组织和领导研学人员的培养与选择。我们要清楚，科学家不是研学教育家，更不是博物馆策展师，过于专业化和缺乏博物馆经验（尤其是策展经验），很难突破传统的展览思维，这对进行科学启迪型的研学展览是不合适的。显而易见，我国近十几年的博物馆发展已为博物馆的变革创新创造了极好的条件。真切希望这个领域中有更多的科学家（深度理解博物馆理念与策展专业的科学家）的参与，这无疑会使不同类型、不同专业的博物馆文化得到更深刻，更专业的解读，带来更多的研学理论与实践……

四、自然中心“研学”初探

自然中心在一些展览实践中，也尽可能地将深度解读，调整为对所展示问题的研学展项改造。如在一个自然科学展览中，我们可以将孩子参与的化石发掘体验现场打造为“研学”展项，可以建立如下研学展台。

分析理解化石——埋藏状态分析（化石在岩石中是什么样子的）；水动力分析（这个远古动物是怎么被水冲到这里的）；动物类型和生物群分析（这个化石是什么动物）；化石完整程度判断（如何判定化石的结实程度）。

化石发掘规划分析——化石与围岩的成分及硬度分析（比较一下）；发掘方法考证（结合视频，看看专家是如何发掘的）；确立实施路线及方法（通过物理翻版，进行选择）；对化石处理的工作程序（查阅资料，与“专家”交谈）；化石动物的形态与功能初步分析（采用什么办法）；岩相古地理分析（研学脚本图解）。

此外，还有化石修复、装架，复原的梳理规划与分析；装架技术与化石部分的功能及行为分析；化石动物的生态分析（包括大量资料的对比）；研究展台、研究路径，理念引入，资料收集对比研究；时代分析、古环境分析、分类与演化位置分析等。除此之外，自然中心还开发了许多自然科学主题的“研学”展项，如“能量流”“生物多样性”“泛化 VS 特化”等，我们希望孩子们通过这样的研学实践，培养他们的科学思维，学会运用科学方法思考和解决现实生活中的问题，成为创造性思想者、充满激情地探索他们周围的世界。

浅析雄安新区文旅融合发展下的生态优先

——白洋淀燃油营运旅游船舶升级改造实施路径探讨

◎胡　玥

一、引言

设立雄安新区，是千年大计、国家大事。根据雄安新区《总体规划》要求，雄安新区规划建设要以建成天蓝、地绿、水清的美丽雄安作为基本目标，坚持生态优先、绿色发展的原则，形成中华风范、淀泊风光、创新风尚的城市风貌，建设新时代的生态文明典范城市。从中可以看出，“生态优先”是雄安新区发展的基调，在国家“建设雄安新区”和“文旅融合”战略的大力推动下，毫无疑问，雄安新区的文化旅游必须走“生态优先、绿色发展”的道路，这也给雄安新区文旅融合发展带来了新的契机。

二、白洋淀是雄安新区生态保护和文旅融合的高地

白洋淀作为雄安新区文化旅游标志性目的地，是展示雄安新区形象的重要窗口。雄安新区《总体规划》中特别指出，雄安新区建设需要以资源环境承载力作为规划建设的刚性约束条件，通过持续开展系统化的生态保护与环境治理，特别是强化白洋淀生态修复，恢复“华北之肾”的功能并逐步建成白洋淀国家公园。

党的十九大报告指出，“人与自然是生命共同体，人类必须尊重自然、顺应自然、保护自然。”2017年2月23日，中共中央总书记、国家主席习近平在实地考察雄安新区时强调，建设雄安新区，一定要把白洋淀修复好、保护好。因此，白洋淀文旅融合发展，需要以习近平新时代中国特色社会主义思想为指导，深入践行绿水青山就是金山银山的理念，坚持生态优先、绿色发展，坚持生态保护和绿色惠民相结合，促进生态效益和社会效益和谐统一，实现绿色生态、现代集约和可持续发展。

三、燃油营运旅游船舶升级改造对促进雄安新区文旅融合绿色发展意义重大

对白洋淀燃油营运旅游船舶进行清洁化升级改造，是落实雄安新区《总体规划》《白洋淀生态环境治理和保护规划》关于推进白洋淀治理和生态修复的重要内容，是雄安新区文旅融合实现绿色发展的重要环节。

（一）背景情况

（1）船舶概况。经统计，白洋淀内共有登记船舶与非登记船舶 1.1 万多艘，其中，具有水上交通营运资质且主要从事游览休闲功能的船舶 1335 艘（燃油动力船舶 981 艘，燃气动力船舶 86 艘，木船 268 艘），2018 年接待游客 270 多万人次，旅游综合收入 20 多亿元，旅游从业人员 2 万多人。总体上看，船舶是白洋淀居民日常生活出行、经营发展、就业增收的重要载体；船舶总体数量较大，类型多样。

（2）船舶污染情况。经权威检测，把单艘燃油船同现有国五汽车年平均排放量作等效数量比，1 艘 15 马力燃油游船在一氧化碳、碳氢化物、氮氧化物、颗粒物排放上分别相当于 64 辆、302 辆、7 辆、11 辆汽车的污染排放量；1 艘 40/48 马力燃油游船分别相当于 37 辆、133 辆、4 辆、14 辆汽车的污染排放量。

（3）经营现状。白洋淀现有游览休闲功能的营运船舶 90% 以上是私人所有，多采取个人自营、挂靠水上客运企业的经营模式，运营模式复杂，经营分散，主体多样，利益多元，县域之间、企业之间、船工之间、景点之间竞争激烈，水上游览市场秩序治理难度大。

（二）面临的主要挑战

（1）新船应用待验证。纯电动力船舶具备高安全、零排放、零噪声等优点，符合当下新型环保船舶发展趋势，但技术路线尚不完全成熟，正在探索推广使用，国内外尚无大面积、长周期应用的案例。

（2）资金需求量大。燃油营运船舶升级改造工作涉及船舶收购淘汰、新船购置、岸电设施建设（不含码头改扩建）等。经初步测算，仅此三项的总资金需求约 20 亿元。

（3）船工面临安置。白洋淀现有 1000 余艘合法燃油营运船淘汰及众多非法船舶清理后，涉及众多船工及大量从业人员的转产安置，保障平稳过渡是关键。

四、白洋淀燃油营运旅游船舶升级改造实施路径

白洋淀燃油旅游船舶升级改造要以白洋淀生态环境治理为统领，以消除燃油污染为重

点，以同步实现船舶升级和运营现代化为目标，坚持淘汰旧船与增购新船并举，积极运用市场化手段，充分发挥企业主体地位，形成政府引导、企业主体、属地支撑、政策激励的协同推进格局。

（一）开展环境综合整治

科学测算白洋淀景区最佳承载力，发布景区限流公告，确保旅游发展服从、服务于生态环境治理和保护的总要求；营运船舶只限定在生态功能服务区内通行，生态功能区原则上禁止所有船只通行；先行搬迁生态功能区内村庄，有序外迁生态服务功能区内村庄，为燃油营运船舶升级改造营造良好环境；合理布局和精减设置船舶码头。大力开展营运船舶码头、航道底泥生态治理，加快制定码头、主航道等重点区域限定营运船舶航速规定，降低因底泥扰动对水质环境的影响；开展船舶营运环境专项整治，全面禁止新增燃油船舶入淀，全面整治不符合规划的非法营运码头，全面清理未取得营运资质的非法运营船只，全面卸载改装木船加挂的燃油动力设备；开展淀内景区治理专项行动，严厉打击景区通过商业贿赂等违法手段诱导船工私拉游客、扰乱市场秩序等行为，彻底斩断船工和景区之间形成的严重侵犯游客合法权益的利益链条。

（二）淘汰燃油营运船舶

以环保为抓手，依托《白洋淀生态环境治理和保护规划》，根据雄安新区实际情况和白洋淀生态环境治理的总方向与总目标，研究制定"白洋淀营运船舶绿色排放规范"，限制非清洁能源及非新能源船舶入淀运营，为燃油船淘汰工作提供政策依据；由所属地县政府统一对外发布淘汰公告，对于不符合绿色排放要求的燃油船舶一律禁止其入淀。同时加强船检力度，对于船检不达标且按照国家有关规定不具备改造为燃气、电力推进动力的营运船舶，一律不得从事水上营运，非法营运的将依法予以查处。

（三）应用清洁能源及新能源船舶

开展新能源电动船试点工作，根据试点情况，依据白洋淀水文气象、新能源船续航能力、航速、船舶运力等实际，研究制定相关技术标准、准入标准和检验标准。设计符合白洋淀风格的船型外观，合理制定旅游线路、岸电设施建设方案；根据景区限流后的实际情况，科学研判燃油营运船舶淘汰后的运力情况，合理增置符合白洋淀风格的大型游览木船，优化船舶运力结构，加快形成供需基本平衡、运力总量可控、结构规模适中的白洋淀船舶运力体系。

（四）规划布局服务设施

合理规划旅游线路电网设置、码头升级改造、岸电（气）设施布局、充电（气）桩建设等；开展游船码头升级改造，完善服务功能，加快电网、充电桩、维修保养点等配套设施建设；对游船码头、淀岸游览沿线的生活污水、垃圾、厕所实施一体化综合治理，因地制宜布局建设一批小型化分散式的处理设施，改善淀区及周边环卫环境；依据《白洋淀生态环境治理和保护规划》划定的区域和资源，科学开发自然风光游览、特色民俗体验活动、红色教育、科普教育、环淀绿道，丰富白洋淀游览内容。

（五）深化运管体制改革

改革现有船舶个体自营方式，实施白洋淀水上运营权的集中集约管理。鼓励县政府与社会资本合作，采取特许经营、成立合资公司等模式明确实施主体，统一实施投资、采购、建设、运营、管理等工作；以班船制取代原有的个体自营方式，建立“水上巴士”的运营机制，有效管控和减少原有船舶自营对白洋淀水域、水域底泥的污染，科学规范旅游产业发展；全面改革现有景区门票和船票的现场销售方式。根据白洋淀游览最佳承载力，依法调整现有门票及船票价格，严格控制售票总量，实施网络预订、线下取票，加快改变游客原有的旅游习惯，实现白洋淀游览秩序的可控、稳定、有序。整合白洋淀景区门票、船票、景点门票，加快推进一票制改革；开展智慧旅游管理网络、智慧能源供应网络建设，打造白洋淀水上交通智能管控、调度和运营的信息化平台，对景区内营运船舶进行统一调度管理，促进白洋淀节能减排和能源平衡；加强监测能力建设，探索使用远程监测技术，加强对船舶排污、航行及营运情况的监测管理。

（六）促进淀区社会稳定

做好系统、深入、细致的宣传发动，切实降低淀区居民对原有生产方式存续和对原有收入模式的预期；对于提前强制淘汰的船舶，县政府及新区给予相应政策激励和补偿。鼓励和支持船工采取以船入股、以营运权入股等方式参与企业经营发展获得分红收益，调动船工保护白洋淀生态的积极性和自觉性；鼓励船舶运营大型企业采取多方式、多渠道开辟新岗位，优先吸纳原有船工就地就业。强化用工岗位和技能培训对接，提高淀区劳动者就业创业能力；白洋淀生态环境治理和保护与白洋淀船舶升级改造紧密相关，涉及利益群体众多。提前做好社会稳定风险评估工作，同步制定有关应急预案。加强舆论监测，合理引导社会舆论，及时防范重大风险。

五、结语

雄安新区文旅融合发展的首要问题是坚持生态优先。白洋淀文化和旅游要发展，一定要先做好淀区生态修复和治理。开展白洋淀燃油营运旅游船舶升级改造是推进白洋淀生态治理、实现文旅融合绿色发展的重要环节。雄安新区文旅融合要实现绿色发展，未来还应深度挖掘和合理利用当地人文文化，不断深化包括旅游船舶在内的产品文化内涵，提高产品文化品质，在乘船观光游览和休闲度假方面不断推陈出新，以满足旅游者日益增长的观赏和体验需求，同时也在这一过程中，吸纳更多的当地人参与文化旅游产业发展，切实分享红利，从而使整个产业健康地运行于绿色发展轨道上。

关于新媒体背景下雄安文化推广新途径的几点思考

◎李　泽

一、新媒体背景下雄安文化现状

在新媒体以压倒性优势发展的今天，新媒体以其即时性、交互性、多样性等特点，模糊了不同年龄、不同职业、不同地域甚至是不同种族之间交流的边界，是就推广传播文化而言起着极大推动性作用的重要传播媒介。2018 年，腾讯微信用户突破 10 亿，新浪微博用户也到达 3 亿以上，这两大典型新媒体的蓬勃发展改变了人们接收、传递信息的方式，甚至是工作生活方式。这也昭示了在新媒体时代，人们不再囿于那些官方统一的消息，声音来自四面八方，人人都是麦克风。传播先进文化，积淀城市内涵，讲好雄安故事，贴近人民群众，紧跟时代步伐，“新媒体 + 文化”是最优注解。

文化是城市之魂。2017 年 4 月 1 日，中共中央、国务院决定正式设立河北雄安新区。围绕新区规划建设，习近平总书记做出了一系列重要指示，特别强调要“坚持保护弘扬中华优秀传统文化、延续历史文脉”，雄安新区的文化建设被提到前所未有的高度。但在新区成立以前，三县整体文化基础十分单薄，在文化与新媒体交融领域更是浅尝辄止，虽有丰富的历史遗存，千年的文化积淀，如南阳遗址、宋辽边关地道遗址等文物资源，白洋淀湿地等自然地理资源、燕赵儒学文化、革命文化、民间民俗文化等还处于待发掘、待推广、待保护的原始状态。

二、当前雄安文化推广存在的问题

（一）政府基层文化建设缺乏必要重视

基层是最接近人民群众的地方。我所在的工作地为容城县容城镇，所辖 24 个村，属于县城区域，而就目前我镇文化工作现状来看，主要分为两个部分。一是思想意识形态的引导，如社会主义核心价值观宣讲、十九大政策宣讲、宪法知识的普及等；二是文艺活动，如举办村级、镇级文艺汇演，广场舞比赛。俗话说，“上面千根线，下面一根针”，“针”就是基层。尤其像现在雄安新区在规划建设的起步阶段，各种工作任务重，目前都是抓主要矛盾，比如说征地拆迁就要举全镇之力，在这种大形势下，文化建设就显得比较薄弱。

（二）硬件设施不足

文化“三馆”未配备，以容城县为例，文、教、体、公共服务商业配套建设等极度缺乏。体育馆仅1个，但属于营利性场所，还不定时承接赛事活动，无其他大型公共室内场馆，电影院县城内有1家，市民服务中心也有1家且服务范围有限。夏天群众活动主要集中于容城县最大的三贤广场，冬天就更明显缺少室内活动场所。

（三）社会参与性弱，没有形成社会共识

以我工作所在乡镇容城镇为例，位于我镇的上坡遗址属新石器时代至商代遗址，遗址呈长方形，面积约2000平方米，文化层堆积共4层，从上至下依次为磁山文化、仰韶文化、龙山文化、商文化，1982年被列为河北省级文保单位。这片土地也曾涌现出许多志士贤人，如“燕山五丈夫”“容城三贤”。但如此历史悠久之文化发祥地，如今已鲜有人得知其所在，更不用说了解其深刻的文化内涵，而曾被世人称道、有着深厚学术造诣与高尚风骨气节的儒学大家，他们的传奇在时间的冲刷下也逐渐只留下一个“名字”。

传统民俗文化因其草根、接地气的特点如今依旧坚强扎根于这片土地，但在互联网科技的发展、社会城镇化水平提高的冲击下也面临着挑战。雄安新区拥有大量民间鼓吹乐、音乐会、戏曲等方面的非遗技艺传承人，但由于职业化民间艺人少，缺少稳定性，表演机会少，也缺乏演出资金，甚至有些村的民间艺人曾表示拼凑一台完整戏剧演出都存在困难。文化活动的非产业化、社会的关注度和群众的参与度弱，都导致文化传承难，推广慢，缺少底蕴。

（四）传播理念落后，方式缺乏创新

近年来，虽然在文化宣传方面互联网思维有所融入，但仍存在理念落后、手段单一、形式主义等问题。网络时代的发展大潮下，不同人群对文化的诉求也是多种多样的，吃透各个年龄段人群心理，重点吸引年轻群体是文化得以快速、广泛、深度传播的关键。

以一些景点的官方微博平台为例，600岁的“网红”微博营销的典范——故宫博物院，通过“反差萌”“美图暴击”、跨界营销等方式让博物馆走下“高冷”的神坛，走进大众的生活，如今它的粉丝数量是617万人，而三县内最著名的白洋淀景区，其官方微博粉丝数量仅有732人，且微博内容鲜有原创，多为转发，最近发布的一条消息是在2018年的9月份，其他类似景点，如井冈山风景区粉丝数为7万人，河北涞源县白石山景区粉丝数为

1.5万人。在这个自媒体门槛不再高不可攀、信息传递短平快的时代，紧跟潮流、顺势而为应当成为雄安文化推广的应有之义。

三、新媒体背景下雄安文化推广途径的几点建议

（一）打造关键基础硬件，成立融媒体中心，扩宽文化传播渠道，扩大文化传播范围

从传统的广播站、电视局、广播电视新闻中心等单一独立的文化服务机构到包含了“一报一台一网两微一端一抖”7个媒体平台的融媒体中心，都始终秉承着引导群众、服务群众的宗旨。如今，融媒体中心的建设发展顺应了时代的发展，更适合文化传播的现实需要。

作为“实用型”样板的北京市朝阳区融媒体中心，通过技术手段打通平台间沟通壁垒，实现从“分灶吃饭”到“并灶生火”的转变，生产能力、聚合能力、传播能力显著提升，利用符合圈群传播特征的方式，更广泛增强用户黏性。

数据显示，“朝阳群众”抖音号上线半年，播放量已超过6400万次；客户端视频直播，每场均超过10万人在线收看……这其中，信息全覆盖的作用不容小觑。

针对目前雄安新区国际国内关注度高，舆情环境复杂，建设阶段各种征迁矛盾易激化，存在巨大舆情隐患，各类自媒体、基层自办政务媒体多，缺乏管理，文化宣传需要高质量、有力度的窗口等问题，建立一个将新闻外宣、媒体舆情监测与处置等工作职能全部融合的融媒体中心势在必行。首先，依托3县建设融媒体中心分中心，形成“1+3+N”的多层多点结构，实现全区3县全覆盖，全管理。根据中心工作、重点任务、特色亮点内容，新区融媒体中心与分中心同策、同采、同发，让主流媒体声音牢牢占据舆论引导、思想引领、文化传承、服务人民的传播制高点。其次，在技术的助力下，每天通过视频会商，区内各方共同汇报选题策划，通报新闻线索，确定重点稿件，布置采编对接。统一调度，培养工作人员一专多能，前后方密切对接配合，充分发挥采访小组作用，从而减少成本，提高效率。最后，开辟“一键雄安”专属App，持续拓展实用性服务，整合申报审批等行政服务功能，提升服务性，基本实现了让用户足不出户即可实现政府服务“一端办理”。除此以外，上线“雄安吃喝玩”等精品生活模块，让新媒体下“雄安方式”的巨大影响力真正深入人民群众生活中。

（二）遴选文化标志符号，将传统文化与新媒体有机融合

以我镇城内村的龙灯会为例。城内村龙灯会起源于民国初年，已经有百年历史，它是“雄安新区音乐类非物质文化遗产”项目之一。每年正月十五、十六举行一场。此次龙灯会有百人参加，两条龙中的一条为蓝色“老龙王”，长36米，另有一条为红色“龙太子”，

长约27米，每条龙头、尾各3人，中间每把2人，以旌旗、锣鼓、号角为前导，当锣鼓响起，两条长龙便浩浩荡荡在空中蜿蜒舞蹈，竞逐着龙头前左右摇摆的“金珠”，引来阵阵喝彩声，令人印象深刻。

龙，自古以来就是中国人民崇拜的民族象征，综合了人民的理想、愿望、智慧和力量，表达了新年美好愿望的寄托。在温暖的万家灯火的裹挟下，大人孩子都欢呼雀跃地追逐着龙灯行进的方向跑了一条又一条街，纷纷感慨唤起了童年的回忆，引起了故乡情怀共鸣，这就是人们喜闻乐见的文化形式。

除此之外，容城县人民非常重视“过庙”这一民俗礼节。“过庙”那天要邀约亲友聚会团圆，街上会有很多摊位商贩、儿童游戏设施、耍猴表演等，一派接踵擦肩、热闹非凡的景象。

在传统文化复兴的大潮下，人们越发倾向于回归传统价值观。建议可以打造“网红打卡”民俗文化园，集中展示各历史朝代的不同民俗风尚、当地区域特色民俗习惯等，在传统节日期间重点营造最纯正、最有代入感的民俗氛围，如过年期间，以龙灯会和庙会为活动背景，融入本地优秀特色民俗曲艺、技艺表演，增添共同品尝美食的乐趣。

同时，这更是当地非遗戏曲类文化传播的有效平台，为了更好地适应新媒体发展，不仅需要经营管理理念的创新，还需要在剧目创作、服装设计、舞台表演、与观众互动等方面更加专业化、数字化。首先，针对戏曲曲目时间长与当今人们生活节奏快不相适应的矛盾，积极生产“短”“微”产品，让精华片段碎片化传播，短短3~5分钟之内，人们就能借助各类网上平台了解到繁华热闹的雄安民俗文化园内正上演着一段精彩的非遗文化经典，这无疑对非遗文化的传承起到关键作用，同时也打响了雄安民俗这一招牌。其次，为了吸引年轻受众群体，考虑创设中国风虚拟舞台，利用3D技术与非遗戏曲表演相结合，捕捉非遗传人的戏曲程式规范动作，再借助3D技术进行建模合成，同时在演唱音乐方面融合当前时尚流行因素，如电音，更易吸引年轻人，增加非遗文化魅力。

（三）关注年轻消费主体偏好，打造IP形象品牌，以身份效应散播影响，融入日常生活

“90后”作为文化市场消费的重要群体，在此简单把这一主体的喜好分为两类，一是新潮有趣味的，二是可爱美好的事物，就像我们经常说的，好看的皮囊下要有一个有趣的灵魂才算一个完美的形象。

目前活跃在市场的IP形象主要分为三类，即动物、历史人物、明星。动物因其“呆萌贱”等属性在网络上是非常容易走红的。说到成都，我们不禁就会联想到大熊猫，微博上的熊猫频道专门直播大熊猫的日常，圈粉802万人。

“发迹”于日本九州岛的熊本熊是熊本县的地方吉祥物，但如今它横扫全球，占据了大部分年轻人微信表情包的大半江山，从设计上看，熊本熊管形身材、短小四肢，造型憨

厚可爱，配以核心的中性面部表情，可以更好百搭在不同场景中，具有丰富的延展性。整体给人柔软触感，让人不自觉更亲近，性格真诚坦率，搞怪自恋，十分符合当下年轻人的心理需求和审美品位。熊本政府采用全民互动的推广策略，除了熊本熊主题的咖啡甜品，还有遍布于市的熊本熊周边和日本特产，商家只要通过县政府审核，证明商品有助于熊本的宣传，就可以使用熊本熊的形象，且不收取任何授权费用。

白洋淀作为国家重点生态湿地，有很多珍稀濒危野生动物，在IP品牌打造上，可以借鉴他国优秀经验，让IP形象始终围绕年轻人的兴趣点，保持着一个与大众互动的姿态融进消费者的生活。随着白洋淀湿地生态环境的保护改善，淀中经常能看见世界濒危鸟类、国家一级保护动物“大鸨”的足迹，它是世界上最重的飞鸟，其珍贵程度不亚于大熊猫。“大鸨”同音“大宝”，名字朗朗上口，如果能用突出特点的简单线条，以此为原型设计出雄安IP形象，对保护濒危鸟类也能起到一定作用。

在白洋淀的人物IP形象中，“嘎子哥”深入人心。但缺乏时尚性和娱乐性的嘎子总是很难频繁出现于人们视野中，建议借助新媒体平台向全球征集雄安新区IP形象设计，利用微博、微信向网友汲取智慧灵感，聘请品牌营销团队系统化运营，早日打造出新区“最强IP”。

（四）应用“互联网+”的思维，在传统产业中探索新发展模式

容城是服装之都，但是主要是针对男士西服的加工出口，服装在本地市场上的优势不明显。政府一直在引导服装产业升级，每年会举办像白洋淀国际服装文化节这样的大型文化活动，促使高端潮流与时尚接轨，但略显小众，影响力持续性有限，没有融入寻常百姓家的日常。建议以消费为导向，打造本地知名服装品牌，助推当地经济的发展。比如，与电商合作，通过线上线下相结合扩宽销路，与国际知名设计师联名合作，创造个性风格的雄安服装品牌，如，国货波司登羽绒服与漫威合作，利用年轻人喜爱的时尚元素，首先在网络平台掀起国货复兴热潮，轻松占领国际市场。或与其他产业跨界融合，如故宫博物院的美妆产品，美加净与大白兔奶糖联合出品的唇膏，一经上线就被一抢而空，两个产业的品牌之间，叠加双方影响力，跨度越大，越出其不意，就越能吸引消费者目光，从而占领更大市场，产生更大的社会效益。与此同时，对服装产业创意孵化基地进行政府引导，给小微型企业、独角兽企业以政策、资金支持，提供税务、员工培训等人性化一条龙服务，成立不局限行业的企业联盟，在竞争中合作，重点打造品牌的力量。

（五）聚焦科技前沿，移植文化产业，发展特色小镇

提到雄安新区这座千年之城，AI、AR、VR、区块链、无人驾驶等关键词会自动关联。集中引入和培育一批明星型文化企业、项目、品牌和创业团队，构建产业发展生态系统，

当前三县高科技文化产业犹如一张白纸，进行产业移植，发展特色小镇将是她未来浓墨重彩的一笔。

从“玩物丧志”到“为国争光”，IG 夺冠牵动了无数人的神经，电竞行业的拔地而起刷新了人们的传统观念。电竞小镇的创建将成为雄安亮点，且为文化产业发展注入新鲜活力。动漫向来有着强大的年轻团体支撑，动漫小镇的起航将丰富雄安文化的表现形式，更具张力。

利用雄安新区水城共融的良好生态环境，对淀边小镇进行改造，打造网络作家村。网络文学作为新媒体传播的一大主体，有着丰富的开发潜力，可以利用小说中人物角色的身份效应提高地区影响力，如，南派三叔的小说《盗墓笔记》中与读者兑现十年之约，引爆众多粉丝蜂拥长白山迎接“小哥”归来。影视剧对小说文化的再创作有利于文化的软宣传，创建影视小镇，以精品影视剧为工具为雄安文化带来流量。

（六）虚拟与实体文创产品跨界融合开发，充分盘活文化资源

故宫，国内博物馆文创产品的最大玩家，制造产品数量超过一万种，年销售超过 10 亿元，远高于门票收益。故宫和稻香村合作，推出高颜值的糕点礼盒；和 Google 合作，在故宫博物院展示快闪实验室，通过技术让游客有更加丰富的体验；和时尚芭莎合作，联手打造项链套装；和黎贝卡合作，出售 2018 手账；和 kindle 合作，出售新款限量礼盒。文创产品跨界的开发，线上与线下的结合，让其在网络平台与现实生活中掀起一阵阵高潮。

文创产品的开发除了挖掘已有产业的资源外，如雄县黑陶、安新荷叶茶、芦苇画、容城毛绒玩具等，还应该重点关注最具地域特点、最出其不意的方言文化。

语言是最有感染力的文化，来了容城以后发现容城的方言很有意思，有一句容城人很爱说的口头禅，在表示惊讶、惊叹的时候会说“我呀呦”。我认为这是容城话里边最有标志性的一句，且是有病毒式传播的潜力的，现在我单位别的县的同事也已经把它当成一种日常词汇。再比如东西坏了，长毛了，会说是“发醭”了，感觉这种词汇用起来很可爱。“别府”蚂蚁、“支棱狗”“刺了猴”都是植物，因为这种方言非常形象地描述了事物，所以让人印象特别深刻。像现在的网络词汇有些是非常具有地域特色的，如“老铁”“双击666”。“老铁”是东北的方言，应该就是跟兄弟差不多意思；“双击”在抖音、快手这类短视频传播中就是点赞的意思，“666”，就是说你很厉害。所以我认为方言也应该成为雄安文化向外推展的一部分，人们也都喜欢用更准确形象、高效、有趣的语言去沟通，不然怎么会衍生出大量网络语言。通过这些有趣的方言因素，能让更多受众潜移默化地拥有“雄安印象”。同时，方言也给文创产品提供了创意的源泉。

（七）利用得天独厚的自然资源条件，引入商业品牌，结合平台推广，弘扬白洋淀水乡文化

白洋淀风景区作为雄安新区最具代表性的一张名片，是目前的必打卡地。但目前景区在管理上仍面临巨大的挑战。船只管理不规范，旅游路线规划不清晰，公共配套设施条件有待提高，演出缺乏新意和吸引力，淡旺季分明，资源分配不均等都是阻碍当前发展的原因。

景区的管理需要专业的团队，硬件的提升需要资金的支持。当前资源分配的不均主要体现在两个方面，一方面，季节上，春夏为旺季，接天莲叶无穷碧，映日荷花别样红，让人流连忘返。秋冬为淡季，秋阴不散霜飞晚，留得枯荷听雨声，虽别有一番韵味，却很难吸引眼球。针对这一点再结合其生态环境优势及公共资源现状，打造最美书屋、淀中图书馆等公共服务设施等精致品质的网红地标性建筑可适当缓解这一困难。另一方面，时间上，景区营业时间为上午八点半到下午五点半，到晚上，水域基本上是一片漆黑，“夜经济”资源正在被浪费。打造炫彩的灯光主题秀，开辟夜游白洋淀的画舫游船路线，可作为潜在的经济增长点。

旅游演艺兼具文化和旅游的双重属性，往往与当地历史、民俗文化等结合进行深度演绎，在游客观光游览的同时可以给游客更加深刻的文化历史和休闲娱乐体验，顺应旅游消费升级的趋势（从观光到休闲到度假），在旅游消费中成为日益重要的组成部分。

从目前的景区演出来看，形式和内容都很粗犷，缺乏吸引力。建议规范景区管理，引入商业品牌。如有着丰富创意、经营、人才等经验和优势的宋城演艺，它可以轻资产模式提供一揽子服务，包含品牌授权、规划设计、协助建设、剧目创作、开业筹备等服务，深挖当地文化特色，联手打造白洋淀千古情实景剧，融合数字化手段，让它成为文化旅游地标。

安新县文化和旅游行业展望

◎ 王迦梁

在深入学习习近平新时代中国特色社会主义思想，贯彻“创新、协调、绿色、开放、共享”的发展理念以后，落实总书记关于文化和旅游工作的系列重要论述和工作部署，结合雄安新区发展理念和建设规划，加强战略研究和制度设计，用新发展理念指导融合发展，着力推动文化和旅游真融合、深融合，已经成了安新县文化和旅游工作的重中之重。

旅游是文化的载体，文化是旅游的灵魂。文化与旅游相辅相成，共生共荣。多年来，白洋淀立足于独特的地域文化、渔猎文化、红色文化、民俗文化、饮食文化等资源优势，旅游业取得了长足发展。在推动文化和旅游联动发展，打造特色文化旅游品牌方面，也取得了积极成效。但以前受限于部门条块分割、资源配置分散等因素，文化和旅游的融合层次还有待拓展提升。因此，紧紧把握机构改革的重要机遇，想方设法，多措并举，推动文化和旅游融合发展迈上新的台阶，把白洋淀旅游业推上新高度，成为每一个安新县有识之士的共识。

文旅融合是指文化、旅游产业及相关要素之间相互渗透、交叉汇合或整合重组，逐步突破原有的产业边界或要素领域，彼此交融而形成新的共生体的现象与过程。其基本内涵是：文化、旅游等两种或两种以上的要素相互结合后，通过交叉渗透和整合重组，突破原有的产业领域，使产业边界收缩、模糊或消失（文化和旅游之间虽无清晰的产业边界，但各自业务领域和特点不同，事实上存在模糊的产业边界），共生共赢而形成新的文旅产品业态和产业体系。文化和旅游融合发展不是简单的要素叠加，而是有机的融合渗透和资源重组，从而实现文化旅游性与旅游文化性的有机统一。

文化和旅游优势互补，在融合过程中通过功能重组和价值创新形成涵盖文旅产业核心价值的新价值链，将释放更强的能量，取得“1+1>2”的产业叠加效应，形成以文化丰富旅游内涵、提升旅游层次、增强旅游魅力，以旅游传承交流文化、带动文化产业、促进文化繁荣的良好格局，并有利于构建新型文旅产业体系，推动文旅产业转型升级和高质量发展，更好地满足人民群众日益增长的文化和旅游生活需要。

文化和旅游虽然是一对“孪生兄弟”，但真正走到一起仍面临“身份认同”问题。在文旅融合过程中存在价值观念、体制机制、业务领域、运作方式等方面的矛盾和冲突，将经历文旅磨合　文旅融合　文旅和合的发展过程，需要通过调整各自角色，加强沟通交流，增进相互理解，培育文化自信，强化合作互动，动态优化调整，实现平等互惠和协调发展。

一、着力推进理念融合

从思想深处、从根子上打牢文化和旅游融合发展的基础，推动文化和旅游深融合、真融合。

1. 树立以文促旅的理念

深刻认识文化需求是旅游活动的重要动因，文化资源是旅游发展的核心资源，文化创意是提升旅游产品质量的重要途径，文化的生产、传播和消费与旅游活动密切相关。通过文化资源的利用、文化创意的发展提升旅游品位、丰富旅游业态、增强产品吸引力，拓展旅游发展的空间。通过公共文化机构、对外文化交流等平台的使用，促进旅游推广、为游客提供更加丰富多样的服务。

2. 树立以旅彰文的理念

旅游是文化建设的重要动力，是文化传播的重要载体，是文化交流的重要纽带。发挥旅游的产业化、市场化优势，能够丰富文化产品的供给方式、供给渠道、供给类型，带动文化产业发展、文化市场繁荣。发挥旅游公众参与多、传播范围广等优势，能够扩大文化产品和服务的受众群体和覆盖面，对内更好传播中国特色社会主义文化、弘扬社会主义核心价值观，对外增强国家文化软实力、提升中华文化影响力。

3. 树立和合共生的理念

文化是旅游的灵魂，旅游是文化的载体，二者相辅相成、互相促进。文化和旅游相互支撑、优势互补、协同共进，才能形成新的发展优势、新的增长点，才能开创文化创造活力持续迸发、旅游发展质量持续提升、优秀文化产品和优质旅游产品持续涌现的新局面，才能更好满足人民美好生活新期待、促进经济社会发展、增强国家文化软实力和中华文化影响力。

二、要着力推进产业融合

积极寻找文化和旅游产业链条各环节的对接点，发挥各自优势、形成新的增长点。

1. 促进业态融合

实施“文化 +”“旅游 +”“文化 + 旅游 + 互联网 +”战略，推动文化、旅游及相关产业融合发展，不断培育新业态。深入实施“互联网 +”战略，推动文化、旅游与科技融合发展。统筹推进文化生态保护区和全域旅游发展，推动传统技艺、表演艺术等门类非遗项目进重点旅游景区。推进红色旅游、旅游演艺、文化遗产旅游等已有融合发展业态提质升级。

2. 促进产品融合

加大文化资源和旅游资源普查、梳理、挖掘力度，以文化创意为依托，推动更多资源转化为旅游产品。推出一批具有文化内涵的旅游商品。建立文化主题鲜明、文化要素完善的特色旅游目的地。支持开发集文化创意、度假休闲、康体养生等主题于一体的文化旅游综合体。推出更多研学、寻根、文化遗产等专题文化旅游线路和项目。

三、着力推进市场融合

统一有序、供给有效、富有活力的市场是文化和旅游融合发展的重要基础。推动文化和旅游市场培育监管工作一体部署、一体推进。

1. 促进市场主体融合

鼓励文化机构和旅游企业对接合作，支持文化和旅游企业做优做强，推动形成一批以文化和旅游为主业、以融合发展为特色、具有较强竞争力的领军企业、骨干企业。优化营商环境，促进创新创业平台和众创空间服务升级，为文化和旅游领域小微企业、民营企业融合发展营造良好政策环境。

2. 促进市场监管融合

对融合发展的新业态，要及时加强关注、引导，不断更新监管理念。建设信用体系，实施各类专项整治、专项保障活动，开展重大案件评选、举报投诉受理、证件管理等工作，要将文化市场、旅游市场统一考虑，一并研究。

四、要着力推进服务融合

协同推进公共文化服务和旅游公共服务、为居民服务和为游客服务，发挥好综合效益，是深化文化和旅游融合发展的重要内容。

1. 要统筹公共服务设施建设管理

探索建设、改造一批文化和旅游综合服务设施，推动公共文化设施和旅游景区各项规划、建设、管理。

2. 统筹公共服务机构功能设置

在旅游公共服务设施修建、改造中，增加文化内涵、彰显地方特色。利用公共文化机构平台，加大文明旅游宣传力度。

3. 统筹公共服务资源配置

推动公共服务进旅游景区，构建主客共享的文化和旅游新空间。在游客聚集区积极引入文化设施。统筹实施文化和旅游服务惠民项目。

五、着力推进交流融合

文化和旅游都是推动文明交流互鉴、传播先进文化、增进人民友谊的桥梁，是讲好中国故事、传播好中国声音的重要渠道。文化和旅游融合发展必须在交流融合方面下大力气、做大文章。

1. 工作层面

进一步整合文化和旅游交流工作力量，整合文化和旅游工作机构，统筹安排交流项目和活动，同步推进文化传播和旅游推广。

2. 渠道方面

发挥好文化机构和旅游景区景点、旅行社、旅游饭店在传播中国特色社会主义文化、中华民族优秀船艇文化方面的重要作用，引导各类导游、讲解员和游客成为白洋淀故事的生动讲述者、自觉传播者。

3. 载体方面

综合发挥文化和旅游各自优势，推动更多优秀文化产品、优质旅游产品进入主流市场、影响主流人群，把中华优秀传统文化精神展示好，把当代中国发展进步和中国人精彩生活表达好，为提高国家文化软实力和中华文化影响力做出贡献。

文化是旅游的灵魂，旅游是文化的载体，推动文化与旅游融合发展，对于促进我县旅游业提质升级，推动优秀传统文化传承创新具有重要意义。文化产业与旅游产业具有天然的互补性，文化为旅游提供丰富的内容产品，旅游则为文化创造巨大的市场空间。

伴随着安新县文化和旅游局的成立，“诗和远方”走到了一起，标志着文化和旅游业进入了文旅融合发展的新时代。如何更好地推动文化和旅游的深度融合与协同发展，让文旅产业走向更有诗意的远方，是需要深入探究和思考的重要命题。中华民族自古以来就把旅行和读书结合在一起，崇尚“读万卷书，行万里路”。在当今的大众旅游时代，文化和旅游更是密不可分，文化成为旅游的核心资源，旅游成为文化的重要市场。两者的有机结合和深度融合，既是文化和旅游互动共荣的客观需要，也是文化和旅游发展的必然规律。

具有“世界眼光、国际标准、中国特色、高点定位”的雄安新区，已经成为全国乃至世界的焦点。“中华风范、淀泊风光、创新风尚”，在雄安新区绿色发展理念中，白洋淀地区环境、水域治理尤为重要，发展白洋淀高端特色旅游也是重中之重。我相信，只要全县人民不忘初心，牢记使命，紧密团结，同心协力，一定会打好白洋淀旅游文化、绿色、高端融合发展的这张牌。

雄安文化创新　延续文脉传承

◎ 凌艳杰

雄安新区建设是一个庞大的、长期的、复杂的系统性工程，一旦开始就难以在短时间内修正、改变。而文化是城市发展不可或缺的因素，更是城市传承的灵魂所在。因此，要充分做好顶层设计，既要延续文脉，以华北文化积淀为背景，以白洋淀地区文化为核心进行传统文化的传承，又要海纳百川，吸收世界各国先进文化之精粹，打造一种基于创新性传承和创造转化的新型文化，将雄安建设成为中华民族文化传承与创新发展的示范区。

一、安新历史文脉的形成

1. 从古至今文脉时间发展史

水是生命之源，依水而居，人文初始。古雄安地区的水泽良田自然成为原始部落生存的家园。考古发现，早在新石器时代，先民们就在保定市北部的太行山区域依水而居，繁衍生息，沿着发源于山区的河流向定兴、容城、安新、雄县、高阳、任丘等今白洋淀及周边地区延展和扩散。大大小小的史前部落不断迁徙、交流，接受了来自中原地区和古燕山区域文化南北两个方向的渗透，又与来自于山东和晋地的文化相碰撞、融合，处于保北与古燕山文化、中原文化、晋文化交会的位置，形成雄安地区古文化多地交融又富有本地特色的基本特点，创造了丰富多彩的原始文化，成为华北地区古文化遗存分布较密集的区域之一。

古雄安地区经历了史前文明的文化融合，水草丰美、良田沃野的天然环境又为先民们繁衍生息提供了得天独厚的条件，这里的原始文明达到顶峰。围绕着古白洋淀地区这片大泽，“三皇五帝”中的黄帝、颛顼、尧、舜、禹在这里留下了史诗般的经历和传说，为古代雄安地区奠定了坚实的历史根脉。

2. 雄安新区地处京津冀腹地，古燕南赵北

雄安新区规划范围涉及河北省雄县、容城、安新三县及周边部分区域，地处北京、天

津、保定腹地，区位优势明显、交通便捷通畅、生态环境优良、资源环境承载能力较强，现有开发程度较低，发展空间充裕，具备高起点、高标准开发建设的基本条件。

古燕南赵北地处由于太行山东麓诸水东注冀中凹陷形成的一系列淀泊洼地，它是以白洋淀—文安洼为核心的自然地理分界，进而对战国时期诸侯国势力范围的划分产生了深刻影响，燕南长城及此后长城堤的修筑印证了这一事实。

随着白洋淀区域气候等自然环境的变迁，战国时期燕南赵北划分的地理意义渐趋式微，燕南赵北间人为地在政权疆域上的划分失去意义，燕南长城实现了堤防—长城—堤防的功能转化，燕赵文化的融合和逐渐成熟也正是在这一时期完成的。

3. 华北明珠白洋淀，水乡自然环境优美

白洋淀自古以来就以风景秀丽气候宜人闻名于世，吸引了众多文人墨客和达官显贵来这里游览观光。写下了大量的诗词歌赋，留下了不少故事。明代的朱棣皇帝，清代的康熙、雍正、乾隆等皇帝都曾经多次来白洋淀。

白洋淀的四季，风景各异，美不胜收。到了春天，紫色的芦笋破土而出，经春风吹拂，阳光普照，芦笋逐渐由紫色变成绿色，呈现出满淀碧绿，淀上白帆点点，渔船列列，一派生机盎然。盛夏时节，荷花盛开，绿苇掩映着渔村，鸟飞鱼跃，蛙鼓蝉鸣，一幅天然的白洋淀自然风光画卷展现在人们面前。秋天来临，淀水变得更清，片片芦苇吐出紫色的苇樱，淀畔稻谷飘香，秋风吹动轻轻摇曳，碧水蓝天清爽自然。这里是北国的鱼米水乡。

4. 白洋淀文脉的形成及发展

白洋淀是华北平原现存最大的常年积水湖泊，自然环境优美，总面积 366 平方千米。白洋淀有 143 个淀泊，3700 条沟壕，其中有 12 万亩芦苇。百里苇海碧波荡漾，水苇相映，风景如画，既有浩浩荡荡的雄魂，又有水陆相间的灵秀，这样的地形地貌，在世界范围内是独一仅有，因此吸引了大批中外朋友来此考察观光，也是理想的旅游胜地。

白洋淀是国内芦苇重要产地。“芦苇之乡，甲于河北”，并以数量庞大、皮白质优而享誉全国，但它生于何时却无早期文字记载。20 世纪 80 年代赵北口出土的芦苇化石证明，在远古时期，芦苇就在白洋淀安了家。

古往今来，文人墨客在此留下了大量文学作品。著名作家孙犁的《荷花淀》，奠定了当代文坛“荷花淀派”的基础。《新儿女英雄传》《小兵张嘎》《雁翎队》等优秀文学作品，更给白洋淀染上了浓郁的传奇色彩。在全民旅游与电子信息时代之前，白洋淀早已闻名遐迩。地处太行山东麓走廊北部的白洋淀地区，是中原与北方两大古文化区交流沟通途径中的重要中间节点，自史前以来，两种文化时常在这一地带发生迎面接触，绘就了白洋淀地区历史文化属性的兼容性色彩。在悠久历史文脉的传承与积淀下，白洋淀优美的水乡环境焕发出更加迷人的人文光彩。

二、加强文化资产保护

1. 白洋淀红色文化、水乡文化、生态文化

白洋淀的红色故事。安新县白洋淀是革命老区。抗日战争时期，活跃在白洋淀的水上游击队——雁翎队，利用有利地形，驾小船出没于芦苇荡中，辗转在茫茫的大淀上，谱写了一曲曲抗日救国的壮歌。以白洋淀为题材的文学作品蜚声海内外。穆青的《雁翎队》、孙犁的《荷花淀》、徐光耀的《小兵张嘎》都是写的白洋淀。中国文坛一个重要的文学流派——“荷花淀派”就是由这里诞生的。《新儿女英雄传》所描述的英雄儿女的事迹，激励着一代又一代青年人。“小兵张嘎”形象所歌颂的白洋淀的英雄们为大家所喜爱。

白洋淀的水源。白洋淀地势低洼，淀底地面高程为海拔 5 ~ 7 米。这里地处九条河的下梢，只要上游下雨，雨水就会顺着这些河流入白洋淀，西部还有 50 多座水库，都可以给白洋淀供水。遇上丰水年，下雨多，流入白洋淀的水就多，白洋淀蓄水就多。过去，白洋淀的水上通保定，下连天津，是流动的活水，水上航运十分通畅，从保定到天津有水上航班。白洋淀以鱼、苇、粮、航而著称。

白洋淀的荷花。“出淤泥而不染，濯清涟而不妖”，说的就是荷花。白洋淀的荷花四季皆秀，春天“小荷才露尖尖角”的稚嫩，盛夏有“碧荷绽露伴蝉鸣”的清幽，金秋有“留得残荷听雨声”的意境，冬天有“雪浸七孔藕当知”的灵悟。荷花的每个生长阶段，都会留给人一种独特的美感。荷花栽培的品种很多，白洋淀荟萃中外荷花 366 种，按用途不同可分为藕莲、子莲、花莲三大系统。白洋淀的荷花，生长健旺，植株挺拔，花朵硕大，颜色艳丽，花期较长，芳香四溢。荷花原产亚洲热带和温带地区，在我国培育历史久远，早在周朝就有记载。荷花是古时美化宫廷花园或私人庭院的珍贵花卉，近代园林设计中，它是水景园林的主题植物。在中国花文化中，荷花是十大名花之一，也是诗人和画家倾慕的好素材；同时也是建筑、雕塑和器皿上最常用的图案纹饰。因此，荷花不愧为中国的传统名花。

2. 白洋淀国家级非物质文化遗产

安新县圈头村音乐会是保定市的传统民间音乐。圈头村位于白洋淀的中心地带，四面环水。圈头音乐会始于明末清初，保留了明清时代甚至更古老的曲目，曲目完整，几百年来传承至今。该音乐会形成以来，一直在本村及周边地区为民间祭祀及社会庆典活动无偿服务，在当地传统民俗文化中占有重要地位。2008 年，该音乐会被确定为国家级非物质文化遗产。

安新芦苇画是白洋淀特色民间艺术，素有“一淀水，一淀银，一寸芦苇，一寸金”之誉。芦苇画精选白洋淀特种芦苇及其他材料，经分类、切割、雕刻、编织等多道工序制作

而成，画面栩栩如生。2009 年，安新芦苇画被列入省级非物质文化遗产。

此外，白洋淀及周边地区还有苇编、面塑、造船、捕鱼、高跷等多项国家级及省级、市级非物质文化遗产。

3. 这里曾诞生过“雁翎队”抗日传奇、“白洋淀文学派”

6 月的白洋淀，芦苇茂盛，荷花盛开，碧波荡漾，一派生机勃勃。游船前行，淀上的飞鸟、周边的芦苇、波光的水面构成一幅绝美的画面，除了美景，白洋淀还有家喻户晓的红色故事，吸引着众多游客前往。

冀中平原的白洋淀地区，活跃着一支令敌人闻风丧胆的水上游击队——雁翎队。由最初的 20 余人发展到 200 多人，雁翎队常常是驾着小船，用打野鸭子、打大雁的火枪和大抬杆消灭了大量日本鬼子，切断了敌人的水上运输线。他们除汉奸、端岗楼、打伏击，智取十方院岗楼、夜袭大淀头岗楼、巧用矛盾端岗楼等对日抗战的英雄事迹至今广为流传。

“雁翎队是神兵，来无影去无踪，千顷苇塘摆战场，抬杆专打鬼子兵。”白洋淀雁翎队纪念馆馆长向记者介绍，抗日战争时期，雁翎队利用有利的地形，驾小舟出入芦苇荡中，神出鬼没，声东击西，辗转茫茫河淀上，与敌人展开了机智灵活的战斗，沉重地打击了日本侵略者，谱写出一曲曲白洋淀人民抗日救国的凯歌，“雁翎队”因此闻名中外。

与此同时，也产生了一批以抗战为题材的优秀文学作品，如徐光耀的《小兵张嘎》，孔厥、袁静的《新儿女英雄传》，穆青的《雁翎队》，孙犁的《荷花淀》《白洋淀纪事》，李永鸿的《红菱传》等，诞生了中国文坛一个重要的文学流派——“荷花淀派”，成为我国现代文学史上一道绚丽奇特的景观。白洋淀雁翎队纪念馆就位于安新县白洋淀文化苑景区内，建筑面积 2566 平方米，设 18 个主题展厅，展出雁翎队革命斗争史的珍贵历史图片 450 多幅，实物 320 多件。

勤奋坚韧是白洋淀精神的特征，它概括了白洋淀人民艰苦奋斗的光荣历史。厚德包容是白洋淀精神的核心，它揭示了白洋淀人民淳朴善良的优良品质。

英雄的雁翎队在抗日战争中诞生，在血与火的斗争中成长，在艰难困苦的环境中壮大，是中国共产党领导下的一支人民抗日武装力量。雁翎队的感人事迹和不畏强暴、无私无畏的革命精神，激励着一代又一代的白洋淀儿女。以血肉之躯捍卫民族尊严的雁翎队，在中华民族抗日战争史上写下了光辉的一页。雁翎精神将世代传承，发扬光大，成为白洋淀人民乃至全国人民宝贵的精神财富。

4. 为历史延续文脉，为新区留住“乡愁”

本次调查经过新区、县、乡、村四级协调联动的共同努力，一批承载新区人民集体记忆，凝聚着新区传统文化基因的“乡愁”遗存被登记造册、建档存根，包括老房子、老树、老井、老磨盘、坑塘河渠、寺庙、老厂房等类别，时间跨度长、品类多、内涵丰富。其中，老房子、老树占比较大，老树年代久远，树种丰富，100年以上的有2000多棵。千年古柏、600多年的古槐、300多年的古楸树等古树是这片土地历史久远的见证。

典型的民居从清代至现当代均有保存，建筑风格独特，极具地域和时代风貌特征。百年以上的老房子有100余座，辛璞田故居、陈调元故居、雁翎队文化等一批革命文化遗存被发现。

此外，在白洋淀水区、半水半旱区等地还发现了历史空间格局清晰、布局严整紧凑、集中连片、随形就势的老街区、老房子。

可移动遗存涵盖农村生产工具、日常生活用品等农耕文明时代的老物件。

让崭新的雄安与历史文化遗存交相辉映，相得益彰，体现古今交融的城市风貌，以期实现在搬迁民居安置区记得住乡愁，在城市核心区留得住乡愁，在乡村保留区感受到乡愁，使乡愁文化实现不同形式的活态保护与传承。

新的城市立得住，关键是文化的传承和积淀，“记得住乡愁”，就是要让新区老百姓心有所属，梦有所归，找得到回家的路，让这方水土养育的人民世代传承其乡土文化记忆，保护弘扬中华优秀传统文化，延续历史文脉，保留中华文化基因，留住文化的根和魂。一棵上百年的古树，可能就承载着一个村落的故事和家庭的记忆、儿时的乡愁。

三、优化文化服务

1. 创新信息化体制

创新信息化管理体系。完善公共信息服务平台建设机制。加快基础平台建设，加快建设高速、移动、安全、泛在的新一代信息基础设施，构建全区集中统一的信息化应用支撑平台，满足全区信息化基础设施共性需求，推动应用集群化、综合化、服务化发展。建立信息共享推进机制。制定公共信息资源开放共享管理办法，鼓励企业和社会组织参与信息资源开发利用。建立完善公共信息资源市场化利用机制，培育发展信息技术转让和知识产权交易市场。建立新区公共基础数据库和数字化城市管理平台，推进智慧交通、智慧旅游、智慧环保、智慧能源、智能建筑、智慧管网等建设，推进城市管理数字化、精细化、智慧化，提升城市运行智能化水平。

2. 大力建设国家级大型文化设施，构建符合新区发展需求的现代文化产业体系与公共文化服务体系

优化文化服务供给。雄安新区是按“世界眼光、国际标准、中国特色、高点定位”建设的大国新城，代表中国新城形象，将是国际化、高端型人才的集聚之区，文化体验与文化消费的高地。当前由于县级财力有限，文化设施还较为低端。未来需要以人民为中心，大力建设国家级博物馆、图书馆、歌剧院等大型文化设施，创新文化体制机制，逐步构建

起具有中国特色、符合新区发展需求的现代文化产业体系与公共文化服务体系。

3. 推进文化民生，提升新区人民的幸福感、获得感与自豪感

在雄安新区的文化建设中，建议注重文化设施、文化教育和社区文化建设，注重文化服务的多样性和丰富性。一是建议科学规划公共文化基础设施。利用数字、虚拟、共享等新技术特征，建设一批适合现代城市文化需求、与世界对标的场馆设施，构建起具有世界水准、中国特色、符合新区发展需求的公共文化服务体系。此外，需要增加公共文化服务的多样性和产品供给的灵活性，以便有效满足当地居民、城市新民、国际人士等不同人群的公共文化服务需求。二是强化社区文化建设。要以社区文化建设为切入点，做好 100 多万原住民的综合素质提升工程，同时积极通过文化艺术提升原住民文化素养，提升他们的幸福感、获得感与自豪感，让文化凝聚起新区建设的磅礴动力。

四、文脉传承建议

1. 明晰文化发展使命

煌煌雄安，志在千年。它是继 600 年前永乐帝迁都北京之后将建设的又一伟大城市，是在实现中华民族伟大复兴中国梦历史背景下的重大战略选择，肩负着全新的文化使命。文化使命决定着文化建设的核心与特色，建设之初必须明晰。从研究来看，新区需要立足大历史观，上承“周礼、秦制、汉习、唐风”，下启信息时代的中国特色社会主义文化建设的新文明新理念，不忘本来，吸收外来，面向未来，打造一种基于创新性传承和创造性转化的新型文化，将雄安建设成为中华民族新文化的创新实验区和发展引领区。

2. 加强文化资源保护

雄安新区地处燕南赵北，文脉悠长，底蕴深厚，区域内历史文化、红色文化、水乡文化、生态文化等多元文化交相辉映，目前已登记不可移动文物 189 件，拥有“历史奇观、地下长城”宋辽古战道，“华北明珠”白洋淀以及雄县古乐、鹰爪翻子拳等国家级非物质文化遗产。这里曾诞生过“白洋淀派”（文学）、白洋淀诗歌群落，产生了“雁翎队”、小兵张嘎等抗日传奇。随着新区的快速拆建和新居民的大量进入，区内文物和文化资源必将受到影响，当前亟须加快梳理盘存，推进抢救性与预防性保护，为历史延续文脉，为新区留住“乡愁”。

3. 纳入新区顶层设计

顶层设计是雄安新区建设的新理念、新模式与新路径的根本指南，直接决定着新区文化建设的总体布局和层次高度。因此，在雄安新区“1+N”的总体规划体系中，应将文化发展内容纳入，强化新区在文物保护、文脉传承、创意经济、文化服务和社区营造等方面的部署，推动“文化+”建筑、设计、旅游、健康等领域的融合发展，发挥文化建设在引

领当代价值、提升公众素养、提高生活质量、推动经济发展、塑造新区形象等方面的积极作用，助推新区高品质高效率发展。

深厚的传统文化，传承了久远的历史文脉。千年大计落子雄安，历史与未来在这里交汇，传统与创新在这里融合。雄安新区将带着“坚持保护弘扬中华优秀传统文化、延续历史文脉”的使命，开启新的文明创建之旅。新区建设不仅会促进经济快速发展，也会带动一场社会风气的变革，未来新区应该保持现代性、开放性，但同时要避免泥沙俱下，要让新区成为一座道德之城、文明之城、创新示范之城。

雄安——未来文化之城

◎ 刘红艳

文化，既是一座城市独一无二的印记，更是一座城市的精髓和灵魂。

一、雄安的文化使命

党的十九大报告指出，中国特色社会主义进入新时代，我国社会主要矛盾已经转化为人民日益增长的美好生活需要和不平衡不充分的发展之间的矛盾，美好生活需要不仅体现在“硬件”需求上，更体现在提升“软件”建设中。城市发展亦然，城市作为人类文明的结晶和流传的载体，每一座城市，都书写着一部独特的传奇，而这传奇的底色就是一座城市独特的文化基因。

雄安这座“未来之城”同样有着深厚的文化底蕴。无文化传承，无雄安未来。雄安新区党工委书记、管委会主任陈刚曾公开指出，雄安新区要把文化建设放在重要位置，加强红色文化、北方水乡文化、非物质文化遗产的传承与保护，建立博物馆、图书馆等系列公共文化设施，努力打造中华优秀传统文化传承示范区。

煌煌雄安，志在千年。它是实现中华民族伟大复兴中国梦历史背景下的重大战略选择，肩负着全新的文化使命。文化使命决定着文化建设的核心与特色。新区需要立足大历史观，上承“周礼、秦制、汉习、唐风”，下启信息时代的中国特色社会主义文化建设的新文明新理念，不忘本来，吸收外来，面向未来，打造一种基于创新性传承和创造性转化的新型文化，将雄安建设成为中华民族新文化的创新实验区和发展引领区。

二、雄安的文化资源概览

雄安新区地处燕南赵北，文脉悠长，底蕴深厚，区域内历史文化、红色文化、水乡文化、生态文化等多元文化交相辉映。雄安历史文化中开放包容、厚重大度的文化精神，自然生态与民俗生态相融的独特的白洋淀文化，都为文艺作品的创新和发展奠定了坚实的基础。

1. 雄安历史文化资源

雄安新区地处太行山东麓。两周时期，地处燕南赵北，地理位置非常重要。宋辽时期，是中国北方政治、经济中心。所涉及的雄县、容城、安新三县及周边部分区域，历史文化底蕴深厚，新石器时期、东周燕文化、宋辽军事遗迹、抗战红色文物等文物资源丰富。

第三次全国文物普查成果显示，雄县、容城、安新三县共登记不可移动文物 189 处，其中遗址类遗存超过 80%，从约 8000 年前的新石器时代到 1000 年前的宋辽时期遗址，均广泛分布。其中有全国重点文物保护单位 2 处，即容城县南阳遗址和雄县宋辽边关地道。省级文物保护单位 8 处，包括容城县上坡遗址、晾马台遗址、黑龙口燕长城，安新县梁庄遗址、留村遗址、山西村明塔、陈调元庄园和雄县陈子正故居。另有市县级文物保护单位 78 处。2017 年 9 月，雄安新区在雄县、安新、容城三县启动非物质文化遗产普查工作。普查成果显示，雄安新区共有非物质文化遗产 212 项，有 210 项呈活态存在。其中，国家级非物质文化遗产 3 项，省级非物质文化遗产 3 项，市级非物质文化遗产 11 项，传统音乐、传统体育、传统技艺、传统美术等占总数的 88%。其中人们熟知的有雄县古乐、鹰爪翻子拳等国家级非物质文化遗产。

2. 红色文化资源

白洋淀人民具有光荣的革命传统，处处闪耀着革命的光芒，记录着光辉的红色历史。抗日战争时期，活动在白洋淀的水上游击队“雁翎队”，在中国共产党的领导下，利用淀区芦苇遍布、沟壑交错的有利地形，开展灵活机动的游击战，以弱胜强，痛击日本侵略者，显示出了燕赵儿女的聪慧勇敢。抗日战争时期，众多革命文艺工作者以抗战为题材，创作了《荷花淀》《新儿女英雄传》《敌后武工队》《野火春风斗古城》《小兵张嘎》等大量脍炙人口、享誉全国的文学作品。这里曾诞生过“白洋淀派”（文学）、白洋淀诗歌群落，产生了“雁翎队”、小兵张嘎等抗日传奇。

3. 水乡文化

华北明珠白洋淀是华北地区最负盛名的水乡湿地，地处北纬 38°43′ ~ 39°02′，东经 115°38′ ~ 116°07′，总面积 366 平方千米，素有“华北之肾”之称。白洋淀 170 多平方千米的水域内，有 36 个散落的小岛式的纯水村。这里环境气候宜人，动植物种类繁多，物阜民丰，人杰地灵，孕育了丰富的水乡文化。

渔猎文化：一方水土养育一方人，一代代勤劳睿智的白洋淀人就地取材制作出一些简单实用的捕捞工具，或吸纳改革“舶来品”，创造了灿烂辉煌又极富地域特征的白洋淀渔猎文化。这些渔猎工具，每一件都闪耀着先人的智慧与哲理，彰显着当地渔民的聪明与灵气。凭借着这些简陋的工具，白洋淀渔民日进斗金，坐享“淀池之利”。淀区人民把捕鱼叫作“打河田”，视水面为农田，可见白洋淀人对水的珍爱。白洋淀渔民的捕鱼方式有丝网粘鱼、拉大网、下篓子、扣花罩、放鱼鹰、扎箔、下卡、叉鱼、下钩、挟罱子、淘鱼、出汕、端把子回等几十种。

芦苇文化：在该地区，第一眼看到的便是白洋淀的芦苇文化。人们烧柴用芦苇、苫房子用芦苇、编炕席用芦苇、屯粮食用芦苇、在篱笆用芦苇、搭鸡笼鸭舍用芦苇、打鱼的网箔用芦苇、旅游开发利用的也是芦苇。芦苇是白洋淀人民生活的依托。白洋淀的人们使用芦苇得心应手，他们用芦苇制成精美绝伦的芦苇工艺浮雕画，成为北国水乡特有的艺术珍品。

水乡习俗：雄安新区位于京津冀腹地，早在新石器时代就有人类生息繁衍。独特的生活环境，造就了本地区特有的淳朴民风。围绕在白洋淀周边的居民，一般男人出外捕鱼为生，妇女在家编席、织篓、打苇箔、结网等，他们日出而作，日落而息，过着恬静的田园生活。由于白洋淀的渔村四面环水，渔民的交通工具是船，水区离开船寸步难行，形成了这里最具特色的水上迎亲彩船景观，场面异常壮观。

“放荷灯”也叫“放河灯”或“渔灯会”，是淀区渔民一项特有的习俗活动，人们通过它寄托愿望、祈福平安。旧时的荷灯用榆树皮与植物油做成，晾干后点燃防砸荷叶或者荷花瓣上。放荷灯时，人们敲锣打鼓，燃放鞭炮，载歌载舞。

船文化：造船技艺是白洋淀一门独具特色的水乡技艺。白洋淀造船工艺复杂、种类繁多、质量上乘，大的有出海捕鱼的渔船，旅游用的大型画舫，过去航行在大清河上的对槽、楼子，水乡人常用的四舱、五舱、六舱；小的有鹰排子、鸭排子、枪排子，这些船只的造型主要根据用途而设计，船的长度、规格都有严格的比例要求，匠心独具，巧夺天工。

马家寨是公认的经久不衰的造船之乡。马家寨靠水不治鱼，造船不驶船。马家寨人造船有三个绝活，是外人所不及的，一绝是“量材使用”。一看树疤，二看树皮，三伐树时随弯就弯取材，绝无浪费。二绝是“甩线一手准”。他们根据船的部位用材放成曲线，一般木匠只能放直线。三绝是“放印子”（即给船打补丁）。先将船体上损坏的部分用工具剔掉，洞孔自然成不规则状态。然后，船工选一块合适木料，不量尺寸，单凭目测用斧子砍，而且一砍便成，一放准是严丝合缝。

清朝乾隆游颐和园所乘坐的龙舟、颐和园中昆明湖的画舫，都是马家寨匠人的杰作；民国年间，马家寨有“东兴”“永顺”“两益公”等八大造船作坊，小作坊百余家，成为闻名遐迩的造船基地；抗战时期，勤劳、善良的能工巧匠们为“三小队”和“雁翎队”造船无数，为抗战取得胜利贡献了自己的一分力量；直到今天，马家寨村造船仍然远近闻名，目前主要制造游船、楼船，供公园和影视基地等使用，著名导演吴宇森执导的电影《赤壁》中的战船、龙船皆出自他们之手。2009 年 6 月，马家寨村手工造船技术入选第三批河北省非物质文化遗产名录，现正进一步申报全国非物质文化遗产。

4. 生态文化

生态文化是指以崇尚自然、保护环境、促进资源永续利用为基本特征，能使人与自然协调发展、和谐共进，促进实现可持续发展的文化。生态文化的形成，意味着人类统治自然的价值观念的根本转变，这种转变标志着人类中心主义价值取向到人与自然和谐发展价值取向的过渡。根据《河北雄安新区规划纲要》（以下简称《纲要》），在发展定位上，雄安将成为绿色生态宜居新城区，坚持把绿色作为高质量发展的普遍形态，充分体现生态文明建设要求，坚持生态优先、绿色发展，贯彻绿水青山就是金山银山的理念。

三、雄安文化发展中的问题

（1）随着新区的快速拆建和新居民的大量进入，区内文物和文化资源必将受到影响，当前亟须加快梳理盘存，推进抢救性与预防性保护，为历史延续文脉，为新区留住“乡愁”。

（2）雄安新区坐拥丰厚的红色文化资源，大部分集中在有形的资源转化，对红色革命的历史遗址进行了较好的旅游开发，但在精神资源的产品转化方面市场号召力仍不够强大，面世的产品不多，龙头型的企业十分欠缺。

四、未来文化之城的建设路径

1. 加强文化保护

（1）历史文化的保护。《纲要》在“历史文化保护”部分指出，保护与合理利用文物古迹。严格保护省级以上文物保护单位、红色文化以及其他重要文物遗存，重点保护和利用南阳遗址、宋辽边关地道、燕南长城遗址等代表性历史遗存。结合历史遗存保护，建设考古遗址公园、遗址博物馆、陈列馆。将标志性历史遗存的保护与城市公共空间的建设有机结合。

开展好雄安新区的考古工作，协调好文物古迹的发掘与保护，是一个亟待解决的重要问题。考古调查与发掘，最终是为了文化遗产的保护。国家文物局批复了雄安新区起步区2018年度考古工作方案、雄安新区考古调查2018年度工作方案、雄安新区环境考古工作方案、雄安新区南阳遗址2018年度考古工作方案，项目的批复为大力推进雄安新区文物保护工作，保障雄安新区建设的顺利进行奠定了坚实基础。目前，起步区考古勘察和试掘、环境考古、激光测绘调查以及宋辽边关地道、燕南长城等项目的保护工作正在顺利推进中。近期由中国社科院考古研究所专家组织考古队员在安新县大王镇向村东南遗址进行勘察时发现了墓葬和一些宋元时期陶片、瓷片以及遗物碎片，关于遗址形制、格局、范围、性质等要以将来的发掘结果为准。河北省文物局正在构建雄安新区博物馆体系，在历史维度上重点突出5000年前的史前文明、2500年前的燕国文化、千年前的宋辽边关文化、近代的红色文化，并有选择地建设专题博物馆、主题遗址公园。

（2）红色文化的保护。红色文化是珍贵的教育资源，学校应该充分利用红色文化开展丰富多彩的校园活动。开辟爱国主义教育基地，充分利用白洋淀地区丰富的革命遗存，把白洋淀抗日根据地遗址、白洋淀纪念馆、烈士祠等作为学校爱国主义教育基地。在学校网站上开设红色文化进校园专题网页等。通过一系列"红色"教育，使学生对红色文化入眼、入耳、入脑、入心，自觉接受红色文化的熏陶与精神的洗礼，让学生的一言一行都折射红色之魂。

相关政府部门可以运用宏观调控手段和文化产业政策加强对红色文化产业的扶持，形成以革命传统教育和红色旅游为核心，扩展到红色题材图书、音像制品、影视剧、情景剧、歌舞剧以及红色旅游纪念商品的设计生产等产业，同时带动相关产品加工工业的产业模式。大力发展红色文化产业，以打造红色品牌为重点，促进雄安新区红色文化产业向高端化、数字化、集群化、创意化方向发展，并且不断优化产业结构，形成完整产业链条，明确品牌发展定位，深化品牌文化内涵，充分运用新媒体平台，创新品牌营销渠道，带动地区经济可持续发展。

（3）水乡文化的保护。保护传统村镇内历史空间格局清晰、传统风貌较为完整的核心地段，传承与展示水乡生产习俗和民俗文化活动。加强圈头村音乐会、安新芦苇画等非物质文化遗产的保护与传承；发掘与保护老地名、老字号、历史名人、民间传说等其他优秀传统文化。开展口述史、民俗、文化典籍的整理、出版、阐释和普及，引导公众自觉保护与传承历史文化。

（4）生态文化的保护。《中国生态文化发展纲要（2016—2020年）》指出，要加强生态文化遗产与生态文化原生地一体保护。对自然遗产和非物质文化遗产、国家考古遗址公园、国家重点文物保护单位、历史文化名城名镇名村、历史文化街区、民族风情小镇等生态文化资源，进行深度挖掘、保护与修复完善。在具有历史传承和科学价值的生态文化原生地，创建没有围墙的生态博物馆，由当地民众自主管理和保护，从而使其自然生态和自然文化遗产的原真性、完整性得到一体保护，提升保护地民众文化自信和文化自觉。

《河北雄安规划纲要》提出，要打造优美的自然生态环境，全面提升生态环境质量，将雄安新区建成新时代的生态文明典范城市。具体内容包括实施白洋淀生态修复、加强生态环境建设、开展环境综合治理等。在空间布局上，雄安新区将坚持以资源环境承载能力为刚性约束条件，形成规模适度、空间有序、用地节约集约的城乡发展新格局。坚持生态优先，严守生态保护红线，将淀水林田草作为一个生命共同体进行统一保护、统一修复。

确保新区生态系统完整，蓝绿空间占比稳定在70%。

2. 优化文化服务供给

雄安新区是按“世界眼光、国际标准、中国特色、高点定位”建设的大国新城，代表中国新城形象，将是国际化、高端型人才的集聚之区，文化体验与文化消费的高地。当前由于县级财力有限，文化设施还较为低端。未来需要以人民为中心，大力建设国家级博物馆、图书馆、歌剧院等大型文化设施，创新文化体制机制，逐步构建起具有中国特色、符合新区发展需求的现代文化产业体系与公共文化服务体系，推进文化民生，提升新区人民的幸福感、获得感与自豪感，让文化凝聚起新区发展的磅礴动力。

3. 纳入新区顶层设计

顶层设计是雄安新区建设的新理念、新模式与新路径的根本指南，直接决定着新区文化建设的总体布局和层次高度。因此，在雄安新区“1+N”的总体规划体系中，应将文化发展内容纳入，强化新区在文物保护、文脉传承、创意经济、文化服务和社区营造等方面的部署，推动“文化＋”建筑、设计、旅游、健康等领域的融合发展，发挥文化建设在引领当代价值、提升公众素养、提高生活质量、推动经济发展、塑造新区形象等方面的积极作用，助推新区高品质高效率发展。

4. 发挥“文化＋”的力量 强力推动文化产业发展

文化产业承担着既要“富口袋”又要“富脑袋”的任务，具有资源消耗低、科技含量高的特点，是典型的低碳经济、绿色经济，也是前景广阔的先导型产业。要推进文化与科技、金融、旅游、互联网等的融合发展，催生新技术、新工艺、新产品，积极培育新的经济增长极，加快调整优化文化产业结构，大力发展钧瓷、生态休闲、发制品、中医药特色文化产业和传媒创意产业，培育一批龙头文化企业。

雄安，这块孕育了深厚的传统文化、传承了久远历史文脉的热土，正在开启一段崭新的文化创建之旅。

浅议雄安新区文化建设方向

◎ 刘小丽

一、导语

2017 年 4 月 1 日，河北雄安新区成立。被冠以“千年大计、国家大事”的雄安建设万众瞩目。作为中国未来城市发展的先行者和示范者，雄安将成为极具吸引力及辐射力的全球创新中心，因此，大力推进新区文化、教育发展是雄安新区建设的刚需。雄安新区的文化底蕴、文化特色、文化内涵等既是雄安构建生态绿色宜居环境的重要方面，也是雄安精神的内核。关于雄安新区建设，习近平总书记讲道：“坚持保护弘扬中华优秀传统文化、延续历史文脉”“发展高端高新产业”“建设优质公共设施”，这为雄安新区的文化建设指明了方向。将来雄安将成为传承创新中华传统文化的高地，提供优质公共文化服务的高地，也必然成为文化创意产业的高地。现代文化产业就是高端高新产业，雄安新区将来一定是一个具有世界影响力的文化创意之都。根据这一次的学习经历，我浅谈一下对新区文化建设的几点认识。

二、雄安新区的文化现状

几千年来，雄安新区产生了以“容城三贤”为代表的历史文化名人，以“宋辽榷场”为特色的商业文化和民族融合文化，以“雁翎队”为代表的红色文化以及独特的白洋淀民俗文化。雄安地区人杰地灵，“容城三贤”以高尚的道德情操彪炳史册，清代安州有“陈氏三进士”。白洋淀自然环境优美，孕育了许多文人墨客，最著名的当属作家孙犁。雄安文化底蕴丰厚。雄安地区历史悠久，民间娱乐活动丰富多彩，雄县有鹰爪翻子拳，容城县有舞狮、鼻孔唢呐等传统技艺，安新县有圈头村音乐会等。这些最具民族性、地域性的原生态文化中蕴含着中华民族的优秀文化基因，且在日常生活中发挥着重要作用。传统民俗文化不仅是乡土气息的载体，更是重要的文化资源，承载着当地人的文化归属感和社会安全感。

但与此同时，雄安是由 3 个县城组成，必定存在其自身的局限性。不论是文化基础设施的建设还是百姓的教育素质，都远远达不到高标准的要求。总体文化产业规模不大，实力薄弱，文化资源丰富，但文化产品缺乏。科技落后、教育落后，创新能力不足，青年一代更愿意走出去，留在本地投身建设的动力不足，传承意识不强。

三、雄安新区的文化建设方向

雄安的文化建设是一个很复杂的概念，这里将由村落逐渐演变成一座巨大的高端城市，它所发生的一切将构成城市化进程的历史。文化是一个国家、一个民族的灵魂，文化兴则雄安兴，文化强则雄安强。没有高度的文化自信，我们将建成的雄安亦不会有蓬勃的活力与生机。若要建设好雄安文化，必须按照总书记的指引，做好以下三点。

（一）坚持保护弘扬中华优秀传统文化、延续历史文脉

文化和艺术，大都来源于乡土，散落在民间。所以要充分挖掘雄安的历史文化资源，坚持历史与现代相结合，坚持历史再现与创新体现相结合，如历史文化街区建设，留住承载着乡愁的房屋、树木等。它们是文化的重要载体，既承载着雄安的过去，也为未来的发展提供源源不断的滋养。传承非物质文化遗产，三县文化历史悠久，物质文化遗产众多。我们要延续历史文脉，为新区添彩。破除乡村社会的陈规陋习，提高个人综合素质。2018 年 1 月，河北省通过《关于推进雄安新区规划建设的实施意见》，强调要将新区打造成为中华优秀传统文化传承发展示范区；4 月，《河北雄安新区规划纲要》强调要保护好、发展好雄安历史古城和传统村镇。这些精神和要求即为我们指明了方向。

对 751 北京时尚设计广场的参观学习为我们提供了很好的借鉴实例。751 时尚广场将独特的工业资源与科技、时尚、艺术、文化等元素紧密结合，是北京市创意产业集聚区之一。798 艺术区、燕莎、丽都、望京商圈、中央美术学院、CBD 等环布园区四周，有深度的文化底蕴和良好的商业氛围，为发展文化创意产业提供了良好的环境。751 时尚广场的前身是北京正东电子动力集团有限公司。能源产业和文化创意产业是其两大主产业，它是带着工业发展的历史印记探寻新的文创产业的内容与模式。公司的发展注重对工业资源的保护与再利用，见证中华人民共和国成立初期国家发展经济的决心，保存了中国现代工业文明发展的历史记忆，彰显了北京的城市工业文化个性和发展脉络。它做到了尊重历史，使工业遗存在保护中实现新生；它创新了植入时尚产业内容，打造现代城市生活体验方式；它贯穿了低碳、节能、环保的创意，探寻科技与时尚文化生活的融合发展。鉴于此，

雄安的文化建设要做好历史的传承，注重对现有资源的保护与再利用，要深刻认识国家对雄安建设的决心，彰显雄安特有的文化发展个性。

（二）发展高端高新产业

关于雄安新区的文化产业定位，应该先按照“五位一体”的方法做一个全新的布局。它不是继深圳、上海浦东之后的一个一般意义上的经济社会新区，它既不能克隆，也不能复制深圳、浦东模式，在某种意义上讲也不能延续。雄安发展文化产业不仅仅是对雄县、安新、容城三县的传统文化内涵用现代手段加以提升，这样的定位层次太低、范畴太小、内涵太少，没有从国家层面考虑。雄安新区应作为国家的副都来思考，按照科技、生态、宜居等要求来建设文化。应该是把京津冀作为基点，站在国家层面上来归纳总结和规划设计雄安的文化。雄安新区的文化，应立足京津冀、面向全中国、呈现给全世界。

科技是第一生产力，是把雄安新区建成智慧新城和发展高端高新产业的第一支撑，任何业态的催生都离不开科技的作用。大量科研单位、大专院校以及金融单位的进入，将为雄安新区的文化产业发展提供雄厚的人才、技术、资本基础。因此，我们必须要把握好这个时机，推进雄安新区文化和科技的深度融合。

北京市朝阳区融媒体的中心技术系统的开发运行为我们提供了文化技术创新的榜样。这个系统包括智慧调度系统、稿件编辑系统、新闻大数据云服务系统、舆情大数据系统。通过 App、报纸等方式向大众传播资讯、新闻、服务等各种生产生活内容。这个系统是融存储、平台、信源、产品、渠道、人才、技术、数据为一体的，有强大的生产能力、聚会能力和传播能力，给群众生活带来极大便利。

鉴于此，雄安的文化建设必须与科技绑定，与创新绑定，这样才不辱它高标准、高定位、世界一流的使命。

（三）建设优质公共设施

对于公共设施的建设，李长安教授的话给了我们参考。俗话说：“兵马未动粮草先行”，对于新区建设来说，公共服务设施的建设就是整个新区的“粮草”，只有建立在一个更为完善的公共服务设施基础上，新区的功能才能更好地发挥出来，也才能有更大的吸引力聚集各路资源，为尽快建成这一“千年大计、国家大事”的宏伟工程奠定坚实的基础。纵观国内外新区建设的经验，先期建设和完善公共服务设施是必备的前期工程。目前雄安新区的三个县加起来大概有 130 万人口，如果未来雄安新区承接非首都功能的迁移，加上创新创业的进来，将来可能发展到两三百万人口。考虑到目前雄县、容城、安新三县开发的程度相对较低，要顺利承载北京非首都功能疏解的重任，以及“世界眼光、国际标准、中国特色、高点定位”的建设要求，现行的公共服务设施建设任务必将非常繁重。

首先，雄安新区“三通一平”或者“七通一平”建设任务艰巨。在新区建设之初，规划区域内的土地在通过一级开发后，使其达到具备给水、排水、通电、通路、通信、通暖气、通天然气或煤气以及场地平整的条件，这样才能使二级开发商可以进场后迅速开发建设。雄安新区在这些方面虽有一些基础，但仍存在着很大的差距和缺口。可以探索多种建设方式尽快实现此类公共服务基础设施的建设目标，为新区真正进入建设开发模式奠定基础。其次，尽快构建互联互通的高效快捷的交通运输网络。公共交通体系建设是公共服务设施建设的重要内容。便利的交通圈会有效支撑和引导区域空间布局调整和产业转型升级。京津冀交通一体化体系的不断完善，将给雄安新区的建设和开发增添强大的动力。最后，加快高水平的教育、医疗、卫生、环保等公共服务设施建设步伐。按照高标准、高起点的要求，雄安新区的教育、医疗、养老配套指标应该全都高于周边地区，甚至在许多地方将会与京津看齐乃至有所超越。一方面，通过“外引”的方式，承接北京非首都功能和天津地区的学校、医院和卫生部门的搬迁落地，另一方面，通过新建一批高水平的教育医疗等公共服务设施，逐步培育和成长一批能够服务于新区的机构和部门。只有这些公共服务设施日渐完善，雄安新区才能成为吸引人才和产业聚集的巨大“磁石”。

四、结语

雄安新区的文化建设要吸收各地先进经验，融合八方智慧结晶，比如华数的安播保障体系、杭州白马湖生态创意城等创意文化产业，以此来打造雄安独一无二的文化建设。天降大任于雄安，千年大计要在这里完成。要加强对雄安新区历史文化资源、民俗风情的整理、总结，深入挖掘雄安历史文化内涵，展现雄安风采，在文化自知和文化自觉中增强文化自信。要以中华优秀传统文化精神为引领，注重保护和传承新区珍贵的历史文化遗产，延续历史文脉，促进新区规划建设与历史文化传承的有机融合，打造体现历史传承、文明包容、时代创新的新区风貌。升级文化产业结构，充分发挥科技力量，通过示范、实验，带动新型城镇化和特色小镇建设，树立一个新的模板，形成一个新的启示，发挥它应有的作用。在借鉴国内外传承经验时，要立足中国国情，维护我国“多元一体”“和而不同”的优秀文化传统，做到“择善而从，取长补短”。同时，新区建设还应吸纳并融入世界文化，促进新区文化创新与全方位对外开放，把雄安打造成未来我国文化产业发展的一个示范区、实验区。

不忘初心　牢记使命

——用人民群众喜闻乐见的文化为人民群众谋幸福

◎ 史润夏

2018 年 12 月，新区组织了为期两周的国家基金艺术人才培训班。作为一名乡镇分管文化工作的代表，能够参与此次培训，学习沉淀，在这里梳理自己近年来的文化工作，分享我内心的一些感受，由衷地珍惜这次机会和幸运。虽然培训时间并不长，但形式新颖、讲解透彻、结合实际，更是安排了大量的互动交流。通过此次培训，我坚信文化也是有力量的，“无文化传承，无雄安新区未来”。现就我最大的几点感触总结如下。

一是收获了谦虚，学会了找差距。这个培训班的人员构成是由雄安新区 33 个乡镇的分管文化工作的副职、文化站站长以及县级文广局、文化站的代表组成的。刚开始，我有点不理解这样的学员结构，觉得一个国家基金的项目有这样基层的受众群体很是奇怪。在培训过程的接触中，乃至后来的个人心得分享等环节，我才明白这也许是新区文化工作的一种“传承”、一种接触型教育、一种对比教学。我深深地信服了这片区域的卧虎藏龙，每位学员都真的有自己的能力在，懂得工作和思考，每个人都有自己的内涵，而且很大比例的学员都很有才华。他们也许大多并没有我们这些年轻干部的学历，只有中专毕业、大专毕业和少量的大学本科学历，但在我们这些动辄 985/211 名校的研究生面前，也许学历不是优势，通过此次统一学习，我在问自己，引以为荣的学历在工作面前可以给自己带来的是什么？学历不代表能力，文凭不代表水平；所谓的 985 定向选调的学历不是一种光环，更多的应该是一种工具、一种方法论。我们应该做的是把高校所学知识运用到工作中来，理论联系实际，用在高校所学的专业知识指导我们怎样更好地去开展工作，相得益彰、知行合一地去变知识为执行力。这或许就是文化带给我们最初的意义。雄安新区有很深厚的历史文化底蕴。三县有很多的书画、歌舞等文艺爱好者，他们曾创作出大量优秀作品，其中也不乏我们党的干部，更多的是人口基数更大的广大的普通老百姓们，用文化记录历史，用文化歌颂当下，用文化传承志气，用文化拥抱未来。峥嵘岁月不敢忘，新区未来我们翘首以盼。

二是确认了最初的梦想，坚定了找初心。这次培训，老师带着每一个人寻找自己从事文化工作的初心，让我不禁想到2016年研究生毕业，我本可以留在北京，但是由于一心想做一名好的公务员的宣传干部，我选择了放弃北京户口和工作合约回到河北做一名选调生。我最初的目标很简单，就是想用文化去宣传党的政策，用老百姓最能看得懂、喜闻乐见的方式，接地气的多种形式让老百姓和更多的人理解我党，从而更加支持我们的建设。我坚信文化本身是有力量的。

三是有勇气去扛责任，承担使命。在老师引导我们思索到底什么是使命的时候，我梳理了自己的情绪。从北京回到这个小城市，看到同学们每天在朋友圈发各种美食、798艺术街拍、朝阳大悦城的购物，如果说我一个年轻的女生内心丝毫没有波动是假的，因为这些是我原本也在过的所谓“精致生活”；比起这些，一个外来的孩子在异乡工作，如果说遇到困难完全不想家，也是假的。在2017年11月，我被任命为雄县北沙口乡副乡长，分管科教文卫和妇联团委等工作，我这个从未到过乡村的城里孩子得到了人生中从未有过的锻炼。在一次组织十九大巡演的过程中，我第一次知道乡村自发的广场舞队伍、腰鼓队的这些大姨婶子们，中间真的卧虎藏龙，有好多能人。有一次，一位北沙乡东留官营村的广场舞村民给我发了微信，她说：“史乡长，下次有这样的演出你还可以叫我吗？我从小就喜欢文艺，结婚前也总唱歌跳舞；后来结了婚，生了孩子，这样的机会就少了。但是我真的很爱好文艺，所以下次有这样的机会，我还可以参加吧，我真的很喜欢。”当时我就哭了，真的很感动，她们唱跳真的也很好，只不过是生在了农村，很少有这样的舞台，可是她们也需要别人来欣赏，也需要一个展示自己的平台。每次看到洋溢着幸福的合唱和充满活力的广场舞我自己都忍不住感动，我觉得这是一项特别积极向上的活动，特别能反映我们中国的老百姓在吃饱穿暖之后，注重精神生活的丰富，是一种对生活热爱的表达。在跟老百姓接触的过程中，他们很可爱，也很朴实。人都是有自尊心的，都需要被证明存在的价值、活着的价值，那么我愿意做这个欣赏他们、给他们提供舞台的人。这是我的使命，是我生而为人的存在感和价值，是我不想再纠结所谓大城市“精致”生活的一个转折点，因为我们乡老百姓的需要就是我特有的“奢侈品”。

四是俯下身子去脚踏实地，抓好落实。这些培训内容教会了我们勇气、教会了我们团结、教会了我们智慧、教会了我们激情。更加让我明白口号喊一万次，不如真的动手去做，脚踏实地地落实更来得有意义。雄安建设，千年大计，热火朝天，一触即发。只有每个人在自己的岗位上抓好落实每一项工作，未来才可以更美好，而我们作为党的文化干部，只有真正把十九大精神、雄安新区规划建设方案用多种方式宣传出去，弘扬出去，让老百姓更理解我们，更能清楚懂得什么是未来，他们才能更支持咱们的建设并且增砖添瓦。如果不下基层，扑下身子，不去真的接触，我将一辈子都无法知道什么是真实的底码。我第一次知道所谓的建档立卡贫困户，是真的可以贫困到家里完全没有可以落脚的地方，在和乡亲们的交往中，经常有人问："雄安引入的产业都是高大上，看着眼花，咱们感到有劲使不上啊，不知道从何处下手？""咱们大多都是种地习惯了，打工习惯了，创业不知道怎么去做啊？"2017 年 2 月，雄县开始整治"散乱污"企业专项行动。为了解决被关停企业及在其上班的乡民再创业、再就业问题，北沙口乡开设了电商培训班，自己一方面要安排好电商培训课程，做好后勤保障工作，邀请专家对乡亲们进行电商经营培训。"互联网 +"的理念，毫无疑问是新区未来文化的方向和命脉。运用"互联网 +"理念，把乡里原有的箱包贸易从线下延伸到线上，促进当地产业转型。另外，由于一些乡亲是头一次接触"电商"的概念，对专业课程难以理解，我还要时不时"客串"一把辅导老师。对于培训内容，自己都要提前弄懂，再将其变成简单易懂的语言，随时给学员们"补课"，并督促他们课下做好实操训练。渐渐地，越来越多的乡民掌握了电商技巧以及网络销售文化，纷纷在电商平台上经营起网店来，线上业务做得风生水起。这是一次实战，一次转型，一次传承的融合，更是一次挑战。只有真的为老百姓解决了后顾之忧，他们才能更信任我们的干部，各项工作才能更加落到实处。到时候，我们都可以骄傲地说，新区建设有我，我们都将是要被写入历史的人，有一个人共同的名字——雄安新区的第一批建设者们。

庆幸的是，担任分管文化工作的副乡长半年多以来，组织信任我，我发挥自身优势，组织开展多项活动的平台，以巡演、演讲、征文、讲座等方式宣传融入自己分管文化教育等工作中，确有实际效果的调动起北沙乡广大居民参与十九大精神学习、新区规划纲要认知的积极性，带领、指导北沙群众自发以快板、三句半、填词评剧等形式歌颂领袖、祖国和新区建设。

在所分管的文化工作上，有了一些成绩。一是将高校所学知识通过组织开展十九大精神宣传巡演、中小学生针对新区规划纲要的征文比赛、面向全乡广大老百姓以新区规划纲要解读为主题的演讲活动等多项文体活动、普法讲座等方式宣传融入自己分管的文化教育等工作中。已经有实际效果的调动起北沙乡广大乡民参与十九大精神学习、新区规划纲要认知的积极性。得到北沙口乡广大老百姓的信任和喜爱，纷纷赞美和感谢我乡搭建的各种展示平台。这个过程同时，我本人也本着学以致用的原则不断进行职业技能学习，不断根据工作需要加强理论学习，同时提高自身专业技能。二是作为署名编剧为中央电视台一套《今日说法》栏目剧撰稿，宣传、呼吁社会各界关注当代新农村普法教育问题。学以致用，切实发挥高校所学知识，将高等学府知识与分管的科教文卫、妇联、团委等工作联系起来。发挥自身文笔优势和研究生所学法律专业特长，结合基层乡镇的实际情况，联系到研究生期间曾实习过的单位中央电视台的领导，通过沟通协商，为中央电视台一套《今日说法》栏目撰写一篇宣传乡村法制情况现状的特别栏目，引发社会各界关注农村基层的法制教育引导，切实扩大受众面。该栏目已于 2016 年 9 月 15 日在中央一套《今日说法》中秋特别栏目播出，并传至 CCTV 官网，收视率、点击率较高，引起了较大的关注度，对于乡村基层教育引导有一定的宣传意义。三是发表了 5 篇国家级论文，发挥普法先锋作用，将法制宣传融入对乡镇广大党员的教育宣传中。撰写多篇国家级论文，发挥法律专业学科作用，为基层党组织、党员团体的普法宣传工作做出一定贡献。基层乡村普遍存在的一个突出问题就是包括广大党员、共青团员在内，法律意识淡薄，法律知识匮乏，这直接影响我国基层共青团组织建设的进程，参加工作以来，在《司法理论与实务研究》《严格执法 公正司法 推进清廉中国建设理论研究》《推动给社会主义文化大发展大繁荣与各地实践调查》等国家级刊物以及正义网等权威网站平台上发表了《从房屋过户手续浅析物权法的中国特色》《浅谈合同格式条款规制》《浅析证人证言的审查方法》等共计 5 篇国家级论文，切实地接地气，从自己工作中所接触到的基层党组织的真实情况出发，对反对校园暴力、人民调解等隐患进行普法宣传。在对辖区内各村级党组织的培训中落实普法，使其更好地发挥基层党组织的职能作用。

雄安新区成立一周年之际，包括新华网、中国青年网、中国雄安在内的多家媒体针对基层青年党员干部这个群体进行了相关的报道，我作为雄安新区的第一批定向选调生代表接受了多家媒体的采访，媒体针对我们这些定向选调生群体到基层工作之后，坚守平凡却伟大的岗位；坚持撰写工作日记；立志做好当代青年党员干部的表率；新区成立后积极引导乡镇广大劳动力转变视野，培养“互联网 +”思维，对农村劳动力淘宝创业等事迹进行了相关报道。报道一出，引起了巨大反响，多篇报道被今日头条、腾讯新闻、中国人的故事等平台转发，但今日头条上的相关报道一夜之间突破了十万点击率。看到好多我乡的文艺爱好者、广场舞队的阿姨婶子们、各种巡演所到的村民们都在帮忙宣传转发，那一刻，真的觉得人民群众是最可爱的人，他们的信任抵得过万千兵马。作为一名年轻的党员干部，我愿意用自己所学知识继续为人民和党的事业贡献力量，也愿意用自身小小的坚守和不放弃，为广大青年党员干部做出一定的示范效应。年轻的研究生返乡回巢，愿用星星之火照亮雄安建设的田野；能够阅尽世间繁华之后，守住乡镇基层的工作，将个人发展的小梦想和家国发展的大梦想相互交融，让老百姓吃饱喝足以后可以自娱自乐，自乐其乐，这种营造的文化氛围又何尝不是一种新时代的美好生活呢？

三年来的基层文化工作给我的感受是，虽然现在每天的工作不至于多么辛苦，但是日程满满的很充实，让我觉得自己活得很有价值。我曾想，这就是“文化人”吧，跟体力劳动者相比，忙忙碌碌，忙着宣传、忙着组织各种人民活动、忙着巡演，但不至于面朝黄土背朝天；跟大都市的白领精英相比，或许平淡重复，没有什么所谓的“高精尖”，但值得骄傲的是切实每件经手的工作都是在跟老百姓直接接触，归根到底都是在为人民服务。当每个人走出校门的时候都是一副雄赳赳气昂昂的气势，想为这个时代，想为人民做些什么，可是有的人坚持下来了，有的人没有守住初心，沉沦于种种诱惑和职业倦怠，这也许就是公务员和官僚的区别吧。为人民服务，多么简单又熟悉的五个字。这是给所有的公务员的灯塔，是我们的目标，我们的动力，我们的义务。脚踏实地地工作，我终于可以说服我自己，我们不容易，但我们的确没有多么苦；我们羡慕着别人，我们也被别人所羡慕着，如果说这条路真的走得辛苦，那么苦处应该在于自己心性未定，或者说苦的是在平淡工作的每日重复继续中，仍能以心中的信仰保持着如火焰一般的激情。

最后，请允许我想用毕业时候母校送给我们毕业生的几句话结束今天的培训心得，也是再一次提醒自己路途遥远不忘初心：

入学初识门庭，
毕业非同学成；
涉世或始今日，
修生却在平生。

建立城市文化符号，打造游客精神故乡

◎ 王思佳

党的十八大以来，习近平总书记围绕“文化自信”做出一系列重要论述，强调坚定中国特色社会主义道路自信、理论自信、制度自信，说到底是要坚定文化自信；文化自信，是更基础、更广泛、更深厚的自信；文化自信是更基本、更深沉、更持久的力量。对于我们这些在雄安新区从事旅游文化相关的工作人员来说，文化自信不仅仅是将新区建设为知名的旅游景点，也是为雄安新区打造可以令游客产生羁绊的精神故乡，令游客来到雄安可以尽兴游览，远在他乡仍然念念不忘雄安。

有人曾说过，人有两个故乡，一个是无法选择的出生之地，一个是栖息灵魂的精神故乡。人们会有“精神故乡”这一概念，与城市本身拥有的文化符号是分不开的。文化符号具有很强的抽象性和丰富的内涵，是一个企业、一个地域、一个民族或一个国家独特文化的抽象体现，是文化内涵的重要载体和形式。如同谈起巴厘岛就会令人想到海风椰树和鸡尾酒，谈起巴黎就会想到埃菲尔铁塔和香榭丽舍的衣香鬓影，文化符号令一座城市拥有独特的意象和气质。

一、打造城市文化符号的起点是城市基础设施

一个城市的旅游业若想令游人难以忘怀，首先要使游客得到满意、舒适的旅行体验。去往一个像雄安新区晾马台遗址一样有悠久历史的景点，游客可能是想欣赏一番刻下时间印记的破壁残垣，感受一番沧海桑田的世事变迁，但是他们是绝对不希望自己去往景区的路途和夜晚居住酒店的设施有同样“破壁残垣”的感觉——民宿可以古朴，但是床单被罩一定要清洁如新；景点可以古老，但手机信号一定要满格。这一点可以参考乌镇西栅景区，在古朴的旅游观光景区内隐藏了大量风格各异、层次鲜明的现代化酒店旅馆，景区全部商家亦由上市公司进行统一规划、管理，避免同质化竞争导致景点美观度打折和房租压力造成的哄抬物价。

二、打造城市文化符号的加速器是创新

良好的旅行体验、舒适的基础设施可以使游客对本次旅行难以忘怀，将与之有关的回忆好好珍藏。但是对于绝大部分游客，去过一次的景点并无再去的必要，尤其是各类需要保护的名胜古迹，数十年都不会有新的变化。若想提高景区复游率，则必须是游客每次光临都拥有新的体验才行。

令复游旅客拥有崭新体验绝非易事，除了故宫博物院等拥有大量藏品的机构可以供景区和游客不断发掘之外，其余景点则必须通过创新服务来增加游客的新体验。如乌镇西栅景区在汲取东栅景区观光型的产品经验的同时升级为复合业态管理模式，经营住宿、会议、餐饮、娱乐等多种业态，通过丰富的夜生活和美景使游客住下来，向他们提供度假休闲的内容。

对于雄安这样拥有悠久历史又即将变身为未来之城的城市来说，创新的重点在于如何平衡历史与创新的关系，如名胜古迹与新式建筑之间的关系。举个例子，贝聿铭用普通几何形态的玻璃材料设计建造了卢浮宫玻璃金字塔，不仅表面积小，可以反映巴黎不断变化的天空，还能为地下设施提供良好的采光，创造性地解决了把古老宫殿改造成现代化美术馆的一系列难题，可谓是做到了古典艺术风格和现代艺术风格的完美结合。

三、打造城市文化符号的方向是人文

举凡拥有深入人心文化符号的城市，都具有十分浓厚又独特的人文环境。有的人在西藏找到自我，有的人在圣地亚哥找到热情，有的人在巴黎找到艺术……这就是人文环境的作用。一座城市，比起自然风光，游客更多时候看到的还是人文景观。在自然景观的基础上叠加了文化特质就是人文景观，最主要的体现不仅仅是人们组成的聚落，还有因当地独特人文环境而形成的服饰、建筑、音乐等。城市独有的氛围使游客流连忘返，但只有建立精神上的羁绊，才能使游客将其视作精神故乡。

这就需要将文化资源提炼出来，和人们的生活对接。故宫博物院近年来推出的大量文化创意产品，令游客能将自己对故宫的美好回忆以另外一种形式带走拥有。将近600年历史的故宫搞起了文化产品创收，故宫博物院院长单霁翔说：“过去我们叫文化产品，现在我们知道了，中间必须加两个字，创意。什么叫文化创意产品？我理解就是要深入地研究人们的生活，人们生活需要什么研发什么；深入地挖掘文化资源，把文化资源提炼出来，和人们的生活对接，人们才会喜欢。”

雄安作为未来之城，建造优秀的城市基础设施这一点不难做到，更需要我们努力的是，将未来之城打造为不仅拥有良好生态环境，而且更加拥有良好人文环境的创新之城。

文化志愿　任重道远

——雄安新区文化志愿者建设初探

◎ 王亚洲

2017 年 4 月 1 日，中共中央、国务院决定设立国家级新区——雄安新区。雄安新区定位二类大城市。设立雄安新区，对于集中疏解北京非首都功能，探索人口经济密集地区优化开发新模式，调整优化京津冀城市布局和空间结构，培育创新驱动发展新引擎，具有重大现实意义和深远历史意义。新区建设正在如火如荼地开展，各项建设都在有条不紊地进行，文化志愿者建设也应该提前下手，助力新区城市的发展。

文化志愿者是指不以物质报酬为目的，利用自己的时间、文艺技能等，自愿为社会和他人提供公益性文化艺术服务和帮助的人。与普通志愿者不同之处在于，文化志愿者的专业性更强，强调公益文化艺术服务。在日益壮大的志愿者队伍中，文化志愿者成为一道亮丽的风景线，正是他们将文化艺术与欢乐愉悦带给基层的人民群众，成为基层公共文化建设的辅导员、示范员、讲解员。不论年龄、资历、专业有多大的差别，不论志愿服务的条件如何艰苦，文化志愿者都奉献出了真诚的爱心。文化志愿者队伍在我国文化体系建设中起到了举足轻重的作用。

一、文化志愿者的建设对于城市的作用

（一）文化志愿者建设，对于城市的社会发展具有重大意义

（1）志愿者工作有利于使志愿者对自己有新的认识。志愿者在参加过志愿活动后可以体会到奉献社会带来的喜悦感和满足感，体会到爱心的付出与收获，体会到作为一位公民应尽的责任与义务。志愿者也可以体验到独特的成长经历，丰富自我的生活体验，从而进行更加充分的自我认识、他人认识、社会认识。同时志愿者还可以培养自己的组织以及领导能力，从而进行自我提升、自我修养的加强，丰富自己的思想意识。

（2）文化志愿者活动播撒爱心，传播文明。志愿者倾心付出自己的爱心的同时，也播撒了文明的种子，爱心慢慢浸润心脾，感染着每一个志愿者，每一个受助者，每一个旁观者，同时也散播到更广阔的天地间，最终形成一股人为的“社会暖流”，带给人春天般的感觉。

（3）文化志愿者活动促进了社会的进步。人是构成社会的基本元素，社会若想长久持续发展，需要全体社会成员共同参与并为之奋斗。志愿者活动，就是用行动、用爱心、用人类心底的真善美，做最鲜明、最有力、最有号召力的宣传。志愿者活动勾起了所谓“人之初，性本善”的“善本”，并且使这“善本”真实、理性充分地发挥作用，为社会的发展、人民的幸福做出了巨大贡献。

（二）文化志愿者对城市的文化发展产生了巨大作用

志愿者活动有利于促进城市社会精神、社会风貌的形成，有利于“富强、民主、文明、和谐，自由、平等、公正、法治，爱国、敬业、诚信、友善”社会核心价值观的贯彻与落实，从而促进社会主义和谐社会的建设。志愿者活动使志愿者展现出自己对于社会的热忱，对于国家的热爱，对于人民的热情，对于弱者的诚信友善，同时，志愿者活动也使受助者从内而外感到社会及国家的友善、关怀、负责，并且对生活重燃希望，对社会充满感激之情，对国家饱含热爱，从而自发形成“爱国，敬业，诚信，友善”八字意识。

（三）志愿者活动对城市的经济发展产生了一定的作用

（1）青年志愿者活动的进行促进了城市人口的流动以及社会生活的需求，从而促进相关事业的发展，从小处的供需关系也小范围促进了第三产业的发展，带动了一、二产业的发展，同时，促进了经济的流通。以点带面，以小带大，逐渐影响到更大的市场、更大的供需，从而促进社会主义市场经济更好地发挥市场的主体地位作用。

（2）随着志愿者活动的多次举办，受助者在心理上逐渐具有自信心，在经济上逐渐富裕起来。受助者是市场经济不可忽视的需求源，供需矛盾不断解决的过程中，经济也在不停发展。

二、文化志愿者建设的时代需求

加快文化志愿者队伍建设是时代进步的要求，是人民群众的心声。随着人民物质生活水平的提高，人民群众求知、求乐、求美的愿望更加强烈，基层的人民群众渴望文化艺术的滋润，需要丰富而健康的文化生活，不少人有着较高的艺术天赋和潜力，但往往由于各种条件限制而没能接受到正规的文化艺术教育；很多地方群众文化活动活跃，但缺乏指导和培训，水平难以提高。而群众艺术馆、文化馆、文化站等公益性群众文化活动机构的专职业务人员毕竟人数有限，不可能做到公共文化服务全覆盖。解决这一矛盾的方法有两种，一种是建立数字化群艺馆、文化馆；另一种最直接、最有效的就是通过文化志愿者使人人都能享受到文化服务。文化志愿者有的本身就是专业艺术团体的演员，有的是大专院校文化艺术专业的老师或学生，有的是文化艺术单位的退休职工，还有不少是曾经获得各级专业艺术奖项的青年演员，其中不乏颇有知名度的演艺明星。不论年龄、资历、专业有多大的差别，不论志愿服务的环境如何艰苦，文化志愿者都奉献出了真诚的爱心，他们使更多的基层群众享受到公共文化建设的成果，改变了基层文化传播单一、枯燥的格局。因此，文化志愿者队伍建设对于促进基层文化大发展、大繁荣具有十分重要的作用。

三、文化志愿者队伍建设的策略

1. 政府要提供强有力的经济支持和立法保障

文化志愿服务多是无偿的，但是志愿服务行为的整个过程却是有成本的。资金是开展志愿服务项目的物质保障。政府应出台相关的经济政策，给文化志愿服务提供更多帮助，从而呼吁企业、个体经营者及整个社会伸出援助之手。除此之外，现阶段，文化志愿服务缺乏法律保障，法律制度的滞后，在志愿服务精神的培养上造成了很大的制约。考察目前中国的现行法律，没有一部是关于规范志愿者行动的法律。志愿者本身的合法权益得不到保障，严重挫伤了志愿者进行志愿服务的积极性。

2. 招募合格的文化志愿者，夯实文化志愿者队伍建设的基础

要提供高质量的文化志愿服务活动，就需要加强对文化志愿者的队伍建设。在志愿者的招募、培训、管理等每一个环节都要引入相应的机制方法，其中招募志愿者是非常关键的一环。让有意参加文化志愿服务的人员在了解文化志愿者组织的情况、明确文化志愿者的义务后再安排程序吸纳成为文化志愿者。在文化志愿者的招募中必须坚持参与者“自愿”的原则，并注重参与者的服务意识。之前应做好规划，明确需要哪种类型、具备哪些专业技能的志愿者。按照工作规范要求，为每一个志愿岗位编制正式的职务说明书，概述该项工作的任务、责任、时间安排和工作方式等，使文化志愿者明白他们应该做什么。同时要了解申请者的兴趣、专业以及所希望的时间安排和工作方式，使每一名文化志愿者的兴趣专业和工作职位要求相匹配，使其能够“各得其所”，避免在以后的工作中出现服务不当、分工不清的问题。另外，为了能让每一名文化志愿者充分发挥自身的优势，要先了解他们潜在的追求，由于志愿者的动机通常是多元混合的，而志愿者的多元动机会影响他们的服务工作，管理者如果不能了解配合文化志愿者复杂的动机，而只是机械地安排他们完成需要的任务，则很难使文化志愿者的潜能发挥出来。招募文化志愿者应选择一个合适的人，

而不是选择一个完全符合资格的人。

3. 建立和完善志愿服务组织、培训机制

服务组织的有效管理和运行是服务活动能有序进行的基础。志愿组织要对志愿者的信息做好登记和保存，努力实现管理工作的科学化、制度化、规范化和数据化。在每一次志愿活动中，做到分工明确、各司其职，避免出现集体一窝蜂的情况。另外，开展技巧培训，最大程度发挥志愿者的个人实效性，扩大人才储备，对社会志愿服务事业发展具有更为深远的意义。

4. 注重志愿者个人素养和心理素质的提升

身为志愿活动的参与者，必须具有良好的个人素养和心理素质。良好的个人素养是服务于志愿活动的前提。积极参加志愿服务活动也可以更好地提升个人的素养。二者相互促进，相辅相成。健康的心理素质是克服一切困难的重要保障。拥有积极乐观的心态，有利于志愿者在参与志愿服务活动中坚定自己的信念，更多地把正能量传递给社会，同时也有利于志愿精神的传承。

5. 建立相应的激励机制，为文化志愿服务事业注入持续强劲的动力

人人都需要激励，激励被认为是最伟大的管理原则。对文化志愿者服务成绩的考评可以用个人和团队考评相结合的方式进行，考评内容应包括文化志愿者服务的数量、质量、策划、内容和团队精神等各个方面，以科学考评推动文化志愿者活动向科学化、合理化方向发展；其次，定期交流、总结，文化志愿者组织可以定期召集一些参加志愿者活动的团队进行经验交流和工作总结，通过交流，对文化志愿活动开展好的团队给予肯定，这是对文化志愿者一种精神鼓励和展示，可以使大家对文化志愿者工作有更深刻的认识和理解，对参与社会的经验有更深的体会，也体现出对志愿者工作的重视，为今后更好地开展志愿者工作做准备。可以采取内激励和外激励、精神激励和物质激励相结合的多种激励措施。同时，从文化志愿者的服务动机来看，文化志愿者的需求层次已摆脱了完全的物质追求，因此，文化志愿者的激励应该以精神激励为主，使之更好地激发参与志愿活动的热情，巩固志愿者的行为动机。

综上所述，文化志愿者服务活动对于城市文化的建设有着极大的帮助，因此，寻求志愿服务与时代精神的完美融合，加强文化志愿者的服务质量尤为重要。只有这样，才能使文化志愿者服务行动更深入发展，更有序进行、更发挥蓬勃活力。雄安新区是一流的世界级城市，城市建设以科技城市绿色城市为主导，除了过硬的物质环境，更应该提升城市的精神品位，文化志愿者建设将为新区建设增添一抹亮丽的色彩，愿我们的文化志愿活动越来越科学，能持续发展，科学发展。

从雄安新区文创大赛看未来文创市场发展

◎ 魏立忠

一、雄安新区文创产业发展现状

雄安地区有着深厚的历史底蕴和丰富的文化资源，对于发展文创产业有着天然的良好基础。2019 雄安新区首届文创和旅游商品创意设计大赛举办在即，这是雄安文创产业发展的新突破，对于全面提升雄安新区文创和旅游商品的创新研发水平、促进雄安非物质文化遗产的保护和传承、促进资源整合，满足新消费，引领新需求，提高雄安新区美誉度和知名度都有着重要意义。发展雄安文创产业不仅对于雄安新区作为京津冀协调发展新引擎有着重要助力，同时也对促进国民经济增长能够做出重要贡献。从长远看，未来文创市场消费将是拉动国家整体消费市场的重要动力源，前景十分广阔。

二、文创产业发展分析

（1）政策层面。2019 年政府工作报告明确提出，“加强互联网内容建设，繁荣文艺创作，发展新闻出版、广播影视和档案等事业。加强文物保护利用和非物质文化遗产传承。推动文化事业和文化产业改革发展，提升基层公共文化服务能力。”可以看出，此举围绕满足国民精神消费需求，发展新文创产业，借此刺激国内消费快速增长，将经济增长的新引擎做大做强。

消费是市场经济的最终环节，所有的产品和服务都是为满足消费需求。在我国消费结构升级的大趋势下，新产品、新服务等新消费也呈现出巨大想象空间，正在成为扩大内需市场的新引擎。对于广大消费者而言，消费本身就是一个持续升级的过程，随着收入的增长，物质消费占比下降，精神消费需求上升，现在我国就进入了以精神消费为主的高质量发展阶段。对照马斯洛需求层次理论即可了解，随着我国温饱问题的全面解决，生理需求得到基本满足，国民整体越来越富裕，已迈入了更高层次的心理需求，而这种更丰富、更多元化、更个性化的需求反映在消费面上，亦需要相对应的丰富多彩的精神产品和服务。数据显示，过去 5 年，我国文创产业增加值增加了 66.09%，占 GDP 的比例在 2017 年达到 4.29%，但与发达国家相比，我国文创产业的增长还有巨大空间。

（2）社会层面。在新的历史发展时期，针对我国国民经济社会急剧攀升的文化旅游市场需求，博物馆作为集旅游、文化为一体的设施，具有教育推广、历史溯源、艺术赏析、科学探究等多方面价值，是文创产业聚集发展的高地和重要阵地。博物馆公共文化服务、旅游前沿阵地的建设，为群众文化生活幸福感的提升提供了有效的渠道。

（3）市场层面。在中国经济文化产业发展进程中，以文化鉴宝为主流的文博类节目成为社会热点，如《国家宝藏》《如果国宝会说话》《我在故宫修文物》等一系列文博节目的热播，为公众理念的转变提供了依据。而随着社会公众对文物鉴赏热情的急剧攀升，博物馆参观客流量也不断增加。随之而来的是文化创意产品热潮、古玩淘宝热潮的不断涌现。

根据《2018 年天猫博物馆文创数据报告》显示，博物馆文创商品在天猫的年增速超过 100%，目前，已有 11 家博物馆在天猫、淘宝上开了 16 家店，包括自营和授权两种经营模式，其中故宫就有 5 家店之多。与博物馆相关的词汇在电商平台上搜索热度持续增长。在天猫、淘宝上，2018 年 1 至 10 月搜索“博物馆”的人数，是 2016 年同期的 2.5 倍之多。数据显示，截至 2019 年 5 月 16 日，故宫在天猫的年访客量达到 6000 万人次。

（4）消费结构。博物馆文创线上用户中，“90 后”用户数量过半，“95 后”买的最多。从总体来看，“75 后”到“95 后”占据全部线上用户数量的 90%。其中，从用户性别来看，女性占 76% 左右，超过所有用户的 3/4。从职业来看，最爱买文创产品的是上班族，其次是学生。从用户的地理位置来看，北上广深是博物馆文创剁手力排名前四的城市；三四线城市的增速很快。

三、博物馆文创市场四大趋势

博物馆文创市场有四大趋势，即选购标准多元化、使用场景生活化、偏好风格多样化、购买渠道线上化。

（1）选购标准多元化。千篇一律、缺乏个性灵性甚至高位定价的常规博物馆纪念品已经无法满足多元化的市场需求，消费者选购博物馆文创产品时，将更加综合地考量“实用性”“文化内涵”“外观设计”“创新性”和“合理的价格”等多个维度，颜值、脑洞创意和是否有良好的性价比，都可能成为一件博物馆文创产品在消费者端销售寿命周期长短的决定性因素。

（2）使用场景生活化。消费者在淘系站内搜索“博物馆”关键词后被引导进入的类目及其浏览的产品页，已经涵盖吃、穿、用、住、妆、玩、行各个生活场景，而生活物件、家居装饰、文具用品和珠宝首饰等品类，普遍被消费者认为最适宜作为博物馆文创新品开发方向。值得一提的是，过去 1 年内购买过博物馆文创产品的用户中，将近九成用户表示购买产品用于自我消费，说明当前消费者已经不再拘泥于传统上购买精美昂贵的博物馆文创产品用于馈赠送礼的用途，这不仅进一步验证了博物馆文创产品“使用场景生活化”这一消费趋势，同时也意味着消费者购买博物馆文创产品的心理动机正在发生深刻变化。

（3）偏好风格多样化。根据调查数据，平均每个用户选择了超过 3.3 种不同风格的博物馆文创产品。可见，未来的博物馆文创新品研发，势必将更多地考量如何在不同场景下提供更加多样化的、设计风格合适的产品配搭，以飨消费者。

（4）购买渠道线上化。随着“互联网 +”博物馆的合作模式逐渐深化，“购买渠道线上化”、通过电商平台挑选博物馆文创产品也势必成为趋势。过去一年购买过博物馆文创产品的消费者中，49.5% 的用户选择曾在电商平台购买博物馆文创产品，而更有超过五成用户有较强意愿为博物馆文创 IP 产品支付溢价。

四、对雄安新区文创产业未来发展的思考

雄安新区文创产业发展需要考虑以下三点。

（1）寻求新的价值的认同。我国很多旅游景区和文化文物单位不乏各类周边产品，但是在大多数消费者心中，产品大同小异，同质化严重，品质较低，只能将其归结为纪念品或者仿制品。雄安文创要做到不仅只是一个拥有一系列产品的品牌，更重要的前提是通过对文化价值的输出，引起的价值共鸣。以故宫为例，早在 2010 年，故宫就在线上创建故宫淘宝商店，开始销售故宫周边产品，但是价格昂贵、质量一般，无异于旅游纪念品。直至 2014 年故宫淘宝在微信公众号上发布《雍正：感觉自己萌萌哒》文章之后，才引起广泛关注，从此开启了故宫文创的爆款之旅。将庄严肃穆的故宫文化以趣味化和创意娱乐化，以及极具鲜活生命力的方式表现出来，使得故宫从此不再只是一个文化象征和旅游景点，而是极具现代文化活力的独特的文化符号。其最显著的效果，就是寻求到与当代大众消费文化，尤其是年轻人追求个性化、符号化的消费价值观念的共鸣。

（2）注重文化的提炼、重构和再造。寻求文化价值的认同，是未来雄安地区文化能够在现代生活中被接受和广泛传播的重要前提。在此基础上，如何将优秀的雄安本地优质的文化资源提炼出来，将文化中独特的艺术价值、艺术审美和艺术元素，通过创意性的手段和市场化的方式与现代生活消费有效地结合起来，创作出兼具艺术特色和实用价值的文创产品，是雄安文化由价值和情感认同层面，走进大众日常消费和生活层面的关键环节。以故宫为例，故宫文创的核心无外乎是大众最熟悉的皇家文化符号，目前与之有关的衍生品

数量众多，已经突破一万种。这些衍生产品的背后首先是具有一个强大的研发设计团队，故宫也采用了多元化的合作战略，通过自营、合作经营和品牌授权等方式，将故宫文化元素进行多样化的产品转化，创造出多种简单实用，且不乏文化趣味的文创产品。这些文创产品多数是与馆藏文物的历史渊源、文化寓意以及背后的故事相互关联。同时，故宫文创也积极寻求与多品牌多行业的跨界合作，这种品牌跨界组合，既是由于各品牌厂商看重故宫深厚的文化底蕴带来的文化附加值，也为故宫文创寻得了更加现代化的表达。

（3）善用市场化的手段。市场化的手段是激发市场动力、释放文化资源活力的有效方式。例如博物馆首先是文化遗产机构，承担着文物收藏和保护的基本功能，同时也以免费或者优惠的方式，向社会公众提供展示、参观、教育服务。但是，像故宫这类国民级 IP 的形成，绝不是仅仅通过静态的展示和宣传能够完成的。必须在继承发扬好传统文化所承载的历史内涵、发挥好应有的社会文化担当的基础上，综合运用市场化的运营方式进行创造性转化与创新性发展。雄安新区文创产业要实现可持续发展就一定要善于运用市场化手段，实现自我造血功能，才能更好地为文化创新发展服务，为公众提供更好的精神文化产品。

关于雄安新区文创产品市场化发展的几点思考

◎ 魏晓飞

一、背景介绍

文创产品开发一直是文化和旅游系统的重点工作之一。早在 2014 年，国务院就印发了《关于推进文化创意和设计服务与相关产业融合发展的若干意见》。2016 年，国务院办公厅发布《关于推动文化文物单位文化创意产品开发的若干意见》。为落实新发展理念和高质量发展要求，近年来，河北编制了《河北省旅游高质量发展规划（2018—2025 年）》等专项规划，出台了《关于进一步加快全省旅游产业高质量发展的意见》等系列文件。河北雄安新区规划纲要和正在制定的雄安新区旅游专项规划中，都对文创小镇和文创产业开发做了明确要求。文创产业是促进产业结构优化和传统产业转型升级的重要驱动力，对新区未来产业业态升级和高质量发展都具有重要意义。

雄安新区，俯卧千年京畿腹地，怀抱最美华北明珠。人杰地灵，环境优美，历史文化深厚，旅游资源丰富。既有雄州古乐、鹰爪翻子拳、圈头村音乐会、安新芦苇画等非物质文化遗产，又有南阳遗址、宋辽边关地道、燕南长城遗址等代表性历史遗存，还拥有白洋淀、温泉、地下长城等世界级高品质旅游资源。近年来，雄安新区文创产业不断挖掘历史文化素材，积极融合现代理念和技术，植根传统，茁壮成长。然而，由于雄安新区一些主观和客观因素的影响，雄安新区的文创产品发展尤其是市场化发展还存在一些问题。

二、雄安新区文创产品发展存在的问题

1. 起步晚，设计基础薄弱

雄安新区自 2017 年 4 月 1 日成立以来，受到国内外高度关注。然而，原有的三县经

济基础薄弱，对文创产业的重视和投入力度不够，加之三县文创设计企事业单位和相关技术人才缺乏，造成了雄安新区文创产业起步晚、底子薄，设计基础薄弱的现状。

2. 产品质量和产量不高

雄安新区目前的文创产业大多基于非遗文化和传统手工艺制作，例如雕刻、黑陶、芦苇画、草编等产品，一方面依赖手工匠人对艺术和材料的独特理解，导致在设计和制作水平上都与发达地区有很大差距；另一方面，由于非遗文化和非遗文化传承人的数量本身十分有限，用手工一件件地打造产品的效率较低，导致传统的文创产品产量不高。

3. 产品多样化程度不高

经统计，雄安新区文创产品主要有石雕、黑陶、芦苇画、生物科技、掐丝珐琅、蜡染、京簧竹刻、鄚州草编、工艺美术设计、手工艺品制作、农副产品等品类。总体来看，产品的多样化程度不高，丰富度和科技含量均较低。

4. 市场化程度较低

除了受产品设计、质量和产量等方面的主观因素影响外，雄安新区文创产品还受到政策体制、市场环境、规划建设等客观原因的影响，导致目前市场化程度较低，对经济增长的贡献较小。除农副产品（荷叶茶、咸鸭蛋等特色农副产品）、生物科技（扁鹊枕等）等有较好的市场化发展外，其他产品仍多局限于艺术欣赏，亟须打开市场化局面。

三、雄安新区文创产品市场化发展的意义

文化是可持续的软资源，是解决新旧动能转换的重要杠杆之一。文创产业也正逐渐成为促进国家经济发展的支柱产业之一。文创产品的市场化发展一是能够提高文化认知度，解决文化断层问题，促进文化更多的普及。二是用市场化批量化的方式制作非遗文创产品能够拓宽非遗文化的传播范围。文创产品只有被更多人知道，才能雅俗共赏，将文化继承下去。三是在保持文创行业的金字塔高度的同时，拓展文创金字塔的宽度，促进文创产业的多元化发展。

雄安新区文创产品的市场化发展，一是符合雄安新区对产业业态发展的要求，有助于推动产业结构优化和传统产业转型升级；二是雄安新区非物质文化遗产资源丰富，有助于对非物质文化遗产的保护和传承；三是符合正在制定的雄安新区旅游专项规划对文化小镇和文化产业发展的要求，促进资源整合，实现产业文创化，文创产业化发展；四是符合雄安新区目前缺乏有分量、有特色的文创和旅游商品的实际，挖掘一批具有本土特色的文创和旅游商品，对三县文创和旅游商品进行资源整合并针对性提升，满足新消费，引领新需求，提高雄安新区的美誉度和知名度。

四、雄安新区文创产品市场化发展的几点思考

文创产品的研发应以社会公众需求为导向、以藏品研究成果为基础、以文化创意研发为支撑、以文化产品质量为前提、以科学技术手段为引领、以营销环境改善为保障、以举办展览活动为契机、以开拓创新机制为依托、以服务广大观众为宗旨、以弘扬中华民族优秀传统文化为目的。未来雄安新区文创产品的市场化发展应注重以下几个方面。

1. 深化改革，坚持市场化方向

任何一个产业在兴起之初都离不开政府政策与资金的支持。政府要做到深化改革，强化体制机制和政策保障，注重以标准为引领，全面提升景区建设管理和服务。以市场化发展为导向，培养文创产品的市场化理念，推动文创产品和景区的可持续发展。

2. 开放包容，注重与文化 IP 融合

雄安新区文创产业起步晚，应秉持开放包容的心态，既要注重本土文化的挖掘和发展，还要兼收并蓄，注重与文化 IP 融合发展。例如与博物馆等 IP 结合推动文创和旅游互融互通，着力以旅游市场拉动文创产品消费、增加游客文化体验感和获得感。以融合为手段，丰富景区产品供给体系，把景区打造成为弘扬优秀传统文化、革命文化和社会主义先进文化的主阵地。文化、旅游、非遗保护等产业的创新融合发展，能够有效助力文创 IP 国际化、专业化、市场化。

3. 创新驱动，提升开发设计水平

文创产品的市场化发展离不开创新驱动，广泛吸纳创意资源，通过创新融合，发展旅游、文化等满足人民群众精神文化的产业。坚持创新驱动，加快提升文创设计人员的开发设计水平；坚持创新驱动、巩固景区发展的竞争力，积极探索特色小镇、美丽乡村等新业态发展。以创新为突破，加快推进景区转型升级，推动景区由“欣赏美丽风景”向“体验美好生活”转变，由“盆景型、孤岛式”封闭打造向“内外一体化”打造转变。让创新为文创产业的市场化提供符合雄安质量的产品，助力文创产品的提质升级和市场化发展。

4. 引领时代，满足人们美好生活需要

文创产品创意时切忌先从文物、图画、书法等入手，而应首先考虑大众的需求，从让生活更安全、卫生、方便、舒适等，让人们的生活更美好的角度去创意，然后再考虑与当地特色历史文化等要素结合，再进行设计。未来雄安新区的文创产品设计要注重实用性、可流通性和功能性，让文创产品作为商品被赋予更深层次的文化内涵，同时又能被更多人认知、分享和使用，引领时代，满足人们对美好生活的需要。只有让文创产品要融入生活，

才能将其进行多渠道出售和展示以达到文化传播和市场化发展的目的。

5. 宣传推广，提高美誉度和知名度

雄安新区文创产品的市场化发展应在提质增效的基础上，注重加强宣传推广，提高美誉度和知名度。一是拓展产品开发销售渠道，规划建设一批文创产品综合集散中心和销售点，用好各类电子商务平台，将文创产品集中传播普及。二是优化观众参观体验，形成品牌意识，让人们更容易理解和接受。三是加强同相关推广项目合作，运用文创产品提升文化氛围，在不同的场合选择合适的文创产品来进行搭配展示，既能起到宣传推广的作用，又是一种文化融合的创新。四是对文创产品的包装策划、市场销售应该交给更专业的人去做。注重团队协作，各司其职，分析市场需求，通过不同平台之间的合作，推进文创产品市场化的进程。五是充分利用“京津冀协同发展”“一带一路”等深入交流、互利合作的重要平台，举办各类展览活动，加强雄安新区与国内外文化企业机构优势互补，共同推动雄安新区文化企业品牌化、品牌授权国际化发展。

6. 招才引智，做好文创设计人才储备

文创设计人才对文创产品市场化具有决定性作用，文创设计人才能打造文创产业的金字塔形态，以更坚实的经济基础推动文创产业发展。植根传统，融合现代思维和设计来打造雄安新区文创产业，是未来新区文创发展的方向。提升文创产品开发水平，面向创意设计从业者、工艺美术从业者、高校教师和学生等人群遴选人才。充分发挥产业集群效应，吸引优秀文创投资机构、文创空间、文创项目和文创金融人才汇聚雄安，引进专业金融人才、文商旅体融合型人才干事创业，赋能人才高地建设，形成人才“磁场”效应，构建健康有序、充满活力的文创产业生态圈，推动文创产业高质量可持续发展。

7. 多措并举，解决文创产业融资难问题

文创产业的市场化发展离不开资金支持，未来雄安新区文创产业的市场化发展融资模式可以学习借鉴成都市文创产业发展投资基金“母基金 + 子基金群”架构模式，充分发挥财政资金的示范和杠杆作用、带动社会资本投入文创产业领域，打破文创行业融资难题，利用有限的政府资金带动更多的社会资本投向文化创意产业，产生“滚雪球”效应。

最后，市场化不能解决文创产业的所有问题。文创产业市场化发展还须避免创新肤浅化、泛娱乐化和过分市场化。

雄安新区文创产业的市场化发展更应遵循新区规划纲要及有关专项规划对产业发展的明确要求，相信在各级政府及社会各界的关心支持下，雄安新区文创产品的市场化发展会有更美好的未来。

安新文化建设工作展望

◎ 赵占民

2018 年，安新县作家协会的工作得到了安新县委、县政府、宣传部、文广新局的大力支持，通过积极贯彻落实习总书记“坚定文化自信”的十九大报告精神，坚持“书写和记录人民的伟大实践、时代进步”方针，文学创作活动呈现出大发展、大繁荣的可喜局面。2018 年的发展按照年初工作计划，结合作协实际，聚焦现实，坚持“文章合为时而著，歌诗合为事而作”的精神，在新的历史时期，在新的发展起点上，紧紧抓住创作无愧于时代精神的优秀作品这个中心任务，勇于担当、锐意创新，积极开展各项工作，取得了令人满意的成果。

2018 年及 2019 年上半年，安新县作协借助雄安新区成立后各项建设稳步推进的机遇，组织本协会会员积极参与本地文化发展建设工作；主动外出采风，积累素材；加强和领域内同仁建立合作、对接、共建、交流活动；积极宣传本地各行业建设成果和优秀历史文化，勤于创作，涌现出了大量优秀文学作品，并多次获奖、出版，入选各类文集。

现在，我结合安新作协工作经验总结，拓展思路，对本地文化建设做出几点探索性的思路和建议。

一、总结

1. 强化担当

安新作协在县委县政府、宣传部、文广新局指导下，积极参与各项文化建设。在 2018 年 3 月 1 日，安新作协与安新县文广新局联合举办“诗润雄安春满白洋”迎新春雄安·白洋淀诗文朗诵会。2018 年 6 月，安新县文广新局与保定市艺术研究所合作，联手打造大型话剧《雄安晨曦》，从基层实地采访到剧本打磨、演员排练，安新作协全程参与。这部反映雄安新区干部群众拼搏奋斗、无私奉献的大型话剧《雄安晨曦》公演后，获得普遍赞誉。

2. 积极拓展

2018 年 3 月，省作协党组书记王凤、主席关仁山等来到雄安新区的安新县，与保定和雄安新区的 20 多位作家进行座谈，调研青年作家队伍建设。之后，安新作协主动与上级作协交流协调，促成了 2018 年 6 月 5 日由河北省作家协会组织的“纪念改革开放四十周年”专题采风创作活动在雄安新区安新县正式启动。以及在著名诗人林莽带领下，全国 20 多位知名评论家和诗人深入白洋淀诗群的主要活动和发源地大淀头和北何庄的寻根活动。

3. 主动作为

以安新作协“立足雄安本土、发展乡土文学、繁荣白洋淀文化”的目标为己任，以挖掘、整理、歌颂、宣传、推广、创作文化、文学精品为目的，安新县作家协会利用节假日，携手雄县、容城作协，举办文化交流和采风活动，积累创作素材，激发作家们的创作热情。“雄安作家看雄安”文化行系列采风活动，为文友们打造了一个健康、向上、充满活力的文化交流平台。自 2017 年“走进同口”“走进大王”后，2018 年，我们又相继推出“走进赵北口”“走进端村”“走进王家寨”“走进雄安市民中心”“走进昝岗”，2019 年“走进安州”“走进龙化”“走进刘李庄”“走进米家务”等 11 站活动。这一系列活动获得了极大成功，创作出大量优秀文学作品，并被国内十几家媒体关注、追踪、报道，在全国范围内产生了广泛影响。

4. 广泛合作

2018 年，安新作协主动寻求与外界文化单位、文学社团进行对接、交流、共建、合作，力图在各种有效的交流活动中相互借鉴、共同提高。除已有的与容城、雄县作家的交流合作以外，还与北京通州中仓文学社、北方文艺出版联盟、樊登读书会等单位进行了交流活动。2019 年春，又和衡水市文联进行合作交流，与北京市石景山作协达成合作共建协议。

5. 大力宣传

随着雄安新区各项建设逐步发展，白洋淀本地文化以及文化工作者受到媒体重视，安新作协利用这个机遇，主动对接各大媒体，大力宣传白洋淀文化、文学，提高了安新作协的知名度，扩大了安新作协在全国乃至世界的影响力。2018 年，安新作协王迦梁、李卫东、阿民、刘卫宁、梁彩辉等会员多次接受了多家媒体采访，全方位的宣传报道不但起到了很好的文化传播作用，也极大增强了安新作协本身的文化自信。安新作协与《河北经济日报》《河北工人报》《河北画报》《燕赵晚报》、人民雄安网、中国雄安官网、凤翼雄安、安新在线等多家媒体多次交流合作，达到了宣传、借鉴、学习、提高的良好效果。

6. 打造品牌

在雄安新区和安新县委宣传部的指导下，2018 年 5 月，为响应上级“提升雄安文学”的指导思想，安新作协在文广新局大力支持下成立了《雄安文学》编辑部，聘用专职编辑人员主持工作。2018 年作协会刊《雄安文学》按计划准时出版两期，印刷 6000 余册，计 20 余万字。除本县内部发行外，也发行至容城、雄县乃至全国各地读者手中。因宣传有力，《雄安文学》已在全国产生一定影响，吸引了大批外埠作者投稿。2018 年 9 月，安新作协微信公众号“雄 AN 文学”上线运营，坚持每天更新，从不间断。现已推送文章近 300 次，计 500 余篇（首），吸引了众多文学爱好者关注。目前该公众号阅读量节节攀升，作者投稿热情高涨。

7. 成果喜人

2018 年、2019 年，安新作协上下齐心，团结协作，创作热情、创作质量、数量都呈上升趋势。创作队伍进一步发展壮大。李卫东、赵战民成功加入中国作家协会，王英年、郭宝国、刘卫宁加入了河北省作协，另有多人如愿加入了保定市作协。李卫东散文集《白洋淀美食笔记》、袁忠良诗集《根在雄安》、刘卫宁小说集《2017，家在雄安》出版。安新作协参与撰写由河北画报出版社出版的影像丛书《画说河北》第五卷《未来城》，其中李卫东、李景霞、刘小利创作《安享》章节 30000 字，阿民、刘卫宁撰写《容纳》章节 30000 字，该书目前正在印刷。2018 年，《河北画报・画报雄安》每期都刊发 1 ～ 3 位安新作协会员作品。保定《荷花淀》连续五期，每期刊发 1 ～ 5 位安新作协会员作品。安新作协参与多部电视纪录片脚本创作，均已拍摄。

2018 年，安新作协会员在全国各级报刊发表文学作品 200 余篇（首），入选各种文集选集 18 次（多篇）。会员积极参加国内外各项征文比赛，取得丰硕成果。李卫东《传承白洋文化，建设美好新区》获县委组织部征文一等奖；刘博获谭克平青年诗词提名奖、聂绀弩杯大学生中华诗词邀请赛一等奖；李颖获得第五届诗歌散文邀请赛一等奖、远方诗声“春之美”征文一等奖；刘卫宁获得省作协“纪念改革开放四十周年”征文三等奖；刘素朵获美丽河北诗词大赛三等奖；梁彩辉获“全国第七届优秀童谣征集评选活动”中获得优秀奖。李立军获金凤凰杯闪小说大赛银奖等。另有多名会员参加各类征文、比赛，获各类奖 20 次。

2019 年以来，安新作协继续加大力量努力工作，先后举办了“万世间情为何物古典诗词讲座”（主讲人：郭宝国）、“雄安地区历史文化溯源”讲座（主讲人：陈新民）；著名诗人林莽、张洪波专题讲座等活动，刘博、李立军等会员在国内文学比赛中获得大奖。

2019 年，我们将继续努力提升《雄安文学》杂志，努力运营推广“雄 AN 文学”公众号，增加新栏目，发表更好、更新、更高质量的文学作品，争取进一步扩大刊物、公众号在全国范围的影响力。努力提高办刊力量，多推精品，多推新人，努力争取大师、名家支持，向着把《雄安文学》做成品牌刊物的方向不断努力。并已做出新的活动计划，拓宽视野，加强学习，积极合作。抓住历史机遇，积累素材，练好内功，创作出无愧于这个时代的好作品。

二、展望

2019 年已经过去一半，雄安新区大规模建设号角已经响起，各项规划建设已经落地。我认为，文化建设也应该紧跟上时代脚步。新区所有文化工作者，应该强化担当，有所作为。

（1）以本地独特的文化资源为依托，深入挖掘，积极宣传，进一步扩大白洋淀优秀传统历史文化在全国乃至世界的影响力。白洋淀自古人杰地灵，人才辈出。在文学方面，白洋淀是“荷花淀文学流派”“白洋淀诗歌群落”的发祥地，在传统文化方面，白洋淀是老调、西河大鼓的发源地，并有着大量国家级、省级、市级非物质文化遗产项目和大量亟待保护传承的民间、民俗文化项目。这些都是我们宝贵的文化资源，作为本地文化工作者，作协、音协、美协、书协、武协、剧协等文化团体应该号召自己的会员们积极行动起来，有效挖掘、保护这些传统文化符号，使这些无形资产成为看得见、摸得着、有内涵、有品位、有高度的艺术产品，更好地推广出去。

（2）2019 年是雄安新区大规模实质建设开始之年。所有文化工作者应该紧扣时代脉搏，用自己擅长的艺术创作形式，结合大历史观、大环境、大气候走进建设现场，走近一线建设者，记录新区建设过程，展示建设者风采，创作出能够弘扬主旋律、服务于中国特色社会主义建设的好作品。

（3）积极对接国内外有实力的文化单位，借力发展。目前，雄安新区已经是全国乃至世界的焦点，不但各领域力量走进了雄安参与新区建设，来自全国和世界的文化团体、单位、个人也进入了雄安，期待在这个时代大潮中有所作为。我们本地文化工作者应该凭借自己掌握的文化资源和得天独厚的文化力量，积极对接合作，借力发展，把职责内的文化工作做大做强，打造精品，创立品牌。

雄安新区是千年大计，希望所有本地文化工作者深刻领会习总书记关于文化建设的指示精神，不忘初心，牢记使命，强化担当，主动作为，无愧于伟大时代，用富有思想深度和艺术高度的文化产品，为雄安新区留下鲜明、凝练、厚重的时代烙印。